农村集体经济组织会计实务操作规范

李彩霞　编著

南开大学出版社
NANKAI UNIVERSITY PRESS

天　津

图书在版编目(CIP)数据

农村集体经济组织会计实务操作规范 / 李彩霞编著.
天津：南开大学出版社，2024.12. — ISBN 978-7-310-
06675-9

Ⅰ.F302.6

中国国家版本馆 CIP 数据核字第 2024TB4932 号

农村集体经济组织会计实务操作规范
NONGCUN JITI JINGJI ZUZHI KUAIJI SHIWU CAOZUO GUIFAN

南开大学出版社出版发行
出版人:刘文华
地址:天津市南开区卫津路 94 号　　邮政编码:300071
营销部电话:(022)23508339　营销部传真:(022)23508542
https://nkup.nankai.edu.cn

天津创先河普业印刷有限公司印刷　全国各地新华书店经销
2024 年 12 月第 1 版　　2024 年 12 月第 1 次印刷
260×185 毫米　16 开本　21.5 印张　494 千字
定价:88.00 元

如遇图书印装质量问题,请与本社营销部联系调换,电话:(022)23508339

天津市农业农村委员会组织编写

编　　著：李彩霞（天津农学院经济管理学院）

参编人员：张　韬（天津市农业农村委员会政策与改革处）

　　　　　邸　静（天津市农业农村委员会政策与改革处）

　　　　　张　凯（天津农村产权交易所有限公司）

　　　　　王　东（天津农村产权交易所有限公司）

　　　　　王　鹏（天津农村产权交易所有限公司）

　　　　　刘庆辰（天津市农村社会事业发展服务中心）

　　　　　崔嘉昕（天津市农村社会事业发展服务中心）

　　　　　何加强（天津市农村社会事业发展服务中心）

　　　　　杨　欣（天津市农业综合行政执法总队）

　　　　　李艳萍（天津农学院经济管理学院）

　　　　　刘洪云（天津农学院经济管理学院）

　　　　　杨　娱（天津农学院经济管理学院）

　　　　　刘　弈（天津农学院经济管理学院）

　　　　　温怡锋（天津农学院经济管理学院）

序

    农村集体经济组织是发展壮大新型农村集体经济、巩固社会主义公有制、促进共同富裕的重要主体。近年来，随着农村集体产权制度改革不断深入，农村集体经济发展出现许多新情况、新问题，多元化的经济形态让农村集体经济组织的管理与财务核算工作变得日益复杂。与此同时，国家对农村财务管理的规范化要求也在不断提高，强调公开透明、强化监督，《农村集体经济组织财务制度》（财农〔2021〕121号）和《农村集体经济组织会计制度》（财会〔2023〕14号）先后颁布实施。然而，《农村集体经济组织会计制度》在实施过程中，基层反映存在诸多实操疑惑，会计制度规定尚需详细解读，亟需一套能够指导农村集体经济组织规范会计行为、提升财务管理水平的系统性操作规范。为此，天津市农业农村委组织相关领域专家和具有专业背景并长期从事财务工作的工作人员，在农业农村部政策改革司支持下，编写了《农村集体经济组织会计实务操作规范》。

    《农村集体经济组织会计实务操作规范》一书，以实务为导向，紧密结合国家相关法律法规及政策导向，全面而深入地阐述了农村集体经济组织会计实务操作的核心要点与关键环节，旨在为农村集体经济组织财务人员提供一部理论与实践并重、操作性与指导性兼备的操作指南。全书聚焦农村集体经济组织的经济业务发生流程，共分为四篇内容。

    第一篇主要对农村集体经济组织会计工作进行总体说明，介绍农村集体经济组织会计的理论知识、农村集体经济组织会计工作基础规范和农村集体经济组织会计信息化管理。该篇明确了会计工作的基本原则和理论，为后续章节奠定了坚实的理论基础。

    第二篇为农村集体经济组织基本经济业务核算规范。参照现行《农村集体经济组织会计制度》相关规定，介绍农村集体经济组织发生的基本经济业务的核算处理。按照经济业务类型不同，分为货币资金与往来业务核算、资金筹集业务核算、投资业务核算、库存物资与长期资产核算、生物资产核算、生产经营过程的核算、收益形成及分配的核算。该篇按照会计实务工作的业务处理需要和逻辑顺序，系统安排章节内容，确保知识结构的完整性和系统性；同时，遵循最新的《农村集体经济组织会计制度》及其他相关的国家财税法规等，确保全书内容的合法性和规范性。

    第三篇介绍农村集体经济组织会计工作实务流程。以会计工作实务流程为脉络体系，在梳理农村集体经济组织会计核算与财务管理基本流程的基础上，分别从会计凭证填制与审核、会计账簿登记与管理、会计报表编制与分析、财产清查、财务公开、税务管理、会计档案管理等进行介绍。该篇突出实用性，确保内容贴近农村实际会计工作，提供便于借鉴的会计核算范例；同时，注重语言的通俗性和图表的直观性，提高可读性和易用性。

    第四篇为农村集体经济组织会计处理典型案例与主要政策。该篇通过精选的案例分析，将理论知识与实际操作紧密结合，帮助读者更好地理解与应用书中的知识点，同时提供了丰富的实操技巧与问题解决策略。另外，介绍了与农村集体经济组织相关的财务会计政策、税务政策等。

《农村集体经济组织会计实务操作规范》的出版，不仅是对当前农村集体经济组织财务管理实践需求的积极响应，更是推动农村集体经济组织财务规范化的有力支撑。该书不仅能够提升农村集体经济组织财务人员的专业素养，促进会计实务操作的标准化、流程化，还能够增强农村集体经济的透明度与公信力，为乡村振兴战略的实施奠定坚实的财务基础。

相信这本书能给读者以启迪，使其在业务工作中能有所参考，期待本书能成为广大农村集体经济组织财务工作者的良师益友，同时也希望其能够激发更多关于村级会计实践研究的思考与探索。同时，伴随着《中华人民共和国农村集体经济组织法》颁布实施，农村集体经济组织正走向规范发展，很多具体问题还需要通过实践去探索，通过相关制度去规范，这本书也将不断完善，恳请广大读者对本书不足之处批评指正。

编者

二零二四年十二月

前　言

"十四五"期间农村工作重点将由脱贫攻坚转向乡村振兴。在乡村振兴的全面推进中，农村集体经济组织财务管理规范化成为农村经济社会事务管理的基础。加强村级财务规范化，有利于促进新型农村集体经济组织发展，实现集体资产保值、增值，对推进乡村振兴意义重大。在此背景下，《农村集体经济组织财务制度》（财农[2021]121号）和《农村集体经济组织会计制度》（财会[2023]14号）先后颁布实施，为夯实村级财务工作提供了重要的制度参考。其中，于2024年1月1日起执行的《农村集体经济组织会计制度》聚焦了新型农村集体经济组织的内在财务需求和外部经营管理需要，可进一步实现村级财务规范化，成为农村集体经济高质量发展"基石"。但在《农村集体经济组织会计制度》执行过程中仍面临诸多实际情况，一些具体制度规定尚需详细解读。为此，本书编写组经实地走访调研，以最新颁布实施的《农村集体经济组织会计制度》为政策依据，结合村级会计实务操作流程，完成了本书撰写工作。

本书内容具有"全而新"的特点，注重归纳共性和总结规律，以指导村级会计实务工作为导向；既通俗易懂，又简明实用。本书具有以下特色。

（1）体例特色。本书充分考虑村级会计岗位对会计人员素质与能力的要求，按照篇章形式编写而成。第一篇农村集体经济组织会计工作总体说明，主要介绍农村集体经济组织会计理论知识、会计工作基础规范和会计信息化管理的内容；第二篇农村集体经济组织基本经济业务核算规范，按照经济业务和事项分章阐述，全面解析货币资金与往来业务核算、资金筹集业务核算、投资业务核算、库存物资与长期资产核算、生产经营过程核算、收益形成及分配等核算内容；第三篇农村集体经济组织会计工作实务流程，从会计核算基本流程角度，介绍农村集体经济组织的会计凭证填制与审核、会计账簿登记与管理、会计报告编制与分析、财产清查、财务公开、税务事项管理和会计档案管理；第四篇农村集体经济组织会计处理典型案例与政策汇编，重点介绍农村集体经济组织会计处理的典型案例，并进行相关会计工作政策汇编。本书的内容体系可使读者通过学习熟悉掌握每个基本经济业务会计处理的同时，也能在一定程度上提高综合财务管理能力和会计职业判断能力。

（2）实务特色。全书内容更贴近村级会计实务工作。在本书编写过程中，坚持实务导向，实地走访、调研省市（区）农业农村部门、镇代理记账中心、农村集体经济组织等，选择有针对性、更贴合农村集体经济组织实际会计问题的典型案例。同时，本书部分章节内容的撰写与校对工作还邀请了熟悉村级会计工作的实务人员参与。

（3）内容特色。一是，针对《农村集体经济组织会计制度》新修订补充的内容，结合会计制度、财务制度、税收法规等进行详细解读，充实全书内容。诸如，在农村集体经济组织各核算环节中丰富了涉税业务事项，并单列第17章农村集体经济组织相关税务事项管理，包括中国税制、税务登记、发票管理和纳税申报。二是，紧密围绕村级会计工作需要，本书不仅关注经济业务的账务处理，也对会计实务操作规范进行详细阐述。诸如，第三篇以会计工作流程为纲，在介绍会计凭证、会计账簿、会计报告的基础上，还阐述了农村集体经济组织的财产清查、财务公开和会计档案管理内容。三是，以问答形式，对农村集体经济组织所关注的会计处理易错点、重难点等进行了分析，诸如，固定资产范围、固定资产折旧、固定资产核销、生物资产分类、资产名义金额计价等问题。

本书由天津市农业农村委员会组织编写。天津市农业农村委员会政策与改革处张韬处长和天津农学院经济管理学院会计学系李彩霞教授负责全书提纲设计和总纂定稿。李彩霞负责全书内容编著。在书稿编审过程中，天津市农业农村委员会政策与改革处张韬处长和邱静老师对村级会计信息化处理进行了全程指导和资料编纂；天津农村产权交易所有限公司董事长张凯、天津农村产权交易所有限公司财务总监王东、天津市农村社会事业发展服务中心农村经济发展促进部部长崔嘉昕、天津市武清区农业农村委员会农村社会事业发展服务中心邵国龙等参与了基层调研和第四篇典型案例收集工作。天津农学院经济管理学院会计学系刘洪云副教授和刘弈博士对书中会计信息化处理内容进行了资料收集和校对；天津农学院经济管理学院会计学系李艳萍教授和杨娱博士参与了第二十章农村会计相关资料的收集工作。天津农学院经济管理学院温怡锋、张艺伟、韩坤妤、张瑞珍等参与了本书第二篇材料整理和格式编校。同时，天津市各区镇农业农村部门、镇经管站会计人员、村报账人员等提供大量的案例素材，给予了强有力的调研支持。本书还参考了有关专家学者的优秀著作、教材和其他相关文献，在此一并表示感谢。另外，特别感谢南开大学出版社和张燕主任对本书出版的大力支持！

本书为村级会计人员的参考用书，也可以作为会计学、农林经济管理等相关专业的参考教材或教辅资料。

受编者的水平限制，书中难免有疏漏或错误之处，恳请读者提出宝贵意见，非常感谢！联系邮箱：kjlwzd@163.com。

李彩霞
2024 年 11 月于天津

目　录

第一篇
农村集体经济组织会计工作总体说明

　　本篇主要对农村集体经济组织会计工作进行总体说明,具体分为三章内容。第一章,介绍农村集体经济组织会计理论知识,以基础会计知识为主,包括会计概念、基本职能、会计假设、核算原则、会计要素、会计等式、会计账户和借贷记账法。其中,会计核算原则和会计账户设置为重点。第二章,介绍农村集体经济组织会计工作基础规范,包括农村会计工作管理模式、会计机构与会计人员和内部财务管理制度建设。第三章,农村集体经济组织会计信息化管理,以当前数字经济时代发展为背景,介绍农村会计工作的信息化工作。本篇内容框架体系如下:

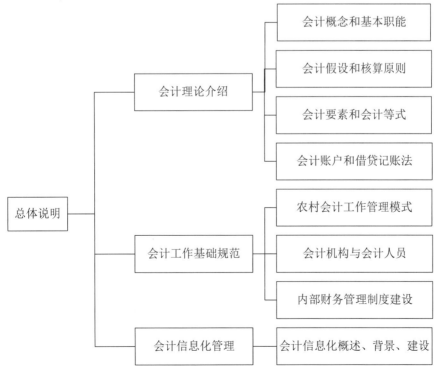

第一章 农村集体经济组织会计理论知识

第一节 农村集体经济组织会计概念和基本职能

一、农村集体经济组织会计的基本概念

农村集体经济组织会计，也可以称之为农村会计、村级会计，是以"农村集体经济组织"为会计主体的一种会计。农村集体经济组织会计是以货币为主要计量单位，以国家有关法律法规为依据，运用专门的会计方法，对农村集体经济组织的经营管理活动等进行全面、连续、系统、综合的核算和监督，以加强农村集体经济组织的经济管理、提高经济效益的一种经济管理活动。

由于农村集体经济组织的组织形式、管理体制等和其他会计相比具有特殊性，因此决定了农村集体经济组织会计具有一定的特点。农村集体经济组织会计特点体现在以下三个方面。

（1）核算对象的特殊性。农村集体经济组织会计核算对象是乡镇级集体经济组织、村级集体经济组织、组级集体经济组织、依法代行农村集体经济组织职能的村民委员会、村民小组的经济业务活动[①]。可见，核算对象为上述特定主体的经济业务活动，需要反映农村集体经济组织成员的合法权益，具有一定特殊性。

（2）核算内容的复杂性。由于农村集体经济组织涉及与集体经济成员、政府、企事业单位等的经济往来，这使得其经济关系变得错综复杂；另外，会计核算内容还涉及农业生产、农村经济管理活动等多方面，这使核算内容更具复杂性。

（3）核算目的的双重性。农村集体经济组织会计核算的目标具有双重性，既要满足内部经营管理的需要，为集体经济组织的经营决策提供可靠的财务状况和经营成果等信息，促进集体经济发展；又要满足外部监管和公开透明的要求，保障集体经济成员的知情权、参与权和监督权。这种双重性要求会计工作既要注重对经济效益的分析，也要保障农村集体经济组织成员合法权益的实现。

上述特点共同构成了农村集体经济组织会计的独特性，这既适应了农村集体经济发展的需求，又体现了民主管理和财务公开的原则。

二、农村集体经济组织的会计职能

会计职能主要包括会计核算和会计监督两项基本职能，以及预测经济前景、参与管

[①] 根据《农村集体经济组织会计制度》（财会〔2023〕14号）规定：中华人民共和国境内依法设立的农村集体经济组织（包括乡镇级集体经济组织、村级集体经济组织、组级集体经济组织）执行此《农村集体经济组织会计制度》；依法代行农村集体经济组织职能的村民委员会、村民小组可参照执行此《农村集体经济组织会计制度》。因此，农村集体经济组织会计核算对象为上述主体的经济业务活动。

理决策、评价经营业绩等拓展职能。同样，农村集体经济组织会计也具有上述职能。

1. 会计核算

会计核算是农村集体经济组织会计的基本职能之一。农村集体经济组织会计需按照《农村集体经济组织会计制度》及其相关会计制度规范要求，对各项经济业务事项进行准确、及时、完整的核算，即对资产、负债、所有者权益、收入、费用和收益进行确认、计量、记录和报告，确保会计信息的真实性和可靠性。

2. 会计监督

会计监督也是农村集体经济组织会计工作的基本职能。农村集体经济组织会计需要对其经济活动的合法性、合规性进行审查和监督；通过建立健全的内部控制制度和监督机制，确保经济活动的透明度和规范性，维护集体经济组织成员的合法权益。

农村集体经济组织会计监督，尤其应关注对专项资金的监管。农村集体经济组织涉及各类专项资金的使用和管理，如扶贫资金、农业补贴资金等。农村集体经济组织会计需对专项资金进行严格的监管和跟踪，确保资金专款专用、安全有效，通过建立健全的专项资金管理制度和监管机制，防止资金挪用、浪费等问题的发生，提高资金的使用效益。

3. 其他辅助职能

农村集体经济组织会计还具有以下辅助职能。

（1）财务管理与预算。协助管理层制订财务计划、编制预算，并对预算执行情况进行跟踪、分析和评估；通过合理的财务规划和控制，确保集体经济的稳定运行和高质量发展。同时，参与资金筹集、使用、分配等财务活动的决策，为集体经济组织的经营决策提供有力的财务信息支持。

（2）资产管理与保管。农村集体经济组织拥有大量的集体资产，包括土地、林地、水面、房屋、设备等。通过对资产进行登记、盘点、评估、处置等资产管理和保管工作，确保集体资产的完整性和安全性；此外，通过制定和完善资产管理制度，规范资产的使用和管理。

（3）政策落实与指导。农村集体经济组织会计还承担了国家关于农村发展方针政策、财政支农政策的落实与指导的职能，为农村集体经济组织争取政策支持和资金扶持。

第二节　农村集体经济组织会计假设和核算原则

一、会计假设

会计假设，是会计核算的基本前提，也是为保证会计工作正常进行和会计信息的质量，对会计核算的空间范围、时间范围、基本程序和方法等做出的规定。会计假设包括会计主体、持续经营、会计分期和货币计量，如表1-1所示。农村集体经济组织的会计假设与企业、行政事业单位等其他主体的会计假设一致，因此本书不做详细阐述。

表 1-1　农村集体经济组织会计假设

会计假设	含义	补充说明
会计主体	会计确认、计量和报告的空间范围	会计主体应是一个需单独反映财务状况和经营成果、编制独立会计报表的经济实体
持续经营	经营活动将按既定目标持续发生，在可预见的将来不会面临破产和清算	会计确认、计量和报告应以持续经营为前提
会计分期	将持续不断的生产经营活动划分为较短的经营期间	会计年度自公历 1 月 1 日起至 12 月 31 日止
货币计量	在会计确认、计量和报告时，按统一的货币来反映财务状况和经营成果	以货币计量；以人民币为记账本位币；以"元"为金额单位

二、会计核算原则

（一）权责发生制

现行《农村集体经济组织会计制度》规定，"农村集体经济组织的会计核算原则上采用权责发生制"。权责发生制又称"应收应付制"，是以本会计期间发生的费用和收入是否应计入本期损益为标准，处理有关经济业务的一种制度。凡在本期发生应从本期收入中获得补偿的费用，不论是在本期已实际支付还是未付的货币资金，都应作为本期的费用处理；凡在本期发生应归属于本期的收入，不论是在本期已实际收到还是未收到的货币资金，都应作为本期的收入处理。

知识拓展：权责发生制和收付实现制的对比

※"权责发生制"是把收入和支出计入该笔交易的权利和责任发生时的那个报告期。只看是不是当期的权利和责任，不管是否收到、付出货币资金。

※"收付实现制"是在收到或支出货币资金时，把收支货币资金的金额直接计入当期。只看是否收到、付出货币资金，不管是不是当期的权利和责任。

权责发生制和收付实现制应用对比情况如下：

序号	举例	权责发生制		收付实现制	
		收入	费用	收入	费用
1	1 月 1 日预收 2 月份销货款 600 元	0		600	
2	1 月 7 日预付企业 1~3 月份的报刊杂志费 300 元		100		300
3	1 月 8 日销售货物 700 元，实际收到货款 700 元	700		700	
4	1 月 19 日销售货物 800 元，实际收到货款 200 元，余款下个月才能收到	800		200	
5	1 月 25 日购入办公用品，款项 90 元已经支付		90		90
6	1 月 30 日购入办公用品，款项 90 元下月支付		90		0

实行权责发生制，有利于正确反映农村集体经济组织各期的费用水平和盈亏状况。农村集体经济组织在核算多期收入、支出或费用时，必须严格执行权责发生制，不能跨期确认收支，随意调节各期收支情况，而造成当期收益不实。

（二）配比原则

配比原则，是在农村集体经济组织进行会计核算时，收入与其成本、费用相互配比。当在某一会计期间已经实现收入之后，就必须确定与该收入有关的已经发生了的费用，以此完整地反映特定时期的经营成果，有助于正确评价当期收益情况。

农村集体经济组织会计核算工作中坚持配比原则有两层含义：一是因果配比，即将收入与其对应的成本相配比。比如，将"经营收入"与"经营支出"相配比；二是时间配比，即将一定时期的收入与同时期的费用相配比。比如，将当期的收入与当期管理费用相配比。

（三）客观性原则

现行《农村集体经济组织会计制度》规定，"农村集体经济组织应当以实际发生的交易或者事项为依据进行会计核算，如实反映其财务状况和经营成果"，这即为客观性原则。

客观性原则要求，会计核算应当以实际发生的经济业务为依据，如实反映经济业务、财务状况和经营结果，做到内容真实、数字准确、资料可靠。客观性原则包括真实性、可靠性和可验证性。

（四）一致性原则

现行《农村集体经济组织会计制度》规定，"农村集体经济组织应当按照规定的会计处理方法进行会计核算。会计处理方法前后各期应当保持一致，一经确定不得随意变更"，这即为一致性原则。

一致性原则，是指会计处理方法前后各期应当一致，不得随意变更。由于经济业务事项具有复杂性和多样性的特点，对于某些交易事项可以有多种会计核算方法。例如，存货的领用和发出，可以采用先进先出法、加权平均法、移动平均法、个别计价法等确定其实际成本；固定资产折旧方法可以采用年限平均法、工作量法、年数总和法、双倍余额递减法等。如果农村集体经济组织在不同的会计期间采用不同的会计核算方法，则将不利于会计信息的比较和理解。因此，农村集体经济组织的会计核算方法前后各期应当保持一致，不得随意变更。只有在符合一定条件的情况下，才可以变更会计核算方法，并在会计报告附注中对该变更情况进行说明。

（五）及时性原则

现行《农村集体经济组织会计制度》规定，"农村集体经济组织应当及时进行会计核算，不得提前或者延后"，这即为及时性原则。

及时性原则要求农村集体经济组织的会计核算应当及时进行，以免会计信息失去时效。"及时"有两个方面的涵义：一是及时处理会计信息，把农村集体经济组织的业务事项及时地进行会计处理；二是及时传递会计信息，即在国家统一的会计制度规定的时限内，及时编制会计报告，并按要求报送乡镇人民政府和农业农村部门、财政部门。

（六）谨慎性原则

现行《农村集体经济组织会计制度》规定，"农村集体经济组织在进行会计核算时应当保持应有的谨慎，不得多计或少计资产、负债、收入、费用"，这即为谨慎性原则。

谨慎性原则要求，农村集体经济组织在面临不确定因素的情况下做出职业判断时，应当保持必要的谨慎，不高估资产或收益，也不低估负债或费用。需要注意的是，不能滥用谨慎性原则，不能任意设置各种秘密准备。

（七）明晰性原则

现行《农村集体经济组织会计制度》规定，"农村集体经济组织提供的会计信息应当清晰明了，便于理解和使用"，这即为明晰性原则。

明晰性原则要求，会计记录和会计报告都应当清晰明了，便于理解和应用，能清楚地反映农村集体经济组织业务活动的来龙去脉及其财务状况和经营成果。在会计核算工作中坚持明晰性原则，会计记录应当准确、清晰；在凭证处理和账簿登记时，应当确有依据；账户的对应关系要清楚，文字摘要应完整；在编制会计报表时，项目勾稽关系要清楚，内容要完整，数字要准确。

第三节　农村集体经济组织会计要素和会计等式

一、会计要素

会计要素是会计对象的具体化，也是对会计对象的具体内容按照其经济特征所做的分类。农村集体经济组织的会计要素包括资产、负债、所有者权益、收入、费用和收益。

（一）资产要素

农村集体经济组织的资产，是指农村集体经济组织过去的交易或者事项形成的、由农村集体经济组织拥有或者控制的、预期会给农村集体经济组织带来经济利益或者承担公益服务功能的资源。

按照流动性，资产可分为流动资产和非流动资产。流动资产是指在 1 年内（含 1 年）或超过 1 年的一个营业周期内变现、出售或耗用的资产，包括货币资金、短期投资、应收款项、存货、消耗性生物资产等。非流动资产是指流动资产以外的资产，包括长期投资、生产性生物资产、固定资产、无形资产、公益性生物资产、长期待摊费用等。资产分类如图 1-1 所示。

（二）负债要素

农村集体经济组织的负债，是指农村集体经济组织过去的交易或者事项形成的、预期会导致经济利益流出农村集体经济组织的现时义务。

农村集体经济组织的负债按照流动性分为流动负债和非流动负债。流动负债是指偿还期在 1 年以内（含 1 年）或超过 1 年的一个营业周期内的债务，包括短期借款、应付款项、应付工资、应付劳务费、应交税费等。非流动负债是指流动负债以外的负债，包括长期借款及应付款、一事一议资金、专项应付款等。负债分类如图 1-2 所示。

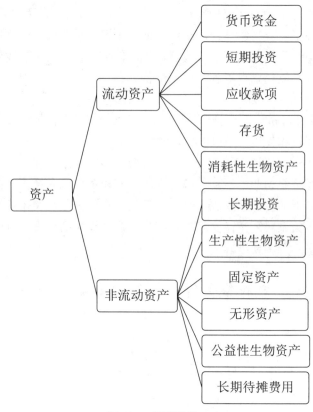

图 1-1　资产分类

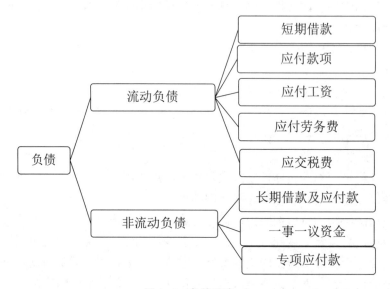

图 1-2　负债分类

（三）所有者权益要素

农村集体经济组织的所有者权益，是指农村集体经济组织资产扣除负债后由全体成员享有的剩余权益。所有者权益是成员对农村集体经济组织资产的剩余索取权，它是农村集体经济组织资产中扣除债权人权益后应由成员享有的部分。

农村集体经济组织的所有者权益包括资本、公积公益金、未分配收益等，如图 1-3 所示。

图 1-3　所有者权益分类

（四）收入要素

农村集体经济组织的收入，是指农村集体经济组织在日常活动中形成的、会导致所有者权益增加的、与成员投入资本无关的经济利益总流入。

农村集体经济组织的收入包括经营收入、投资收益、补助收入、其他收入等。其中，经营收入，是指农村集体经济组织进行各项生产销售、提供劳务、让渡集体资产资源使用权等经营活动取得的收入，包括销售收入、劳务收入、出租收入、发包收入等。投资收益，是指农村集体经济组织对外投资所取得的收益扣除发生的投资损失后的净额。补助收入，是指农村集体经济组织获得的政府给予的保障村级组织和村务运转的补助资金及贷款贴息等经营性补助资金。其他收入，是指农村集体经济组织取得的除经营收入、投资收益、补助收入以外的收入，包括盘盈收益、确实无法支付的应付款项、存款利息收入等。如图 1-4 所示。

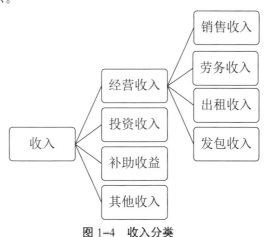

图 1-4　收入分类

（五）费用

农村集体经济组织的费用，是指农村集体经济组织在日常活动中发生的、会导致所有者权益减少的、与向成员分配无关的经济利益的总流出。

农村集体经济组织的费用包括经营支出、税金及附加、管理费用（含运转支出）、公益支出、其他支出等。其中，经营支出，是指农村集体经济组织因销售商品、提供劳务、让渡集体资产资源使用权等经营活动而发生的实际支出，包括销售商品成本、对外提供劳务成本、维修费、运输费、保险费、生产性生物资产的管护饲养费用及其成本摊销、出租固定资产或无形资产的折旧或摊销等。税金及附加，是指农村集体经济组织从事生产经营活动按照税法的有关规定应负担的相关税费。管理费用，是指农村集体经济组织管理活动发生的各项支出，包括管理人员及固定员工的工资、办公费、差旅费、管理用固定资产修理费、管理用固定资产折旧费、管理用无形资产摊销、聘请中介机构费、咨询费、诉讼费等，以及保障村级组织和村务运转的各项支出。公益支出，是指农村集体经济组织发生的用于本集体经济组织内部公益事业、集体福利或成员福利的各项支出，以及公益性固定资产折旧费和修理费等。其他支出，是指农村集体经济组织发生的除经营支出、税金及附加、管理费用、公益支出、所得税费用以外的支出。如图1-5所示。

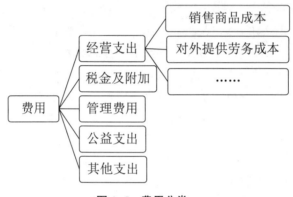

图1-5　费用分类

（六）收益

农村集体经济组织的收益，是指农村集体经济组织在一定会计期间的经营成果。

在通常情况下，如果农村集体经济组织实现了收益，则表明农村集体经济组织的所有者权益将增加；反之，如果农村集体经济组织发生了亏损（即收益为负数），则表明农村集体经济组织的所有者权益将减少。

农村集体经济组织的收益包括三个维度，即经营收益、收益总额和净收益。三个指标维度的计算公式如下：

经营收益=经营收入+投资收益+补助收入－经营支出－税金及附加－管理费用

收益总额=经营收益+其他收入－公益支出－其他支出

净收益=收益总额－所得税费用

二、会计等式

会计等式，是指会计要素之间数量关系的表达形式，又称会计恒等式、会计平衡公式或会计方程式，它是会计主体进行复式记账和编制会计报表的理论依据。

（一）静态会计等式

静态会计等式是反映农村集体经济组织在某一特定时点财务状况的会计等式，又称为财务状况等式或基本会计等式。静态会计等式用于反映资产、负债和所有者权益三者之间的平衡关系，反映了特定日期的资产存量（即财务状况），是复式记账法的理论基础，也是编制资产负债表的依据。

静态会计等式中的资产来源于两个方面：一是由农村集体经济组织的所有者投入（所有者权益）；二是由农村集体经济组织向债权人借入（债权人权益，即负债）。静态会计等式为：

$$资产=负债+所有者权益$$

（二）动态会计等式

动态会计等式是反映农村集体经济组织在一定会计期间经营成果的会计等式，又称为经营成果等式。静态会计等式用于反映农村集体经济组织收益的实现过程，反映了一定期间的资产增量（即经营成果），是编制利润表的依据。动态会计等式为：

$$收益=收入-费用$$

（三）综合会计等式

综合会计等式综合了收益分配前财务状况等式和经营成果等式之间的关系，揭示了农村集体经济组织的财务状况和经营成果之间的相互关系。综合会计等式为：

$$资产=负债+（所有者权益+收入-费用）$$

静态会计等式、动态会计等式和综合会计等式的关系如图 1-6 所示。

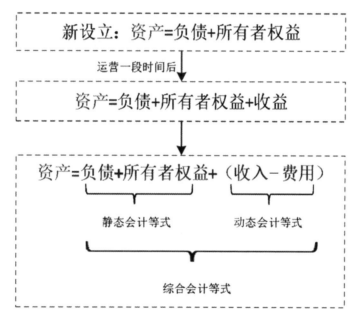

图 1-6　静态会计等式、动态会计等式和综合会计等式的关系

第四节　农村集体经济组织会计账户和借贷记账法

一、会计科目和账户

（一）会计科目

会计科目是指对会计要素的具体内容进行分类的项目，会计要素与会计科目的关系如图 1-7 所示。

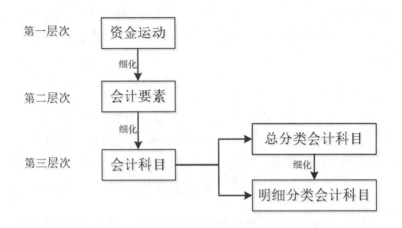

图 1-7　会计要素与会计科目的关系

会计科目按其所提供信息的详细程度，分为总分类会计科目和明细分类会计科目。会计科目按其所反映的经济内容不同，分为资产类、负债类、所有者权益类、成本类、损益类会计科目。农村集体经济组织不存在的交易或者事项，可不设置相关科目；农村集体经济组织在不违反《农村集体经济组织会计制度》中确认、计量和报告规定的前提下，可以根据自身实际情况自行增设必要的会计科目；可以比照《农村集体经济组织会计制度》规定，自行设置明细科目，进行明细核算。

本书列举了某地区农村集体经济组织会计信息系统中暂行的明细分类会计科目，如附录 A 所示，仅供参考。

（二）会计账户

会计账户，是根据会计科目开设的，具有一定的结构，用来系统、连续地记载各项经济业务的一种手段。每个账户都有一个简明的名称，用以说明该账户的经济内容。会计科目就是会计账户的名称。

根据会计科目的类型，会计账户具体分为：资产类账户、负债类账户、所有者权益类账户、成本和费用类账户、收入类账户。

二、借贷复式记账法

借贷复式记账法，是以"借"和"贷"作为记账符号的一种复式记账法。

（一）复式记账法

复式记账法，是指以资产与权益平衡关系作为记账基础，对于每一笔经济业务，都必须用相等的金额在两个或两个以上相互联系的账户中进行登记，全面、系统地反映会计要素增减变化的一种记账方法。

复式记账法按种类的不同又分为借贷记账法、增减记账法和收付记账法，如图 1-8 所示。

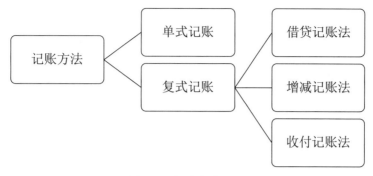

图 1-8　记账方法

（二）借贷记账法

借贷记账法是指以"借"和"贷"作为记账符号、记录企业所发生的经济业务的一种复式记账法，规则是："有借必有贷，借贷必相等"。

资产类、成本类和费用类账户的增加用"借"表示，而减少用"贷"表示；负债类、所有者权益类和收入类账户的增加用"贷"表示，而减少用"借"表示。各类账户的借贷变动情况如表 1-2 所示。

表 1-2　各类账户借贷变动情况

账户类别	账户借方	账户贷方	账户期末余额（一般情况下）
资产类账户	增加	减少	在借方
负债类账户	减少	增加	在贷方
所有者权益类账户	减少	增加	在贷方
成本和费用类账户	增加	减少	在借方或无余额
收入类账户	减少	增加	在贷方或无余额

账户的金额关系可用公式表示为：

期末余额＝期初余额＋本期增加发生额－本期减少发生额

第二章　农村集体经济组织会计工作基础规范

第一节　农村会计工作管理模式

一、农村会计工作管理模式的发展过程

新中国成立至今，农村会计工作管理模式几经变化调整，逐步趋于制度化和规范化。我国农村会计工作管理模式的发展过程，大致历经以下四个阶段。

（1）从建国之初至改革开放前，为和我国单一的农业生产方式和"三级所、队为基础"的农村治理体制相适应，农村会计体制具有鲜明的计划性与财政性特征，施行高度统一的计划治理，集体经济的各类财产物资统一归于集体，实行大包干、按需分配，不进行投入产出、成本效益的分析与核算。

（2）从改革开放之后至 20 世纪 90 年代，农村确立了家庭联产承包责任制和村民自治制度，农户成为最基本的经营单位，并且农村集体经济业务总体较为简单，因此，农村会计核算的主体由生产队过渡至村集体，农村会计体制采用"村财村管"管理模式。在该模式下，村委会自行设立会计机构和配备会计人员，单独设账予以独立核算，财会人员归村委会全权管理。这种模式契合了村民自治等法律法规，村干部对本村财务有充分了解，能够及时地发现并解决问题，有利于对农村财务的直接管理；但这不可避免地存在财会人员独立性不够、村干部人为干预过多、财务制度流于形式等问题。

（3）随着农村工业化和乡村城市化的不断推进，各类乡镇企业、村办企业、联营企业和股份企业涌现，集体资产规模日益扩大，原有的农村财务管理模式已难以胜任复杂化的会计核算与管理工作，以"村账乡（镇）管"为代表的村级会计代理制逐渐成为主导模式。这种模式强调在农村集体资产所有权、使用权、决策权和监督权不变的前提下，由乡镇经管站成立会计代理服务中心，并由该中心统一招聘会计人员，对村集体资金和账务予以统一管理，分村设账、集中做账。这时，农村会计人员大多转型为报账员，定期向代理服务中心报账。这种模式很好地解决了原有农村会计素质不够、财务记账不规范的问题，强化了会计监督职能，但也催生了过多干预村民自治、弱化会计管理职能等问题。

（4）在进入 21 世纪以来，尤其是自 2006 年国家取消农业税后，村委会不再负责农村税费收取，而转为发放各项强农惠农补贴；并且随着村民维权意识和民主意识的增强，农村会计体制聚焦于规范农村经济管理和维护农民切身利益。随之而来的是村级会计委派制和村级会计委托代理制在全国逐渐兴起。其中，在村级会计委派制下，乡镇政府以社会管理者的身份，直接向农村委派财会人员负责本村财务管理工作，乡镇政府对委派人员进行考核、管理与任免。这种模式有效解决了农村会计专业能力弱、独立性差和监

督考核难的问题，但由于委派的财会人员非本村村民，因此工作协调难度较大。

村级会计委托代理制强调在维持农村集体资产所有权、使用权、决策权和监督权不变的前提下，经村民（代表）大会表决同意，通过村委会与乡镇委托代理服务机构签订委托代理协议，由代理服务机构代为进行村级财务管理。这种模式既遵循了依法原则，避免了与村民自治的冲突，又充分考虑和尊重了村民意愿，降低了工作中的协调成本，因此，自2002年开始推行以来，迅速成为农村财务管理的主要模式。尽管村级会计委托代理制也暴露出了代理服务制度不够健全、投入经费未被列入同级财政预算、工作人员素质参差不齐等问题，但其主导地位基本未变，依然是当前农村覆盖范围最广、影响力最大的财务管理模式。

二、现行农村会计工作管理的主要模式

从现行农村会计工作管理的模式看，主要可归结为两类：一是"村账代管"模式，即负责代管村账的机构，可以是乡镇经管站成立的会计代理服务中心，也可以是乡镇委托的代理服务机构，即"乡镇代理"和"中介机构代理"；二是"村账村管"模式，即农村集体经济组织独立配备财会人员自行记账核算。

（一）"村账代管"会计工作管理模式

"村账代管"会计工作管理模式，主要包括"乡镇代理"和"中介机构代理"。"村账乡镇代管"模式，即农村集体经济组织中实行村级账务由镇（乡）管理，同时由县（市、区）级单位监督的运行机制。在该模式下，坚持村集体资金所有权、使用权、审批权不变，在乡镇农经站建立"村级会计代理服务中心"，由乡镇农村集体经济财务管理站的专职会计对村集体财务进行集中统一核算。同时，各村集体经济组织撤销会计人员，仅设报账员。报账员定期持经过村主要负责人签批、村民主理财小组审查通过的单据，向乡镇经管站报账，经乡镇经管站会计人员审核通过后，统一集中进行会计核算。农村集体经济组织定期对本村收支情况进行财务公开，并接受成员监督；县（市、区）级主管部门负责监督和检查。

（二）"村账村管"会计工作管理模式

"村账村管"模式主要的运行机制是在农村集体经济组织中实行"村有村管、村民监督"的财务管理运行机制。农村集体经济组织独立配备会计人员、独立设置账簿、单独开设银行账户。

随着农村集体产权制度改革全面推进，对农村集体经济实行"政经分离"，实现农村集体经济组织（主要为"股份经济合作社"）与村委会事务分离，进一步明晰了农村集体经济组织的市场主体地位。《农村集体经济组织财务制度》提出，"具备条件的农村集体经济组织与村民委员会应当分设会计账套和银行账户"。目前，全国各地逐步探索农村集体经济组织与村委会的职能和业务分离，试行集体经济组织与村委会账户分设、资产分管，促进农村集体经济组织与村委会分账核算（简称"村社分账"）。村社分账后，一些省市调整了会计工作管理模式，村委会财务仍由镇代理记账中心负责，实行"村账镇记""村资镇管""村财镇理"的管理模式；而农村集体经济组织（即股份经济合作社）配备自己的会计与出纳人员，自行记账核算。

实务链接

　　农村集体产权制度改革的一项重要制度就是"村经分离"制度，即农村集体经济组织与村委会在职能、经费、人员等方面实行分离，并实现村社分账核算。目前，一些地区的新型农村集体经济组织开始实行"自行记账"的会计工作管理模式。

　　比如，某些地区借助国家级农村集体产权股份合作制改革试验区的契机，积极探索"村账村管"模式。全面实行网上做账，按照"一个系统、一套制度、一种模式"的要求，创新推进全市统一的农村集体财务和资产管理信息化系统建设，全面推行网上做账，村级会计核算的原始单据一律采用数码方式上传做账，并直接上传到"阳光村居"网，实现村级账务处理数字化和自动化。市、区、镇街三级集体资产监管工作人员可以在办公室进行查账、监督。

　　再如，某些地区探索"双下放"管理模式，将目前全省普遍实行的镇级委托代理模式向记账业务、资金管理"双下放"模式转变，"村账镇代记"变为"村账村来记"，"村财镇代管"变为"村财村来管"。

第二节　会计机构与会计人员

　　在不同的农村集体经济组织会计工作管理模式下，所涉及的会计机构和会计人员不同。在"村账代管"模式（即代理记账模式）下，集体资产所有权、使用权、审批权、收益权、监督权不变，农村集体经济组织仅设立报账员。在"村账村管"模式下，农村集体经济组织依法配备会计人员。

一、会计机构

（一）镇经管站会计代理服务中心

　　以镇经管站为依托成立的农村会计委托代理服务中心，一般由经管站站长任中心主任。人员由县（市、区）招聘农村代理会计组成，负责村级会计委托代理服务的具体实施工作。村级仅设报账员，负责开展报账业务，进行村级财务公开，并协助代理中心做好现金收付、银行结算及相关业务。会计代理服务中心为村集体集中做好农村集体财务管理工作，具体职责如下。

　　（1）代理会计核算。按照《中华人民共和国会计法》《村集体经济组织会计制度》等法律、法规和制度的要求，为每个会计核算单位设立账簿，进行会计核算，实施会计监督。

　　（2）代理纸质和电子记账。代理服务中心按照协议规定的内容办理资金报账、记账业务。村集体收支资金由村报账员负责收支，村代理会计负责将会审完毕并符合规定的村集体收支进行分类整理记账，并录入"农村集体资产管理信息平台"（有的地方称为"农村集体'三资'监管平台"），实现网络化监控、管理、查询。

　　（3）代理会计档案。代理服务中心按核算单位及时整理村级会计档案和农村土地承包合同档案等，分类编号，装订成册，统一保管。

（4）提供会计信息。按照财务会计制度和上级业务主管部门的要求，及时编报财务报告，提供真实完整的各类会计信息，保证上级业务监管和群众监督的需要。

（二）委托代理记账机构

2023年11月24日，财政部发布《代理记账基础工作规范（试行）》和《关于新时代加强和改进代理记账工作的意见》，自2024年1月1日起施行。根据《代理记账基础工作规范（试行）》要求，代理记账机构在开展代理记账业务时应当至少履行的基本程序包括：业务承接、工作计划、资料交接、会计核算、质量控制、档案管理等。

服务农村集体经济组织的代理记账机构也应遵循上述规范并履行下列基本职责。

（1）业务承接。代理记账机构要了解委托人基本情况和签订代理记账业务委托合同。其中，了解委托人基本情况包括了解委托人所处外部环境，以及对所在行业的一般了解、对委托人内部情况的具体了解。

（2）工作计划。代理记账机构在具体开展代理记账业务前应当编制工作计划。工作计划一般应包括委托人基本情况、业务小组成员及职责分工、初次资料交接情况、初次建账情况及安排、工作进度及时间安排、其他应当考虑的事项等。

（3）资料交接。代理记账机构初次接受委托与终止委托关系时，移交人员应整理需要移交的各项资料，编制移交清册，列明移交的会计凭证、会计账簿、会计报表、其他会计资料、相关文件及物品等内容；对未了事项应当予以书面说明。在日常交接时，应填写原始凭证交接表，列明原始凭证的种类、数量等内容，交接双方应当逐项清点核对，并履行必要的确认手续；在通过信息化手段进行电子凭证交接时，应形成电子凭证交接单，并确保交接记录真实有效、交接内容有据可查。

（4）会计核算。代理记账机构应根据委托人提供的原始凭证等会计资料，按照国家统一的会计制度进行会计核算，包括审核原始凭证、填制记账凭证、登记会计账簿、编制财务会计报告等。

（5）质量控制。代理记账机构应建立并执行符合机构实际的内部控制制度，根据业务规模和内部机构设置情况，至少设置项目负责人员、质量控制人员、业务负责人等岗位。

（6）人员管理。代理记账机构从业人员应具备一定资格条件和专业胜任能力，包括：具有会计类专业基础知识和业务技能，能够独立处理基本会计业务；熟悉国家财经、税收法律、法规、规章和方针、政策，掌握本行业业务管理的有关知识；恪守会计人员职业道德规范；《代理记账管理办法》等规定的其他执业要求。

（7）档案管理。代理记账机构应建立健全会计档案管理制度，对当年开展代理记账业务过程中具有保存价值的会计资料，应按照归档要求，定期整理立卷，装订成册，编制会计档案保管清册，并指定专人保管。开展会计信息化工作的代理记账机构，应同时将具有保存价值的电子会计资料及其元数据作为会计档案进行管理。

（三）农村股份经济合作社会计机构

农村集体经济组织是集体资产管理的主体，也是特殊的经济组织。农村集体产权制度改革要求，在基层党组织领导下，探索明晰农村集体经济组织与村民委员会的职能关系，有效承担集体经济经营管理事务和村民自治事务。现阶段，农村集体经济组织可向地方政府主管部门申请组织登记证书，成立"农村股份经济合作社"。股份经济合作社可据此向有关部门办理银行开户等相关手续，以便开展经营管理活动，发挥好农村集体经济组织在管理集体资产、开发集体资源、发展集体经济、服务集体成员等方面的功能作用。

农村股份经济合作社的会计机构主要负责对农村集体经济组织各项经济业务进行核算和管理。

二、会计人员

（一）会计人员的任职条件

（1）职业道德。会计人员应热爱本职工作，忠于职守，廉洁奉公，严守职业道德，遵守《中华人民共和国会计法》和国家统一的会计制度等法律法规。

（2）专业技能。会计人员需要具备进行会计核算、实行会计监督的能力，以及参与拟定经济计划、业务计划，考核分析预算、财务计划执行情况的专业知识和专业技能，熟悉国家有关法律、法规、规章和国家统一会计制度。

（3）职业资格。会计人员应当具备从事会计工作所需要的专业能力。会计机构负责人（会计主管人员）应当具备会计师以上专业技术职务资格或者从事会计工作三年以上经历。

有下列情形之一的人员不得被聘任为会计人员：

（1）本村集体经济组织干部直系亲属（直系亲属为：父母、夫妻、子女关系）。

（2）本村集体经济组织董事会、监事会任职人员及其直系亲属。

（3）因违反财经纪律曾受过党纪政务处分的人员。

（二）会计人员的工作职责

（1）参与制定经营管理决策、财务收支计划和内部管理制度，参与重大财务事项的决策。

（2）办理农村集体经济组织的财务收支业务。按照《中华人民共和国会计法》《农村集体经济组织会计制度》编制审核财务票据，编制记账凭证，登记总账和明细账，登记集体资产、资源台账等。

（3）承担预算、核算、决算业务，编制各类财务报表。

（4）收集、整理会计资料和保管会计档案，提供会计信息。

（5）报告财务状况，提出财务管理分析及财务决策意见，按规定做好财务公开工作。

（三）会计人员的工作交接

会计工作交接是会计工作的一项重要制度，也是会计基础工作的重要内容。通过交接，可以明确工作责任，便于继任会计人员熟悉工作，也有利于发现和处理会计工作中存在的问题，预防经济责任事故与经济犯罪的发生。

会计人员工作调动或者因故离职必须将本人所经管的会计工作全部移交给接替人员。交接内容包括：①本年度的各种账簿、凭证、报表；②正在使用的各种跨年度的账簿、凭证、报表；③银行存款、现金、有价证券和其他一些公有物品；④用于银行结算的各种票据、票证、支票等；⑤收据或发票领用登记簿、收据或发票存根和空白收据；⑥公章与各种专用章，文件资料与其他业务资料；⑦办公室、办公桌与保险柜的钥匙，各种保密号码；⑧保管的各种档案资料；⑨使用计算机处理的有关备份软盘、各种程序盘与使用说明书，已打印和备用的各种账、表、证；⑩经办的未了事项。

会计人员办理交接手续，必须做好以下工作：①已经受理的经济业务尚未填制会计凭证的，应当填制完毕；②尚未登记的账目，应当登记完毕，并在最后一笔余额后加盖经办人的私章；③整理应移交的各项资料，对未了事项写出书面说明材料；④编制移交清册应列明应当移交的会计凭证、会计账簿、会计报表、印章、现金、有价证券、支票、发票、文件、其他会计资料和物品等内容。

会计交接应有专人监交。一般会计人员交接由会计部门负责人或会计主管负责监交，主要交接注意事项包括：①现金、有价证券要根据账簿记录进行点交。库存现金、有价证券必须与有关记录一致。若不一致，则移交人员必须限期清查。会计凭证、会计账簿、会计报表和其他会计资料必须完整无缺，如有短缺，必须查明原因，并在移交清册中注明，由移交人员负责；②银行存款账户余额要与银行对账单核对，如不一致，应编制银行存款余额调节表。各种财产物资和债权、债务的明细账户余额要与总账有关账户核对相符；③移交人员经管的票据、印章和其他实物等，必须交接清楚；④移交人员从事会计电算化工作的，要对有关数据在实际操作状态下进行移交。

在移交完毕后，交接双方和监交人员在移交清册上签名或盖章，并在移交清册上注明：单位名称、交接日期，以及交接双方和监交人员的职务、姓名、移交清册页数和需要说明的问题、意见等。接替人员应当继续使用移交的会计账簿，不得自行另立新账，以保持会计记录的连续性。

三、报账员

（一）报账员的任职条件

（1）群众基础好、身体健康、遵纪守法、办事公道、作风正派、甘于奉献、热心服务。

（2）有较强的业务能力，在同等条件下从事过财务工作的人员可被优先推荐和任用。

（3）村支部书记、村委会主任和村务监督委员会以及监事长的直系亲属不得担任。

（二）报账员的工作职责

（1）负责办理各项收入、支出的结报业务，理清每笔经济业务的来龙去脉。严格把关各项收入、支出的真实性、完整性和合法性，对违反财务制度的收支应立即制止和纠正；若制止和纠正无效，则要及时向上级主管部门提出书面报告。

（2）负责做好村集体财务收支计划，每年年初编制当年财务收支计划，经村务监督委员会审核同意和村民会议或村民代表会议通过后，报上级备案，作为村集体当年开支的依据。

（3）按照内部财务管理制度，保管好现金、有价证券、收款收据和支票，做到日清月结，按月报账，及时、准确反映库存现金，定期与会计委托代理中心核对现金和银行存款余额，做到账账相符、账款相符。

（4）负责村集体经济组织债权债务的管理，对发生的每一笔债权、债务进行逐笔逐项登记，严格控制不良债务的发生。

（5）负责村集体经济组织固定资产登记和保管工作，并做好资源承包、租赁的登记和记录工作。

（6）做好村集体财务档案、合同档案的归档整理和保管工作。

（7）协助编制财务公开报表、负责财务公开、做好财务公开的意见反馈工作。

（8）配合上级部门的监督、检查和审计工作，反映农村集体经济组织财务问题，提出意见和建议。

（9）承担与村报账员业务相关的其他工作。

第三节　内部财务管理制度建设

一、农村集体经济组织内部财务管理制度建设的意义

2021年12月，财政部和农业农村部联合印发《农村集体经济组织财务制度》，并提出农村集体经济组织应当建立健全财务管理制度。农村集体经济组织财务管理制度，是指农村集体经济组织为规范财务管理、增强财务控制能力和保障财务安全而制定的一套制度和规定。建立健全农村集体经济组织内部财务管理制度，有利于村集体有效管理，确保资金安全，提高资金利用效率；对维护成员利益、推动村集体经济发展具有非常重要的意义。

（1）规范财务行为，维护成员利益。农村集体经济组织通过建立一系列财务管理规定和流程，明确各项经济活动的操作标准，可规范村干部和成员在集体经济管理中的行为。这不仅能够保障集体经济的健康发展，还能够减少因财务问题引发的纠纷和矛盾，维护农村社会的稳定。

（2）提高资金利用效率，促进集体经济发展。财务管理制度可以规范农村集体经济组织的资金管理行为，保证农村集体资金安全、合理、高效的使用，提高资金的利用效率，为农村产业发展提供有力支持，有助于促进农村集体经济的高质量发展。

（3）增强财务控制能力，优化资源配置。健全农村集体经济组织内部财务管理制度，建立合理的财务控制体系，可明确资金的使用、管理、监督程序，有助于对其财务活动进行控制和监督，有效地防范财务风险，保障村集体资金的安全和稳定运转。同时，通过科学合理的预算管理和资金调度，可确保各项经济活动得到充分的资金支持，实现资源的高效配置，推动农村产业结构的优化升级。

（4）促进村级管理现代化，助力乡村振兴。通过内部制度建设，规范和强化农村集体经济组织的财务管理，可提升村集体的管理效能、服务水平和治理能力，实现村级管理现代化。借助制度建设，提高农村集体经济组织的财务管理和监督水平，以及资金使用效益，为乡村基础设施建设、产业发展、生态环境保护等提供有力保障，助力乡村振兴。

二、农村集体经济组织内部财务管理制度的体系

根据国家财务制度和会计制度的要求，建立健全农村集体经济组织各项内部财务管理制度，如图2-1所示。

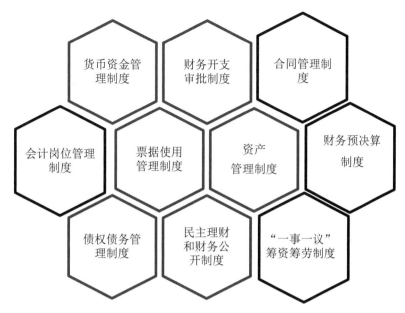

图 2-1　农村集体经济组织财务管理制度体系

农村集体经济组织内部财务管理制度体系包括但不限于以下制度：

（1）会计岗位管理制度。

（2）货币资金管理制度。

（3）财务开支审批制度。

（4）票据使用管理制度。

（5）债权债务管理制度。

（6）资产管理制度（包括库存物资管理制度、固定资产管理制度、生物资产管理制度等）。

（7）民主管理制度（如"四议两公开"机制①）。

（8）财务公开制度。

（9）定期报账制度。

（10）合同管理制度。

（11）会计档案管理制度。

（12）工程项目管理制度。

（13）财务信息管理制度。

（14）"一事一议"筹资筹劳制度。

（15）负责人任期和离任审计制度。

三、农村集体经济组织内部财务管理制度建设的实施步骤

财务管理制度建设是农村集体经济组织建设的一个重要方面，也是内部管理的基础性工程，对农村集体经济组织的管理发展具有重要的意义。具体实施步骤如下。

---

① 农村集体经济组织重大财务事项决策参照执行"四议两公开"，即村党组织提议、村党组织和理事会商议、党员大会审议、成员（代表）大会决议四个决策程序依次开展，必要时可邀请驻村组织派代表列席大会。

（1）制定财务管理制度建设方案。明确农村集体经济组织财务管理制度建设的目标和任务，确定制度建设的时间和人员责任，制定具体的实施计划和预算，确保制度建设的顺利进行。

（2）搭建财务管理制度框架。根据农村集体经济组织的经营发展、管理需要等实际情况，确定财务管理制度的内容和体系，分析和整理相关法律法规，确定财务管理的基本原则和规范要求，搭建财务管理制度的框架体系。

（3）编制财务管理制度手册。对农村集体经济组织财务管理各个方面进行定位和规范，明确财务管理的流程、制度和规范，制定财务管理制度手册，确保各项财务管理制度的实施和执行。

（4）开展财务管理制度培训。对农村集体经济组织的理事长、理事、监事长、监事、财务人员及其他相关人员，进行财务管理制度的培训和考核，提高人员对财务管理制度的理解和执行能力，确保财务管理制度的有效实施。

（5）监督财务管理制度执行。建立健全农村集体经济组织的监督机制，对财务管理制度的执行情况进行监督和检查，及时发现和解决财务管理中的问题和风险，保障财务管理制度的稳定性和持续改进。

实务链接：《某地区村级股份经济合作社财务管理办法》（以下简称《办法》）

第三章　农村集体经济组织会计信息化管理

第一节　会计信息化

会计信息化是随着经济与科学技术的发展而逐步发展起来的，其从最初的会计电算化简单应用，逐步深入到业务的各个领域，并在经济中发挥着越来越重要的作用。会计信息化能实现对各种数据信息的快速获取，以应对瞬息万变的市场环境。了解会计信息化的基本概念，更有利于会计信息化实务操作。

一、会计数据和会计信息

（一）会计数据

会计数据是指在经济活动中产生的数据，也是对经济活动属性（包括财务状况、经营状况等）的描述。在会计工作中，利用各种技术手段，从不同来源、渠道取得的各种原始资料、原始凭证和记账凭证等都属于会计数据。

（二）会计信息

会计信息是指经过加工处理后能对会计业务及管理活动起辅助决策作用的数据。会计信息包括在会计核算和会计分析中形成的各种凭证、账簿和报表等数据。只有将会计数据经过加工处理生成会计信息后，才能满足经营管理的需要，为管理者所用。

二、信息系统与会计信息系统

（一）信息系统

系统是由一系列彼此相关、相互联系的若干部分为实现某种特定目标而建立起来的一个整体。相互联系的若干部分可称为系统的子系统，它们是系统内能完成某种功能的单元。

系统内部同时存在着"物资流"和"信息流"。在一个系统中，"物资流"是活动的主体，"物资流"的数量、质量等情况可以通过"信息流"反映出来；通过"信息流"，可以了解并掌控"物资流"的运行情况。

信息系统由一组完成信息收集、处理、存储和传输的相互关联的要素组成，是用来将输入数据经加工处理后输出有用信息的系统。信息系统具有信息收集、信息处理、信息存储、信息传递及信息输出等功能。

（二）会计信息系统

会计信息系统是组织处理会计业务，为管理人员提供会计信息和辅助决策，有效地组织和运用会计信息，改善经营管理，提高经济效益所形成的会计活动的有机整体。会计的各项活动都体现为对信息的某种运用，例如，取得原始凭证是对信息的获取，原始凭证的审核是对信息特征的提取和确认，设置会计科目是对信息的分类，填制记账凭证和登记账簿是对信息的传递和存储。

会计工作过程是一个有秩序的信息输入、处理、存储和输出的全过程。这一过程可分为若干部分，每一部分都有各自的任务，所有部分互相联系、互相配合，服从于一个统一的目标，形成一个会计活动的有机整体，这个有机整体就构成了会计信息系统。会计信息系统的主要目标是向企业内部和外部的管理者提供他们所需要的会计信息，以及对会计信息利用有重要影响的非会计信息，以便不断地提高经济效益。会计信息系统是企业信息系统中的一个重要子系统。

三、会计信息化

（一）会计信息化的概念

会计信息化，是传统会计学科理论与现代信息技术的融合，通过现代信息技术在会计工作中的应用，可以促进会计信息系统的实时动态更新，并自动完成会计信息的加工处理工作，实现会计核算工作与业务处理的高度集成化。借助网络技术可以使经营管理的信息资源得到有效共享，为经营决策提供有力支持。此外，可以方便会计信息的使用者全面且及时地了解整体经营现状，会计信息化的便捷性是经济社会高效运转的保障。会计信息化是传统会计和现代信息技术相结合的产物。目前，我国的会计信息化仍处于一种逐渐完善、不断发展的状态。

（二）会计信息化与会计电算化的比较

会计信息化的概念是在会计电算化基础上发展而来的。会计电算化是会计信息化的初级阶段。会计电算化和会计信息化两者因为思想构架和产生时代的不同，其内涵也大相径庭，但是不能否认的是二者之间有着密切的联系。在工业社会时期，会计的日常业务量逐渐增多，以人工为主的处理方式逐渐落后，为了提高工作效率，加强对财务工作的管理，开始采用计算机进行会计业务的处理，这样会计工作就进入电算化阶段。

在全面实现电算化以后，也进入到信息社会，要求单位对会计业务进行系统化和信息化的管理，从而诞生了会计信息化系统。由此看来，会计电算化是会计信息化的初级阶段，会计信息化是会计电算化在发展过程中结合信息技术而产生的，是时代转换的结果。

第二节　农村集体经济组织会计信息化

一、农村集体经济组织会计信息化发展背景

（一）数字化推动会计行业的信息化发展

当前，新一轮科技革命和产业变革深入发展，数字化转型已经成为大势所趋。《中华人民共和国国民经济和社会发展第十四个五年规划和 2035 年远景目标纲要》提出，加快数字化发展，建设数字经济、数字社会、数字政府，营造良好数字生态，打造数字中国。国务院印发的《"十四五"数字经济发展规划》，就"不断做强、做优、做大我国数字经济"提出具体举措。数字时代对会计数字化转型提出了必然要求。加快推进会计数字化转型，一方面是贯彻落实国家信息化发展战略、推动数字经济和实体经济深度融合、建设数字中国的必然选择；另一方面对于推动会计职能拓展、提升我国会计工作水平和会计信息化水平具有重要意义。2021 年 12 月，财政部印发了《会计信息化发展规划（2021—2025 年）》，提出了符合新时代要求的国家会计信息化发展体系，明确了"十四五"时期会计信息化工作的具体目标和主要任务，成为会计信息化工作的具体行动指引。在此背景下，会计行业的信息化进程不断加快。因此，以坚实的大数据为基础，推进会计信息系统建设，是保障会计核算和管理更加高效、顺畅地运行和开展的必然要求。

（二）产权制度改革加速农村会计信息化进程

农村集体经济组织会计作为农村经济管理的重要组成部分，其信息化建设一直是当前我国农村发展的重要课题。随着农村经济的快速发展和信息化技术的不断进步，农村集体经济组织会计信息化建设逐渐成为推动农村经济发展的重要保障。在农村集体产权制度推进中，加大了农村集体资产管理一体化服务平台建设的力度，集体"三资"监督由信息化向数字化发展，各地创新性打造农村综合信息管理服务平台，实现服务、管理、监督同步。2021 年，财政部和农业农村部联合印发《农村集体经济组织财务制度》，指出"农村集体经济组织应当使用科学有效的方式采集、存储、管理和运用财务信息，逐步实现信息化管理，确保财务信息的真实性、完整性和可比性"。

二、农村集体经济组织会计信息化运行平台

在农村集体产权制度改革的背景下，各省市打造农村集体资产管理一体化服务平台，其中就包括"农村集体经济组织会计信息系统操作平台"。本部分以天津市的实践经验为参照，介绍农村集体经济组织会计信息系统操作平台情况。

（一）天津市农村集体资产管理信息化平台的功能模块

天津市农村集体资产管理信息系统主要包含产权改革、经济组织管理、资产管理、合同清理、财务监管、承包地管理、成员管理和股权管理六大功能模块。如图 3-1 所示。

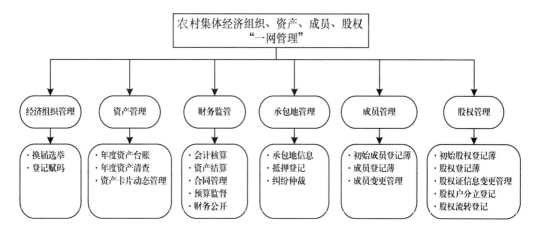

图 3-1　农村集体资产管理信息系统功能模块

天津市各村集体经济组织依托系统实现对组织登记赋码、集体资产、集体资金、成员、股权以及合同信息的"一网管理"。农村集体资产管理信息化平台已经成为村级组织的"大管家"。市、区、镇、村四级可以实时掌握本辖区内农村集体资产、成员等情况。村集体实现了会计核算信息化、资产台账动态化、成员股权管理规范化。

（二）天津市农村集体资产管理信息信息化平台的会计核算模块

会计核算模块根据会计管理办法规定的要求编制而成。主要包括凭证（凭证录入、凭证审核、凭证记账、凭证修改、凭证查询等）、账簿、报表、设置、监管、用户管理、经济组织分配等功能。在信息系统下，农村集体经济组织会计核算操作，详见本书第三篇第 12 章～第 14 章的内容。

三、农村集体经济组织会计信息化运行保障

（一）制度保障

会计信息系统的管理是确保安全和稳定的关键。农村集体经济组织需要制定会计信息系统管理制度，并且明确相关责任人，提高安全意识，确保管理制度的执行效果。

（二）人员保障

农村集体经济组织应定期组织培训，提高会计人员对会计信息系统安全的认识和业务素养。同时，系统操作人员应保持密切合作、相互监督，确保不泄露重要信息。

（三）安全保障

保障会计信息安全需要农村集体经济组织建立访问控制和网络安全防护系统，进行数据备份和恢复，加强物理安全防护，以及进行安全审计和监控等。只有综合运用这些保障措施，才能有效地保护自身的会计信息安全。

第二篇
农村集体经济组织基本经济业务核算规范

　　本篇参照现行《农村集体经济组织会计制度》的相关规定，介绍农村集体经济组织发生的基本经济业务的核算处理。按照经济业务类型不同，全篇内容分为七个章节，包括货币资金与往来业务核算、资金筹集业务核算、投资业务核算、库存物资与长期资产核算、生物资产核算、生产经营过程核算、收益形成及分配核算。各章节根据经济业务的范围，逐一解读农村集体经济组织的会计科目，每个会计科目的内容均涉及会计账户设置、会计管理要求、主要账务处理及其示例。本篇内容框架体系如下：

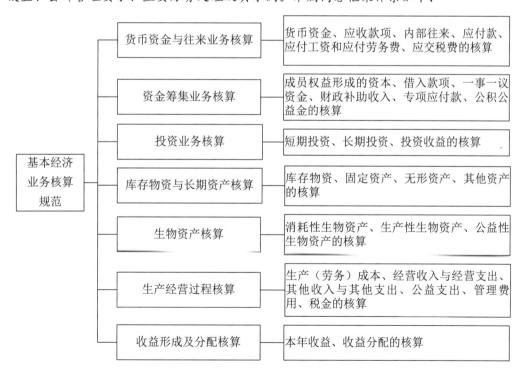

第四章　货币资金与往来业务核算

第一节　货币资金的核算

货币资金是农村集体经济组织资产的重要组成部分，也是流动性最强的资产。根据货币资金存放地点及其用途不同，农村集体经济组织货币资金分为"库存现金"和"银行存款"。

一、库存现金

库存现金是指存放于农村集体经济组织财会部门的由出纳人员经管的货币。

（一）会计账户设置

农村集体经济组织需设置"库存现金"账户，用于核算农村集体经济组织的库存现金。"库存现金"借方登记现金的收入，贷方登记现金的支出，期末借方余额反映农村集体经济组织实际持有的库存现金。

农村集体经济组织应当设置"库存现金日记账"，由出纳人员根据收付款凭证，按照业务发生顺序逐笔登记。每日终了，应当计算当日的现金收入合计额、现金支出合计额和结余额，将结余额与实际库存额核对，做到账款相符。

实务链接

需要注意的是，目前，不少省市为强化对村级资金管理和使用的监督，实行非现金结算，通过线上监管系统"银农直联"审批支付。在这种情况下，则不用设置"库存现金"账户。

比如，天津市农业农村委员会坚持以数字化改革引领农村集体资产监管，建成了天津市农村集体资产管理信息系统（即"津农经云"），自 2021 年以来，其联合多家商业银行，将"津农经云"拓展实现银农直连功能，逐步推行农村集体经济组织非现金结算；并为进一步落实《农村集体经济组织财务制度》，依托"津农经云"，规范农村集体经济组织会计核算、资产管理、产权交易、资金结算，全面推行非现金结算方式，有效防范财务管理风险。

（二）会计管理要求

库存现金作为流动性最强的资产，对于维持农村集体经济组织正常的生产经营管理具有重要作用，但库存现金也是资产中最容易流失的资产，为此，必须严格管理库存现金。

1. 设置库存现金日记账

农村集体经济组织需要设置"库存现金日记账"，由出纳人员根据收款与付款凭证，按照业务发生顺序逐笔登记。

2. 每日账款核对和清查盘点

每日终了，计算当日的现金收入合计额、现金支出合计额和结余额，将结余额与实际库存额核对，做到账款相符。

每日终了，当结算现金收支、财产清查等发现有待查明原因的现金短缺或溢余时，及时进行账务处理。

3. 加强库存现金的日常管理

①农村集体经济组织必须严格执行国家的《现金管理暂行条例》，实行限额管理，超过限额的现金要及时存入银行账户。

②所有现金均应及时入账，不准以白条抵库，不准坐支、挪用、公款私存。

③在农村集体经济组织向单位和农户收取现金时，手续要完备，应使用统一规定的收款凭证。

④现金收入必须当天入账，尽可能当天送存银行。

（三）主要账务处理

1. 收支现金

农村集体经济组织在收到现金时，借记"库存现金"科目，贷记有关科目；在支出现金时，借记有关科目，贷记"库存现金"科目。如表 4-1 所示。

表 4-1　收支现金的账务处理

业务事项	会计处理
收到现金	借：库存现金 　　贷：银行存款/内部往来/应收款等
支出现金	借：银行存款/内部往来/应收款等 　　贷：库存现金

【例 4-1】本年 1 月 20 日，示范村集体经济组织库存现金为 11 000 元，银行核定限额为 10 000 元，超过部分存入银行。会计分录为：

借：银行存款　　　　　　　　　　　　　　　　　　　　　　　　　1 000

　　贷：库存现金　　　　　　　　　　　　　　　　　　　　　　　　1 000

2. 现金清查

每日终了，由结算现金收支、财产清查等发现的有待查明原因的现金短缺或溢余，应当通过"待处理财产损溢"科目核算：若属于现金短缺，则按照实际短缺的金额，借记"待处理财产损溢——待处理流动资产损溢"科目，贷记"库存现金"科目；若属于现金溢余，则按照实际溢余的金额，借记"库存现金"科目，贷记"待处理财产损溢——待处理流动资产损溢"科目。

在按规定程序批准完处理短缺的现金时，按照可收回的责任人赔偿的金额，借记"内部往来"等科目；按照待处理财产损溢余额，贷记"待处理财产损溢——待处理流动资产损溢"；按照其差额，借记"其他支出"科目。在按规定程序批准完处理溢余的现金时，按照待处理财产损溢余额，借记"待处理财产损溢——待处理流动资产损溢"，贷记"其他收入"科目。如表4-2所示。

表4-2　现金清查的账务处理

业务事项		会计处理
现金短缺	发生现金溢余时	借：待处理财产损溢——待处理流动资产损溢 　　贷：库存现金
	查明原因批准完处理时	借：内部往来 　　　其他支出 　　贷：待处理财产损溢——待处理流动资产损溢
现金溢余	发生现金溢余时	借：库存现金 　　贷：待处理财产损溢——待处理流动资产损溢
	查明原因批准完处理时	借：待处理财产损溢——待处理流动资产损溢 　　贷：其他收入

【例4-2】示范村集体经济组织在现金清查中，发现库存现金比账面余额多出100元。经核查，现金溢余原因不明，经合规程序批准后，转作其他收入。会计分录为：

（1）发生现金溢余时：

借：库存现金　　　　　　　　　　　　　　　　　　　　　　　100

　　贷：待处理财产损溢——待处理流动资产损溢——库存现金　　　100

（2）查明原因批准完处理时：

借：待处理财产损溢——待处理流动资产损溢——库存现金　　　100

　　贷：其他收入　　　　　　　　　　　　　　　　　　　　　100

【例4-3】示范村集体经济组织在现金清查中，发现库存现金较账面余额短缺80元。经核查，现金短缺是报账员小王的遗失造成的。会计分录为：

（1）发生现金短缺时：

借：待处理财产损溢——待处理流动资产损溢——库存现金　　　80

　　贷：库存现金　　　　　　　　　　　　　　　　　　　　　80

（2）查明原因批准完处理时：

借：内部往来——个人——报账员小土　　　　　　　　　　　80

　　贷：待处理财产损溢——待处理流动资产损溢——库存现金　　　80

（3）收到报账员小王赔款时：

借：库存现金　　　　　　　　　　　　　　　　　　　　　　　80

　　贷：内部往来——个人——报账员小王　　　　　　　　　　　80

二、银行存款

银行存款是指农村集体经济组织存放于银行或其他金融机构的货币资金。

（一）会计账户设置

农村集体经济组织应设置"银行存款"账户，用于核算农村集体经济组织存入银行或其他金融机构的款项。"银行存款"借方登记存入银行或其他金融机构的款项，贷方登记提取和支出的款项，期末借方余额反映农村集体经济组织存在银行或其他金融机构的各种款项金额。"银行存款"账户按照银行或其他金融机构名称设置二级明细。

（二）会计管理要求

1. 设置银行存款日记账

农村集体经济组织按照开户银行和其他金融机构、存款种类等设置"银行存款日记账"，由出纳人员根据收款与付款凭证，按照业务的发生顺序逐笔登记，每日终了结出余额。

2. 加强银行存款的日常管理

（1）银行结算账户的管理

为规范村级财务行为，有效监管村级资金的安全规范使用，农村集体经济组织应严格遵守《人民币银行结算账户管理办法》，只开立一个基本存款账户，用于办理日常转账结算和现金收付。此外，可依据有关规定，开立一般存款账户、临时存款账户等。

银行账户类型分为四类：基本存款账户、一般存款账户、临时存款账户和专用存款账户。①基本存款账户是日常转账、结算和现金收付的主要账户，每个农村集体经济组织只能开设一个基本存款账户，且其他银行结算账户的开立必须以基本存款账户为前提；②一般存款账户用于农村集体经济组织除基本户以外的结算需求，如在其他银行有借款或需要获得基本户以外的银行特殊服务。一般存款账户可办理转账结算和现金缴存，但不能支取现金；③临时存款账户主要用于农村集体经济组织的临时经营活动（如异地产品展销）资金收付，有明确的有效期。临时存款账户可办理转账结算、现金存取；④专用存款账户用于办理各项专用资金的收付，需要提供相关部门的批文或证明，适用于需要为特定项目或活动（如项目建设的专项资金）单独设立的财务账户。专用存款账户只能办理转账结算，不能办理现金存取。

银行存款的具体管理要求包括：①不得将集体经济组织收入的现金以个人名义存入银行，不得私设小金库；②不得出租、出借银行账户，不准签发空头支票；③农村集体经济组织的各项收入、支出，都必须通过对公基本户办理转账结算；④农村集体经济组织的支票与印鉴不得由同一个人保管。

实务链接

农村集体经济组织应完善银行存款管理制度，强化银行账户监管。在实现"双代管"的乡镇、街道，应当提高对村级银行账户管理的重视，采取措施，切实保障村级存款的安全。

比如，浙江省玉环市为规范农村集体经济组织银行账户管理，规定村级集体经济组织可以开立基本存款账户、一般存款账户、专用存款账户，除这三类银行账户外，不得开立其他银行结算账户。村级集体经济组织只能在所在乡镇（街道）的一家银行一个营业机构开立一个基本存款账户；一般存款账户原则上不得超过3个；村级集体经济组织根据实际情况可以申请开立一个专用存款账户，专门用于土地补偿款等专项资金的管理和使用。

（2）银行结算方式的选择

银行结算方式是指通过银行账户的资金转移所实现收付的行为，即银行接受客户委托代收代付，从付款单位存款账户划出款项，转入收款单位存款账户，以此完成经济之间债权债务的清算或资金的调拨。根据中国人民银行《支付结算办法》规定，国内银行结算方式主要有银行汇票、商业汇票、银行本票、支票、汇兑、委托收款、托收承付、信用卡、信用证等。农村集体经济组织应根据实际业务需求，选择合适的银行结算方式。

目前，不少省市在资金管理上采取了多项措施以提高资金管理的安全性和透明度，其中之一就是推行村级集体资金管理的非现金结算和村务卡制度。这一措施旨在创新村级资金管理结算方式，确保所有对象、所有项目以及所有金额都实现非现金结算的全覆盖。

3. 定期核对银行存款余额

农村集体经济组织需及时做好银行存款的记账、对账工作，"银行存款日记账"应定期与"银行对账单"核对，至少每月核对一次。农村集体经济组织银行存款账面余额与银行对账单余额之间如有差额，则要编制"银行存款余额调节表"，以调节至相符。

（1）未达账项

未达账项是指由于农村集体经济组织与银行取得凭证的实际时间不同，导致记账时间不一致，而发生的一方已取得结算凭证且已登记入账，而另一方未取得结算凭证尚未入账的款项。不包括遗失结算凭证、发现的待补结算凭证。

农村集体经济组织和银行之间可能会发生以下四种情况的未达账项。

第一种，银行已收而农村集体经济组织未收。银行已经收款入账，而农村集体经济组织尚未收到银行的收款通知因而未收款入账的款项。例如，采用委托银行收款方式结算，银行已代收农村集体经济组织的货款，但农村集体经济组织还没有收到银行的"收账通知单"而没有入账。

第二种，银行已付而农村集体经济组织未付。银行已经付款入账，而农村集体经济组织尚未收到银行的付款通知因而未付款入账的款项。例如，借款利息的扣付、托收无承付等，银行受农村集体经济组织委托代付该村的水电费，银行已付款，但农村集体经济组织还没有收到银行的"付款通知单"而没有入账。

第三种，农村集体经济组织已收而银行未收。农村集体经济组织已经收款入账，而银行尚未办理完转账手续因而未收款入账的款项。例如，农村集体经济组织收到外单位的转账支票，银行还没有来得及入账。

第四种，农村集体经济组织已付而银行未付。农村集体经济组织已经付款入账，而银行尚未办理完转账手续因而未付款入账的款项。例如，农村集体经济组织已开出支票，而持票人还没有向银行提现或转账等。

当出现第一种和第四种情况时，会使农村集体经济组织的银行存款账面余额小于银行对账单的存款余额；当出现第二种和第三种情况时，会使农村集体经济组织的银行存款账面余额大于银行对账单的存款余额。总之，无论出现哪种情况，都会使农村集体经济组织的存款余额与银行对账单存款余额不一致，很容易开出空头支票，因此，必须编制"银行存款余额调节表"进行调节。

（2）银行存款余额调节表

银行存款余额调节表，是在银行对账单余额与农村集体经济组织账面余额的基础上，各自加上对方已收、本单位未收账项数额，减去对方已付、本单位未付账项数额，以调整双方余额使其一致所编制的一种调节表。

银行存款余额调节表的编制步骤如下。

①到银行打印银行对账单。

②将农村集体经济组织账目余额与银行对账单余额进行核对。

③当发现余额不符，存在差异时，先核对差异原因；确定是因账目记错，还是因有"未达账项"造成的差异。

④当确定差异原因是由"未达账项"造成时，则编制银行存款余额调节表。如表4-3所示。

表4-3　银行存款余额调节表

单位名称：		核对时期：	
开户银行：		开户账号：	
科目名称：		科目编码：	
项目	金额	项目	金额
农村集体经济组织银行存款日记账余额		银行对账单存款余额	
加：银行已收、农村集体经济组织未收款		加：农村集体经济组织已收、银行未收款	
减：银行已付、农村集体经济组织未付款		减：农村集体经济组织已付、银行未付款	
日记账调节后的银行存款余额		对账单调节后的存款余额	

其中，表4-3的左边，农村集体经济组织银行存款日记账调节后的存款余额=农村集体经济组织银行存款日记账余额+银行已收而农村集体经济组织未收账项－银行已付而农村集体经济组织未付账项。表4-3的右边，银行对账单调节后的存款余额=银行对账单存款余额+农村集体经济组织已收而银行未收账项－农村集体经济组织已付而银行未付账项。

通过核对调节，"银行存款余额调节表"上的左右双方余额相等，一般可以说明双方记账没有差错。如果经调节仍不相等，则需要进一步采用对账方法查明原因。对于长期搁置的未达账项，应及时查询原始凭证、账簿和相关资料，查清原因，在必要时和银行联系核对，及时解决"悬账"问题。调节相等后的银行存款余额是当日可以动用的银行存款实有数。

对于银行已经划账，而农村集体经济组织尚未入账的未达账项，要待银行结算凭证到达后，才能据以入账，不能以"银行存款调节表"作为记账依据。

（三）主要账务处理

农村集体经济组织将款项在存入银行或其他金融机构时，借记"银行存款"科目，贷记有关科目；在提取和支出存款时，借记有关科目，贷记"银行存款"科目。如表4-4所示。

表 4-4　银行存款业务事项的账务处理

业务事项	会计处理
款项存入银行或其他金融机构	借：银行存款 　贷：库存现金/经营收入/其他收入等
提取和支出存款	借：库存现金/经营支出/库存物资/固定资产/无形资产等 　贷：银行存款

【例 4-4】本年 6 月 31 日，示范村集体经济组织收到销售稻谷收入 10 000 元，当日存入银行。假设不考虑税费因素[①]，则会计分录为：

借：银行存款　　　　　　　　　　　　　　　　　　　　　　　　　10 000
　贷：经营收入——销售收入——农产品销售收入　　　　　　　　　　　10 000

【例 4-5】本年 7 月 1 日，示范村集体经济组织使用银行资金购入一台无须安装的生产用加工设备，采购价款为 565 000 元。假设不考虑税费因素，则会计分录为：

借：固定资产——经营性固定资产——机器设备　　　　　　　　　565 000
　贷：银行存款　　　　　　　　　　　　　　　　　　　　　　　　565 000

【例 4-6】接上例 4-5，假设上述经济业务考虑税费因素，示范村集体经济组织使用资金购入一台无须安装的生产用加工设备，采购价款为 650 000 元，取得了增值税专用发票。增值税专用发票在本期认证抵扣，发票记载不含税销售额为 500 000 元，税额为 65 000 元。假设示范村农村集体经济组织已设立为股份经济合作社，并办理了税务登记，认定为增值税一般纳税人，会计分录为：

借：固定资产——经营性固定资产——机器设备　　　　　　　　　500 000
　　应交税费——应交增值税（进项税额）　　　　　　　　　　　　65 000
　贷：银行存款　　　　　　　　　　　　　　　　　　　　　　　　565 000

第二节　应收款项的核算

一、应收款

应收款是农村集体经济组织的流动资产之一，也是农村集体经济组织与非成员（包括单位及个人）之间发生的各种应收及暂付款项，包括因销售库存物资、提供服务应收取的款项以及应收的各种赔款、罚款、利息等。

（一）会计账户设置

农村集体经济组织需设置"应收款"账户，用于核算农村集体经济组织与非成员之间发生的各种应收及暂付款项。"应收款"借方登记增加的各种应收及暂付款项，贷方登记减少的各种应收及暂付款项。期末借方余额反映农村集体经济组织尚未收回的应收及暂付款项。

---

① 增值税及其附加税费的内容在本书第四章第 6 节、第九章第 5 节有详细介绍。因销售环节的税费更为复杂，故此章节暂不考虑销售业务的税费因素，仅考虑采购业务的税费因素。

"应收款"按照发生应收及暂付款项的非成员的单位或个人设置明细科目,进行明细核算。例如,"应收款"账户的二级明细可设置为:"应收款——应收账款""应收款——预付账款""应收款——应收票据"和"应收款——其他",如图 4-1 所示。此外,根据经济业务需要,结合重要性原则,可增设其他相关的二级明细科目,比如"应收款——应收利润"。

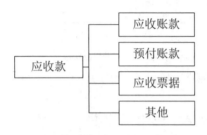

图 4-1 "应收款"账户明细设置

(二)会计管理要求

1. 加强应收款管理

农村集体经济组织应当按照有关法律、法规、政策以及组织章程加强对应收款项的管理。

(1)应收款的入账时间要根据经济业务发生的时间来确定。应收款的计价按照实际发生的金额计价入账,包括销售库存物资、提供服务从购货方或接受服务方应收的合同或协议价款、增值税销项税额,以及代购货单位垫付的包装费、运杂费、保险费等。

(2)农村集体经济组织应加强对应收款数额和回收时间的控制,采取切实可行的措施,及时催收"应收款"。农村集体经济组织应当重视应收款的清理工作,完善定期核对催收制度;对于账龄较长的应收款,要及时追踪、清缴。若产生确认的坏账,必须按规定程序批准核销,任何人不得擅自核销应收款。

2. 定期全面清查

农村集体经济组织应当在每年年度终了,对应收款进行全面清查,做到账实相符;对于已发生损失但尚未批准核销的应收款,应当在会计报表附注中进行披露。

(三)主要账务处理

1. 发生或收回应收款

农村集体经济组织与非成员之间在发生各种应收及暂付款项时,借记"应收款"科目,贷记"库存现金""银行存款""经营收入""投资收益"等科目;在发生收回应收款时,借记"库存现金""银行存款"等科目,贷记"应收款"科目。如表 4-5 所示。

表 4-5 发生或收回应收款的账务处理

业务事项		会计处理
农村集体经济组织与非成员之间发生各种应收及暂付款项	发生应收及暂付款项	借:应收款 　　贷:库存现金/银行存款/经营收入/投资收益等
	收回应收款	借:库存现金/银行存款等 　　贷:应收款

【例 4-7】本年 1 月 12 日，示范村集体经济组织销售一批大米到 A 超市，成本为 40 000 元，售价为 44 000 元，并以银行存款代垫运杂费为 200 元，已办妥托收手续，货款尚未收到。假设不考虑税费因素。会计分录为：

（1）确认销售收入时：

借：应收款——应收账款——A 超市   44 200

    贷：经营收入——销售收入——农产品销售收入——大米   44 000

    银行存款   200

（2）同时结转销售成本：

借：经营支出——销售支出——农产品销售支出——大米   40 000

    贷：库存物资——农产品——大米   40 000

【例 4-8】接上例 4-7，本年 1 月 20 日，示范村集体经济组织收到 A 超市购货款及运杂费 44 200 元，当日存入银行。会计分录为：

借：银行存款   44 200

    贷：应收款——应收账款——A 超市   44 200

2. 取得用暂付款购得的库存物资、服务

当取得用暂付款购得的库存物资、服务时，借记"库存物资"等科目，贷记"应收款"科目。如表 4-6 所示。

表 4-6 取得暂付款购得的库存物资、服务的账务处理

业务事项		会计处理
取得用暂付款购得的库存物资、服务	不涉及税款时	借：库存物资等 贷：应收款

	涉及税款时	借：库存物资
		    应交税费——应交增值税（进项税额）
		    贷：应收款

【例 4-9】本年 2 月 10 日，示范村集体经济组织向 B 农业塑料制品有限公司转账支付定金 5 000 元，用于购买农用塑料薄膜。会计分录为：

借：应收款——预付账款——B 农业塑料制品有限公司   5 000

    贷：银行存款   5 000

【例 4-10】接上例 4-9，本年 3 月 15 日，示范村集体经济组织收到 B 农业塑料制品有限公司的农用塑料薄膜，并验收入库。该批农用塑料薄膜总价值为 32 700 元，取得了增值税专用发票。增值税专用发票在本期认证抵扣，发票记载不含税销售额为 30 000 元，税额为 2 700 元①。假设示范村农村集体经济组织已设立为股份经济合作社，并办理了税务登记，认定为增值税一般纳税人。会计分录为：

借：库存物资——低值易耗品——农膜   30 000

    应交税费——应交增值税（进项税额）   2 700

---

① 根据现行增值税征收规定，一般纳税人销售农药、农机、农膜等增值税税率为 9%。

　　　　贷：应收款——预付账款——B 农业塑料制品有限公司　　　　　　 5 000
　　　　　　银行存款　　　　　　　　　　　　　　　　　　　　　　　　 27 700
　　　假设：上述示范村股份经济合作社为小规模纳税人，则会计分录为：
　　　借：库存物资——低值易耗品——农膜　　　　　　　　　　　　　　 32 700
　　　　贷：应收款——预付账款——B 农业塑料制品有限公司　　　　　　 5 000
　　　　　　银行存款　　　　　　　　　　　　　　　　　　　　　　　　 27 700
　　3. 无法收回应收款项
　　　对确实无法收回的应收及暂付款项，在按规定程序批准核销时，借记"其他支出"
等科目，贷记"应收款"科目，如表 4-7 所示。需要注意的是：为防止农村集体经济组
织集体资产流失，应规范村级债权债务核销及处置程序；农村集体经济组织必须根据相
关法律法规、经审批后，方可对应收款进行核销处理。

表 4-7　无法收回应收款项的账务处理

业务事项	会计处理
确实无法收回的应收及暂付款项	借：其他支出 　　贷：应收款

　　【例 4-11】本年 4 月 8 日，示范村集体经济组织经批准后，准予核销因老霍死亡而
确定无法收回的应收款 290 元。老霍不是该农村集体经济组织成员，其欠款为 20 年之前
发生的、应付的购买本村蔬果的尾款。会计分录为：
　　　借：其他支出——确实无法收回的应收款项损失　　　　　　　　　　 290
　　　　贷：应收款——应收账款——老霍　　　　　　　　　　　　　　　 290

第三节　内部往来的核算

　　　内部往来是指农村集体经济组织与成员之间发生的各种应收、暂付及应付、暂收款
项等经济业务往来，包括一事一议资金、年终收益成员分红、成员承包费、承包地和闲
置农房委托流转资金以及代收成员水电费、物业费等。"内部往来"是一个双重性质的账
户，属于资产、负债双重账户；凡是农村集体经济组织与成员之间发生的经济往来业务，
都通过"内部往来"账户进行核算。
　　一、会计账户设置
　　　农村集体经济组织需设置"内部往来"账户，用于核算农村集体经济组织与成员之
间发生的各种应收及应付款项等经济往来业务。借方登记农村集体经济组织与成员发生
的应收款项和偿还的应付款项，贷方登记收回的应收款项和发生的应付款项。期末借方
余额合计数反映农村集体经济组织成员欠农村集体经济组织的款项总额；期末贷方余额
合计数反映农村集体经济组织欠成员的款项总额。
　　　本科目按照农村集体经济组织成员设置明细科目。各明细科目年末借方余额合计数
应在资产负债表的"应收款项"项目内反映，年末贷方余额合计数应在资产负债表的"应

付款项"项目内反映。

二、会计管理要求

1. 明确内部往来资金的责任人员

农村集体经济组织需要加强对内部往来资金的管理,明确责任领导和具体承办人员,落实"谁经办、谁签字、谁负责"的原则,建立定期报告和通报机制,抓紧清收,逐笔落实到位。如果发现了重大往来款项管理问题,则应及时启动责任追究,做到权责统一,避免造成不必要的损失。

2. 定期清理内部往来款项

农村集体经济组织应当重视内部往来款项的清理工作,定期清理内部往来款项,完善内部往来款定期核对催收制度,保证往来款项能够在年内清理。对于跨年度的个人内部往来,要及时追踪、清缴。实行动态管理,建立内部往来款台账和已核销内部往来款台账,确保每一笔内部往来款项都有迹可循。

3. 加强内部往来的日常监督

农村集体经济组织可以建立科学有效的预警系统,充分发挥财会监督、监测和警示的作用,把内部往来情况纳入财务监督,及时发现往来款项管理中的问题,对不按时归还借款的行为亮出"黄灯"警示,并及时催缴。

三、主要账务处理

1. 发生或收回款项

农村集体经济组织与成员在发生应收款项和偿还应付款项时,借记"内部往来"科目,贷记"库存现金""银行存款"等科目;在发生收回应收款项、应付款项、一次收取多期发包或出租款项等时,借记"库存现金""银行存款"等科目,贷记"内部往来"科目。如表4-8所示。

表4-8　发生或收回款项的账务处理

业务事项		会计处理
农村集体经济组织与成员之间	发生应收款项和偿还应付款项	借:内部往来 贷:库存现金/银行存款等
	收回应收款项、发生应付款项、一次收取多期发包或出租款项等	借:库存现金/银行存款等 贷:内部往来
	一次收取多期发包或出租款项,每期确认发包或出租收入	借:内部往来 贷:经营收入

【例4-12】示范村集体经济组织成员李丙承包本村机动地10亩,承包费每年每亩1 000元,每年12月1日前支付。本年年底,李丙因家人生病急需用钱,未缴纳本年度的承包费。下一年2月8日李丙缴纳了承包费。假设不考虑税费因素。会计分录为:

(1)当年12月1日,发生欠交承包金时:

借:内部往来——内部个人——李丙　　　　　　　　　　　　　10 000

　　贷:经营收入——发包收入　　　　　　　　　　　　　　　　　　10 000

（2）下一年 2 月 8 日，实际收到承包费时：

借：银行存款　　　　　　　　　　　　　　　　　　　　　　　　　　10 000

　　贷：内部往来——内部个人——李丙　　　　　　　　　　　　　　　　　10 000

【例 4-13】示范村集体经济组织将村内鱼塘出租给本村成员王二。根据租赁协议规定，年租金为 10 000 元，第一年需要预交三年的租金。假设不考虑税费因素。会计分录为：

（1）第一年，示范村收到三年租金，并确认第一年的租金收入时：

借：银行存款　　　　　　　　　　　　　　　　　　　　　　　　　　30 000

　　贷：内部往来——内部个人——王二　　　　　　　　　　　　　　　　　20 000

　　　　经营收入——发包收入　　　　　　　　　　　　　　　　　　　　10 000

（2）第二年，示范村确认当年的租金收入时：

借：内部往来——内部个人——王二　　　　　　　　　　　　　　　　　10 000

　　贷：经营收入——发包收入　　　　　　　　　　　　　　　　　　　　10 000

（3）第三年，示范村确认当年的租金收入时：

借：内部往来——内部个人——王二　　　　　　　　　　　　　　　　　10 000

　　贷：经营收入——发包收入　　　　　　　　　　　　　　　　　　　　10 000

2. 发生承包金

农村集体经济组织因成员承包集体耕地、林地、果园、鱼塘等而发生的应收承包金等，年终按经过批准的方案结算出本期成员应交而未交的款项时，借记"内部往来"科目，贷记"经营收入——发包收入"科目；在实际收到款项时，借记"库存现金""银行存款"等科目，贷记"内部往来"科目。如表 4-9 所示。

表 4-9　发生承包金的账务处理

业务事项		会计处理
农村集体经济组织因成员承包集体耕地、林地、果园、鱼塘等而发生的应收承包金	年终按经过批准的方案结算出本期成员应交未交的款项	借：内部往来 　　贷：经营收入——发包收入
	实际收到款项	借：库存现金/银行存款等 　　贷：内部往来

【例 4-14】本年示范村集体经济组织将村内的一个果园承包给本村成员王某，承包金为 8 000 元/年。当年 12 月 31 日，根据承包合同应收取王某的承包金。但截至年末，尚未收到承包金。下一年 2 月 20 日，收到王某欠交的承包金 8 000 元，存入银行。假设不考虑税费因素。会计分录为：

（1）当年 12 月 31 日，根据承包合同，确认结算承包金时：

借：内部往来——内部个人——王某　　　　　　　　　　　　　　　　　8 000

　　贷：经营收入——发包收入　　　　　　　　　　　　　　　　　　　　8 000

（2）下一年 2 月 20 日，收到承包金时：

借：银行存款　　　　　　　　　　　　　　　　　　　　　　　　　　8 000

　　贷：内部往来——内部个人——王某　　　　　　　　　　　　　　　　　8 000

3. 因筹集一事一议资金发生应收款项

农村集体经济组织因筹集一事一议资金与成员发生的应收款项，在筹资方案经成员大会或成员代表大会通过时，按照筹资方案规定的金额，借记"内部往来"科目，贷记"一事一议资金"科目；在收到款项时，借记"库存现金""银行存款"等科目，贷记"内部往来"科目。如表4-10所示。

表4-10　因筹集一事一议资金发生应收款项的账务处理

业务事项		会计处理
农村集体经济组织因筹集一事一议资金与成员发生的应收款项	筹资方案经成员大会或成员代表大会通过	借：内部往来 　　贷：一事一议资金
	收到款项	借：库存现金/银行存款等 　　贷：内部往来

【例4-15】本年4月1日，示范村集体经济组织因修建桥梁进行"一事一议"筹资，经成员大会讨论通过，每位成员应当缴纳15元筹资款，全村应收6 000元，实际筹集到资金6 000元。会计分录为：

（1）"一事一议"筹资方案通过后：

借：内部往来——内部个人——（各成员名）　　　　　　　　　6 000

　　贷：一事一议资金——修建桥梁款　　　　　　　　　　　　　6 000

（2）收到成员交来筹资款时：

借：银行存款　　　　　　　　　　　　　　　　　　　　　　　6 000

　　贷：内部往来——内部个人——（各成员名）　　　　　　　　6 000

4. 分配成员收益

农村集体经济组织在对成员进行收益分配时，借记"收益分配——各项分配"科目，贷记"内部往来"科目；在实际发放款项时，借记"内部往来"科目，贷记"银行存款"科目。如表4-11所示。

表4-11　收益分配的账务处理

业务事项		会计处理
农村集体经济组织对成员进行收益分配	批准分配款项	借：收益分配——各项分配 　　贷：内部往来
	实际发放款项	借：内部往来 　　贷：银行存款

【例4-16】本年1月1日，示范村集体经济组织根据组织章程、收益分配方案等，经成员大会审议，决定对本村集体经济组织成员进行收益分配。1月25日，根据收益分配表，发放成员收益30 000元。会计分录为：

（1）1月1日批准成员收益分配款时：

借：收益分配——各项分配　　　　　　　　　　　　　　　　　30 000

　　贷：内部往来——内部个人——（各成员名）　　　　　　　　30 000

（2）1月25日，实际发放成员收益时：

借：内部往来——内部个人——（各成员名）　　　　　　　30 000

　　贷：银行存款　　　　　　　　　　　　　　　　　　　　　　30 000

5. 无法收回和无须偿还的内部往来

当发生无法收回的内部往来款项时，借记"其他支出"科目，贷记"内部往来"科目。当发生无须偿还的内部往来款项时，借记"内部往来"科目，贷记"其他收入"科目。如表4-12所示。

表4-12　无法收回和无须偿还的内部往来账务处理

业务事项		会计处理
发生内部往来款项	无法收回的内部往来款项	借：其他支出 　　贷：内部往来
	无须偿还的内部往来款项	借：内部往来 　　贷：其他收入

需要注意的是：农村集体经济组织必须根据相关法律法规、经审批后，方可对无法收回和无须偿还的内部往来进行核销处理。

第四节　应付款的核算

应付款是指农村集体经济组织与非成员（包括单位及个人）之间发生的偿还期在1年以内（含1年）的各种应付及暂收款项，包括因购买库存物资和接受服务等应付的款项以及应付的赔款等。

一、会计账户设置

农村集体经济组织需设置应付款账户，用于核算农村集体经济组织应付款的发生、偿还转销等情况。贷方登记农村集体经济组织与非成员之间发生各种应付及暂收款项，借方登记实际偿还应付及暂收款项数额。期末贷方余额反映农村集体经济组织尚未支付的应付及暂收款项。

应付款账户应按照发生应付及暂收款项的非成员的单位或个人设置明细账，进行明细核算。例如，应付款账户的二级明细科目可设置为："应付款——应付账款""应付款——预收账款"和"应付款——其他"，如图4-2所示。

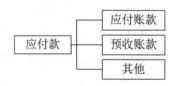

图4-2　应付款账户明细设置

二、会计管理要求

1. 规范应付款的入账处理

应付账款的入账时间应以与所购买物资所有权有关的风险和报酬已经转移或劳务已经接受为标志。但在实际工作中应根据实际情况进行处理：①在物资和发票账单同时到达的情况下。应付账款一般在待物资验收入库后，才按发票账单登记入账。这主要是为了确认所购入的物资是否在质量、数量和品种上都与合同上订明的条件相符，以免因先入账而在验收入库时发现购入物资错、漏、破损等问题而再调账；②在物资和发票账单未同时到达的情况下。有时货物已到，发票账单要间隔较长时间才能到达，一般在实际工作中，采用在月份终了将所购物资和应付款估计入账，待下月初再用"红字"冲回。

应付账款一般按应付金额入账，而不按到期应付金额的现值入账。如果购入的资产在形成一笔应付账款时是带有现金折扣[①]的，则应付账款入账金额的确定按发票上记载的应付金额的总值（即不扣除折扣）记账。

2. 加强应付款的日常管理

农村集体经济组织应加强对应付款的日常管理，重视对对账单的管理，每年根据对账次序将对账单装订成册，供应商提供的对账资料可作为对账单的附件与对账单一并装订保存。

三、主要账务处理

1. 发生和偿还的应付款项

农村集体经济组织与非成员之间当发生各种应付及暂收款项（含一次收取多期发包或出租款项）时，借记"库存现金""银行存款""库存物资""经营支出""其他支出"等科目，贷记"应付款"科目。当偿还应付及暂收款项时，按照实际支付的金额，借记"应付款"科目，贷记"银行存款"等科目。

农村集体经济组织与非成员之间发生一次收取多期发包或出租款项的，在每期确认发包或出租收入时，借记"应付款"科目，贷记"经营收入"科目。如表 4-13 所示。

表 4-13 发生和偿还的应付款项账务处理

业务事项		会计处理
农村集体经济组织与非成员之间	发生的应付及暂收款项	借：库存现金/银行存款/库存物资/经营支出/其他支出等 　　贷：应付款
	偿还应付款项	借：应付款 　　贷：银行存款
	一次收取多期发包或出租款项的，每期确认发包或出租收入	借：应付款 　　贷：经营收入

---

① 现金折扣是为了鼓励购货方在一定时期内早日付款而给予的价格扣除。例如，付款政策规定（2/10, 1/20, N/30），表示在 10 天内付款，购买者能够从发票面值中得到 2%的折扣；在超过 10 天、没超过 20 天内付款，得到 2%的折扣；在超过 20 天、没超过 30 天内付款，支付发票的全部金额。

【例 4-17】本年 4 月 13 日，示范村集体经济组织从 A 农药生产企业购进杀菌剂 50 瓶用于果园的苹果白粉病防治，每瓶单价为 40 元，总价值为 2 000 元，价款尚未支付。5 月 5 日，示范村集体经济组织以银行存款支付了杀菌剂的货款。假设不考虑税费因素，会计分录为：

（1）4 月 13 日购买杀菌剂时：

借：库存物资——农用材料——杀菌剂 　　　　　　　　　　　　　2 000
　　贷：应付款——应付账款——A 农药生产企业 　　　　　　　　　　　2 000

（2）5 月 5 日，支付杀菌剂货款时：

借：应付款——应付账款——A 农药生产企业 　　　　　　　　　　　2 000
　　贷：银行存款 　　　　　　　　　　　　　　　　　　　　　　　　2 000

【例 4-18】接上例 4-17，如果示范村农村集体经济组织已设立为股份经济合作社，并办理了税务登记，被认定为增值税一般纳税人。4 月 13 日，示范村集体经济组织从 A 农药生产企业购进杀菌剂 50 瓶用于果园的苹果白粉病防治，每瓶单价为 40 元，取得了增值税专用发票，发票记载不含税的销售额为 1 834.86 元，税额为 165.14 元[①]，价税合计为 2 000 元。增值税专用发票在本期认证抵扣，价款尚未支付。5 月 5 日，示范村集体经济组织以银行存款支付了杀菌剂的货款。会计分录为：

（1）4 月 13 日购买杀菌剂时：

借：库存物资——农用材料——杀菌剂 　　　　　　　　　　　　　1 834.86
　　应交税费——应交增值税（进项税额） 　　　　　　　　　　　　165.14
　　贷：应付款——应付账款——A 农药生产企业 　　　　　　　　　　　2 000

（2）5 月 5 日，支付杀菌剂货款时：

借：应付款——应付账款——A 农药生产企业 　　　　　　　　　　　2 000
　　贷：银行存款 　　　　　　　　　　　　　　　　　　　　　　　　2 000

【例 4-19】示范村集体经济组织将村集体闲置鱼塘发包，经公开产权交易，本年 3 月 1 日，示范村与承包方 Y 公司签订了承包村集体闲置鱼塘合同，合同约定每年承包费为 1.5 万元，在合同生效时，Y 公司需一次性缴纳 5 年的承包费 7.5 万元。假设不考虑税费因素。会计分录为：

（1）3 月 1 日收到 Y 公司的 5 年的承包费时：

借：银行存款 　　　　　　　　　　　　　　　　　　　　　　　　75 000
　　贷：经营收入——发包收入 　　　　　　　　　　　　　　　　　　15 000
　　　　应付款——预收账款——预收 Y 公司鱼塘发包款 　　　　　　　60 000

（2）之后每年确认收入时：

借：应付款——预收账款——预收 Y 公司鱼塘发包款 　　　　　　　15 000
　　贷：经营收入——发包收入 　　　　　　　　　　　　　　　　　　15 000

2. 应付利息日计提利息

在应付利息日，按照合同利率计算确定的利息，借记"其他支出"科目，贷记"应

---

① 根据现行增值税征收规定，一般纳税人销售农药、农机、农膜等增值税税率为 9%。

付款"科目。支付应付利息时，借记"应付款"科目，贷记"银行存款"科目。如表4-14所示。

表4-14　计提利息的账务处理

业务事项	计价依据	会计处理
应付利息日计提利息	按照合同利率计算确定的利息	借：其他支出 　　贷：应付款
支付应付利息	应支付的利息金额	借：应付款 　　贷：银行存款

3. 无法偿还或豁免款项

因债权人特殊原因等确实无法偿还的应付及暂收款项或获得债权人的债务豁免时，按规定报经批准后，借记"应付款"科目，贷记"其他收入"科目，如表4-15所示。

需要注意的是：农村集体经济组织要积极化解债务，但是不能随意进行债务核销；长期挂账的债务应查证核实，确实无法偿还的应付及暂收款项或获得债权人的债务豁免的，在经"四议两公开"规定程序议事后，应附债务核销说明予以核销。

表4-15　无法偿还或豁免款项的账务处理

业务事项	会计处理
因债权人特殊原因等确实无法偿还的应付及暂收款项或获得债权人的债务豁免	借：应付款 　　贷：其他收入

【例4-20】示范村集体经济组织欠外地个体工商户李甲2 000元的赔偿金，该赔偿金因保险公司未赔付至该村，造成一直处于拖欠状态。李甲不是该农村集体经济组织成员，在年底进行债权债务清查时，确认李甲已去世，且此人没有继承人，无法偿还。按规定上报，经批准后予以核销该笔欠款。会计分录为：

借：应付款——李甲　　　　　　　　　　　　　　　　　　　　2 000
　　贷：其他收入——无法偿付的应付款项　　　　　　　　　　　　2 000

第五节　应付工资和应付劳务费的核算

一、应付工资

应付工资是指农村集体经济组织应支付给管理人员、固定员工等职工的工资总额，包括在工资总额内的各种工资、奖金、津贴、补助、社会保险费等。不论是否在当月支付，都应通过"应付工资"科目核算。

（一）会计账户设置

农村集体经济组织需设置"应付工资"账户，用于核算农村集体经济组织支付给职工的工资总额。贷方登记农村集体经济组织计算的应由本期承担的包括在工资总额内的各种工资、奖金、津贴、补助、社会保险费等，借方登记应付工资的减少额。期末一般无余额，如果贷方有余额，则反映农村集体经济组织的工资额已提取但尚未支付。

（二）会计管理要求

1. 正确编制"工资表"

农村集体经济组织应当按照劳动工资制度规定，编制"工资表"，如表 4-16 所示。计算各种工资，再将"工资表"进行汇总，编制"工资汇总表"。

2. 设置明细账进行明细核算

农村集体经济组织应当设置"应付工资明细账"，按照管理人员和固定员工的类别及应付工资的组成内容，进行明细核算。

3. 代扣代缴个人所得税

会计人员应根据《个人所得税扣缴申报管理办法（试行）》，代扣代缴农村集体经济组织应支付给管理人员、固定员工等职工工资的个人所得税。

表 4-16 工资表

发放单位：　　　　所属月份：　　　　发放日期：　　　　金额单位：元

序号	姓名	职位	实出勤天数	基本工资	奖金	应发工资	社保工资申报基数	养老保险		医疗保险		失业保险		工伤保险	生育保险	合计 单位缴纳	合计 个人缴纳	专项附加扣除	个人所得税	其他扣款	实发工资	签字	备注
								单位 缴纳16%	个人 缴纳8%	单位 缴纳6%	个人 缴纳2%	单位 缴纳0.5%	个人 缴纳0.5%	单位 缴纳0.16%	单位 缴纳0.8%								
1																							
2																							
3																							
4																							
5																							
6																							
7																							
8																							
9																							
10																							
合计																							

主管领导：　　　　　　　　　　制表人：

（三）主要账务处理

在提取工资时，根据人员岗位进行工资分配，借记"在建工程""生产（劳务）成本""经营支出""管理费用"等科目，贷记"应付工资"科目。在实际支付工资时，借记"应付工资"科目；根据实际支付工资金额，贷记"库存现金""银行存款"等科目；根据代扣代缴的个人所得税，贷记"应交税费——应交个人所得税"[①]。如表4-17所示。

表4-17　应付工资业务事项的账务处理

业务事项	会计处理
提取工资	借：在建工程/生产（劳务）成本/经营支出/管理费用等 　　贷：应付工资
实际支付工资	借：应付工资 　　贷：库存现金/银行存款等 　　　　应交税费——应交个人所得税

【例4-21】示范村集体经济组织根据6月份工资表，编制工资费用分配表，如表4-18所示。按规定提取的人员工资为124 000元，其中，应由个人承担缴纳的养老保险为9 920元、医疗保险为2 480元、失业保险为620元、代扣代缴的个人所得税为1 050元。由单位承担的基本养老保险为19 840元、医疗保险为7 440元、失业保险为620元、工伤保险为198元、生育保险为992元。月底以银行存款转账支付，会计分录为：

（1）提取工资时：

借：管理费用——人员报酬——管理人员及固定员工的报酬　　　　69 138

　　生产（劳务）成本——劳务成本　　　　　　　　　　　　　49 384

　　在建工程——经营性在建工程　　　　　　　　　　　　　 34 569

　　贷：应付工资——管理人员及固定员工的报酬——工资　　　　　　124 000

　　　　应付工资——管理人员及固定员工的报酬——养老保险（单位承担）19 840

　　　　应付工资——管理人员及固定员工的报酬——医疗保险（单位承担）　7 440

　　　　应付工资——管理人员及固定员工的报酬——失业保险（单位承担）　　620

　　　　应付工资——管理人员及固定员工的报酬——工伤保险（单位承担）　　198

　　　　应付工资——管理人员及固定员工的报酬——生育保险（单位承担）　　992

（2）发放工资并代扣个人所得税时：

借：应付工资——管理人员及固定员工的报酬——工资　　　　124 000

　　贷：应付款——其他——养老保险（个人承担）　　　　　　　　9 920

　　　　应付款——其他——医疗保险（个人承担）　　　　　　　　2 480

　　　　应付款——其他——失业保险（个人承担）　　　　　　　　　620

　　　　应交税费——应交个人所得税　　　　　　　　　　　　　1 050

　　　　银行存款　　　　　　　　　　　　　　　　　　　　109 930

（3）缴纳个人承担部分的保险和个人所得税时：

[①] "应交税费——应交个人所得税"二级明细科目，也可设置为"应交税费——代扣代缴个人所得税"。

借：应付款——其他——养老保险（个人承担） 9 920

应付款——其他——医疗保险（个人承担） 2 480

应付款——其他——失业保险（个人承担） 620

应交税费——应交个人所得税 1 050

贷：银行存款 14 070

表4-18 示范村集体经济组织6月份工资费用分配表（简表）

部门	应发工资（元）	社保工资申报基数（元）	养老保险		医疗保险		失业保险		工伤保险	生育保险	合计单位缴纳（元）	合计个人缴纳（元）	个人所得税（元）	实发工资（元）
			单位缴纳 16%	个人缴纳 8%	单位缴纳 6%	个人缴纳 2%	单位缴纳 0.5%	个人缴纳 0.5%	单位缴纳 0.16%	单位缴纳 0.8%				
管理人员	56 000	56 000	8 960	4 480	3 360	1 120	280	280	90	448	13 138	5 880	450	49 670
生产人员	40 000	40 000	6 400	3 200	2 400	800	200	200	64	320	9 384	4 200	360	35 440
工程人员	28 000	28 000	4 480	2 240	1 680	560	140	140	45	224	6 569	2 940	240	24 820
合计	**124 000**	**124 000**	**19 840**	**9 920**	**7 440**	**2 480**	**620**	**620**	**198**	**992**	**29 090**	**13 020**	**1 050**	**109 930**

二、应付劳务费

应付劳务费是指农村集体经济组织应支付给季节性用工等临时性工作人员的劳务费总额，包括在劳务费总额内的各种奖金、津贴、补助等，不论是否在当月支付，都应通过"应付劳务费"科目核算。

（一）会计账户设置

农村集体经济组织需设置"应付劳务费"账户，用于核算临时性工作人员的劳务费用。贷方登记农村集体经济组织计算的包括在劳务费总额内的各种奖金、津贴、补助等，借方登记应付劳务费的减少额。期末一般无余额，如果贷方有余额，则反映农村集体经济组织的劳务费金额已提取但尚未支付。

（二）会计管理要求

1. 设置明细账进行明细核算

农村集体经济组织应当设置"应付劳务费明细账"，按照临时性工作人员的姓名、类别以及应付劳务费的组成内容等，进行明细核算。

2. 正确区分劳务费和工资

劳务费和应付工资是两种不同性质的费用，它们在适用法律、管理方式、财务核算等方面存在差异。一是，从法律角度来看，工资性支出是指按《中华人民共和国劳动法》（以下简称《劳动法》）规定的用人单位和劳动者签订劳动合同后支付的工资报酬，而劳务报酬一般是根据《中华人民共和国合同法》（以下简称《合同法》）的有关规定而取得的报酬。因此，签订劳动合同的员工享有《劳动法》的权利义务，与用工单位存在着雇佣、被雇佣的关系，用人单位除了支付工资报酬之外，还应履行缴纳社会保险的义务；劳务报酬则不存在这种关系，劳动者的劳动具有独立性、自由性，其行为受《合同法》

的调整。二是，从管理方式上看，被支付工资的员工都记载在单位的职工名册中，并且日常进行考勤或签到。农村集体经济组织需要根据上述两条标准，正确区分工作人员的劳务费和工资，分别在"应付劳务费"和"应付工资"中进行会计核算。

（三）主要账务处理

农村集体经济组织在提取劳务费时，根据人员岗位进行劳务费分配，借记"在建工程""生产（劳务）成本""经营支出"、"管理费用"等科目，贷记"应付劳务费"科目。在实际支付劳务费时，借记"应付劳务费"科目，贷记"库存现金""银行存款"等科目。如表4-19所示。

表4-19　应付劳务费业务事项的账务处理

业务事项	会计处理
提取劳务费	借：在建工程/生产（劳务）成本/经营支出/管理费用等 　　贷：应付劳务费
实际支付劳务费	借：应付劳务费 　　贷：库存现金、银行存款

【例4-22】本年4月29日，示范村集体经济组织自建一处厂房，临时聘用1位劳务人员，劳务费为3 000元/月。5月29日，厂房建造完成，发放劳务费。会计分录为：

（1）确认劳务费时：

借：在建工程——经营性在建工程——厂房　　　　　　　　　　　　　3 000

　　贷：应付劳务费——厂房建造临时用工　　　　　　　　　　　　　　　　3 000

（2）支付劳务费时：

借：应付劳务费——厂房建造临时用工　　　　　　　　　　　　　　　3 000

　　贷：银行存款　　　　　　　　　　　　　　　　　　　　　　　　　　　3 000

【例4-22】延用例4-21的业务，在考虑税费因素后，对以上劳务费代扣代缴个人所得税。会计分录为：

（1）确认劳务费时：

代扣代缴劳务报酬的个人所得税=（3000−800）×20%[①]=440（元）

借：在建工程——经营性在建工程——厂房　　　　　　　　　　　　　3 000

　　贷：应付劳务费——厂房建造临时用工　　　　　　　　　　　　　　　　2 560

　　　　应交税费——应交个人所得税　　　　　　　　　　　　　　　　　　　440

（2）支付劳务费时：

借：应付劳务费——厂房建造临时用工　　　　　　　　　　　　　　　2 560

　　贷：银行存款　　　　　　　　　　　　　　　　　　　　　　　　　　　2 560

（3）缴纳个人所得税时：

借：应交税费——应交个人所得税　　　　　　　　　　　　　　　　　　440

　　贷：银行存款　　　　　　　　　　　　　　　　　　　　　　　　　　　440

---

①　根据现行税收法律规定，劳务报酬所得每次收入不超过4 000元的，减除费用为800元；每次收入4 000元以上的，减除费用为收入的20%。劳务报酬的预扣个人所得税税率为20%。

第六节 应交税费的核算

一、应交税费

应交税费是指农村集体经济组织按照税法等规定计算应缴纳的各种税费，以及农村集体经济组织代扣代缴的个人所得税等，包括应交的增值税、企业所得税、资源税、土地增值税、房产税、土地使用税、车船税、印花税、代扣代缴的个人所得税等。

（一）会计账户设置

农村集体经济组织需设置"应交税费"账户，用于核算各种税费、农村集体经济组织代扣代缴的个人所得税的缴纳情况。贷方登记农村集体经济组织按照规定计算的各项税费，借方登记实际缴纳的各项税费。期末贷方余额，反映农村集体经济组织尚未缴纳的税费；期末借方余额，反映农村集体经济组织多缴纳或尚未抵扣的税费。"应交税费"账户按照应缴纳的税费项目等进行明细核算。

（二）会计管理要求

1. 遵循税法规定进行涉税业务处理

农村集体经济组织应遵循税法规定，计算应缴纳的各种税费。

2. 加强增值税发票管理

农村集体经济组织要从思想上重视发票管理，坚持诚信守法。目前，我国在"金税四期"建设背景下，将"智慧税务"作为新发展阶段，税收征管更加智能，这对纳税人的监管更加有效。在此背景下，农村集体经济组织应加强对增值税发票的管理，在发生增值税纳税义务时，依法依规开具发票；做到按照号码顺序填开，填写项目齐全，内容真实，字迹清楚，完整一致。同时，注意不同应税行为的开票特殊规定；尤其不能触碰虚开发票的"红线"，避免遭受税务处罚。

3. 按时进行纳税申报

按时进行纳税申报是纳税人的义务。《中华人民共和国税收征收管理法》规定，"纳税人必须依照法律、行政法规规定或者税务机关依照法律、行政法规的规定确定的申报期限、申报内容如实办理纳税申报，报送纳税申报表、财务会计报表以及税务机关根据实际需要要求纳税人报送的其他纳税资料"。若纳税人不进行纳税申报，不缴或者少缴应纳税款，税务机关追缴其不缴或者少缴的税款、滞纳金，并处不缴或者少缴税款的罚款。因此，农村集体经济组织应按规定如实进行纳税申报。

（三）主要账务处理

1. 增值税核算

在涉及增值税会计核算的相关业务时，应当按照国家统一的会计制度有关增值税会计处理的规定，设置"应交税费——应交增值税"等科目进行账务处理，主要遵照《增值税会计处理规定》（〔2016〕22 号）有关规定进行核算。

第一类，小规模纳税人的增值税核算。

会计核算不健全或年应税销售额不超过 500 万元的纳税人，为增值税小规模纳税人。当农村集体经济组织为小规模纳税人时，需要设置"应交税费——应交增值税"会计科目进行账务处理。

当发生经营业务，取得收入而发生纳税义务时，收取或应收取的款项借记"银行存款""应收款"；根据取得的收入贷记"经营收入"，同时，确认纳税义务，贷记"应交税费——应交增值税"。当采购物资或其他资产时，借记"库存物资""固定资产"等，贷记"银行存款""应付款"。当向税务机关实际缴纳增值税时，借记"应交税费——应交增值税"，贷记"银行存款"。如表 4-20 所示。

表 4-20　小规模纳税人的应交增值税业务事项账务处理

业务事项		会计处理
小规模纳税人（会计核算不健全；年应税销售额<500万元）	经营业务，取得收入，发生纳税义务	借：银行存款/应收款 　贷：经营收入 　　　应交税费——应交增值税
	经营业务，采购物资、固定资产等	借：库存物资/固定资产等 　贷：银行存款/应付款
	实际缴纳增值税	借：应交税费——应交增值税 　贷：银行存款

【例 4-23】假设示范村股份经济合作社为小规模纳税人。本年 1 月 5 日，采购一批红薯，用于生产宠物饲料，采购发票注明价款为 100 000 元，已用银行存款支付。1 月 28 日，将采购的红薯加工为宠物饲料，对外销售给 A 宠物公司，开具了增值税发票，注明不含税价款为 200 000 元，提货单和发票已交付宠物公司，款项还未收到。会计分录为：

（1）1 月 5 日采购红薯时：

借：库存物资——农用材料——红薯　　　　　　　　　　　100 000
　　贷：银行存款　　　　　　　　　　　　　　　　　　　　　　100 000

（2）1 月 28 日销售宠物饲料时：

根据现行税收规定，小规模纳税人适用 3% 的征收率减按 1% 征收，即征收率为 1%。

增值税 = 200 000 × 1% = 2 000（元）

价税合计 = 200 000 + 2 000 = 202 000（元）

借：应收款——应收账款——A 宠物公司　　　　　　　　　202 000
　　贷：经营收入——销售收入——物资销售收入　　　　　　　　200 000
　　　　应交税费——应交增值税　　　　　　　　　　　　　　　2 000

同时，根据宠物资料的成本结转经营成本。

【例 4-24】延续上例 4-23，示范村股份经济合作社为小规模纳税人，2 月 5 日，缴纳 1 月未交增值税 2 000 元，已用银行存款支付。会计分录为：

借：应交税费——应交增值税　　　　　　　　　　　　　　2 000
　　贷：银行存款　　　　　　　　　　　　　　　　　　　　　　2 000

第二类，一般纳税人的增值税核算。

会计核算健全，年应税销售额超过 500 万元的纳税人，为增值税一般纳税人。当农村集体经济组织为一般纳税人时，可根据需要设置与增值税有关的"应交税费"二级明细会计科目，并进一步设置"应交税费——应交增值税"的三级明细会计科目，如图4-3所示。

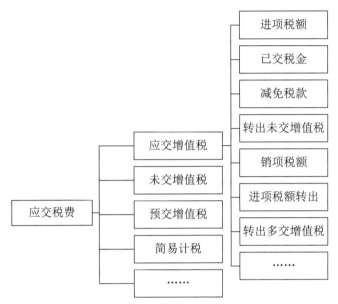

图4-3 增值税一般纳税人的"应交税费"账户明细设置

①销售货物或提供应税服务，按照实现的经营收入和按规定收取的增值税额，借记"银行存款""应收账"等科目；按照规定收取的增值税额，贷记"应交税金——应交增值税（销项税额）"科目；按实现的收入，贷记"经营收入"等科目。

②国内采购物资或资产，按照增值税专用发票上注明的增值税额，借记"应交税费——应交增值税（进项税额）"科目；按照专用发票上记载的应计入采购成本的金额，借记"库存物资""固定资产"等科目；按照应付或实际支付的金额，贷记"银行存款""应付账"等科目。

③预缴本期增值税，借记"应交税金——应交增值税（已交税金）"科目，贷记"银行存款"科目。

④"应交税金——应交增值税"科目的借方发生额，反映购进物资或接受应税服务支付的进项税额和实际已缴纳的增值税；贷方发生额，反映销售货物或提供应税服务应缴纳的增值税额、出口货物退税、转出已支付或应分担的增值税。期末"应交税金——应交增值税"二级科目的借方余额，反映多缴或尚未抵扣的增值税，将借方余额转出，借记"应交税费——未交增值税"科目，贷记"应交税费——应交增值税（转出多交增值税）"科目。期末"应交税金——应交增值税"二级科目的贷方余额，反映尚未缴纳的增值税，期末将贷方余额转出，借记"应交税费——应交增值税（转出未交增值税）"科目，贷记"应交税费——未交增值税"科目。

⑤在实际向税务机关缴纳增值税时，根据实际缴纳金额，借记"应交税费——未交增值税"科目，贷记"银行存款"科目。

如表4-21所示。

表 4-21　一般纳税人的应交增值税业务事项账务处理

业务事项		会计处理
一般纳税人（会计核算健全；年应税销售额≥500万元）	经营业务，取得收入	借：银行存款/应收款等 　贷：经营收入 　　　应交税费——应交增值税（销项税额）
	经营业务，采购物资	借：库存物资/固定资产等 　　应交税费——应交增值税（进项税额） 　贷：银行存款/应付款等
	预缴本期增值税税款	借：应交税费——应交增值税（已交税金） 　贷：银行存款
	结转"应交税金——应交增值税"二级科目的贷方余额	借：应交税费——应交增值税（转出未交增值税） 　贷：应交税费——未交增值税
	结转"应交税金——应交增值税"二级科目的借方余额	借：应交税费——未交增值税 　贷：应交税费——应交增值税（转出多交增值税）
	实际缴纳上期增值税税款	借：应交税费——未交增值税 　贷：银行存款

【例 4-25】延续上例 4-23，假设示范村股份经济合作社为一般纳税人。本年 1 月 5 日，采购一批红薯，用于生产宠物饲料，采购发票注明价款为 100 000 元，已用银行存款支付。1 月 28 日，将采购的红薯加工为宠物饲料，对外销售给 A 宠物公司，开具了增值税专用发票，注明不含税价款为 200 000 元，提货单和发票已交付宠物公司，款项还未收到。会计分录为：

（1）1 月 5 日采购红薯时：

根据税收规定，自 2019 年 4 月 1 日起，纳税人购进农产品，扣除率为 9%。

购进红薯允许抵扣的增值税进项税额=100 000×9%=9 000（元）

借：库存物资——农用材料——红薯　　　　　　　　　　　　　91 000

　　应交税费——应交增值税（进项税额）　　　　　　　　　　9 000

　　贷：银行存款　　　　　　　　　　　　　　　　　　　　　100 000

（2）1 月 28 日销售宠物饲料时：

增值税一般纳税人销售宠物饲料，增值税税率为 9%。

增值税=200 000×9%=18 000（元）

价税合计=200 000+18 000=218 000（元）

借：应收款——应收账款——A 宠物公司　　　　　　　　　　218 000

　　贷：经营收入——销售收入——物资销售收入　　　　　　　200 000

　　　　应交税费——应交增值税（销项税额）　　　　　　　　18 000

同时，根据宠物饲料的成本结转经营成本。

【例 4-26】延续上例 4-25，示范村股份经济合作社为一般纳税人，假设除上述业务外，没有其他增值税业务。1 月 31 日结转应交增值税余额，2 月 5 日，缴纳 1 月未交增值税，用银行存款支付。会计分录为：

（1）1月31日结转应交增值税时：

应交增值税贷方余额=18 000－9 000=9 000（元）

借：应交税费——应交增值税（转出未交增值税） 9 000

　　贷：应交税费——未交增值税 9 000

（2）2月5日实际缴纳增值税时：

借：应交税费——未交增值税 9 000

　　贷：银行存款 9 000

2. 企业所得税核算

农村集体经济组织应根据企业所得税法律规定计算应缴纳的税款，借记"所得税费用"科目，贷记"应交税费——应交企业所得税"科目。在实际缴纳企业所得税时，借记"应交税费——应交企业所得税"科目，贷记"银行存款"科目。如表4-22所示。

表4-22　企业所得税账务处理

业务事项		会计处理
企业所得税	发生纳税义务，计算应缴纳的企业所得税	借：所得税费用 　　贷：应交税费——应交企业所得税
	实际缴纳企业所得税	借：应交税费——应交企业所得税 　　贷：银行存款

【例4-27】示范村股份经济合作社根据企业所得税法律规定，计算应缴纳的企业所得税为42 000元。股份经济合作社对企业所得税进行账务处理，会计分录为：

（1）计算应缴纳的企业所得税时：

借：所得税费用 42 000

　　贷：应交税费——应交企业所得税 42 000

（2）实际缴纳企业所得税时：

借：应交税费——应交企业所得税 42 000

　　贷：银行存款 42 000

3. 个人所得税核算

按照税法等规定应代扣代缴的个人所得税时，借记"管理费用""应付工资""应付劳务费"等科目，贷记"应交税费——应交个人所得税"科目。缴纳个人所得税时，借记"应交税费——应交个人所得税"科目，贷记"银行存款"等科目。如表4-23所示。

表4-23　个人所得税账务处理

业务事项		会计处理
代扣代缴个人所得税	计算应代扣的个人所得税	借：管理费用/应付工资/应付劳务费等 　　贷：应交税费——代扣代缴个人所得税
	实际代缴个人所得税	借：应交税费——代扣代缴个人所得税 　　贷：银行存款

【例4-28】本年1月31日，示范村股份经济合作社计提当月聘请的律师咨询费，支付劳务费（咨询费）8 000元，根据税法规定计算代扣代缴个人所得税，以银行存款支付。会计分录为：

（1）确认劳务费用支出时：

借：管理费用——委托业务费——聘请中介机构费 8 000

　　贷：应付劳务费——某律师 8 000

（2）支付劳务费用并代扣代缴个人所得税时：

代扣代缴个人所得税=8 000×（1−20%）×20%=1 280（元）

借：应付劳务费——某律师 8 000

　　贷：应交税费——代扣代缴个人所得税 1 280

　　　　银行存款 6 720

（3）缴纳个人所得税时：

借：应交税费——代扣代缴个人所得税 1 280

　　贷：银行存款 1 280

4. 其他税费核算

农村集体经济组织按照规定计算其他应交税费，借记"税金及附加"等科目，贷记"应交税费"科目。在实际缴纳各种税费时，借记"应交税费"科目，贷记"银行存款"等科目。如表4-24所示。

表4-24 其他税费账务处理

业务事项		会计处理
消费税、城市维护建设税、资源税、房产税、城镇土地使用税、车船税、印花税、教育费附加及地方教育附加等	发生纳税义务,计算确认税费	借：税金及附加 　　贷：应交税费——应交消费税/城市维护建设税等
	实际缴纳税费	借：应交税费——应交消费税/城市维护建设税等 　　贷：银行存款

【例4-29】延续上例4-26，示范村股份经济合作社为一般纳税人。2月份，根据股份经济合作社实际缴纳的增值税9 000元，计算缴纳城市维护建设税、教育费附加和地方教育费附加三项附加税费。假设示范村股份经济合作社坐落在某个镇。会计分录为：

（1）计算应缴纳的附加税费时：

根据税法规定，城市维护建设税、教育费附加和地方教育费附加根据实际缴纳的增值税和消费税的税额进行计算。示范村股份经济合作社所在地为镇的，城市维护建设税税率为5%，教育费附加费用率为3%，地方教育费附加费用率为2%。

城市维护建设税=9 000×5%=450（元）

教育费附加=9 000×3%=270（元）

地方教育费附加=9 000×2%=180（元）

借：税金及附加 900
　　贷：应交税费——应交城市维护建设税 450
　　　　应交税费——应交教育费附加 270
　　　　应交税费——应交地方教育费附加 180
（2）实际缴纳附加税费时：
借：应交税费——应交城市维护建设税 450
　　应交税费——应交教育费附加 270
　　应交税费——应交地方教育费附加 180
　　贷：银行存款 900

【例 4-30】本年 3 月 18 日，示范村集体经济组织对外销售资源税应税产品 800 千克，税法规定每千克产品应交资源税 5 元。示范村集体经济组织用银行存款缴纳税款。会计分录为：

（1）发生纳税义务时：
资源税=800×5=4 000（元）
借：税金及附加——应交资源税 4 000
　　贷：应交税费——应交资源税 4 000
（2）实际缴纳时：
借：应交税费——应交资源税 4 000
　　贷：银行存款 4 000

第五章 资金筹集业务核算

第一节 成员权益形成资本的核算

资本是指属于本集体经济组织成员集体所有的相关权益。《农村集体经济组织会计制度》对"资本"科目进行了重新定义,"农村集体经济组织的资本是属于本集体经济组织成员集体所有的相关权益金额"。"资本"的重新定义,将农村集体经济组织的资本严格限定在集体经济组织内部,相应删减了接受投入资本的会计核算内容,更加体现农村集体经济组织特有的集体属性。

一、会计账户设置

农村集体经济组织需设置"资本"账户,用于核算农村集体经济组织按照章程等确定的属于本集体经济组织成员集体所有的相关权益。贷方登记该集体经济组织资本增加的实际数额,借方登记资本的减少额。期末余额在贷方,反映农村集体经济组织实有的资本数额。

二、会计管理要求

农村集体经济组织的资产不是由成员投入的,而是自然禀赋或成员劳动积累的结果,农村集体经济组织通过将这些集体资产进行折股量化来明确权益金额。农村集体经济组织应在将集体资产折股量化时确认其资产和资本。

为了保障成员利益不受损失,农村集体经济组织资本具有封闭性,不接受外部投资。考虑到农村集体经济组织不会接受投资,也不会注销股份,因此,农村集体经济组织的资本不会增加或减少,只需在股份转让与继承时,调整明细账、变更成员名册即可。

三、主要账务处理

农村集体经济组织按照章程等确定属于本集体经济组织成员集体所有的相关权益,按照确定的金额,借记"库存现金""银行存款""固定资产""无形资产"等科目,贷记"资本"科目。如表 5-1 所示。

表 5-1 资本业务事项账务处理

业务事项	计价依据	会计处理
确定属于本集体经济组织成员集体所有的相关权益	按照确定的金额	借:库存现金/银行存款/固定资产/无形资产等 贷:资本

【例 5-1】本年 1 月 3 日,示范村集体经济组织按照章程规定,接受集体经济组织全体成员共同投入的资本 200 000 元,款项存入银行。会计分录为:

借：银行存款　　　　　　　　　　　　　　　　　　　　200 000
　　贷：资本——成员投入　　　　　　　　　　　　　　　　　　200 000

第二节　借入款项的核算

农村集体经济组织可以通过借款筹集资金。借款是农村集体经济组织从银行等金融机构或相关单位、个人等借入的款项，按照借款的期限长短分为短期借款和长期借款。

一、短期借款

短期借款是指农村集体经济组织向银行等金融机构或相关单位、个人等借入的偿还期在1年以内（含1年）的各种借款。

（一）会计账户设置

农村集体经济组织需设置"短期借款"账户，用于核算农村集体经济组织借入的偿还期在1年以内（含1年）的各种借款。贷方登记农村集体经济组织取得借款的实际数额，借方登记偿还借款的实际数额。期末贷方余额，反映农村集体经济组织尚未偿还的短期借款本金。

（二）会计管理要求

1. 设置短期借款的明细科目

短期借款，应按照借款单位或个人设置明细科目进行明细核算。

2. 结合本息偿还方式进行会计核算

无论借入款项的来源如何，农村集体经济组织都需要向债权方按期偿还借款的本金及利息。在会计核算上，农村集体经济组织要及时且如实地反映短期借款的本金借入、利息的发生、本金及利息的偿还情况。实务中，银行一般于每季度末收取短期借款利息，为此，短期借款利息一般采用月末预提的方式进行核算。

（三）主要账务处理

1. 取得和偿还短期借款

农村集体经济组织在取得借款时，借记"银行存款"科目，贷记"短期借款"科目；在到期偿还借款本金时，借记"短期借款"科目，贷记"银行存款"等科目。如表5-2所示。

表5-2　取得和偿还短期借款的账务处理

业务事项	会计处理
借入短期借款	借：银行存款 　　贷：短期借款
偿还短期借款	借：短期借款 　　贷：银行存款

2. 计提利息

按照每月计提的利息数额，借记"其他支出"科目，贷记"银行存款""应付款"等科目。如表5-3所示。

表 5-3　计提利息的账务处理

业务事项	会计处理
按期计提利息	借：其他支出 　　贷：银行存款/应付款等

【例 5-2】本年 7 月 1 日，示范村集体经济组织从农业银行借入 180 000 元，期限为 6 个月，年利率为 6%。根据与银行签署的借款协议，该项借款的本金到期后一次归还；利息分月预提，按季支付。会计分录为：

（1）7 月 1 日借入短期借款时：

借：银行存款　　　　　　　　　　　　　　　　　　　180 000

　　贷：短期借款——金融机构——农业银行　　　　　　　　　180 000

（2）7 月、8 月、10 月和 11 月末计提利息时：

每月应计提的利息＝180 000×6%÷12＝900（元）

借：其他支出——利息支出　　　　　　　　　　　　　　900

　　贷：应付款——应付利息　　　　　　　　　　　　　　　900

（3）9 月末支付银行借款利息时：

7 月 1 日至 9 月末，一个季度的利息为＝900×3＝2 700（元）

7 月和 8 月，每个月均已计提利息 900 元。

借：其他支出——利息支出　　　　　　　　　　　　　　900

　　应付款——应付利息　　　　　　　　　　　　　　　1 800

　　贷：银行存款　　　　　　　　　　　　　　　　　　　2 700

12 月末支付银行借款利息时，分录同上。

（4）下一年 1 月 1 日偿还银行借款本金时：

借：短期借款——金融机构——农业银行　　　　　　　180 000

　　贷：银行存款　　　　　　　　　　　　　　　　　　　180 000

二、长期借款及应付款

农村集体经济组织设置"长期借款及应付款"会计科目，用于核算农村集体经济组织向银行等金融机构或相关单位、个人等借入的期限在 1 年以上（不含 1 年）的借款及偿还期在 1 年以上（不含 1 年）的应付款项。

"长期借款及应付款"科目包括两项内容：长期借款、长期应付款项。因此，在本章一并介绍同一个会计科目的两项内容。需要注意的是：长期应付款项也可归类至第三章往来款项核算中，但考虑到会计科目的完整性，因而在本章一并做介绍。

（一）会计账户设置

农村集体经济组织需设置"长期借款及应付款"账户，用于核算农村集体经济组织向银行等金融机构或相关单位、个人等借入的偿还期在 1 年以上（含 1 年）的各种借款及偿还期在 1 年以上（不含 1 年）的应付款项。贷方登记农村集体经济组织发生的长期借款及应付款，借方登记偿还长期借款及应付款的金额。期末贷方余额，反映农村集体经济组织尚未偿还的长期借款及应付款。

（二）会计管理要求

1. 根据本息支付方式进行长期借款会计核算

按照付息方式与本金的偿还方式，可将长期借款分为分期付息到期还本长期借款、到期一次还本付息长期借款和分期偿还本息长期借款。农村集体经济组织应根据本息支付方式，及时进行会计核算。

2. 合理确定长期借款的利息费用

农村集体经济组织的长期借款利息应按期计提。长期借款利息的计算公式为：

$$借款利息 = 本金 \times 利率 \times 期数$$

（三）主要账务处理

1. 发生和偿还长期借款及应付款

农村集体经济组织在发生长期借款及应付款时，借记"银行存款"等科目，贷记"长期借款及应付款"科目；在偿还长期借款及应付款时，借记"长期借款及应付款"等科目，贷记"银行存款"科目。如表 5-4 所示。

表 5-4　发生和偿还长期借款及应付款的账务处理

业务事项	会计处理
发生长期借款	借：银行存款 　贷：长期借款及应付款
偿还长期借款	借：长期借款及应付款 　贷：银行存款

2. 计提利息

长期借款利息应按期计提。计提的利息，借记"其他支出"科目，贷记"应付款"等科目。如表 5-5 所示。

表 5-5　计提利息的账务处理

业务事项	会计处理
按期计提利息	借：其他支出 　贷：应付款

3. 无法偿还或债务豁免

因债权人特殊原因等发生确实无法偿还的长期借款及应付款或获得债权人的债务豁免时，按规定报经批准后，借记"长期借款及应付款"科目，贷记"其他收入"科目。如表 5-6 所示。

表 5-6　无法偿还或债务豁免的账务处理

业务事项	会计处理
无法偿还的长期借款或获得债务豁免	借：长期借款及应付款 　贷：其他收入

【例 5-3】本年 1 月 1 日，示范村集体经济组织为了扩大果园经营规模，向农业银行申请一笔 3 年期贷款 2 400 000 元，年利率为 7%，借款利息按月计提，每年年末付息一次，到期后一次性偿还本金。会计分录为：

（1）借入长期借款时：

借：银行存款	2 400 000
贷：长期借款及应付款——金融机构——农业银行	2 400 000

（2）每月末计提利息时：

每月应计提的利息：2 400 000×7%÷12=14 000（元）

借：其他支出——利息支出	14 000
贷：应付款——应付利息	14 000

（3）每年 12 月份付息时：

已计提了前 11 个月的利息=14 000×11=154 000（元）

借：应付款——应付利息	154 000
其他支出——利息支出	14 000
贷：银行存款	168 000

（4）第三年年末，偿还本金时：

借：长期借款及应付款——金融机构——农业银行	2 400 000
贷：银行存款	2 400 000

【例 5-4】本年 1 月 1 日，示范村股份经济合作社采取分期付款方式，从某农机公司购入一台大型农机设备。设备总价款为 3 270 000 元，每年年末付款、分三年付清。示范村股份经济合作社为增值税一般纳税人，已取得农机公司开出的增值税专用发票，发票记载设备不含税价款为 3 000 000 元，增值税为 270 000 元，发票在本期认证抵扣。会计分录为：

（1）第一年购入设备时：

借：固定资产——经营性固定资产——机器设备	3 000 000
应交税费——应交增值税（进项税额）	270 000
贷：长期借款及应付款——某农机公司	3 270 000

（2）第一年、第二年、第三年，每年年末支付设备款时：

每年支付设备款=3 270 000÷3=1 090 000（元）

借：长期借款及应付款——某农机公司	1 090 000
贷：银行存款	1 090 000

第三节　一事一议资金的核算

一事一议资金是指农村集体经济组织兴办村民直接受益的集体生产生活等公益事业，经农村集体经济组织成员大会讨论决定，按照国家规定以"一事一议"的形式筹集的专项资金。

一、会计账户设置

农村集体经济组织需设置"一事一议资金"账户，用于核算一事一议资金的增加、使用等情况。贷方登记农村集体经济组织经成员大会或成员代表大会通过一事一议筹资方案的金额，借方登记一事一议资金的减少额。期末贷方余额，反映农村集体经济组织应当用于一事一议专项工程建设的资金；期末借方余额，反映农村集体经济组织一事一议专项工程建设的超支数。

二、会计管理要求

1. 设置"一事一议资金"备查账簿

"一事一议资金"账户应按照所议项目设置明细科目，进行明细核算。农村集体经济组织需设置备查账簿，对一事一议资金的筹集和使用情况进行登记，以便更好地管理农村集体经济组织的一事一议资金。

2. 遵循筹资酬劳原则

农村集体经济组织采用"一事一议"方式筹资的，应当符合有关法律法规和政策要求，遵循量力而行、成员受益、民主决策、上限控制等原则，做到专款专用，确保资金用途的合法性、合理性和有效性。

3. 规范筹资筹劳活动

农村集体经济组织应规范一事一议筹资筹劳活动。《村民一事一议筹资筹劳管理办法》（国办发〔2007〕4号）对村民"一事一议筹资筹劳"（以下简称"筹资筹劳"）事项做出规定，加强农民负担监督管理，保护农民的合法权益。

（1）筹资筹劳的适用范围和对象

筹资筹劳的适用范围为：村内农田水利基本建设、道路修建、植树造林、农业综合开发有关的土地治理项目和村民认为需要兴办的集体生产、生活等其他公益事业项目。属于明确规定的由各级财政支出的项目，以及偿还债务、企业亏损、村务管理等所需费用和劳务，不得列入筹资筹劳的范围。筹资筹劳的适用范围和对象如图5-1所示。

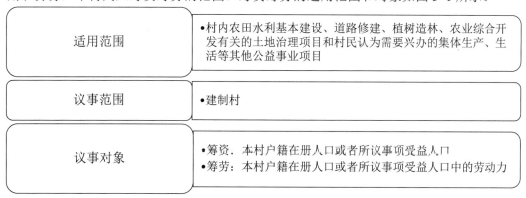

图5-1 筹资筹劳的适用范围和对象

（3）筹资筹劳的程序

需要村民出资出劳的项目、数额及减免等事项，应当经村民会议讨论通过，或者经村民会议授权由村民代表会议讨论通过。提交村民代表会议审议和表决的事项，会前应当由村民代表逐户征求所代表农户的意见并经农户签字认可。

召开村民会议，应当有本村 18 周岁以上的村民过半数参加，或者有本村 2/3 以上农户的代表参加；召开村民代表会议，应当有 2/3 以上的组成人员参加。在议事过程中要充分发扬民主，吸收村民合理意见，在民主协商的基础上进行表决。

村民会议所做筹资筹劳方案应当经到会人员的过半数通过。村民代表会议在表决时按一户一票进行，所做方案应当经到会村民代表所代表的户过半数通过。筹资筹劳方案在报经乡镇人民政府初审后，再报县级人民政府农民负担监督管理部门复审。

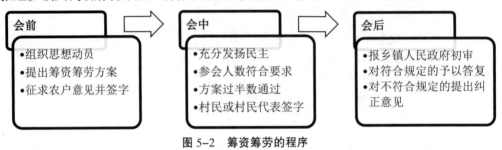

图 5-2　筹资筹劳的程序

（4）筹资筹劳的资金管理

村民委员会按照农民负担监督卡登记的筹资筹劳事项、标准、数额收取资金和安排出劳。筹集的资金应单独设立账户、单独核算、专款专用。村民民主理财小组负责对筹资筹劳情况实行事前、事中、事后全程监督。筹资筹劳的管理使用情况经民主理财小组审核后，定期张榜公布，接受村民监督。任何单位或者个人不得平调、挪用一事一议所筹资金和劳务。地方人民政府农民负担监督管理部门应当将筹资筹劳纳入村级财务公开内容，并对所筹集资金和劳务的使用情况进行专项审计。

实务链接

一些省市为加强对一事一议资金的管理，在国务院办公厅发布《村民一事一议筹资筹劳管理办法》的基础上进一步细化，颁布符合当地实际情况的一事一议筹资筹劳管理办法。比如，2022 年 12 月 29 日，湖南省为规范村民一事一议筹资筹劳行为，保护村民合法权益，进一步调动村民参与集体生产、生活等公益事业建设的自觉性、能动性和创造性，出台了《湖南省村民"一事一议"筹资筹劳办法》。在执行标准、操作方式、资产归属等方面，做出详细的规定，以便各农村集体经济组织更加科学有效地进行一事一议筹资筹劳。《湖南省村民"一事一议"筹资筹劳办法》规定，一事一议筹资筹劳方案经村民委员会组织村务监督委员会成员、村集体经济组织理事会和监事会成员、村民小组负责人充分协商后，在村内公开并发放到户，征询相关意见并修改完善，公示期不少于 7 天；确实需要跨年度才能完成的项目，可采取分段决算，以年度为时段，一年一决算。当整个项目完工后，在完工当年进行总决算；在决算报告完成后，应向全体村民公布；跨年度项目决算应一年一公布，并在总决算报告完成后，公布项目建设全面情况。公布内容应包括筹资筹劳计划完成、资金来源、使用详细项目及金额、自愿捐资、减免、工程量等情况。

三、主要账务处理

1. 大会通过和收到筹资

农村集体经济组织应于一事一议筹资方案经成员大会或成员代表大会通过时，按照筹资方案规定的金额，借记"内部往来"科目，贷记"一事一议资金"科目；收到成员交来的一事一议专项筹资时，借记"库存现金""银行存款"等科目，贷记"内部往来"科目。如表5-7所示。

表5-7 大会通过和收到筹资的账务处理

业务事项	会计处理
一事一议筹资方案经成员大会或成员代表大会通过	借：内部往来 贷：一事一议资金
收到成员交来的一事一议专项筹资	借：库存现金/银行存款等 贷：内部往来

2. 形成固定资产的一事一议资金使用

农村集体经济组织在使用一事一议资金购入不需要安装的固定资产时，借记"固定资产"科目，贷记"库存现金""银行存款"等科目；同时，借记"一事一议资金"科目，贷记"公积公益金"科目。

农村集体经济组织在使用一事一议资金购入需要安装或建造固定资产时，借记"在建工程"科目，贷记"库存现金""银行存款"等科目。当固定资产完工后，借记"固定资产"科目，贷记"在建工程"科目；同时，借记"一事一议资金"科目，贷记"公积公益金"科目。如表5-8所示。

表5-8 形成固定资产的一事一议资金账务处理

业务事项		会计处理	

购入不需要安装的固定资产		借：固定资产
		    贷：库存现金/银行存款等
			借：一事一议资金
			    贷：公积公益金

购入需要安装或建造固定资产	安装或建造时	借：在建工程 贷：库存现金/银行存款等	

	固定资产完工后	借：固定资产
		    贷：在建工程
			借：一事一议资金
			    贷：公积公益金

3. 未形成固定资产的一事一议资金使用

农村集体经济组织对于使用一事一议资金而未形成固定资产的项目，在项目支出发生时，借记"在建工程"科目，贷记"库存现金""银行存款"等科目；在项目完成后，按使用一事一议资金金额借记"公益支出""其他支出"等科目，贷记"在建工程"科目；同时，借记"一事一议资金"科目，贷记"公积公益金"科目。如表5-9所示。

表 5-9　未形成固定资产的一事一议资金账务处理

业务事项	会计处理	
项目支出发生时	借：在建工程 　　贷：库存现金/银行存款	
项目完成后	借：公益支出/其他支出等 　　贷：在建工程	借：一事一议资金 　　贷：公积公益金

【例 5-5】本年 5 月 3 日，为了方便村民和车辆通行，示范村集体经济组织经成员代表大会讨论通过，决定修建一座桥梁，村集体经济组织通过一事一议筹资方式筹集资金 58 000 元，同时成员赵七自愿捐款 2 000 元。在收到成员筹资后存入银行专户。随后，示范村集体经济组织购买工程材料花费 32 000 元，支付工人工资 28 000 元。在桥梁建成后交付使用，总造价 60 000 元。会计分录为：

（1）筹资方案审批时：

借：内部往来——内部个人——成员名　　　　　　　　58 000

　　贷：一事一议资金——桥梁　　　　　　　　　　　　58 000

（2）收到筹集的资金，存入银行时：

借：银行存款　　　　　　　　　　　　　　　　　　58 000

　　贷：内部往来——内部个人——成员名　　　　　　　58 000

（3）收到赵七自愿捐款时：

借：银行存款　　　　　　　　　　　　　　　　　　2 000

　　贷：一事一议资金——桥梁　　　　　　　　　　　　2 000

（4）购入工程材料时：

借：在建工程——非经营性在建工程——桥梁　　　　32 000

　　贷：银行存款　　　　　　　　　　　　　　　　　　32 000

（5）支付工人工资时：

借：在建工程——非经营性在建工程——桥梁　　　　28 000

　　贷：银行存款　　　　　　　　　　　　　　　　　　28 000

（6）桥梁交付使用时：

借：固定资产——非经营性固定资产——房屋建筑——桥梁　60 000

　　贷：在建工程——非经营性在建工程——桥梁　　　　60 000

同时，

借：一事一议资金——桥梁　　　　　　　　　　　　60 000

　　贷：公积公益金——一事一议资金　　　　　　　　　60 000

第四节　财政补助收入的核算

财政补助收入是指为保障村级组织和村务运转，政府给予农村集体经济组织的补助资金以及贷款贴息等经营性补助资金。

一、会计账户设置

农村集体经济组织需设置"补助收入"账户，用于核算农村集体经济组织获得的政府给予保障村级组织和村务运转的补助资金及贷款贴息等经营性补助资金。贷方登记实际收到的补助收入，借方登记期末转入"本年收益"的补助收入，结转后本账户无余额。

二、会计管理要求

1. 设置补助收入的明细科目

"补助收入"账户应按照补助收入种类设置明细科目，进行明细核算。

2. 确认补助收入金额和范围

（1）农村集体经济组织获得的政府给予的保障村级组织和村务运转的补助资金及贷款贴息等经营性补助资金，为补助收入。

（2）农村集体经济组织应按实际收到的金额确认补助收入。

（3）直接给予成员的经营性补贴，不能被确认为农村集体经济组织的补助收入，不在"补助收入"科目核算。

（4）农村集体经济组织获得政府补助的具有专门用途且未来应用于专门用途的"资本性"专项资金，在"专项应付款"科目核算，不在"补助收入"科目核算。

3. 财政补助款项的不同处理

为保障农村集体经济组织的正常运转，财政部门每年按照国家支农惠农政策向农村集体经济组织拨付财政补助款项，包括财政转移支付资金及其他补助资金。其中，财政转移支付资金用于村干部补助、日常办公经费和"五保户"补助。其他补助资金有大豆、小麦、水稻等良种补贴，粮食种植补贴、农业机械购置补贴、退耕还林补助、植树绿化补助、防火护林补助，防洪、清理河道补助等。农村集体经济组织应按国家政策规定的用途使用和支付财政补助款项。

农村集体经济组织会计核算应根据实际情况对财政补助款项进行处理。①如果补助对象为农村集体经济组织，其补助款项将直接划拨到农村集体经济组织账户上，因此，农村集体经济组织应通过"补助收入"科目进行核算；②如果补助对象为农村集体经济组织的成员，如种粮农民补贴等，其补助款项直接拨付给成员个人，农村集体经济组织不经手该项补助款项，因此，农村集体经济组织不需要进行会计核算。但由于这些直接补贴款的申请、发放等必须通过农村集体经济组织提供农户的姓名、补助项目的数量、补贴金额等信息，农村集体经济组织应建立备查账簿，对本村成员直接获得的补贴进行备查登记，以便向各级财政、农业管理部门提供综合信息。

三、主要账务处理

1. 收到补助资金

农村集体经济组织收到补助资金，按照实际收到的金额，借记"银行存款"等科目，贷记"补助收入"科目。如表5-10所示。

表5-10 收到补助资金的账务处理

业务事项	会计处理
收到补助资金	借：银行存款 　　贷：补助收入

【例5-6】本年1月5日，示范村集体经济组织收到乡镇财政转来的村级转移支付资金16 000元，用于支付村干部的工资，以保障村级组织运转和村务运转。会计分录为：

（1）确定村干部的工资时：

借：管理费用——运转支出（村干部工资）　　　　　　　　　　16 000

　　贷：应付工资——管理人员及固定员工的报酬　　　　　　　　　　16 000

（2）收到转移支付资金时：

借：银行存款　　　　　　　　　　　　　　　　　　　　　　16 000

　　贷：补助收入——财政补助收入——转移支付资金（村干部工资）　　16 000

（3）支付村干部的工资时：

借：应付工资——管理人员及固定员工的报酬　　　　　　　　16 000

　　贷：银行存款　　　　　　　　　　　　　　　　　　　　　　16 000

2. 年末结转补助收入

每年末农村集体经济组织将本期的补助收入结转入本年收益，借记"补助收入"科目，贷记"本年收益"科目。如表5-11所示。

表 5-11　年末结转的账务处理

业务事项	会计处理
年末结转补助收入	借：补助收入 　　贷：本年收益

【例5-7】本年12月31日，示范村集体经济组织"补助收入"账户余额为200 000元，全部为转移支付资金形成。补助收入余额结转至本年收益，会计分录为：

借：补助收入——财政补助收入——转移支付资金　　　　　　200 000

　　贷：本年收益　　　　　　　　　　　　　　　　　　　　　　200 000

第五节　专项应付款的核算

专项应付款是指农村集体经济组织获得政府补助的具有专门用途且未来应用于专门用途的资本性专项资金，包括财政部门和主管部门拨入的小型农田水利支出拨款、政策性和社会性支出拨款、专项扶贫资金项目建设等。

一、会计账户设置

农村集体经济组织需设置"专项应付款"账户，用于核算专项应付款的增加及使用情况。贷方登记农村集体经济组织收到政府补助的资金，借方登记专项应付款的减少额。期末贷方余额，反映农村集体经济组织尚未使用和结转的政府补助资金数额。

二、会计管理要求

1. 设置专项应付款的明细科目

"专项应付款"科目应按照政府补助资金项目设置明细科目，进行明细核算。

2. 明确专项应付款的核算范围

"专项应付款"的资金范围包括财政部门和主管部门拨入的小型农田水利支出拨款、政策性和社会性支出拨款、专项扶贫资金项目建设等。

农村集体经济组织获得的政府给予的保障村级组织和村务运转的补助资金以及贷款贴息等经营性补助资金，作为"补助收入"，不在"专项应付款"中核算。

三、主要账务处理

1. 收到政府补助资金

农村集体经济组织收到政府补助的资金时，借记"库存现金""银行存款"等科目，贷记"专项应付款"科目。如表 5-12 所示。

表 5-12　收到政府补助资金的账务处理

业务事项	会计处理
收到政府补助资金	借：库存现金/银行存款 　　贷：专项应付款

【例 5-8】本年 3 月 26 日，示范村集体经济组织收到乡镇政府拨款 8 000 元，用于道路修缮。会计分录为：

借：银行存款　　　　　　　　　　　　　　　　　　　　8 000
　　贷：专项应付款——财政专项补助——道路修缮　　　　　　8 000

2. 使用政府补助资金

按照政府补助资金的项目用途，当取得生物资产、固定资产、无形资产等非货币性资产，或用于兴建农业农村基础设施时，按照实际使用政府补助资金的数额，借记"消耗性生物资产""生产性生物资产""固定资产""无形资产""在建工程"等科目，贷记"库存现金""银行存款"等科目；同时，借记"专项应付款"科目，贷记"公积公益金"科目。未形成资产需核销的部分，在报经批准后，借记"专项应付款"科目，贷记"在建工程"等科目。

当取得生物资产、固定资产、无形资产等非货币性资产之后，在收到对应用途的政府补助资金时，按照收到的金额，借记"库存现金""银行存款"等科目，贷记"专项应付款"科目；同时，按照实际使用政府补助资金的数额，借记"专项应付款"科目，贷记"公积公益金"科目。如表 5-13 所示。

表 5-13　使用政府补助资金的账务处理

业务事项	计价依据	会计处理	
使用政府补助资金取得生物资产、固定资产、无形资产等非货币性资产或用于兴建农业农村基础设施	按照实际使用政府补助资金的数额	借：消耗性生物资产/生产性生物资产/固定资产/无形资产/在建工程等 　　贷：库存现金/银行存款等	借：专项应付款 　　贷：公积公益金
	未形成资产需核销的部分，在报经批准后	借：专项应付款 　　贷：在建工程	

续表

业务事项	计价依据	会计处理
取得生物资产、固定资产、无形资产等非货币性资产之后，收到对应用途的政府补助资金	按照收到的金额	借：库存现金/银行存款等 　　贷：专项应付款
	按照实际使用政府补助资金的数额	借：专项应付款 　　贷：公积公益金

【例 5-9】本年 7 月 8 日，示范村集体经济组织收到乡镇政府用于扩建中心小学的专项资金 70 000 元。在扩建过程中，示范性集体经济组织使用该专项资金，支付甲建筑公司工程款 68 000 元。12 月 8 日，中心小学扩建完成并交付使用。会计分录为：

（1）收到专项工程款时：

借：银行存款　　　　　　　　　　　　　　　　　　　　　　70 000

　　贷：专项应付款——财政专项补助——中心小学　　　　　　　　70 000

（2）支付工程款时：

借：在建工程——非经营性在建工程——中心小学　　　　　68 000

　　贷：银行存款　　　　　　　　　　　　　　　　　　　　　　68 000

（4）扩建完成交付使用时：

借：固定资产——非经营性固定资产——管理用固定资产——房屋建筑——中心小学　　　　　　　　　　　　　　　　　　　　　　　　68 000

　　贷：在建工程——非经营性在建工程——中心小学　　　　68 000

同时，

借：专项应付款——财政专项补助——中心小学　　　　　　68 000

　　贷：公积公益金——政府拨款形式资产转入　　　　　　　　68 000

3. 退回政府补助资金

农村集体经济组织因有补助结余等情况，而退回政府补助资金时，借记"专项应付款"科目，贷记"库存现金""银行存款"等科目。如表 5-14 所示。

表 5-14　退回政府补助资金的账务处理

业务事项	会计处理
退回政府补助资金	借：专项应付款 　　贷：库存现金/银行存款等

【例 5-10】延续例 5-9，扩建中心小学的专项资金有 2 000 元结余。退回政府补助资金，会计分录为：

借：专项应付款——财政专项补助——中心小学　　　　　　2 000

　　贷：银行存款　　　　　　　　　　　　　　　　　　　　　2 000

第六节　公积公益金的核算

公积公益金是指农村集体经济组织从收益中提取的，通过接受政府补助和他人捐赠等取得的公积公益金，包括按照章程确定的计提比例从本年收益中提取的公积公益金、政府补助或接受捐赠的资产、对外投资中资产重估确认价值与原账面净值的差额、一事一议筹资筹劳转入、收到的征用土地补偿费等。

一、会计账户设置

农村集体经济组织需设置"公积公益金"账户，用于核算农村集体经济组织从收益中提取的，通过接受政府补助和他人捐赠等取得的公积公益金。贷方登记公积公益金的增加数额，包括从收益中提取的、接受政府补助、他人捐赠、实际使用政府补助资金、收到应计入公积公益金的征用土地补偿费等。借方登记公积公益金的减少数额，包括按规定程序批准后，农村集体经济组织用公积公益金弥补亏损等。期末贷方余额，反映农村集体经济组织实有的公积公益金数额。

二、会计管理要求

1. 设置公积公益金的备查簿

农村集体经济组织按照公积公益金的来源设置明细科目进行明细核算，同时，应当设置备查簿，对公积公益金进行登记，以便于农村集体经济组织对公积公益金的后续管理。

2. 公积公益金的来源与使用

（1）公积公益金的来源

农村集体经济组织公积公益金的主要来源包括：①农村集体经济组织接受捐赠的资产及有关部门无偿拨付的专项款项；②农村集体经济组织收到的、归属于村集体的征地补偿费；③村集体经济组织使用一事一议资金时转增的公积公益金；④村集体经济组织通过一事一议资金程序支付酬劳时增加的公益公积金；⑤村集体经济组织以非货币性资产形式对外投资时，双方协议价高于账面净值的差额；⑥村集体经济组织按规定从收益中提取的公积公益金。

其中，农村集体经济组织在提取公积公益金时，其公积公益金提取的比例和份额由农村集体经济组织依据有关政策的规定，制定符合实际情况的方案，经成员大会或成员代表大会讨论通过后执行，并向全体成员公布。

（2）公积公益金的用途

①转增资本。农村集体经济组织可以通过公积公益金转增资本，扩大资本积累，增加集体经济实力，强化农村集体经济组织的生产能力和服务功能。

②公益福利。农村集体经济组织公积公益金可用于集体文化、福利和卫生等公益设施建设，包括修建学校、卫生所、福利院等设施建设。公积公益金不宜直接用于村民家庭水电费、环卫保洁费等的生活性费用支出。

③弥补亏损。农村集体经济组织可按要求用公积公益金弥补亏损。需要注意的是：农村集体经济组织如用公积公益金弥补亏损，必须严格依照有关规定，履行民主程序。

三、主要账务处理

1. 从收益中提取的公积公益金

农村集体经济组织在提取公积公益金时，借记"收益分配——各项分配"科目，贷记"公积公益金"科目。如表5-15所示。

表5-15 从收益中提取的公积公益金账务处理

业务事项	计价依据	会计处理
提取公积公益金	按照筹资方案规定的金额	借：收益分配——各项分配 　　贷：公积公益金

【例5-11】本年末，示范村集体经济组织根据成员大会通过的收益分配方案，从当年收益中提取公积公益金15 000元。会计分录为：

　　借：收益分配——各项分配——提取公积公益金　　　　　　15 000

　　　　贷：公积公益金——集体计提　　　　　　　　　　　　　　　15 000

2. 以非货币性资产方式投资产生的公积公益金

农村集体经济组织在以实物资产、无形资产等非货币性资产方式投资时，按照评估确认或者合同、协议约定的价值和相关税费，借记"长期投资"科目；按照已计提的累计折旧或摊销，借记"生产性生物资产累计折旧""累计折旧""累计摊销"科目；按照投出资产的原价（成本），贷记"消耗性生物资产""生产性生物资产""固定资产""无形资产"等科目；按照应支付的相关税费，贷记"应交税费"等科目；按照其差额，借记或贷记"公积公益金"科目。如表5-16所示。

表5-16 以非货币性资产方式投资产生的公积公益金账务处理

业务事项	计价依据	会计处理
以实物资产、无形资产等非货币性资产方式投资	倒挤差额	借：长期投资 　　生产性生物资产累计折旧/累计折旧/累计摊销 　　公积公益金（差额或贷记差额） 贷：消耗性生物资产/生产性生物资产/固定资产/无形资产等 　　应交税费

【例5-12】本年3月12日，示范村股份经济合作社为一般纳税人。经批准，示范村股份经济合作社以原建成的一个厂房与部分农户共同组建A农民专业合作社。该厂房账面原始价值（简称原值）为500 000元，已提折旧为50 000元，协议约定价800 000元。假设不考虑税费因素，会计分录为：

　　固定资产账面价值=500 000-50 000=450 000（元）

　　非货币性资产投资利得=800 000-450 000=350 000（元）

　　借：长期投资——长期股权投资——A农民专业合作社　　　　800 000

　　　　累计折旧——经营性固定资产累计折旧　　　　　　　　　　50 000

　　　　贷：固定资产——经营性固定资产——房屋建筑物——厂房　　　500 000

公积公益金——其他——非货币性资产投资利得　　　　　　　350 000

3. 接受政府专项补助产生的公积公益金

农村集体经济组织在使用已收到的政府补助资金取得生物资产、固定资产、无形资产等非货币性资产，或用于兴建农业农村基础设施时，按照实际使用政府补助资金的数额，借记"消耗性生物资产""生产性生物资产""固定资产""无形资产""在建工程"等科目，贷记"库存现金""银行存款"等科目；同时，借记"专项应付款"科目，贷记"公积公益金"科目。

当取得生物资产、固定资产、无形资产等非货币性资产之后，在收到对应用途的政府补助资金时，按照收到的金额，借记"库存现金""银行存款"等科目，贷记"专项应付款"科目；同时，按照实际使用政府补助资金的数额，借记"专项应付款"科目，贷记"公积公益金"科目。如表 5-17 所示。

表 5-17　接受政府专项补助产生的公积公益金账务处理

业务事项	计价依据	会计处理	
使用已收到的政府补助资金取得生物资产、固定资产、无形资产等非货币性资产，或用于兴建农业农村基础设施	按照实际使用政府补助资金的数额	借：消耗性生物资产/生产性生物资产/固定资产/无形资产/在建工程等 　　贷：库存现金/银行存款等	借：专项应付款 　　贷：公积公益金
取得生物资产、固定资产、无形资产等非货币性资产之后，收到对应用途的政府补助资金	按照收到的金额	借：库存现金/银行存款等 　　贷：专项应付款	
	按照实际使用政府补助资金的数额	借：专项应付款 　　贷：公积公益金	

【例 5-13】本年 1 月 1 日，示范村集体经济组织银行账户收到财政专项的高标准农田建设资金 500 000 元。2 月 16 日，用该批高标准农田建设资金建立的村节水灌溉管道工程完成竣工结算，结算金额为 500 000 元，已交付使用转入固定资产。会计分录为：

（1）收到财政补助资金时：

借：银行存款　　　　　　　　　　　　　　　　　　　　　500 000

　　贷：专项应付款——财政专项补助——高标准农田建设资金　　500 000

（2）节水灌溉管道工程使用财政专项资金时：

借：在建工程——非经营性在建工程——村节水灌溉管道　　　　500 000

　　贷：银行存款　　　　　　　　　　　　　　　　　　　　　500 000

（3）节水灌溉管道工程完成结转时：

借：固定资产——非经营性固定资产——公益性固定资产——村节水灌溉管道

　　　　　　　　　　　　　　　　　　　　　　　　　　　500 000

　　贷：在建工程——非经营性在建工程——村节水灌溉管道　　500 000

同时，

借：专项应付款——财政专项补助——高标准农田建设资金　　500 000

　　贷：公积公益金——政府拨款等形式资产转入　　　　　　　　　　　500 000

　　4. 接受他人捐赠资金产生的公积公益金

　　当实际收到他人捐赠的货币资金时，借记"库存现金""银行存款"等科目，贷记"公积公益金"科目。如表 5-18 所示。

表 5-18　接受他人捐赠资金产生的公积公益金账务处理

业务事项	会计处理
实际收到他人捐赠的货币资金	借：库存现金/银行存款等 　贷：公积公益金

　　【例 5-14】本年 3 月 7 日，示范村集体经济组织收到丙单位防洪抗灾的捐赠款 9 000 元。会计分录为：

　　借：银行存款　　　　　　　　　　　　　　　　　　　　　　　　　9 000

　　　贷：公积公益金——接受捐赠　　　　　　　　　　　　　　　　　9 000

　　5. 收到政府补助或捐赠非货币性资产所产生的公积公益金

　　当收到政府补助的存货、生物资产、固定资产、无形资产等非货币性资产（包括以前年度收到或形成但尚未入账的）或者他人捐赠的非货币性资产时，按照有关凭据注明的金额加上相关税费等，借记"库存物资""消耗性生物资产""生产性生物资产""公益性生物资产""固定资产""无形资产"等科目，贷记"公积公益金"科目等。

　　若没有相关凭据，则按照资产评估价值或者比照同类或类似资产的市场价格，加上相关税费等，借记"库存物资""消耗性生物资产""生产性生物资产""公益性生物资产""固定资产""无形资产"等科目，贷记"公积公益金"科目等。

　　如果无法采用上述方法计价，则应当按照名义金额（人民币 1 元），借记"库存物资""消耗性生物资产""生产性生物资产""公益性生物资产""固定资产""无形资产"等科目，贷记"公积公益金"科目，并设置备查簿进行登记和后续管理；按照应支付的相关税费等，借记"其他支出"科目，贷记"库存现金""银行存款""应付款""应交税费"等科目。如表 5-19 所示。

表 5-19　收到政府补助或捐赠非货币性资产所产生的公积公益金账务处理

业务事项	计价依据		会计处理
收到政府补助的存货、生物资产、固定资产、无形资产等非货币性资产（包括以前年度收到或形成但尚未入账的）或者他人捐赠的非货币性资产	有凭据：凭据注明的金额、相关税费等		借：库存物资/消耗性生物资产/生产性生物资产/公益性生物资产/固定资产/无形资产等 　贷：公积公益金
	没有凭据：按照资产评估价值或者比照同类或类似资产的市场价格、相关税费等		
	如无法采用上述方法计价	按照名义金额（人民币 1 元）	
		按照应支付的相关税费等	借：其他支出 　贷：库存现金/银行存款/应付款/应交税费等

【例 5-15】本年 3 月 10 日，示范村集体经济组织收到政府补助的集体资产管理软件一套，没有取得相关凭证，市场上也没有同类或类似软件可供参考价格，且未经过评估。现暂按名义金额入账，另转账支付培训费 1 000 元。会计分录为：

（1）软件用名义金额入账时：

借：无形资产——非专利技术——集体资产管理软件   1

 贷：公积公益金——接受捐赠   1

（2）转账支付培训费时：

借：其他支出   1 000

 贷：银行存款   1 000

注意：该项软件作为无形资产，需要进行备查簿登记和管理；用名义金额计量的无形资产不用摊销。同时，会计报表附注需要说明：以名义金额计量的资产名称、数量等，以名义金额计量的理由、资产处置价格和处置程序等。

6. 使用一事一议资金产生的公积公益金

农村集体经济组织在使用一事一议资金购入不需要安装的固定资产时，借记"固定资产"科目，贷记"库存现金""银行存款"等科目；同时，借记"一事一议资金"科目，贷记"公积公益金"科目。

在使用一事一议资金购入需要安装或建造固定资产时，借记"在建工程"科目，贷记"库存现金""银行存款"等科目。在固定资产完工后，借记"固定资产"科目，贷记"在建工程"科目；同时，借记"一事一议资金"科目，贷记"公积公益金"科目。

对于使用一事一议资金而未形成固定资产的项目，在项目支出发生时，借记"在建工程"科目，贷记"库存现金""银行存款"等科目；在项目完成后，按使用一事一议资金金额，借记"公益支出""其他支出"等科目，贷记"在建工程"科目；同时，借记"一事一议资金"科目，贷记"公积公益金"科目。如表 5-20 所示。

表 5-20 使用一事一议资金产生的公积公益金账务处理

业务事项		会计处理	
购入不需要安装的固定资产		借：固定资产 贷：库存现金/银行存款等	借：一事一议资金 贷：公积公益金
购入需要安装或建造固定资产	安装或建造时	借：在建工程 贷：库存现金/银行存款等	
	固定资产完工后	借：固定资产 贷：在建工程	借：一事一议资金 贷：公积公益金
使用一事一议资金而未形成固定资产	项目支出发生	借：在建工程 贷：库存现金/银行存款	
	项目完成后	借：公益支出/其他支出等 贷：在建工程	借：一事一议资金 贷：公积公益金

7. 收到征用土地补偿费产生的公积公益金

农村集体经济组织在收到应计入公积公益金的征用土地补偿费时，借记"银行存款"

科目，贷记"公积公益金"科目。如表5-21所示。

表5-21 收到征用土地补偿费产生的公积公益金账务处理

业务事项	会计处理
收到应计入公积公益金的征用土地补偿费	借：银行存款 　　贷：公积公益金

【例5-16】本年3月15日，示范村集体经济组织收到国家征用耕地的土地补偿费550 000元。根据征地补偿协议规定，划归集体的土地补助300 000元、村集体成员安置补助费100 000元、成员地上附着物及青苗补偿费150 000元。会计分录为：

借：银行存款　　　　　　　　　　　　　　　　　　　550 000

贷：公积公益金——征地补偿费转入　　　　　　　300 000

内部往来——内部个人——（各成员名）　　　250 000

8. 公积公益金弥补亏损

农村集体经济组织按国家有关规定，并按规定程序批准后，用公积公益金弥补亏损等时，借记"公积公益金"科目，贷记"收益分配——未分配收益"科目。如表5-22所示。

表5-22 公积公益金弥补亏损的账务处理

业务事项	会计处理
公积公益金弥补亏损	借：公积公益金 　　贷：收益分配——未分配收益

【例5-17】本年3月17日，示范村集体经济组织召开成员大会，表决通过用以前年度提取的公积公益金弥补亏损5 000元。会计分录为：

借：公积公益金——弥补亏损　　　　　　　　　　　　5 000

贷：收益分配——未分配收益　　　　　　　　　　5 000

第六章　投资业务核算

第一节　短期投资的核算

农村集体经济组织的短期投资是指能够随时变现并且持有时间不准备超过 1 年（含 1 年）的投资。

一、会计账户设置

农村集体经济组织需设置"短期投资"账户，用于核算农村集体经济组织购入的能够随时变现并且持有时间不准备超过 1 年（含 1 年）的股票、债券等有价证券的投资。借方登记农村集体经济组织进行短期投资时实际支付的价款、相关税费等金额；贷方登记出售、转让和收回短期投资时实际收到的价款。期末借方余额，反映农村集体经济组织持有的短期投资的成本。

二、会计管理要求

1. 设置短期投资的明细科目

"短期投资"应按照短期投资的种类设置明细科目，进行明细核算。

短期投资的种类有很多，包括债券、股票以及其他投资项目。通常，短期投资可按投资对象的不同可划分为"债券投资"和"股票投资"等。债券投资包括国库券、国家重点建设债券、重点企业债券、金融债券和企业债券等；股票投资包括普通股和优先股投资。

2. 短期投资取得时的计价原则

农村集体经济组织的短期投资均以取得时的成本计价，包括有价证券的买价、佣金及税费。如果在取得短期投资支付的价款中包括利息或股利，应从中扣除，不作为短期投资的成本。

3. 短期投资定期清查盘点

农村集体经济组织应当在每年年度终了，对短期投资进行全面清查，做到账实相符；对于已发生损失但尚未批准核销的短期投资，应当在会计报表附注中予以披露。

三、主要账务处理

1. 以货币资金方式进行短期投资

农村集体经济组织在进行短期投资时，按照实际支付的价款、相关税费等，借记"短期投资"科目，贷记"银行存款"等科目。如表 6-1 所示。

表 6-1 以货币资金进行短期投资的账务处理

业务事项	会计处理
以货币资金方式进行短期投资	借：短期投资 　贷：银行存款

【例 6-1】本年 2 月 3 日，示范村集体经济组织以银行存款购买国库券 10 000 元，并准备在 10 个月后变现，购买时以银行存款的方式支付交易费用等共 500 元。会计分录为：

借：短期投资——债券投资——国库券　　　　　　　　　　　　　　10 500

　贷：银行存款　　　　　　　　　　　　　　　　　　　　　　　　10 500

2. 确认持有收益

农村集体经济组织在短期投资持有期间，按照分得的股利、利润、利息等确认投资收益，借记"银行存款"科目，贷记"投资收益"科目。如表 6-2 所示。

表 6-2 确认持有收益的账务处理

业务事项	会计处理
确认投资收益	借：银行存款 　贷：投资收益

3. 投资处置

在处置短期投资时，应当将处置价款扣除其账面余额、相关税费后的净额，计入投资收益。农村集体经济组织在出售、转让和收回短期投资时，按照实际收到的价款，借记"银行存款"等科目；按照该短期投资的账面余额，贷记"短期投资"科目；按照尚未领取的现金股利、利润或利息，贷记"应收款"科目；按照其差额，贷记或借记"投资收益"科目。如表 6-3 所示。

表 6-3 投资处置账务处理

业务事项	会计处理
处置短期投资	借：银行存款 　　投资收益（差额；或贷记差额） 　贷：短期投资（短期投资的账目余额） 　　应收款（尚未领取的现金股利、利润或利息）

【例 6-2】本年 1 月 1 日，示范村集体经济组织购入 6 个月的债券型基金 100 000 元。每个月利息为 1 000 元。到期后，将收到的全部本息存入银行。会计分录为：

（1）购入基金时：

借：短期投资——债权投资　　　　　　　　　　　　　　　　　　100 000

　贷：银行存款　　　　　　　　　　　　　　　　　　　　　　　100 000

（2）到期收回本息时：

借：银行存款　　　　　　　　　　　　　　　　　　　　　　　　106 000

　　贷：短期投资——债权投资　　　　　　　　　　　　　　　　　100 000
　　　　投资收益——债券投资收益　　　　　　　　　　　　　　　　6 000

第二节　长期投资的核算

　　农村集体经济组织的长期投资是指除短期投资以外的投资，即持有时间准备超1年（不含1年）的投资。

一、会计账户设置

　　农村集体经济组织需设置"长期投资"账户，用于核算农村集体经济组织持有时间准备超过1年（不含1年）的投资，包括股权投资、债权投资等。借方登记取得长期投资时的投资成本；贷方登记长期投资到期收回、中途转让、发生损失的投资成本。期末借方余额，反映农村集体经济组织持有的长期投资的成本。

二、会计管理要求

　　1. 设置长期投资的明细科目

　　长期投资应按照投资种类设置明细科目，进行明细核算。

　　长期投资的目的通常不是为了于短期内变现，而是为了实现资本增值或获取稳定的收益。根据投资性质不同，长期投资可分为长期股权投资、长期债权投资等。

　　股权投资，是农村集体经济组织购买的股票或以货币资金、无形资产和其他实物资产直接投资于其他单位的投资；农村集体经济组织成为被投资单位的股东，取得被投资单位的股份或股权。长期股权投资的最终目的是为了获取较大的经济利益，既包括取得的被投资单位的利润、股利等分红收益，也包括出售持有的被投资单位股权而取得的增值性收益。

　　债权投资，是农村集体经济组织为取得债权所做的投资，如购买国库券、公司债券等。债权投资反映的是投资企业与被投资企业的债权债务关系，一般以契约的形式明确规定，无论被投资单位是否有利润，投资方都享有定期收回本金，获取利息的权利。农村集体经济组织进行长期债权投资的目的是取得高于银行存款利率的利息，并保证按期收回本息。

　　2. 长期投资的计价原则

　　（1）以货币资金的方式进行长期投资的，应当按照实际支付的价款和相关税费计价。

　　（2）以实物资产、无形资产等非货币性资产的方式进行长期投资的，应当按照评估确认或者合同、协议约定的价值和相关税费计价，实物资产、无形资产等重估确认价值与其账面价值之间的差额，计入公积公益金。

　　3. 长期投资定期清查盘点

　　农村集体经济组织应当在每年年度终了，对长期投资进行全面清查，做到账实相符；对于已发生损失但尚未批准核销的长期投资，应当在会计报表附注中予以披露。

三、主要账务处理

　　1. 以货币资金的方式进行长期投资

　　以货币资金的方式进行长期投资的，按照实际支付的价款和相关税费，借记"长期投资"科目，贷记"银行存款"等科目；按照应支付的相关税费，贷记"应交税费"等科目。如表6-4所示。

表6-4 以货币资金的方式进行长期投资的账务处理

业务事项	会计处理
以货币资金的方式进行长期投资	借：长期投资 　　贷：银行存款 　　　　应交税费

2. 以非货币性资产的方式进行长期投资

以实物资产、无形资产等非货币性资产的方式进行长期投资的，按照评估确认或者合同、协议约定的价值和相关税费，借记"长期投资"科目；按照已计提的累计折旧或摊销，借记"生产性生物资产累计折旧""累计折旧""累计摊销"科目；按照投出资产的原价（成本），贷记"消耗性生物资产""生产性生物资产""固定资产""无形资产"等科目；按照应支付的相关税费，贷记"应交税费"等科目；按照其差额，借记或贷记"公积公益金"科目。如表6-5所示。

表6-5 以非货币性资产的方式进行长期投资的账务处理

业务事项	会计处理
以非货币性资产的方式进行长期投资	借：长期投资（按照评估确认或者合同、协议约定的价值和相关税费） 　　生产性生物资产累计折旧/累计折旧/累计摊销（按照已计提的累计折旧或摊销） 　　贷：消耗性生物资产/生产性生物资产/固定资产/无形资产（按照投出资产的原价（成本）） 　　　　应交税费（按照应支付的相关税费） 　　　　公积公益金（差额；或借记差额）

3. 持有收益

被投资单位在宣告分派现金股利、利润或利息时，应当按照应分得的金额，借记"应收款"科目，贷记"投资收益"科目。在收到现金股利、利润或利息时，按照实际收到的金额，借记"银行存款"等科目，贷记"应收款"科目。如表6-6所示。

表6-6 持有收益账务处理

业务事项	会计处理
被投资单位宣告分派现金股利、利润或利息，按照应分得的金额	借：应收款 　　贷：投资收益
实际收到的现金股利、利润或利息	借：银行存款 　　贷：应收款

4. 到期收回或中途转让长期投资

在到期收回或中途转让长期投资时，按照实际取得的价款，借记"银行存款"等科目；按照投资的账面余额，贷记"长期投资"科目；按照尚未领取的现金股利、利润或利息，贷记"应收款"科目；按照其差额，贷记或借记"投资收益"科目。如表 6-7 所示。

表 6-7　到期收回或中途转让长期投资的账务处理

业务事项	会计处理
到期收回或中途转让长期投资	借：银行存款（按照实际取得的价款） 　贷：长期投资（按照投资的账面余额） 　　　应收款（按照尚未领取的现金股利、利润或利息） 　　　投资收益（差额；或借记差额）

5.长期投资发生损失

当长期投资发生损失时，按规定程序批准后，按照赔偿金额，借记"应收款""内部往来"等科目；按照扣除赔偿金额后的净损失，借记"投资收益"科目；按照发生损失的投资账面余额，贷记"长期投资"科目。如表 6-8 所示。

表 6-8　长期投资发生损失的账务处理

业务事项	会计处理
长期投资发生损失	借：应收款/内部往来等（按照赔偿金额） 　　投资收益（按照扣除赔偿金额后的净损失） 　贷：长期投资（按照发生损失的投资账面余额）

【例 6-3】本年 1 月 1 日，经批准，示范村集体经济组织将 100 万元的资金投入本市 W 国有企业，双方合同约定，示范村集体经济组织不享有所有权，投资期为 3 年，每年可取得固定收益，年收益率为 8%，每年年末结算一次收益。到期后可全额收回 100 万元投资。会计分录为：

（1）投资时：

借：长期投资——债权投资——W 国有企业　　　　　　　1 000 000

　贷：银行存款　　　　　　　　　　　　　　　　　　　　　　1 000 000

（2）第一年至第三年，每年年末结算收益时：

每年固定收益=1 000 000×8%=80 000（元）

借：应收款——应收利息　　　　　　　　　　　　　　　80 000

　贷：投资收益　　　　　　　　　　　　　　　　　　　　　　80 000

（3）第一年至第三年，每年收到利息时：

借：银行存款　　　　　　　　　　　　　　　　　　　　80 000

　贷：应收款——应收利息　　　　　　　　　　　　　　　　　80 000

（4）到期收回投资时：

借：银行存款　　　　　　　　　　　　　　　　　　　1 000 000

　贷：长期投资——债权投资——W 国有企业　　　　　　　　1 000 000

【例 6-4】示范村股份经济合作社为增值税一般纳税人。本年 5 月 1 日，股份经济合作社以拥有的房屋对 T 公司进行投资，该房屋的账面价值为 480 万元，已计提折旧 220 万元。经评估确认该房屋的价值为 320 万元，因此，投资协议约定房屋价值为 320 万元。8 月 1 日，T 公司宣告分配利润 100 万元，其中示范村股份经济合作社可分得 18 万元。8 月 31 日，示范村股份经济合作社收到 T 公司的利润分配款 18 万元。12 月 31 日，示范村村股份经济合作社收回所拥有房屋的对外投资，房屋评估价值为 300 万元，同时收到投资分红 18 万元。会计分录为：

（1）5 月 1 日进行投资时：

借：长期投资——长期股权投资——T 公司　　　　　　　3 200 000
　　累计折旧——经营性固定资产累计折旧　　　　　　　2 200 000
　　贷：固定资产——经营性固定资产——房屋建筑　　　　　　　4 800 000
　　　　公积公益金——非货币性资产投资收益　　　　　　　　600 000

（2）8 月 1 日宣告分配利润时：

借：应收款——应收利润　　　　　　　　　　　　　　　180 000
　　贷：投资收益——股权投资收益　　　　　　　　　　　　　180 000

（3）8 月 31 日收到分配的利润时：

借：银行存款　　　　　　　　　　　　　　　　　　　　180 000
　　贷：应收款——应收利润　　　　　　　　　　　　　　　　180 000

（4）12 月 31 日收回投资时：

借：固定资产——经营性固定资产——房屋建筑　　　　　3 000 000
　　银行存款　　　　　　　　　　　　　　　　　　　　180 000
　　投资收益——股权投资收益　　　　　　　　　　　　 20 000
　　贷：长期投资——长期股权投资——T 公司　　　　　　　　3 200 000

【例 6-5】当年 1 月 31 日，示范村集体经济组织清查长期投资发现，三年前投资于 A 农民专业合作社的"长期投资"账面价值为 100 000 元，持有股权比例为 30%，目前由于该农民专业合作社已注销，投资全部无法收回，原因为：该项投资负责人徐某因管理不利，导致未能及时履行追偿权利。按规定程序批准后，由徐某承担投资损失 80 000 元，示范村股份经济合作社承担剩余损失。会计分录为：

（1）确认投资损失时：

借：内部往来——内部个人——徐某　　　　　　　　　　80 000
　　投资收益——股权投资收益　　　　　　　　　　　　 20 000
　　贷：长期投资——长期股权投资——A 农民专业合作社　　　100 000

（2）收到徐某的款项时：

借：银行存款　　　　　　　　　　　　　　　　　　　　80 000
　　贷：内部往来——内部个人——徐某　　　　　　　　　　　80 000

第三节　投资收益的核算

投资收益是指农村集体经济组织对外投资所取得的收益扣除发生的投资损失后的

净额。投资所取得的收益包括对外投资取得的现金股利、利润或利息等，以及对外投资到期收回或中途转让取得款项高于账面余额、相关税费的差额等；投资损失包括对外投资到期收回或中途转让取得款项低于账面余额、相关税费的差额等。

一、会计账户设置

农村集体经济组织需设置"投资收益"账户，用于核算农村集体经济组织对外投资取得的收益或发生的损失。贷方登记取得的各项投资收益；借方登记发生的各项投资损失。若为投资净收益，则"投资收益"科目的贷方余额转入"本年收益"科目贷方；若为投资净损失，则"投资收益"科目的借方余额转入"本年收益"科目借方。结转后"投资收益"科目无余额。

二、会计管理要求

1. 设置投资收益的明细科目

"投资收益"科目应按照投资种类和项目设置明细科目，进行明细核算。

2. 设置股票股利备查簿

农村集体经济组织在获得股票股利[①]时，不做账务处理，但应在备查簿中登记所增加的股份。

三、主要账务处理

1. 被投资单位宣告分派现金股利、利润或利息

农村集体经济组织在对外投资的持有期间，当被投资单位宣告分派现金股利、利润或利息时，应当按照应分得的金额，借记"应收款"等科目，贷记"投资收益"科目。如表 6-9 所示。

表 6-9　被投资单位宣告分派现金股利、利润或利息的账务处理

业务事项	计价依据	会计处理
被投资单位宣告分派现金股利、利润或利息	按照应分得的金额	借：应收款等 　　贷：投资收益

2. 处置投资

在处置对外投资时，按照实际收到的价款或收回的金额，借记"银行存款"等科目；按照其账面余额，贷记"短期投资""长期投资"科目；按照尚未领取的现金股利、利润或利息，贷记"应收款"科目；按照其差额，贷记或借记"投资收益"科目。如表 6-10 所示。

表 6-10　处置投资账务处理

业务事项	会计处理
处置对外投资	借：银行存款 　　投资收益（差额；或贷记差额） 　　贷：短期投资/长期投资 　　　　应收款

---

① 股票股利是一种特殊的股利支付方式，它通过增发股票来代替现金支付给股东。

3. 期末余额结转

期末，农村集体经济组织应将"投资收益"科目的贷方余额转入"本年收益"科目贷方；若为投资净损失，则应将"投资收益"科目的借方余额转入"本年收益"科目借方。结转后"投资收益"科目应无余额。如表 6-11 所示。

表 6-11　期末余额结转的账务处理

业务事项	会计处理
期末贷方余额结转	借：投资收益 　　贷：本年收益
期末借方余额结转	借：本年收益 　　贷：投资收益

【例 6-6】本年 4 月 1 日，示范村集体经济组织以闲置机床对 Q 公司进行投资。10 月 31 日，项目获得收益，示范村集体经济组织被宣告分派利润 1.5 万元，并于 11 月 6 日收到 Q 公司支付的利润 1.5 万元。年末，结转投资收益余额。假设不考虑其他业务。会计分录为：

（1）宣告分配利润时：

借：应收款——应收利润　　　　　　　　　　　　　　　15 000

　　贷：投资收益——股权投资收益　　　　　　　　　　　　15 000

（2）收到分配利润时：

借：银行存款　　　　　　　　　　　　　　　　　　　15 000

　　贷：应收款——应收利润　　　　　　　　　　　　　　　15 000

（3）年末结转投资收益余额时：

借：投资收益——股权投资收益　　　　　　　　　　　　15 000

　　贷：本年收益　　　　　　　　　　　　　　　　　　　15 000

第七章　库存物资与长期资产核算

第一节　库存物资的核算

库存物资又称存货，是指在农村集体经济组织库存的各种原材料、农用材料、农产品、工业产成品、低值易耗品等物资。其中，原材料包括原料及主要材料、辅助材料、外购半成品、其他材料等；农用材料包括种子、饲料、肥料、农药等；饲料包括饲草、青贮、清割、干草、骨粉等；农产品包括大米、高粱、花生、玉米、小麦等。

一、会计账户设置

农村集体经济组织需设置"库存物资"账户，用于核算农村集体经济组织库存的各种种子、化肥、燃料、农药、原材料、机械零配件、低值易耗品、在产品、农产品、工业产成品等物资。主要包括购入、接受捐赠或政府补助的物资；消耗性生物资产收获、生产完工的工业产成品等物资。借方登记物资增加的实际成本，贷方登记物资减少的实际成本。期末借方余额，反映农村集体经济组织库存物资的实际成本。

二、会计管理要求

1. 设置库存物资的明细科目

"库存物资"应按照库存物资的品名设置明细科目，进行明细核算。例如，"库存物资"账户的二级明细科目可设置为"原材料""农用材料""农产品""工业产成品""低值易耗品"等，如图 7-1 所示。此外，根据经济业务需要，结合重要性原则，可增设其他相关的二级明细科目、三级明细科目。

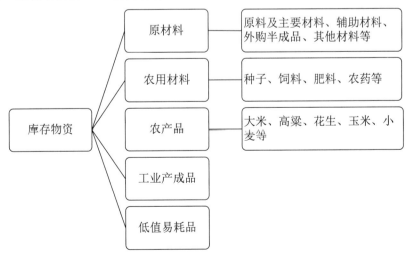

图 7-1　"库存物资"账户明细科目设置

2. 设置名义金额入账的库存物资备查簿

农村集体经济组织接受政府补助和他人捐赠等形成的库存物资（含扶贫项目资产），如果没有相关凭据且无法采用"资产评估价值"或"比照同类或类似存货的市场价格"方法计价，则按照名义金额（人民币 1 元）入账，并设置备查簿进行登记和后续管理。

3. 库存物资的来源及入账价值

库存物资的来源途径主要有购入、自制以及接受捐赠等。库存物资的来源不同，其计价与会计处理也不相同。

（1）购入的存货，应当按照购买价款、应支付的相关税费、运输费、装卸费、保险费以及外购过程中发生的其他直接费用计价。

（2）在产品以及生产完工入库的、农产品和工业产成品，应当按生产过程中发生的实际支出成本计价。

（3）收到政府补助的存货或者他人捐赠的存货，应当按照有关凭据注明的金额加上相关税费、运输费等计价；如果没有相关凭据，则按照资产评估价值或者比照同类或类似存货的市场价格，加上相关税费、运输费等计价。对于无法采用上述方法计价的，应当按照名义金额（人民币 1 元）计价；相关税费、运输费等计入其他支出；同时在备查簿中登记说明。

（4）提供的劳务，按照与劳务提供直接相关的人工费、材料费和应分摊的间接费用计价。

（5）盘盈的存货，应当按照同类或类似存货的市场价格或评估价值计价。

4. 发出库存物资的计价方法

库存物资发出，首先要根据一定的方法计算发出物资的金额。发出物资的金额等于发出物资的数量乘以单价。物资的数量可根据"出库单"确定。同一种库存物资的取得时间、地点、途径、人员的不同，其单价也是不完全相同的，因此，必须按照一定的方法确定发出存货的单价。发出库存物资的计价方法有四种：个别计价法、先进先出法、月末一次加权平均法和移动加权平均法。在四种计价方法中，月末一次加权平均法最为简单实用，是农村集体经济组织库存物资发出计价的主要方法。农村集体经济组织库存物资发出计价方法一经确定，不得随意变更。

（1）个别计价法

个别计价法，又称个别认定法、具体辨认法，是指每次发出库存物资的实际成本，按照购入时的实际成本分别计价的方法。个别计价法的特征是注重所发出存货具体项目的实物流转与成本流转之间的联系，逐一辨认各批发出存货和期末存货所属的购进批别或生产批别，分别按购入或生产时所确定的单位成本计算各批发出存货和期末存货的成本，即把每一种存货的实际成本作为计算发出存货成本和期末存货成本的基础。

采用个别计价法计算发出存货的成本和期末存货的成本比较合理准确，但是实物操作的工作量繁重，较为困难；同时，这种方法要求在库存物资的保管中，必须对同一种物资区别其不同的进价分别保管，这也增加了保管的工作量。个别计价法不适合单价频繁变动的库存物资的发出计价，通常用于容易识别、不能替代使用或是为特定项目专门购入或制造的存货以及提供的劳务。

【例 7-1】示范村集体经济组织从事粮食加工生产，所用稻谷库存变动情况如下：3月 1 日结存稻谷 300 千克，每千克实际成本为 2.8 元；3 月 5 日购入稻谷 200 千克，每千克单价为 3 元；3 月 8 日购入稻谷 300 千克，每千克单价为 2.6 元；3 月 6 日发出稻谷 100 千克，3 月 25 日发出稻谷 350 千克。在发出的稻谷中，120 千克为月初结存，150 千克是以单价 3 元购入的，180 千克是以单价 2.6 元购入的。按照个别计价法，发出库存物资的计价为：

本月共发出稻谷的数量=100+350=450（千克）

发出库存物资的价格=120×2.8+150×3+180×2.6=1 254（元）

（2）先进先出法

先进先出法是基于"先购进的物资，先发出"的假设，即先按第一批入库存货的单价计算发出存货的成本，领发完毕后，再按第二批入库存货的单价计算，以此类推。若领发的存货是前后两批分别入库的，单价又不相同，就分别用两个单价计算。采用先进先出法，必须按照取得物资的顺序逐笔登记入库物资的数量、单价和金额。

这种计价方法的特点是把计价工作分散在月份内进行，优点是不能随意挑选存货计价以调整当期利润。缺点是工作比较繁琐，特别是对于存货进出频繁的单位更是如此。

【例 7-2】延续例 7-1。示范村集体经济组织从事粮食加工生产，所用稻谷库存变动情况如例 7-1 所示。按照先进先出法，发出库存物资的计价为：

3 月份共发出稻谷的数量=100+350=450（千克）

发出库存物资的价格=300×2.8+（450－300）×3=1290（元）

（3）月末一次加权平均法

月末一次加权平均法是指以当月全部进货数量加上月初存货数量作为权数，除以当月全部进货成本与月初存货成本之和，计算出存货的加权平均单位成本，以此为基础计算当月发出存货的成本和期末存货的成本。具体计算公式为：

$$库存物资加权平均单位成本 = \frac{月初库存物资的实际成本 + 本月入库各批库存物资实际成本}{月初库存物资数量 + 本月入库各批库存物资进货数量}$$

$$本期发出库存物资实际成本 = 本期发出库存物资数量 × 加权平均单位成本$$

$$期末库存物资成本 = 期末库存物资数量 × 加权平均单位成本$$

月末一次加权平均法较上述两种方法简便，有利于简化成本计算工作，但不利于存货成本的日常管理和控制。

【例 7-3】延续例 7-1。示范村集体经济组织从事粮食加工生产，所用稻谷库存变动情况如例 7-1 所示。按照月末一次加权平均法，发出库存物资的计价为：

$$库存物资加权平均单位成本 = \frac{300×2.8 + 200×3 + 300×2.6}{300 + 200 + 300} = \frac{2220}{800} = 2.775 （元/千克）$$

3 月份共发出稻谷数量=100+350=450（千克）

发出库存物资的价格=450×2.775=1 248.75（元）

（4）移动加权平均法

移动加权平均法指以每次进货的成本加上原有库存物资的成本，除以每次进货数量和原有库存物资的数量之和，据以计算加权平均单位成本。具体计算公式为：

$$移动加权平均单价 = \frac{原有库存物资成本 + 本次购入库存物资成本}{原有库存物资数量 + 本次购入库存物资数量}$$

$$本次发出库存物资成本 = 本次发出库存物资数量 \times 移动加权平均单价$$

采用移动加权平均法能够及时了解库存物资的结存情况，计算的平均单价及发出和结存的库存物资成本比较客观。但由于每次收货都要计算一次平均单价，计算工作量较大，对收发货较频繁的农村集体经济组织不适用。

【例 7-4】延续例 7-1。示范村集体经济组织从事粮食加工生产，所用稻谷库存变动情况如例 7-1 所示。按照移动加权平均法，发出库存物资的计价为：

3 月份共发出稻谷数量=100+350=450（千克），分两次发出库存物资。

①3 月 5 日购入 200 千克稻谷：

$$移动加权平均单价 = \frac{300 \times 2.8 + 200 \times 3}{300 + 200} = \frac{1440}{500} = 2.88 \quad （元/千克）$$

3 月 6 日发出 100 千克稻谷：

发出库存物资的价格=100×2.88=288（元）

②3 月 8 日购入 300 千克稻谷：

本次采购前的原有库存物资数量=300+200－100=400（千克）

$$移动加权平均单价 = \frac{400 \times 2.88 + 300 \times 2.6}{400 + 300} = \frac{1932}{700} = 2.76 \quad （元/千克）$$

3 月 25 日发出 350 千克稻谷：

发出库存物资的价格=350×2.76=966（元）

3 月份发出库存物资的价格=288+966=1 254（元）

5. 库存物资的清查盘点

在实际工作中，由于自然损耗、收发错误、损坏变质、丢失被盗等原因，常常会造成库存物资账实不符。为了真实地反映农村集体经济组织的资产情况，保护财产物资的安全完整，农村集体经济组织应定期对库存物资进行清查，即核对库存物资的账面数与实存数是否相符，并查明账实不符的原因，进行相应的会计处理，从而不断改进经营管理、减少损失。

农村集体经济组织库存物资的清查，首先应组织会计、保管及其他相关人员通过实地盘点、技术推算等方式取得库存物资的实有数额，并填写"库存物资盘点表"，如表 7-1 所示。其次，将盘点表上的实有数额与账面数额进行核对，如果账面数大于实有数，则说明发生了盘亏；如果账面数小于实有数，则说明发生了盘盈。无论盘亏还是盘盈，都要填制"库存物资盘点报告单"，注明盘盈或盘亏库存物资的品种、规格、数量、金额等，按一定程序报批后进行会计处理。

表 7-1　库存物资盘点表

单位名称：					盘点人：					盘点日期				
序号	库存物资名称及型号规格	存放地点	计量单位	单价	盘点前账面记录		尚未办理		盘点日		差异		品质状况（正常、残次毁损、滞销）
	1	2	3	4	数量 5	金额 6=4×5	入库数量 7	出库数量 8	应存数量 9=5+7-8	实存数量 10	数量 11=9-10	金额 12=4×11	
1													
2													
3													
4													
5													
6													
	合计												

农村集体经济组织的库存物资在发生毁损或报废时，按规定程序报经批准后，处置收入、赔偿金额扣除其成本、相关税费和清理费用后的净额，应当计入其他收入或其他支出。盘盈库存物资实现的收益应当计入其他收入；盘亏库存物资发生的损失应当计入其他支出。

农村集体经济组织应当在每年年度终了，对库存物资进行全面清查，做到账实相符；对于已发生损失但尚未批准核销的库存物资，应当在会计报表附注中予以披露。

三、主要账务处理

1. 取得库存物资

（1）在将购入的物资验收入库时，按照确定的实际成本，借记"库存物资"科目，贷记"应付款""银行存款"等科目。

（2）政府补助的存货或者他人捐赠的物资，应当按照有关凭据注明的金额加上相关税费、运输费等计价；若没有相关凭据，则按照资产评估价值或者比照同类或类似存货的市场价格，加上相关税费、运输费等计价，借记"库存物资"科目，贷记"公积公益金"科目。若无法采用上述方法计价，则应当按照名义金额（人民币 1 元）计价，借记"库存物资"科目，贷记"公积公益金"科目；相关税费、运输费等计入其他支出，借记"其他支出"科目，贷记"银行存款""应付款""应交税费"等科目。

（3）会计期末，对已收到发票账单但尚未到达或尚未验收入库的物资，借记"库存物资"科目，贷记"应付款""公积公益金"等科目。按照应支付的相关税费，贷记"应交税费"等科目。

（4）在将消耗性生物资产收获、生产完工的工业产成品入库时，按照入库物资的实际成本，借记"库存物资"科目，贷记"消耗性生物资产""生产（劳务）成本"等科目。如表 7-2 所示。

表7-2　取得库存物资的账务处理

业务事项			会计处理
购入的物资验收入库（按照购买价款、相关税费、运输费以及其他直接费用）			借：库存物资 　　贷：应付款/银行存款/应收款等
接受捐赠或政府补助的物资验收入库	有凭据：按照凭据注明的金额加上相关税费、运输费等		借：库存物资 　　贷：公积公益金
	没有凭据：按照资产评估价值或者比照同类或类似存货的市场价格，加上相关税费、运输费等		
	无法采用上述方法计价	按照名义金额（人民币1元），并设置备查簿进行登记和后续管理	
		实际发生的运输费和应支付的相关税费等	借：其他支出 　　贷：银行存款/应付款/应交税费等
会计期末，已收到发票账单但尚未到达或尚未验收入库的物资			借：库存物资 　　贷：应付款/公积公益金等 　　　　应交税费
农产品收获、工业产成品入库（按照入库物资的实际成本）			借：库存物资 　　贷：消耗性生物资产/生产（劳务）成本等

【例7-5】为支持示范村集体经济组织仓库建设，镇里一家水泥公司送来水泥200吨，根据对方提供的捐赠凭证及其他相关证明，水泥价值350元/吨。示范村集体经济组织用银行存款支付运费500元，已验收入库，登记入账。会计分录为：

借：库存物资——工业产成品——水泥　　　　　　　　　　　　　70 500
　　贷：公积公益金——接受捐赠　　　　　　　　　　　　　　　70 000
　　　　银行存款　　　　　　　　　　　　　　　　　　　　　　　500

【例7-6】示范村集体经济组织种植的小麦收获8吨，该批小麦的成本共计32 000元，已验收入库。会计分录为：

借：库存物资——农产品——小麦　　　　　　　　　　　　　　32 000
　　贷：消耗性生物资产——大田作物和蔬菜——小麦　　　　　　32 000

2. 领用或销售库存物资

发出库存物资的会计处理主要视发出物资用途的不同而不同，按照会计"谁受益谁承担"的原则，根据发出库存物资用于哪些方面，计入相应的成本、费用账户。

（1）在领用库存物资时，按照领用物资的实际成本，借记"生产（劳务）成本""在建工程""管理费用"等科目，贷记"库存物资"科目。

（2）在销售库存物资时，按照实现的销售收入，借记"库存现金""银行存款""应收款"等科目，贷记"经营收入"等科目；按照销售物资的实际成本，借记"经营支出"科目，贷记"库存物资"科目。如表7-3所示。

表 7-3　领用或销售库存物资的账务处理

业务事项		计价依据	会计处理
领用库存物资		按照领用物资的实际成本	借：生产（劳务）成本/在建工程/管理费用等 　　贷：库存物资
销售库存物资	销售物资	按照实现的销售收入	借：库存现金/银行存款/应收款等 　　贷：经营收入
	结转销售成本	按照销售物资的实际成本	借：经营支出 　　贷：库存物资

【例 7-7】示范村集体经济组织已设立为股份经济合作社，并办理了税务登记，被认定为增值税一般纳税人。10 月 15 日，示范村集体经济组织购买一批农药，采购价款为 1 090 元，取得了增值税专用发票，款项已转账支付。增值税专用发票在本期认证抵扣，发票记载不含税销售额为 1 000 元，增值税税额为 90 元。11 月 2 日，领用该批农药，用于给股份经济合作社种植的小麦施药防虫。会计分录为：

（1）10 月 15 日购买农药时：

借：库存物资——农用材料——农药　　　　　　　　　　　　　　　　1 000

　　应交税费——应交增值税（进项税额）　　　　　　　　　　　　　　90

　　贷：银行存款　　　　　　　　　　　　　　　　　　　　　　　　1 090

（2）11 月 2 日领用该批农药时：

借：消耗性生物资产——大田作物和蔬菜——小麦　　　　　　　　　1 000

　　贷：库存物资——农用材料——农药　　　　　　　　　　　　　1 000

【例 7-8】示范村集体经济组织出售苹果，收入为 10 000 元，收入已存入银行，苹果的实际成本为 8 800 元。会计分录为：

（1）销售苹果时：

借：银行存款　　　　　　　　　　　　　　　　　　　　　　　　10 000

　　贷：经营收入——销售收入——农产品销售收入——苹果　　　10 000

（2）同时结转成本：

借：经营支出——销售支出——农产品销售支出——苹果　　　　　8 800

　　贷：库存物资——农产品——苹果　　　　　　　　　　　　　8 800

3. 清查库存物资

（1）盘盈的库存物资，按照同类或类似物资的市场价格或评估价值，借记"库存物资"科目，贷记"待处理财产损溢——待处理流动资产损溢"科目。在按规定程序批准后处理时，按照"待处理财产损溢——待处理流动资产损溢"科目余额，借记"待处理财产损溢——待处理流动资产损溢"，贷记"其他收入"科目。

（2）盘亏、毁损、报废的各种库存物资，按照其账面余额，借记"待处理财产损溢——待处理流动资产损溢"科目，贷记"库存物资"科目。在按规定程序批准后处理时，按照残料价值，借记"库存物资"科目；按照可收回的责任人和保险公司赔偿的金额，借记"应收款""内部往来"等科目；按照"待处理财产损溢——待处理流动资产损溢"余额，贷记"待处理财产损溢——待处理流动资产损溢"科目；按照其差额，借记"其他支出"科目。如表 7-4 所示。

表 7-4 清查库存物资的账务处理

业务事项		会计处理
盘盈	盘盈时	借：库存物资 贷：待处理财产损溢——待处理流动资产损溢
	按规定程序批准后处理	借：待处理财产损溢——待处理流动资产损溢 贷：其他收入
盘亏、损毁、报废	盘亏时	借：待处理财产损溢——待处理流动资产损溢 贷：库存物资
	按规定程序批准后处理	借：库存物资（残料价值） 应收款/内部往来等（赔偿金额） 其他支出 贷：待处理财产损溢——待处理流动资产损溢

【例 7-9】本年年终，示范村集体经济组织对存货进行盘点清查，盘盈小麦种子 50 千克，经批准按市场价 2 元/千克入账。会计分录为：

（1）盘盈时：

借：库存物资——农用材料——小麦种子   100

 贷：待处理财产损溢——待处理流动资产损溢   100

（2）按规定程序批准后：

借：待处理财产损溢——待处理流动资产损溢   100

 贷：其他收入——财产物资盘盈收入   100

【例 7-10】本年年终，示范村集体经济组织对存货进行盘点清查，发现 100 千克玉米种子霉烂变质，入库价为 5 元/千克。经查，主要由村集体粮库年久失修和保管员李某过失所致，决定由村集体组织和李某各承担 100 元损失，其余损失得到保险公司的赔偿。会计分录为：

（1）盘亏时：

借：待处理财产损溢——待处理流动资产损溢   500

 贷：库存物资——农用材料——玉米种子   500

（2）按规定程序批准后：

借：其他支出——资产盘亏支出   100

 内部往来——内部个人——李某   100

 应收款——保险公司赔款   300

 贷：待处理财产损溢——待处理流动资产损溢   500

第二节　固定资产的核算

固定资产与在建工程都是农村集体经济组织资产的重要组成部分。在建工程是未完工的固定资产，当在建工程完成并达到预定可使用状态时，它可以被转为固定资产。两者在定义、会计处理等方面有所不同，因此，农村集体经济组织设置"固定资产"科目和"在建工程"科目，并分开进行核算。

本节内容主要介绍与固定资产相关的几个会计科目，包括固定资产、在建工程、累计折旧、固定资产清理等。

一、固定资产

固定资产是指农村集体经济组织使用年限在 1 年以上的房屋、建筑物、机器、设备、工具、器具、生产设施和农业农村基础设施等。对于生产经营主要设备的物品，使用年限在 1 年以上的，也应当作为固定资产。

（一）会计账户设置

农村集体经济组织需设置"固定资产"账户，用于核算农村集体经济组织固定资产的原价（成本）。借方登记增加数额，贷方登记减少数额。期末借方余额反映农村集体经济组织持有的固定资产的原价（成本）。

农村集体经济组织需设置"累计折旧"账户，用于核算农村集体经济组织固定资产的累计折旧。贷方登记增加数额，表示计提的固定资产的折旧额；借方登记减少数额，表示因固定资产出售、报废、毁损、对外投资而转出的累计折旧额。期末贷方余额反映农村集体经济组织固定资产的累计折旧额。

农村集体经济组织需设置"固定资产清理"账户，用于核算农村集体经济组织因出售、捐赠、报废和损毁等原因转入清理的固定资产的账面价值及其在清理过程中所发生的费用等。借方登记固定资产转入清理的净值和清理过程中发生的费用；贷方登记收回出售固定资产的价款、残料价值和变价收入。期末借方余额反映农村集体经济组织尚未清理完毕的固定资产的净损失，期末贷方余额反映农村集体经济组织尚未清理完毕的固定资产的净收益。

（二）会计管理要求

1. 设置固定资产登记簿和资产卡片

农村集体经济组织在核算"固定资产"时，需要设置"固定资产登记簿"和"固定资产卡片"，以便更好地管理固定资产。"固定资产登记簿"和"固定资产卡片"如表 7-5 和表 7-6 所示。

表 7-5　固定资产登记簿

序号	固定资产编号	固定资产名称	规格型号	类别名称	购置日期	使用年限	计量单位	资产原值			存放地点	使用部门	使用人	使用状态	固定资产增加凭单编号	入库日期	领用人	领用日期	使用人变更	备注
								数量	单价	金额										
1																				
2																				
3																				
4																				
5																				
6																				
7																				
8																				
9																				
10																				
11																				
合计																				

表 7-6　固定资产卡片

固定资产资料卡					
编号		名称		类别	
产品资料			购入资料		
型号			购 入 时 间		
供货商			预计使用年限		
计量单位			原　　值		
使用情况	地点		月折旧额		
	部门		净 残 值		
	人员		变动情况		

2. 设置名义金额入账的固定资产备查簿

农村集体经济组织收到政府补助的固定资产（包括以前年度收到或形成但尚未入账的）或者他人捐赠的固定资产，如果没有相关凭据且无法采用"资产评估价值"以及"比照同类或类似固定资产的市场价格"方法计价，则按照名义金额（人民币 1 元）入账，并设置备查簿进行登记和后续管理。

3. 计提固定资产折旧

（1）计提固定资产折旧的范围

农村集体经济组织应当对所有的固定资产计提折旧，但以名义金额计价的固定资产除外。应计提折旧的固定资产包括：①房屋及建筑物；②在用机器设备、机械（包括农业机械）、运输车辆、工具器具；③季节性停用和因大修理停用的固定资产；④以经营性租赁方式租出的固定资产和融资租赁方式租入的固定资产。

不计提折旧的固定资产包括：①房屋、建筑物以外的未使用的或不需要用的固定资产；②以经营租赁方式租入的固定资产；③已提足折旧继续使用的固定资产；④国家规定不提取折旧的其他固定资产。

（2）计提固定资产折旧的原则

农村集体经济组织应当根据固定资产的性质、使用情况和与该固定资产有关的经济利益的预期消耗方式，合理确定固定资产的使用寿命、预计净残值和折旧方法。固定资产的使用寿命、预计净残值和折旧方法一经确定，不得随意变更。

农村集体经济组织应当在固定资产预计使用寿命内，对固定资产原价（成本）扣除预计净残值后的金额，按照"年限平均法"或"工作量法"等计提折旧，并根据该固定资产的受益对象计入相关资产成本或者当期损益。其中，固定资产的净残值是指固定资产使用年限到期清理时，预计可收回的残余价值扣除预计清理费用后的余额。通常用固定资产净残值率估计净残值，净残值率是指净残值与固定资产原值的比例，通常按 3%～5%确定。固定资产的预计使用年限应由农村集体经济组织根据固定资产的性质和消耗方式合理确定。

农村集体经济组织应当按月计提固定资产折旧。当月增加的固定资产，当月不计提折旧，从下月起计提折旧；当月减少的固定资产，当月仍计提折旧，从下月起不再计提折旧。在固定资产提足折旧后，不论能否继续使用，均不再计提折旧；提前报废的固定资产，也不再补提折旧。

（3）固定资产的折旧方法

固定资产折旧方法有"年限平均法""工作量法"等，农村集体经济组织可选择其中一种方法使用。折旧方法一经确定后，不得随意变更。

方法一：年限平均法

①固定资产折旧额直接计算法。年限平均法也称使用年限法，是指根据固定资产原值减去净残值后的余额，按固定资产预计使用年限平均计算各期折旧额的一种方法。公式如下：

$$固定资产年折旧额 = \frac{固定资产原值 - 固定资产预计净残值}{固定资产预计使用年限}$$

$$固定资产月折旧额 = \frac{固定资产年折旧额}{12}$$

【例 7-11】示范村集体经济组织的一台收割机原值为 105 000 元，预计报废残值收入为 5 000 元，预计使用 10 年。折旧额计算如下：

$$固定资产年折旧额 = \frac{10\,5000 - 5\,000}{10} = 10\,000 \quad（元）$$

$$固定资产月折旧额 = \frac{10\,000}{12} = 833.33 \quad（元）$$

②通过折旧率计算折旧额法。在实际工作中，为了简化核算，在提取折旧时，可以按照固定资产原值乘以固定资产折旧率来计算折旧额。固定资产折旧率是一定时期内的折旧额与固定资产原值的比率，分为个别折旧率、分类折旧率和综合折旧率三种。

第一，个别折旧率。个别折旧率是指以某项固定资产单独计算的折旧率。公式如下：

$$某项固定资产的年折旧率 = \frac{固定资产的年折旧额}{固定资产的原值} \times 100\%$$

$$固定资产年折旧额 = \frac{固定资产原值 - 固定资产预计净残值}{固定资产预计使用年限}$$

$$某项固定资产月折旧率 = \frac{该固定资产年折旧率}{12}$$

$$某项固定资产年折旧额 = 该固定资产原值 \times 年折旧率$$

$$某项固定资产月折旧额 = 该固定资产原值 \times 月折旧率$$

第二，分类折旧率。分类折旧率是指每类固定资产一定期间内的折旧额与该类固定资产原价的比率。计算分类折旧率首先应当把性质、结构和使用年限接近的固定资产归为一类，再按类计算平均折旧率，如将房屋建筑物划分为一类，将机械设备划分为一类等。采用分类折旧率计算固定资产折旧的优点是计算方法简单，但准确性不如个别折旧率。公式如下：

$$某类固定资产的分类年折旧率 = \frac{该类固定资产年折旧额之和}{该类固定资产原值之和} \times 100\%$$

$$某类固定资产年折旧额 = 某类固定资产原值 \times 某类固定资产的分类年折旧率$$

第三，综合折旧率。年综合折旧率是指某一期间全部固定资产折旧额与全部固定资产原价的比率。与采用个别折旧率和分类折旧率计算固定资产折旧相比，采用综合折旧率计算结果的准确性较差，一般在实务中不采用这种计算方法。公式如下：

$$固定资产年综合折旧率 = \frac{各类固定资产年折旧额之和}{各类固定资产原值之和} \times 100\%$$

$$全部固定资产年折旧额 = 全部固定资产原值 \times 固定资产年综合折旧率$$

方法二：工作量法

工作量法是根据实际工作量计提折旧的方法。该方法先预计固定资产在预计使用年限内可以完成的总工作量，再结合其原值、预计净残值计算单位工作量的折旧额，然后根据每个月实际完成的工作量乘以单位工作量的折旧额，计算该固定资产的月折旧额。这种折旧方法主要适用于对拖拉机、联合收割机、挖掘机、粮食处理机械、灌溉机械、运输车辆等专用设备的折旧计算。主要有以下三种折旧方法。

①按行使里程计算折旧。

$$单位里程折旧额 = \frac{固定资产原值 - 固定资产预计净残值}{总里程}$$

$$月折旧额 = 当月实际行使里程 \times 单位里程折旧额$$

【例7-12】示范村集体经济组织2月购入一辆货运汽车，原值为200 000元，预计净残值率为10%，预计总行驶里程为20万千米。3月共行驶5 000千米。该汽车3月份的折旧额计算为：

$$单位里程折旧额 = \frac{200\,000 - 200\,000 \times 10\%}{200\,000} = 0.9 \quad （元/千米）$$

$$3月份该汽车的折旧额 = 5\,000 \times 0.9 = 4\,500 \quad （元）$$

②按工作小时计算折旧。

$$每工作小时折旧额 = \frac{固定资产原值 - 固定资产预计净残值}{总工作小时数}$$

$$月折旧额 = 当月实际工作小时 \times 每工作小时折旧额$$

【例7-13】示范村集体经济组织2月购入一台磨面机，原值为50 000元，预计净残值率为5%，预计总工作时间为2.5万小时。3月份工作时间240小时，该磨面机3月份的折旧额计算为：

$$每工作小时折旧额 = \frac{50\,000 - 50\,000 \times 5\%}{25\,000} = 1.9 \quad （元/小时）$$

$$月折旧额 = 240 \times 1.9 = 456 \quad （元）$$

③按台班计算折旧。一个台班是指一台机器工作一个班次，一般8小时为一个班次。

$$每台班折旧额 = \frac{固定资产原值 - 固定资产预计净残值}{总台班次}$$

$$月折旧额 = 当月实际工作台班数 \times 每台班折旧额$$

【例7-14】示范村集体经济组织2月份购入一台磨面机。原值为50 000元，预计净残值率为 5%，预计总工作台班为 5 000 台班。3 月份工作了 50 个台班，该磨面机 3 月份的折旧额计算为：

$$每工作小时折旧额 = \frac{50\,000 - 50\,000 \times 5\%}{5\,000} = 9.5 \quad (元 / 小时)$$

$$月折旧额 = 50 \times 9.5 = 475(元)$$

4. 加强固定资产的后续支出管理

农村集体经济组织固定资产的后续支出应当区分修理费用和改扩建支出。①固定资产的修理费用按照用途直接计入有关支出项目；②固定资产的改扩建支出，是指改变固定资产结构、延长使用年限等发生的支出。固定资产的改扩建支出，应当计入固定资产的成本，并按照重新确定的固定资产成本以及重新确定的折旧年限（预计尚可使用年限）计算折旧额；但已提足折旧的固定资产改扩建支出应当计入"长期待摊费用"，并按照固定资产预计尚可使用年限，采用年限平均法分期摊销。

农村集体经济组织在处置固定资产时，处置收入扣除其账面价值、相关税费和清理费用后的净额，应当计入其他收入或其他支出。其中，固定资产的账面价值，是指固定资产原价（成本）扣减累计折旧后的金额。

5. 建立健全固定资产内部控制制度

农村集体经济组织应当建立健全固定资产内部控制制度，建立人员岗位责任制；定期对固定资产、在建工程进行盘点清查，做到账实相符，至少在每年年度终了，必须对固定资产、在建工程进行一次全面的盘点清查；对于已发生损失但尚未批准核销的相关资产，应当在会计报表附注中予以披露；应定期或不定期地对固定资产内部控制进行监督检查，对发现的薄弱环节应当及时采取措施加以纠正和完善。

（三）主要账务处理

1. 取得固定资产

固定资产应当按取得时的成本作为入账价值。固定资产的增加主要包括购入、自建、接受捐赠、改扩建等。

（1）购入的固定资产

①若购入不需要安装的固定资产，则按照购买价款和采购费、应支付的相关税费、包装费、运输费、装卸费、保险费以及外购过程发生的其他直接费用，借记"固定资产"科目，贷记"库存现金""银行存款""应付款"等科目。如表 7-7 所示。

表 7-7 购入不需要安装的固定资产账务处理

业务事项	计价依据	会计处理
购入不需要安装的固定资产	按照购买价款和采购费、应支付的相关税费、包装费、运输费、装卸费、保险费以及外购过程发生的其他直接费用	借：固定资产 　　贷：库存现金/银行存款/应付款等

【例 7-15】假设示范村股份经济合作社为增值税小规模纳税人。本年 3 月 7 日，购入一台不需要安装的收割机，取得增值税发票，发票价税合计 98 000 元，支付运费 1 000

元，均以银行存款支付。会计分录为：

借：固定资产——经营性固定资产——机器设备——收割机　99 000
　贷：银行存款　99 000

【例 7-16】延续例 7-15。假设示范村股份经济合作社为增值税一般纳税人，本年 3 月 7 日，本村股份经济合作社购入一台不需要安装的收割机，取得增值税专用发票，发票价税合计 98 000 元，支付运费 1 000 元，均以银行存款支付。假设增值税发票按规定本期认证抵扣。会计分录为：

增值税=98 000÷（1+9%）×9%[①]=8 091.74（元）

借：固定资产——经营性固定资产——机器设备——收割机　90 908.26
　　应交税费——应交增值税（进项税额）　8 091.74
　贷：银行存款　99 000

②购入需要安装的固定资产，先记入"在建工程"科目，待安装完毕交付使用时，按照其实际成本，借记"固定资产"科目，贷记"在建工程"科目。在购入时，按实际支付的价款、相关税费、包装费、运输费、装卸费、保险费，以及外购过程发生的其他直接费用，借记"在建工程"科目，贷记"库存现金""银行存款""应付款"等科目。在发生安装调试费用时，借记"在建工程"科目，贷记"库存现金""银行存款""库存物资"等科目。在安装完毕达到预定使用状态时，按在建工程的累计成本，借记"固定资产"科目，贷记"在建工程"科目。如表 7-8 所示。

表 7-8　购入需要安装的固定资产账务处理

业务事项		会计处理
购入需要安装的固定资产	购入时	借：在建工程 　贷：库存现金/银行存款/应付款等
	发生安装调试费用时	借：在建工程 　贷：库存现金/银行存款/库存物资等
	安装完毕交付使用时	借：固定资产 　贷：在建工程

【例 7-17】假设示范村股份经济合作社为增值税小规模纳税人。本年 5 月 1 日，本村股份经济合作社购入一台需要安装的农机设备，发票价格为 130 000 元，运输费为 8 000 元，均以银行存款支付，另支付安装人工费 5 000 元。会计分录为：

①购入时：

借：在建工程——经营性在建工程——农机　138 000
　贷：银行存款　138 000

②发生安装人工费时：

借：在建工程——经营性在建工程——农机　5 000
　贷：应付劳务费　5 000

---

① 我国现行税收制度规定，一般纳税人销售农机的增值税税率为9%。

③支付安装人工费时：

借：应付劳务费　　　　　　　　　　　　　　　　　　　　　　5 000

　　贷：银行存款　　　　　　　　　　　　　　　　　　　　　　　　5 000

如果股份经济合作社代扣代缴安装工人的个人所得税，则：

个人所得税=5 000×（1-20%）×20%=800（元）

借：应付劳务费　　　　　　　　　　　　　　　　　　　　　　5 000

　　贷：银行存款　　　　　　　　　　　　　　　　　　　　　　　　4 200

　　　　应交税费——应交个人所得税　　　　　　　　　　　　　　　　800

④安装完工、验收合格交付使用后：

借：固定资产——经营性固定资产——机器设备——农机　　　143 000

　　贷：在建工程——经营性在建工程——农机　　　　　　　　　　143 000

（2）自行建造的固定资产

自行建造完成交付使用的固定资产，按照建造该固定资产的实际成本，即该项资产至交付使用前所发生的全部必要支出，借记"固定资产"科目，贷记"在建工程"科目。已交付使用但尚未办理竣工决算手续的固定资产，应当按照估计价值入账，待办理竣工决算后，再按照实际成本调整原来的暂估价值。如表7-9所示。

表7-9　自行建造的固定资产账务处理

业务事项	计价依据	会计处理
自行建造完成交付使用的固定资产	按照建造该项资产至交付使用前所发生的全部必要支出	借：固定资产 　　贷：在建工程

【例 7-18】假设示范村股份经济合作社为增值税小规模纳税人。本年村股份经济合作社自建猪舍一间。9 月 8 日，外购一批水泥，价税合计为 130 000 元，以银行存款支付。9 月 10 日领用 90 000 元库存红砖和上述外购的水泥。在建造过程中，用银行存款支付工程水电费 800 元、临时人工费 20 800 元。10 月 9 日，猪舍修建工程完工，验收合格后交付使用。会计分录为：

①外购水泥时：

借：库存物资——工业产成品——水泥　　　　　　　　　　130 000

　　贷：银行存款　　　　　　　　　　　　　　　　　　　　　　130 000

②领用红砖和水泥时：

借：在建工程　　经营性在建工程——猪舍　　　　　　　　220 000

　　贷：库存物资——工业产成品——红砖　　　　　　　　　　　90 000

　　　　　　　　　　　　　——水泥　　　　　　　　　　　　130 000

③支付水电费时：

借：在建工程——经营性在建工程——猪舍　　　　　　　　　　800

　　贷：银行存款　　　　　　　　　　　　　　　　　　　　　　　800

④发生临时人工费时：

借：在建工程——经营性在建工程——猪舍　　　　　　　　　　20 800

　　贷：应付劳务费　　　　　　　　　　　　　　　　　　　　　　20 800

⑤支付临时人工费时（假设不代扣代缴个人所得税）：

借：应付劳务费　　　　　　　　　　　　　　　　　　　　　20 800

　　贷：银行存款　　　　　　　　　　　　　　　　　　　　　　　20 800

⑥猪舍完工并交付使用：

借：固定资产——经营性固定资产——房屋建筑——猪舍　　241 600

　　贷：在建工程——经营性在建工程——猪舍　　　　　　　　　241 600

（3）收到政府补助或接受捐赠的固定资产

收到政府补助的固定资产（包括以前年度收到或形成但尚未入账的）或者他人捐赠的固定资产，按照有关凭据注明的金额加上相关税费、运输费等，借记"固定资产"科目，贷记"公积公益金"等科目。

若没有相关凭据，则按照资产评估价值或者比照同类或类似固定资产的市场价格，加上相关税费、运输费等，借记"固定资产"科目，贷记"公积公益金"等科目。

若无法采用上述方法计价，则应当按照名义金额（人民币1元），借记"固定资产"科目，贷记"公积公益金"科目，并设置备查簿进行登记和后续管理；按照实际发生的运输费和应支付的相关税费等，借记"其他支出"科目，贷记"库存现金""银行存款""应付款""应交税费"等科目。如表7-10所示。

表7-10　收到政府补助或接受捐赠的固定资产账务处理

业务事项	计价依据		会计处理
收到政府补助的固定资产（包括以前年度收到或形成但尚未入账的）或者他人捐赠的固定资产	有凭据：按照凭据注明的金额加上相关税费、运输费等		借：固定资产　贷：公积公益金
	没有凭据：按照资产评估价值或者比照同类或类似固定资产的市场价格，加上相关税费、运输费等		
	无法采用上述方法计价	按照名义金额（人民币1元），并设置备查簿进行登记和后续管理	
		实际发生的运输费和应支付的相关税费等	借：其他支出　贷：库存现金/银行存款/应付款/应交税费等

【例7-19】假设示范村股份经济合作社为增值税小规模纳税人。本年3月10日，该村股份经济合作社接受R公司捐赠的机井设备一架，发票所列价格为155 000元。会计分录为：

借：固定资产——经营性固定资产——机器设备——机井　　155 000

　　贷：公积公益金——接受捐赠　　　　　　　　　　　　　　　155 000

（4）改扩建的固定资产

对固定资产进行改扩建时，按照该项固定资产账面价值，借记"在建工程"科目；按照已计提的累计折旧，借记"累计折旧"科目；按照固定资产原价（成本），贷记"固定资产"科目。发生的改扩建支出，借记"在建工程"科目，贷记"库存现金""银行存款""应付款""内部往来""应付工资""应付劳务费"等科目。在改扩建完成交付使用时，按照确定的固定资产成本，借记"固定资产"科目，贷记"在建工程"科目。如表7-11所示。

表 7-11　固定资产改扩建的账务处理

业务事项	会计处理
改建时	借：在建工程（按照该项固定资产账面价值） 　　累计折旧（按照已计提的累计折旧） 　贷：固定资产（按照固定资产原价）
发生改扩建支出	借：在建工程 　贷：库存现金/银行存款/应付款/内部往来/应付工资/应付劳务费等
改扩建完成交付使用	借：固定资产 　贷：在建工程

【例 7-20】本年 8 月 7 日，示范村集体经济组织对原有的农产品加工车间进行改扩建，车间原值为 12 万元，已提折旧为 4 万元，以银行存款支付改建费用 2 万元，改建中残料收入 1 万元存入银行。会计分录为：

①车间交付改造时：

借：在建工程——经营性在建工程——车间　　　　　　　　　　80 000
　　累计折旧——经营性固定资产累计折旧　　　　　　　　　　40 000
　贷：固定资产——经营性固定资产——房屋设备——车间　　　120 000

②支付改建费用时：

借：在建工程——经营性在建工资——车间　　　　　　　　　　20 000
　贷：银行存款　　　　　　　　　　　　　　　　　　　　　　20 000

③收到残料收入时：

借：银行存款　　　　　　　　　　　　　　　　　　　　　　　10 000
　贷：在建工程——经营性在建工资——车间　　　　　　　　　　10 000

④扩建工程完工，验收合格交付使用时：

借：固定资产——经营性固定资产——房屋设备——车间　　　　90 000
　贷：在建工程——经营性在建工资——车间　　　　　　　　　　90 000

2. 固定资产的折旧

固定资产计提的折旧，按固定资产用途的不同，分别记入不同的借方账户。生产经营用的固定资产计提的折旧，借记"生产成本"等科目，贷记"累计折旧"科目；管理用的固定资产计提的折旧，借记"管理费用"科目，贷记"累计折旧"科目；用于公益性用途的固定资产计提的折旧，借记"公益支出"科目，贷记"累计折旧"科目。如表7-12所示。

表 7-12　固定资产计提折旧的账务处理

业务事项	会计处理
固定资产计提折旧	借：生产（劳务）成本（生产经营用） 　　管理费用（管理用） 　　公益支出（公益性用途） 贷：累计折旧

【例 7-21】本年 1 月，示范村股份经济合作社应计提资产折旧 6 800 元，其中生产经营用固定资产折旧为 5 000 元，管理用固定资产折旧为 1 000 元，公益性固定资产折旧为 800 元。会计分录为：

借：生产（劳务）成本——生产费用——经营性固定资产折旧费　　　5 000

　　管理费用——管理用固定资产费用——管理用固定资产折旧费　　1 000

　　公益支出——公益性固定资产费用——公益性固定资产折旧费　　 800

贷：累计折旧——非经营性固定资产累计折旧　　　　　　　　　　　6 800

3. 固定资产的修理

生产经营用的固定资产的修理费用，借记"经营支出"等科目，贷记"库存现金""银行存款"等科目；管理用的固定资产的修理费用，借记"管理费用"等科目，贷记"库存现金""银行存款"等科目；用于公益性用途的固定资产的修理费用，借记"公益支出"等科目，贷记"库存现金""银行存款"等科目。如表 7-13 所示。

表 7-13　固定资产维修的账务处理

业务事项	会计处理
固定资产的修理费用	借：经营支出（生产经营用） 　　管理费用（管理用） 　　公益支出（公益性用途） 贷：库存现金/银行存款等

【例 7-22】本年 2 月 20 日，示范村股份经济合作社对固定资产进行检测维修，转账支付修理费用 5 000 元，其中，生产经营用固定资产发生的修理费用为 2 600 元，管理用固定资产发生的修理费用为 1 400 元，公益性固定资产发生的修理费用为 1 000 元。会计分录为：

借：经营支出——经营性固定资产修理费　　　　　　　　　　　　　2 600

　　管理费用——管理用固定资产费用——管理用固定资产修理费　　1 400

　　公益支出——公益性固定资产费用——公益性固定资产修理费　　1 000

贷：银行存款　　　　　　　　　　　　　　　　　　　　　　　　　5 000

4. 固定资产的盘盈、盘亏

（1）固定资产的盘盈

盘盈的固定资产，按照同类或类似固定资产的市场价格或评估价值扣除按照该项固定资产新旧程度估计的折旧后的余额，借记"固定资产"科目，贷记"待处理财产损溢——待处理非流动资产损溢"科目。按规定程序批准后处理时，按照"待处理财产损溢——待处理非流动资产损溢"科目余额，借记"待处理财产损溢——待处理非流动资产损溢"，贷记"其他收入"科目。如表 7-14 所示。

表 7-14 固定资产盘盈的账务处理

业务事项	计价依据	会计处理
盘盈	按照同类或类似全新固定资产的市场价格或评估价值扣除按照该项固定资产新旧程度估计的折旧后的余额	借：固定资产 　贷：待处理财产损溢——待处理非流动资产损溢
按规定程序批准后处理时	按照"待处理财产损溢——待处理非流动资产损溢"科目余额	借：待处理财产损溢——待处理非流动资产损溢 　贷：其他收入

（2）固定资产的盘亏

盘亏的固定资产，按照固定资产账面价值，借记"待处理财产损溢——待处理非流动资产损溢"科目；按照已计提的累计折旧，借记"累计折旧"科目；按照固定资产原价（成本），贷记"固定资产"科目。在按规定程序批准后处理时，按照可收回的责任人和保险公司赔偿的金额，借记"应收款""内部往来"等科目；按照"待处理财产损溢——待处理非流动资产损溢"科目相应余额，贷记"待处理财产损溢——待处理非流动资产损溢"科目；按照其差额，借记"其他支出"科目。如表 7-15 所示。

表 7-15 固定资产盘亏的账务处理

业务事项	会计处理
盘亏	借：待处理财产损溢——待处理非流动资产损溢（按照固定资产账面价值） 　　累计折旧（按照已计提的累计折旧） 　贷：固定资产（按照固定资产原价）
按规定程序批准后处理	借：应收款/内部往来等（按照赔偿金额） 　　其他支出（差额） 　贷：待处理财产损溢——待处理非流动资产损溢

【例 7-23】年末，示范村股份经济合作社在财产清查中盘盈拖拉机一台，重置完全价值为 9 000 元，估计已提折旧 1 000 元。会计分录为：

①盘盈时：

借：固定资产——经营性固定资产——机器设备——拖拉机　　　　9 000

　　贷：累计折旧——经营性固定资产累计折旧　　　　　　　　　　　1 000

　　　　待处理财产损溢——待处理非流动资产损溢　　　　　　　　　8 000

②按规定程序批准后：

借：待处理财产损溢——待处理非流动资产损溢　　　　　　　　　8 000

　　贷：其他收入——财产物资盘盈收入　　　　　　　　　　　　　　8 000

【例 7-24】年末，示范村股份经济合作社在财产清查中，盘亏一台柴油机，原价30 000 元，已计提累计折旧 25 000 元。经查明，柴油机丢失的原因在于设备管理员小张看护失职。按规定程序批准后，由小张赔偿 1 000 元。会计分录为：

①盘亏时：

借：待处理财产损溢——待处理非流动资产损溢　　　　　　　　　5 000

　　累计折旧——经营性固定资产累计折旧　　　　　　　　　　　25 000

　　贷：固定资产——经营性固定资产——机器设备——柴油机　　　　　30 000

②按规定程序批准后：

借：内部往来——内部个人——小张　　　　　　　　　　　　　　1 000

　　其他支出——资产盘亏支出　　　　　　　　　　　　　　　　4 000

　　贷：待处理财产损溢——待处理非流动资产损溢　　　　　　　　　5 000

5. 固定资产的处置

（1）出售、报废和毁损固定资产

固定资产的出售、报废和毁损等，按照固定资产账面价值，借记"固定资产清理"科目；按照已计提的累计折旧，借记"累计折旧"科目；按照固定资产原价（成本），贷记"固定资产"科目。

清理过程中发生的相关税费及其他费用，借记"固定资产清理"科目，贷记"库存现金""银行存款""应交税费"等科目；收回出售固定资产的价款、残料价值和变价收入等，借记"银行存款""库存物资"等科目，贷记"固定资产清理"科目；按照赔偿金额，借记"应收款""内部往来"等科目，贷记"固定资产清理"科目。

清理完毕后发生的净收益，借记"固定资产清理"科目，贷记"其他收入"科目；清理完毕后发生的净损失，借记"其他支出"科目，贷记"固定资产清理"科目。如表7-16 所示。

表 7-16　出售、报废和毁损固定资产的账务处理

业务事项		会计处理
出售、报废和毁损等，转出固定资产账面价值		借：固定资产清理 　　累计折旧 贷：固定资产
清理过程中发生的收支	清理过程中发生的相关税费及其他费用	借：固定资产清理 贷：库存现金/银行存款/应交税费等
	收回出售固定资产的价款、残料价值和变价收入	借：银行存款/库存物资等 贷：固定资产清理
	应收取的赔偿金	借：应收款/内部往来等 贷：固定资产清理
清理完毕，结转净损益	结转清理净收益	借：固定资产清理 贷：其他收入
	结转清理净损失	借：其他支出 贷：固定资产清理

【例 7-25】本年 8 月 14 日，示范村股份经济合作社将一台使用期已满的碾米机予以报废，原始价值为 80 000 元，已计提折旧 77 500 元。在拆卸搬运中实际发生清理费用 800 元，以银行存款方式支付。拆除的残料变卖收入 1 500 元，已存入银行。会计分录为：

①固定资产报废清理时：

借：固定资产清理——经营性固定资产清理——碾米机　　　　　　2 500

　　累计折旧——经营性固定资产累计折旧　　　　　　　　　　77 500

　　　贷：固定资产——经营性固定资产——机器设备——碾米机　　　　　　80 000

②支付清理费用时：

借：固定资产清理——经营性固定资产清理——碾米机　　　　　　800

　　　贷：银行存款　　　　　　　　　　　　　　　　　　　　　　　800

③残料变卖收入存入银行时：

借：银行存款　　　　　　　　　　　　　　　　　　　　　　1 500

　　　贷：固定资产清理——经营性固定资产清理——碾米机　　　　　　1 500

④固定资产清理完毕，结转净损失时：

借：其他支出——固定资产清理损失　　　　　　　　　　　　1 800

　　　贷：固定资产清理——经营性固定资产清理——碾米机　　　　　　1 800

【例 7-26】本年 10 月 28 日，示范村股份经济合作社出售一台灌溉机，原始价值为 150 000 元，已提折旧 30 000 元，出售价格为 125 000 元。在出售过程中实际发生清理费用为 800 元，上述款项均以银行存款进行收付。会计分录为：

①固定资产转入清理时：

借：固定资产清理——经营性固定资产清理——灌溉机　　　　　120 000

　　累计折旧——经营性固定资产累计折旧　　　　　　　　　　30 000

　　　贷：固定资产——经营性固定资产——机器设备——灌溉机　　　　　150 000

②支付清理费时：

借：固定资产清理——经营性固定资产清理——灌溉机　　　　　800

　　　贷：银行存款　　　　　　　　　　　　　　　　　　　　　　　800

③收到出售款项时：

借：银行存款　　　　　　　　　　　　　　　　　　　　　125 000

　　　贷：固定资产清理——经营性固定资产清理——灌溉机　　　　　125 000

④固定资产清理完毕，结转净收益时：

借：固定资产清理——经营性固定资产清理——灌溉机　　　　　4 200

　　　贷：其他收入——固定资产清理收益　　　　　　　　　　　　4 200

（2）以固定资产对外投资

以固定资产对外投资，按照评估确认或者合同、协议约定的价值和相关税费，借记“长期投资”科目；按照已计提的累计折旧，借记“累计折旧”科目；按照固定资产原价（成本），贷记“固定资产”科目；按照应支付的相关税费，贷记“应交税费”等科目；按照其差额，借记或贷记“公积公益金”科目。如表 7-17 所示。

表 7-17　以固定资产对外投资的账务处理

业务事项	会计处理
以固定资产对外投资	借：长期投资（按照评估确认或者合同、协议约定的价值和相关税费） 　　累计折旧（按照固定资产已计提的累计折旧） 　贷：固定资产（按照固定资产原价） 　　应交税费（按照应支付的相关税费） 　　公积公益金（差额；或借记差额）

【例 7-27】示范村股份经济合作社为增值税小规模纳税人。本年 9 月 30 日，村股份经济合作社将一台生产机器对 T 食品加工企业进行投资。该机器原价为 54 000，已计提折旧 18 000 元。双方协议约定该台机器评估含税价为 38 000 元。假设已开出该台机器的增值税发票，应交增值税 368.93 元。会计分录为：

借：长期投资——长期股权投资——T 食品加工企业　　　　　　38368.96

　　累计折旧——经营性固定资产累计折旧　　　　　　　　　　18 000

　贷：固定资产——经营性固定资产——机器设备　　　　　　　54 000

　　应交税费——应交增值税　　　　　　　　　　　　　　　368.93[①]

　　公积公益金　　　　　　　　　　　　　　　　　　　　2 000

（3）捐赠转出固定资产

捐赠转出固定资产，按照固定资产账面价值、应支付的相关税费及其他费用，转入或归集至"固定资产清理"科目。在捐赠项目完成后，按照"固定资产清理"科目的余额，借记"其他支出"科目，贷记"固定资产清理"科目。如表 7-18 所示。

表 7-18　捐赠转出固定资产的账务处理

业务事项	计价原则	会计处理
捐赠时	按照固定资产账面价值、应支付的相关税费及其他费用	借：固定资产清理 　　累计折旧 　贷：固定资产 　　库存现金/银行存款/应交税费等
捐赠项目完成后	按照固定资产清理科目的余额	借：其他支出 　贷：固定资产清理

【例 7-28】本年 4 月 8 日，示范村股份经济合作社将一辆旧卡车捐赠给经济较为薄弱的 W 村，该卡车原值为 8 000 元，已计提折旧 2 400 元；同时，用银行存款支付该卡车的牌照变更费用 10 00 元。会计分录为：

①捐赠时：

借：固定资产清理——经营性固定资产清理——卡车　　　　　6 600

① 根据现行税收法律规定，小规模纳税人处置自己使用的固定资产，按照 3%的征收率减按 1%。则增值税=38 000÷（1+3%）×1%=368.93（元）。

累计折旧——经营性固定资产累计折旧　　　　　　　　　　　2 400

　　贷：固定资产——经营性固定资产——机器设备——卡车　　　8 000

　　　银行存款　　　　　　　　　　　　　　　　　　　　　　1 000

②捐赠完成后：

借：其他支出——捐赠支出　　　　　　　　　　　　　　　　6 600

　　贷：固定资产清理——经营性固定资产清理——卡车　　　6 600

（4）出租固定资产

出租固定资产所取得的租金等收入，借记"银行存款"等科目，贷记"经营收入——出租收入"等科目；结转出租固定资产的成本（折旧），借记"经营支出"等科目，贷记"累计折旧"科目。如表 7-19 所示。

表 7-19　出租固定资产的账务处理

业务事项	计价依据	会计处理
出租固定资产	取得的租金等收入	借：银行存款 　　贷：经营收入——出租收入
	结转出租固定资产的成本（折旧）	借：经营支出 　　贷：累计折旧

【例 7-29】本年 1 月 1 日，示范村股份经济合作社将一台榨油机出租给食用油生产厂，每月收取租金 8 000 元。该榨油机原值为 10 000 元，每月计提折旧额 1 500 元。不考虑税费因素，会计分录为：

①取得租金收入时[①]：

借：银行存款　　　　　　　　　　　　　　　　　　　　　　8 000

　　贷：经营收入——出租收入　　　　　　　　　　　　　　8 000

②每月计提折旧时：

借：经营支出——租赁支出　　　　　　　　　　　　　　　　1 500

　　贷：累计折旧——经营性固定资产累计折旧　　　　　　　1 500

二、在建工程

在建工程是指农村集体经济组织尚未完工的工程项目。

[①]　如果考虑税费因素，应根据纳税人类型，依据增值税发票上的税额，确认贷方的"应交税费——应交增值税"。现行税收制度规定，一般纳税人出租有形动产的增值税税率为 13%；小规模纳税人的增值税税率为 1%。如果为一般纳税人，增值税 = 8 000÷（1+13%）×13% = 920.35 元，则会计分录为：

借：银行存款　　　　　　8 000

　　贷：经营收入——出租收入　　　　7 079.65

　　　应交税费——应交增值税（销项税额）　920.35

如果为小规模纳税人，增值税 = 8 000÷（1+1%）×1% = 79.21 元，则会计分录为：

借：银行存款　　　　　　8 000

　　贷：经营收入——出租收入　　　　7 920.79

　　　应交税费——应交增值税　　　79.21

（一）会计账户设置

农村集体经济组织需设置"在建工程"账户，用于核算农村集体经济组织进行工程建设、设备安装、农业农村基础设施建造、固定资产改建等发生的实际支出。借方登记在建工程投资的增加额，贷方登记工程达到预定可使用状态时，转入到"固定资产"账户的价值。期末借方余额反映农村集体经济组织尚未交付使用的工程项目的实际支出。

（二）会计管理要求

1. 设置明细科目

"在建工程"应按照工程项目等设置明细科目，进行明细核算。

2. 在建工程计价原则

在建工程按实际发生的支出或应支付的工程价款计价。若形成固定资产，则待完工交付使用后，计入固定资产；若不形成固定资产，则待项目完成后，计入经营支出、其他支出、公益支出等。

在建工程部分发生报废或毁损，按规定程序批准后，按照扣除残料价值和赔偿金额后的净损失，计入在建工程成本。由单项工程报废以及由自然灾害等非常原因造成的报废或毁损，其净损失计入其他支出。

（三）主要账务处理

1. 购入需要安装的固定资产

购入需要安装的固定资产，按照购买价款和采购费、应支付的相关税费、包装费、运输费、装卸费、保险费及外购过程发生的其他直接费用，借记"在建工程"科目，贷记"库存现金""银行存款""应付款"等科目。如表 7-20 所示。具体案例见【例 7-17】。

表 7-20　购入需要安装的固定资产账务处理

业务事项	计价依据	会计处理
购入需要安装的固定资产	按照购买价款和采购费、应支付的相关税费、包装费、运输费、装卸费、保险费及外购过程发生的其他直接费用	借：在建工程 贷：库存现金/银行存款/应付款等

2. 购买或领用工程专用物资

因建造固定资产和兴建农业农村基础设施而购买或领用专用物资及发生的相关费用，按照实际支出，借记"在建工程"科目，贷记"库存现金""银行存款""库存物资"等科目。如表 7-21 所示。

表 7-21　购买或领用工程专用物资的账务处理

业务事项	计价依据	会计处理
建造固定资产和兴建农业农村基础设施而购买或领用专用物资及发生的相关费用	按照实际支出	借：在建工程 贷：库存现金/银行存款/库存物资等

【例 7-30】本年 4 月，示范村集体经济组织修建桥涵（桥和涵洞的统称），使用钢材

费用为 500 000 元；水泥 700 吨，水泥单价为 440 元/吨。会计分录为：

借：在建工程——非经营性在建工程——桥涵　　　　　　　　808 000
　　贷：库存物资——工业产成品——钢材　　　　　　　　　　　500 000
　　　　　　　　　　　　　　　——水泥　　　　　　　　　　　308 000

3. 发包工程建设

发包工程建设，根据合同规定向承包企业预付工程款时，按照实际预付的价款，借记"在建工程"科目，贷记"银行存款"等科目；以拨付材料抵作工程款的，按照材料的实际成本，借记"在建工程"科目，贷记"库存物资"等科目；将需要安装的设备交付承包企业进行安装时，按照该设备的成本，借记"在建工程"科目，贷记"库存物资"等科目。与承包企业办理工程价款结算时，补付的工程款，借记"在建工程"科目，贷记"银行存款""应付款"等科目。如表 7-22 所示。

表 7-22　发包工程建设账务处理

业务事项	计价依据	会计处理
根据合同规定向承包企业预付工程款	按照预付的价格	借：在建工程 　　贷：银行存款
以拨付材料抵作工程款	按照材料的实际成本	借：在建工程 　　贷：库存物资
将需要安装的设备交付承包企业进行安装	按照该设备的成本	
与承包企业办理价款结算	按照补付的工程款	借：在建工程 　　贷：银行存款/应付款等

4. 自营工程

自营工程在领用物资或产品时，按照领用物资或产品的实际成本，借记"在建工程"科目，贷记"库存物资"等科目。工程应负担的员工工资、劳务费等人员费用，借记"在建工程"科目，贷记"内部往来""应付工资""应付劳务费"等科目。如表 7-23 所示。

表 7-23　自营工程账务处理

业务事项	计价依据	会计处理
领用物资或产品	按照领用物资或产品的实际成本	借：在建工程 　　贷：库存物资
负担员工工资、劳务费等人员费用	按照实际支付的工资费用	借：在建工程 　　贷：内部往来/应付工资/应付劳务费等

5. 改建固定资产

在对固定资产进行改建时，按照该项固定资产账面价值，借记"在建工程"科目，按照已计提的累计折旧，借记"累计折旧"科目，按照固定资产原价（成本），贷记"固定资产"科目。发生的改建支出，借记"在建工程"科目，贷记"库存现金""银行存款""应付款""内部往来""应付工资""应付劳务费"等科目。在改建完成交付使用时，按照确定的固定资产成本，借记"固定资产"科目，贷记"在建工程"科目。

购建和安装工程完成并交付使用时，借记"固定资产"科目，贷记"在建工程"科目。工程完成未形成固定资产时，借记"经营支出""公益支出""其他支出"等科目，贷记"在建工程"科目。如表 7-24 所示。

表 7-24　改建固定资产账务处理

业务事项		会计处理
改建固定资产	对固定资产进行改建	借：在建工程（按照该项目固定资产账面价值） 　　累计折旧（按照固定资产已计提的累计折旧） 　贷：固定资产（按照固定资产原价）
	发生的改建支出	借：在建工程 　贷：库存现金/银行存款/应付款/内部往来/应付工资/应付劳务费等
	改建完成交付使用	借：固定资产
购建和安装工程完成并交付使用		贷：在建工程
工程完成未形成固定资产		借：经营支出/公益支出/其他支出等 　贷：在建工程

【例 7-31】本年 5 月，示范村集体经济组织修建蔬菜大棚，共计领用库存材料费用 280 000 元；共计投入 2 000 个劳务工，劳务价格标准为 100 元/人。会计分录为：

（1）支付材料费用时：

借：在建工程——经营性在建工程——蔬菜大棚　　　　　280 000

　贷：库存物资　　　　　　　　　　　　　　　　　　　　　　　280 000

（2）确认劳务费用时：

借：在建工程——经营性在建工程——蔬菜大棚　　　　　200 000

　贷：应付劳务费　　　　　　　　　　　　　　　　　　　　　　200 000

（3）实际支付劳务费用时（假设不考虑代扣代缴个人所得税）：

借：应付劳务费　　　　　　　　　　　　　　　　　　　200 000

　贷：银行存款　　　　　　　　　　　　　　　　　　　　　　　200 000

（4）完成并交付使用后：

借：固定资产——经营性固定资产——房屋建筑——蔬菜大棚　　480 000

　贷：在建工程——经营性在建工程——蔬菜大棚　　　　　　　　480 000

第三节　无形资产的核算

无形资产是指农村集体经济组织持有的专利权、商标权、著作权、非专利技术、土地经营权、林权、草原权等由其拥有或控制的、没有实物形态的可辨认[①]非货币性资产。

一、会计账户设置

农村集体经济组织需设置"无形资产"账户，用于核算农村集体经济组织持有的无形资产的成本。借方登记取得无形资产的成本，贷方登记出售或转出的无形资产的成本。期末借方余额反映农村集体经济组织持有的无形资产的成本。

农村集体经济组织需设置"累计摊销"账户，用于核算农村集体经济组织对无形资产计提的累计摊销。贷方登记计提的无形资产摊销，借方登记处置无形资产转出的累计摊销。期末贷方余额反映农村集体经济组织计提的无形资产摊销累计数。

二、会计管理要求

1. 无形资产的核算范围确定

农村集体经济组织无形资产是其拥有或控制的、没有实物形态的可辨认非货币性资产，包括专利权、非专利技术、商标权、著作权、土地经营权、林权、草原权等。

①专利权，是由国家专利主管机关依法授予的，允许发明创造者在法定期限内享有的独占权。专利权是受到法律明确保护的无形资产，是对特定技术或设计的独占使用权，包括发明专利、实用新型和外观设计专利。

②非专利技术，是指专利权未经申请的、没有公开的专门技术、工艺规程、经验和产品设计等。非专利技术包括独特的设计、造型、配方、计算公式、软件包、制造工艺等工艺诀窍、技术秘密等。非专利技术依靠保密手段进行垄断，属于无形资产的一种。但因未经法定机关批准和认可，所以不受法律保护。

③商标权，是一种专有权利，是指专门在某类指定的商品或产品上使用特定的名称或图案的权利。商标权属于可确指的无形资产。

④著作权，又称版权，是对文学、艺术和科学作品创作依法享有的某些特殊权利。著作权可分为精神权利（人身权）和经济权利（财产权）。一是，人身权。具体包括：发表权（决定作品是否公之于众的权利）、署名权（表明作者身份，在作品上署名的权利）、修改权（修改或者授权他人修改作品的权利）、保护作品完整权（保护作品不受歪曲、篡改的权利）。二是，财产权。具体包括：复制权（以印刷、复印、录音、录像等方式制作作品的一份或多份的权利）、发行权（以出售或赠与方式向公众提供作品的原件或复制件的权利）、出租权（有偿许可他人临时使用作品，如电影作品或类似摄制电影的方法创作的作品）、展览权（公开陈列美术作品、摄影作品的原件或复制件的权利）、表演权（公开表演作品，以及用各种手段公开播送作品的表演的权利）、放映权（通过放映机、幻灯机等技术设备公开再现美术、摄影、电影、电视、录像作品的权利）、广播权（以无线方式公开广播或传播作品，使其可为公众所接收的权利）、信息网络传播权（以有线或无线方式向公众提供作品，使公众可在选定的时间和地点获得作品的权利）、改编权（改变作

---

① 农村集体经济组织无形资产的定义与《企业会计准则第 6 号——无形资产》中无形资产的定义一致。参照《企业会计准则第 6 号——无形资产》，"可辨认"的标准包括：（1）能够从农村集体经济组织中分离或划分出来，并能单独或与相关合同、资产或负债一起，用于出售、转移、授予许可、租赁或交换。即，可用于单独转让，本条将无形资产与商誉区分开来，商誉不能单独转让。（2）源自合同性权利或其他法定权利，无论这些权利是否可以从农村集体经济组织或其他权利和义务中转移或分离。比如，购买的专利属于合同性权利，经申请而授予的专利属于法定权利。

品，创作出具有独创性的新作品的权利）、翻译权（将作品从一种语言转换成另一种语言，创作出具有独创性的新作品的权利）、汇编权（将作品或者作品的片段通过选择或者编排，汇集成新作品的权利）。

⑤土地经营权，是从农村土地承包经营权中分离出的一项权能，是指土地经营权人依据合同约定而合法占有农村集体土地，自主开展农业生产经营并取得收益的一种权利。

⑥林权，是指对林地和林地上森林、林木的占有、使用、收益和处分的权利，是林地、森林、林木所享有的所有权、使用权、经营权或一定权益组合。

⑦草原权，是指对草原享有的占有、使用、收益和处分的权利。

2. 设置名义金额入账的无形资产备查簿

农村集体经济组织因接受政府补助和他人捐赠等形成的无形资产（含扶贫项目资产），如果没有相关凭据且无法采用"资产评估价值"或"比照同类或类似无形资产的市场价格"方法计价，则按照名义金额（人民币1元）入账，并设置备查簿进行登记和后续管理。

3. 无形资产的摊销

（1）农村集体经济组织的无形资产应当从使用之日起，在其使用寿命内采用年限平均法等合理方法进行摊销，并根据无形资产的受益对象计入相关资产成本或者当期损益。无形资产的摊销期自可供使用时开始至停止使用或出售时止，并应当符合有关法律法规规定或合同约定的使用年限。若不能可靠估计无形资产使用寿命，则摊销期不得低于10年。

（2）无形资产的使用寿命和摊销方法一经确定，不得随意变更。

（3）农村集体经济组织应当按月对无形资产进行摊销。当月增加的无形资产，当月开始摊销；当月减少的无形资产，当月不再摊销。

（4）名义金额计价的无形资产不应摊销。

4. 无形资产清查盘点

农村集体经济组织应当在每年年度终了，对无形资产进行全面清查，做到账实相符。对于已发生损失但尚未批准核销的无形资产，应当在会计报表附注中予以披露。

三、主要账务处理

1. 无形资产的取得

农村集体经济组织取得无形资产的方式主要有购入、自行研发、收到政府补助、接受捐赠等。

（1）购入无形资产

购入的无形资产，按照购买价款、相关税费以及相关的其他直接费用，借记"无形资产"科目，贷记"库存现金""银行存款""应付款"等科目。如表7-25所示。

表7-25　购入无形资产的账务处理

业务事项	计价依据	会计处理
购入的无形资产	按照购买价款、相关税费以及相关的其他直接费用	借：无形资产 　　贷：库存现金/银行存款/应付款等

【例 7-32】示范村股份经济合作社为小规模纳税人。本年 2 月，从 X 公司购买非生产性发明专利，经商议购买价款、相关税费合计 200 000 元，暂未支付。专利法定有效期限为 5 年。会计分录为：

借：无形资产——专利权——发明专利　　　　　　　　　　　　　200 000

　贷：应付款——应付账款——X 公司　　　　　　　　　　　　　　　　200 000

（2）自行研发无形资产

自行开发并按照法律程序申请取得的无形资产，按照依法取得时发生的注册费、律师费等实际支出，借记"无形资产"科目，贷记"库存现金""银行存款"等科目。如表 7-26 所示。

表 7-26　自行研发无形资产的账务处理

业务事项	计价依据	会计处理
自行开发并按照法律程序申请取得的无形资产	按照依法取得时发生的注册费、代理费等实际支出	借：无形资产 　贷：库存现金/银行存款等

【例 7-33】本年 7 月 8 日，示范村集体经济组织注册韭菜农产品品牌，并获取农产品地理标志认可，支付注册费 5 000 元、律师费 1 000 元，用银行存款支付全部款项。专利法定有效年限 10 年。会计分录为：

借：无形资产——商标权——韭菜品牌　　　　　　　　　　　　　6 000

　贷：银行存款　　　　　　　　　　　　　　　　　　　　　　　　　6 000

（3）收到政府补助或接受捐赠的无形资产

收到政府补助的无形资产（包括以前年度收到或形成但尚未入账的）或者他人捐赠的无形资产，按照有关凭据注明的金额加上相关税费等，借记"无形资产"科目，贷记"公积公益金"等科目。

若没有相关凭据，则按照资产评估价值或者比照同类或类似无形资产的市场价格，加上相关税费等，借记"无形资产"科目，贷记"公积公益金"等科目。

若无法采用上述方法计价，则应当按照名义金额（人民币 1 元），借记"无形资产"科目，贷记"公积公益金"科目，并设置备查簿进行登记和后续管理；按照应支付的相关税费等，借记"其他支出"科目，贷记"库存现金""银行存款""应付款""应交税费"等科目。如表 7-27 所示。

表 7-27　收到政府补助或接受捐赠无形资产的账务处理

业务事项	计价依据		会计处理
收到政府补助的无形资产（包括以前年度收到或形成但尚未入账的）或者他人捐赠的无形资产	有凭据：按照有关凭据注明的金额加上相关税费等		借：无形资产 　贷：公积公益金
	没有凭据：按照资产评估价值或者比照同类或类似无形资产的市场价格，加上相关税费等		
	若无法采用上述方法计价	按照名义金额（人民币 1 元），并设置备查簿进行登记和后续管理	借：其他支出 　贷：库存现金/银行存款/应付款/应交税费等
		按照应支付的相关税费等	

【例 7-34】本年 1 月 6 日，示范村集体经济组织接受 M 农业公司捐赠的一项小麦种植技术。经评估，该项技术价值 90 000 元。会计分录为：

借：无形资产——专利权——小麦种植技术　　　　　　　　　　90 000

　　贷：公积公益金——接受捐赠　　　　　　　　　　　　　　　90 000

【例 7-35】国家拨给某村集体经济组织一项专用软件系统，由于市场上没有同类无形资产，很难确定公允价值。会计分录为：

借：无形资产——非专利技术——专用软件　　　　　　　　　　　　1

　　贷：公积公益金——政府拨款等形式资产转入　　　　　　　　　　1

注意：该项无形资产需进行备查簿登记和管理；用名义金额计量的无形资产不用摊销。同时，会计报表附注需要说明：以名义金额计量的资产名称、数量等，以名义金额计量理由的说明；若涉及处置的，披露以名义金额计量的无形资产的处置价格、处置程序等。

2. 无形资产的摊销

农村集体经济组织的土地经营权、林权、草原使用权等生产经营类无形资产计提的摊销，借记"生产（劳务）成本"等科目，贷记"累计摊销"科目。农村集体经济组织的专利权、商标权、著作权、非专利技术等非生产经营类无形资产计提的摊销，借记"管理费用"等科目，贷记"累计摊销"科目。如表 7-28 所示。

表 7-28　无形资产摊销的账务处理

业务事项	会计处理
土地经营权、林权、草原使用权等生产经营类无形资产摊销	借：生产（劳务）成本 　　贷：累计摊销
专利权、商标权、著作权、非专利技术等非生产经营类无形资产摊销	借：管理费用 　　贷：累计摊销

【例 7-36】示范村股份经济合作社取得 50 亩耕地经营权，账面价值为 15 000 元，使用年限为 5 年，采用直线法按月摊销。会计分录为：

每月摊销额=15 000÷（5×12）=250（元）

借：生产（劳务）成本——生产费用——无形资产摊销　　　　　　250

　　贷：累计摊销——资源使用权摊销　　　　　　　　　　　　　　250

3. 无形资产的处置

（1）出售或报废无形资产

因出售、报废等原因处置无形资产，按照取得的转让价款，借记"库存现金""银行存款"等科目；按照已计提的累计摊销，借记"累计摊销"科目；按照无形资产的成本，贷记"无形资产"科目；按照应支付的相关税费及其他费用，贷记"应交税费""库存现金""银行存款"等科目；按照其差额，借记"其他支出"科目或贷记"其他收入"科目。如表 7-29 所示。

表 7-29　出售或报废无形资产的账务处理

业务事项	会计处理
因出售、报废等原因处置无形资产	借：库存现金/银行存款（无形资产按照取得的转让价款） 　　累计摊销（按照已计提的无形资产累计摊销） 　　其他收入（借方差额） 　贷：无形资产（按照无形资产的成本） 　　　应交税费/库存现金/银行存款（按照应支付的相关税费及其他费用） 　　　其他支出（贷方差额）

【例 7-37】示范村股份经济合作社为增值税小规模纳税人。示范村股份经济合作社自行研发的一项新型苹果营养液专利，其账面余额为 88 000 元，累计摊销 24 000 元。本年 4 月 8 日，示范村股份经济合作社决定出售该项专利技术，获得 71 000 元收入，并支付增值税税款 5 000 元，上述款项均以银行存款进行收付。会计分录为：

借：银行存款　　　　　　　　　　　　　　　　　　　　　71 000
　　累计摊销——专利权摊销——菜果营养液专利　　　　　24 000
　贷：无形资产——专利权　　　　　　　　　　　　　　　　　88 000
　　　应交税费——应交增值税　　　　　　　　　　　　　　　　5 000
　　　其他支出——处置无形资产利得　　　　　　　　　　　　　2 000

（2）以无形资产对外投资

以无形资产对外投资时，按照评估确认或者合同、协议约定的价值和相关税费，借记"长期投资"科目；按照已计提的累计摊销，借记"累计摊销"科目；按照无形资产的成本，贷记"无形资产"科目；按照应支付的相关税费，贷记"应交税费"等科目；按照其差额，借记或贷记"公积公益金"科目。如表 7-30 所示。

表 7-30　以无形资产对外投资的账务处理

业务事项	会计处理
以无形资产对外投资	借：长期投资（按照评估确认或者合同、协议约定的价值和相关税费） 　　累计摊销（按照已计提的无形资产累计摊销） 　贷：无形资产（按照无形资产的成本） 　　　应交税费（按照应支付的相关税费） 　　　公积公益金（差额；或借记差额）

【例 7-38】示范村股份经济合作社为增值税小规模纳税人。本年 9 月 15 日，按照相关程序批准同意，该村股份经济合作社以一项水培专利权对 C 经其企业进行投资，该专利权作价 33 000 元，账面余额为 55 000 元，累计摊销为 20 000 元，上述款项均以银行存款进行收付。会计分录为：

借：长期投资——长期股权投资——乡镇企业　　　　　　　33 000
　　累计摊销——专利权　　　　　　　　　　　　　　　　20 000

贷：无形资产——专利权——水培专利权　　　　　　　　　　　　　55 000

　　公积公益金——非货币性资产投资利得　　　　　　　　　　　　 2 000

　　4. 无形资产的出租

　　农村集体经济组织出租无形资产所取得的租金收入，借记"银行存款"等科目，贷记"经营收入"等科目；结转出租无形资产的成本（摊销）时，借记"经营支出"等科目，贷记"累计摊销"科目。如表 7-31 所示。

表 7-31　无形资产出租的账务处理

业务事项		会计处理
出租无形资产	出租无形资产所取得的租金等收入	借：银行存款 　贷：经营收入
	结转出租无形资产的成本（摊销）	借：经营支出 　贷：累计摊销

　　【例 7-39】本年 1 月 1 日，示范村集体经济组织将注册的一项蓝莓的商标权对外出租使用，每个月可获得收入 10 000 元。该蓝莓的商标权原值为 72 000 元，每个月摊销额为 600 元。会计分录为：

　　（1）取得商标权使用收入时（不考虑税费因素①）：

　　借：银行存款　　　　　　　　　　　　　　　　　　　　　　　 10 000

　　　贷：经营收入——租赁收入　　　　　　　　　　　　　　　　　 10 000

　　（2）无形资产摊销时：

　　借：经营支出——租赁支出　　　　　　　　　　　　　　　　　　　 600

　　　贷：累计摊销——商标权摊销　　　　　　　　　　　　　　　　　 600

第四节　其他资产的核算

　　除了库存物资、固定资产、无形资产、生物资产等，农村集体经济组织还拥有其他不属于以上分类的资产。现行《农村集体经济组织会计制度》中，新增了"长期待摊费用"和"待处理财产损溢"科目，用于核算农村集体经济组织的其他资产。

一、长期待摊费用

　　长期待摊费用是指农村集体经济组织已经发生但应由本期和以后各期负担的分摊期限在 1 年以上的各项费用，包括农村集体经济组织已提足折旧的固定资产的改建支出和其他长期待摊费用等。

　　（一）会计账户设置

　　农村集体经济组织需设置"长期待摊费用"账户，用于核算农村集体经济组织已经发生但应由本期和以后各期负担的分摊期限在 1 年以上的各项费用。借方登记发生的待

---

　　① 如果考虑税费因素，则应根据纳税人类型，依据增值税发票上的税额，确认贷方的"应交税费——应交增值税"。现行税收制度规定，一般纳税人出租有形动产的增值税税率为 6%；小规模纳税人的增值税税率为 1%。

摊费用，贷方登记已摊销的费用。期末借方余额反映农村集体经济组织尚未摊销完毕的长期待摊费用。

（二）会计管理要求

1. 长期待摊费用的明细核算

农村集体经济组织需要按照费用支出项目，进行"长期待摊费用"明细核算。

2. 长期待摊费用的摊销方式和期限

（1）已提足折旧的固定资产的改建支出，按照固定资产预计尚可使用年限采用年限平均法分期摊销。改建支出是指改变房屋或者建筑物的结构、延长使用年限等发生的支出。

（2）经营租入固定资产的改建支出，按照合同约定的剩余租赁期限分期摊销。承租方只在协议规定的期限内拥有对该资产的使用权，因而对以经营租赁方式租入的固定资产发生的改建支出，不能计入固定资产成本，只能计入长期待摊费用，在协议约定的租赁期内平均分摊。

（3）符合税法规定的固定资产大修理支出，按照固定资产尚可使用年限分期摊销。根据税法规定，固定资产的大修理支出是指同时符合下列条件的支出：①修理支出达到取得固定资产时价值的 50% 以上；②被修理后固定资产的使用年限延长 2 年以上。

（4）其他长期待摊费用，是指 1 年以上的各项费用，应在其收益期内分期摊销。

通常，长期待摊费用采用年限平均法分期摊销；自固定资产改建后达到预定可使用状态或支出发生月份的次月起分期摊销。

（三）主要账务处理

农村集体经济组织发生长期待摊费用时，借记"长期待摊费用"科目，贷记"库存现金""银行存款""库存物资"等科目。摊销长期待摊费用时，借记"生产成本""管理费用""其他支出"等科目，贷记"长期待摊费用"科目。如表 7-32 所示。

表 7-32 长期待摊费用业务事项账务处理

业务事项	会计处理
发生长期待摊费用	借：长期待摊费用 　　贷：库存现金/银行存款/库存物资等
摊销长期待摊费用	借：生产（劳务）成本/管理费用/其他支出等 　　贷：长期待摊费用

【例 7-40】本年 7 月，示范村集体经济组织对村集体办公用房进行翻修，以银行存款支付工料费 10 800 元，经决定分三年摊销，每月摊销 300 元。假设该办公用房已提足折旧。会计分录为：

（1）发生翻修费用时：

借：长期待摊费用——改建支出　　　　　　　　　　　　　　　　10 800

　　贷：银行存款　　　　　　　　　　　　　　　　　　　　　　　　　10 800

（2）每月进行摊销时：

每月摊销额=10 800÷3÷12=300（元）

　　借：管理费用——管理用固定资产费用——修理费　　　　　　　　300
　　　贷：长期待摊费用——改建支出　　　　　　　　　　　　　　　　300

二、待处理财产损溢

待处理财产损溢是指农村集体经济组织在清查财产过程中查明的各种财产盘盈、盘亏和毁损的价值。

（一）会计账户设置

农村集体经济组织需设置"待处理财产损溢"账户，用于核算农村集体经济组织在清查财产过程中查明的各种财产盘盈、盘亏和毁损的价值。借方登记各种财产物资的盘亏、毁损、报废数额及盘盈的转销数额；贷方登记各种财产物资的盘盈数额及盘亏、毁损、报废的转销数额。农村集体经济组织的财产损溢应当查明原因，在期末结账前处理完毕，处理后"待处理财产损溢"科目应无余额。

（二）会计管理要求

待处理财产损益根据财产物资的流动性，分为待处理流动资产损溢和待处理非流动资产损溢，并且按照分类进行明细核算。

（三）主要账务处理

1. 盘盈资产

盘盈的各种库存物资、消耗性生物资产、库存现金等流动性资产，按照同类或类似资产的市场价格或评估价值、实际溢余的金额，借记"库存物资""消耗性生物资产""库存现金"等科目，贷记"待处理财产损溢——待处理流动资产损溢"科目。

盘盈的固定资产、生产性生物资产等非流动性资产，按照同类或类似资产的市场价格或评估价值扣除按照该项资产新旧程度或状况估计的折旧后的余额，借记"固定资产""生产性生物资产"等科目，贷记"待处理财产损溢——待处理非流动资产损溢"科目。

盘盈的各项资产，按规定程序批准后处理时，按照"待处理财产损溢"科目余额，借记"待处理财产损溢——待处理流动资产损溢"科目或"待处理财产损溢——待处理非流动资产损溢"科目，贷记"其他收入"科目。如表7-33所示。

表7-33　盘盈资产的账务处理

业务事项	计价依据	会计处理
库存物资、消耗性生物资产、库存现金等流动性资产盘盈	按照同类或类似资产的市场价格或评估价值、实际溢余的金额	借：库存物资/消耗性生物资产/库存现金等 　贷：待处理财产损溢——待处理流动资产损溢
固定资产、生产性生物资产等非流动性资产盘盈	按照同类或类似资产的市场价格或评估价值扣除按照该项资产新旧程度或状况估计的折旧后的余额	借：固定资产/生产性生物资产等 　贷：待处理财产损溢——待处理非流动资产损溢
按规定程序批准后处理	按照"待处理财产损溢"科目余额	借：待处理财产损溢——待处理流动资产损溢/待处理财产损溢——待处理非流动资产损溢 　贷：其他收入

【例7-41】本年年末，示范村集体经济组织在资产清查时发现盘盈一头奶牛，市场价估计为10 000元。会计分录为：

（1）盘盈时：

借：生产性生物资产——产役畜——奶牛   10 000

  贷：待处理财产损溢——待处理非流动资产损溢   10 000

（2）按规定程序批准后：

借：待处理财产损溢——待处理非流动资产损溢   10 000

  贷：其他收入——财产物资盘盈收入   10 000

2. 盘亏资产

盘亏、毁损、短缺的各种库存物资、消耗性生物资产、现金等流动性资产，按照其账面余额、实际短缺的金额，借记"待处理财产损溢——待处理流动资产损溢"科目，贷记"库存物资""消耗性生物资产""库存现金"等科目。

盘亏的固定资产以及盘亏、死亡毁损的生产性生物资产等非流动资产，按照其账面价值，借记"待处理财产损溢——待处理非流动资产损溢"科目；按照已计提的累计折旧，借记"累计折旧""生产性生物资产累计折旧"科目；按照其原价（成本），贷记"固定资产""生产性生物资产"科目。

盘亏、毁损、报废的各项资产，按规定程序批准后处理时，按照残料价值，借记"库存物资"等科目；按照可收回的责任人和保险公司赔偿的金额，借记"应收款""内部往来"等科目；按照"待处理财产损溢"科目余额，贷记"待处理财产损溢——待处理流动资产损溢"科目或"待处理财产损溢——待处理非流动资产损溢"科目；按照其差额，借记"其他支出"科目。如表7-34所示。

表7-34 盘亏资产的账务处理

业务事项	会计处理
盘亏、毁损、短缺的各种库存物资、消耗性生物资产、现金等流动性资产	借：待处理财产损溢——待处理流动资产损溢 贷：库存物资/消耗性生物资产/库存现金等

盘亏的固定资产以及盘亏、死亡毁损的生产性生物资产等非流动性资产	借：待处理财产损溢——待处理非流动资产损溢（按照其账面价值）
	    累计折旧/生产性生物资产累计折旧等（按照已计提的累计折旧）
	  贷：固定资产/生产性生物资产等（按照其原价）

按规定程序批准后处理	借：库存物资（按照残料价值）
	    应收款/内部往来等（按照赔偿金额）
	    其他支出（差额）
	  贷：待处理财产损溢——待处理流动资产损溢/待处理财产损溢——
	    待处理非流动资产损溢等（按照科目余额）

【例7-42】本年8月，示范村集体经济组织在奶牛饲养过程中，一头奶牛因病死亡，成本为12 000元，该头奶牛已提折旧4 000元。经查明，根据权责划分保险公司赔偿6 000元，责任人王六赔偿1 100元，其余损失由农村集体经济组织承担。会计分录为：

（1）盘亏时：

借：待处理财产损溢——待处理非流动资产损溢 　　　　　　　8 000

　　　生产性生物资产累计折旧——产役畜——奶牛 　　　　　4 000

　　贷：生产性生物资产——产役畜——奶牛 　　　　　　　　　　　　12 000

（2）按规定程序批准后：

借：内部往来——内部个人——王六 　　　　　　　　　　　　1 100

　　　应收款——其他——保险公司 　　　　　　　　　　　　　6 000

　　　其他支出——资产盘亏支出 　　　　　　　　　　　　　　900

　　贷：待处理财产损溢——待处理非流动资产损溢 　　　　　　　　　8 000

（3）收到赔偿款时：

借：银行存款 　　　　　　　　　　　　　　　　　　　　　　7 100

　　贷：内部往来——内部个人——王六 　　　　　　　　　　　　　1 100

　　　　应收款——其他——保险公司 　　　　　　　　　　　　　　6 000

第八章 生物资产核算

第一节 消耗性生物资产的核算

消耗性生物资产是指农村集体经济组织为出售而持有的、或在将来收获为农产品的生物资产，包括生长中的大田作物、蔬菜、用材林以及存栏待售的牲畜、鱼虾贝类等。其中，生长中的大田作物，包括小麦、玉米、水稻等；蔬菜包括各种可以食用的植物，如西红柿、黄瓜、豆角等；用材林主要是指用于木材生产的树木；存栏待售的牲畜、鱼虾贝类为了将来出售或收获为农产品而持有，如育肥牛、育肥猪等。

一、会计账户设置

农村集体经济组织需设置"消耗性生物资产"账户，用于核算农村集体经济组织持有的消耗性生物资产的实际成本。借方登记增加数额，贷方登记减少数额。期末借方余额反映农村集体经济组织持有的消耗性生物资产的实际成本。

二、会计管理要求

1. 消耗性生物资产计价

消耗性生物资产按照下列原则计价。

（1）购入的消耗性生物资产应按照取得时的实际成本计价，包括购买价款、应支付的相关税费、运输费以及外购过程发生的其他直接费用。

（2）自行栽培、营造、繁殖或养殖的消耗性生物资产，应当按照下列规定确定其成本：①自行栽培的大田作物和蔬菜的成本，包括在收获前耗用的种子、肥料、农药等材料费、人工费和应分摊的间接费用等必要支出；②自行营造的林木类消耗性生物资产的成本，包括郁闭前发生的造林费、抚育费、营林设施费、良种试验费、调查设计费和应分摊的间接费用等必要支出；③自行繁殖的育肥畜的成本，包括出售前发生的饲料费、人工费和应分摊的间接费用等必要支出；④水产养殖的动物和植物的成本，包括在出售或入库前耗用的苗种、饲料、肥料等材料费、人工费和应分摊的间接费用等必要支出。

（3）收到政府补助的消耗性生物资产或者他人捐赠的消耗性生物资产，按照有关凭据注明的金额加上相关税费、运输费等计价；若没有相关凭据，则按照资产评估价值或者比照同类或类似生物资产的市场价格，加上相关税费、运输费等计价。若无法采用上述方法计价，则按照名义金额（人民币1元）计价。

2. 设置名义金额入账的消耗性生物资产备查簿

农村集体经济组织接受政府补助和他人捐赠等形成的消耗性生物资产（含扶贫项目资产），如果没有相关凭据且无法采用"资产评估价值"或"比照同类或类似生物资产的市场价格"方法计价，则按照名义金额（人民币1元）入账，并设置备查簿进行登记和后续管理。

3. 确保消耗性生物资产账实相符

农村集体经济组织应当在每年年度终了，对消耗性生物资产进行全面清查，做到账实相符；对于已发生损失但尚未批准核销的消耗性生物资产，应当在会计报表附注中予以披露。

三、主要账务处理

1. 取得消耗性生物资产

消耗性生物资产的取得方式主要有外购、自行取得、接受捐赠、转群、盘盈等。消耗性生物资产应按照取得时的实际成本计价。

（1）外购消耗性生物资产

购入的消耗性生物资产按照购买价款、应支付的相关税费、运输费以及外购过程发生的其他直接费用计价。按照应计入消耗性生物资产成本的金额，借记"消耗性生物资产"科目，贷记"库存现金""银行存款""应付款"等科目。如表 8-1 所示。

表 8-1　外购消耗性生物资产的账务处理

业务事项	计价依据	会计处理
购入消耗性生物资产	按照购买价款、相关税费、运输费以及其他直接费用	借：消耗性生物资产 　　贷：库存现金/银行存款/应付款等

【例 8-1】示范村股份经济合作社为增值税小规模纳税人。本年 1 月 15 日，示范村股份经济合作社从 A 养殖场购买 100 头肉羊，拟育肥后用于深加工生产羊肉丸，每头肉羊单价为 8 000 元，合计价款总额为 800 000 元。已按规定开具购买肉羊的农产品收购发票（自行开具）。款项的 50%已向农户支付，剩余款项下月支付。会计分录为：

①1 月份购入肉羊时：

借：消耗性生物资产——育肥畜——肉羊　　　　　　　　　800 000

　　贷：银行存款　　　　　　　　　　　　　　　　　　　　　　400 000

　　　　应付款——应付账款——A 养殖场　　　　　　　　　　400 000

②2 月份支付剩余款项时：

借：应付款——应付账款——A 养殖场　　　　　　　　　　400 000

　　贷：银行存款　　　　　　　　　　　　　　　　　　　　　　400 000

【例 8-2】延用例 8-1，假设示范村股份经济合作社为增值税一般纳税人。本年 1 月 15 日，示范村股份经济合作社从 A 养殖场购买 100 头肉羊，拟育肥后用于深加工生产羊肉丸，每头肉羊单价为 8 000 元，合计价款总额为 800 000 元。已按规定开具购买肉羊的农产品收购发票（自行开具）。款项的 50%已向农户支付，剩余款项下月支付。会计分录为：

①1 月份购入肉羊时：

收购农产品可抵扣进项税额=800 000×9%=72 000（元）

借：消耗性生物资产——育肥畜——肉羊　　　　　　　　　728 000

　　应交税费——应交增值税（进项税额）　　　　　　　　　72 000

贷：银行存款 400 000

　　应付款——应付账款——A 养殖场 400 000

②2 月份支付剩余款项时：

借：应付款——应付账款——A 养殖场 400 000

　　贷：银行存款 400 000

（2）自行取得消耗性生物资产

①自行栽培的大田作物和蔬菜的成本，包括在收获前耗用的种子、肥料、农药等材料费、人工费和应分摊的间接费用等必要支出。按照收获前发生的必要支出，借记"消耗性生物资产"科目，贷记"库存现金""银行存款""库存物资""应付工资""应付劳务费"等科目。

②自行营造的林木类消耗性生物资产（如非经济林木）的成本，包括郁闭前发生的造林费、抚育费、营林设施费、良种试验费、调查设计费和应分摊的间接费用等必要支出。按照郁闭前发生的必要支出，借记"消耗性生物资产"科目，贷记"库存现金""银行存款""库存物资""应付工资""应付劳务费"等科目。

③自行繁殖的育肥畜的成本，包括出售前发生的饲料费、人工费和应分摊的间接费用等必要支出。按照出售或入库前发生的必要支出，借记"消耗性生物资产"科目，贷记"库存现金""银行存款""库存物资""应付工资""应付劳务费"等科目。

④水产养殖的动物（如鱼虾贝类）和植物的成本，包括在出售或入库前耗用的苗种、饲料、肥料等材料费、人工费和应分摊的间接费用等必要支出。按照出售或入库前发生的必要支出，借记"消耗性生物资产"科目，贷记"库存现金""银行存款""库存物资""应付工资""应付劳务费"等科目。如表 8-2 所示。

表 8-2　自行取得消耗性生物资产的账务处理

业务事项	计价依据	会计处理
自行栽培的大田作物和蔬菜等	按照收获前耗用的种子、肥料、农药等材料费、人工费和分摊的间接费用等	借：消耗性生物资产 　　贷：库存现金/银行存款/应付款/应付工资/应付劳务费等
自行营造的林木类消耗性生物资产	按照郁闭前发生的造林费、抚育费、营林设施费、良种试验费、调查设计费和应分摊的间接费用等	
自行繁殖的育肥畜	按照出售前发生的饲料费、人工费和应分摊的间接费用等	
水产养殖的动物和植物	按照出售或入库前耗用的苗种、饲料、肥料等材料费、人工费和应分摊的间接费用等必要支出	

【例 8-3】本年 11 月 5 日，示范村集体经济组织自行繁殖牛犊 20 头，饲养一个月以来，应支付给本村固定聘用的养殖人员工资 10 000 元（假设其中代扣代缴个人所得税 90 元），耗用库存的饲料 20 000 元，用银行存款支付疫苗费用 2 000 元。会计分录为：

借：消耗性生物资产——育肥畜——牛犊 32 000

　　贷：应付工资——管理人员及固定员工的报酬 9 910

应交税费——应交个人所得税	90
库存物资——农用材料——饲料	20 000
银行存款	2 000

（3）收到政府补助或接受捐赠的消耗性生物资产

收到政府补助的消耗性生物资产（包括以前年度收到或形成但尚未入账的）或者他人捐赠的消耗性生物资产，按照有关凭据注明的金额加上相关税费、运输费等，借记"消耗性生物资产"科目，贷记"公积公益金"等科目。

若没有相关凭据，则按照资产评估价值或者比照同类或类似消耗性生物资产的市场价格，加上相关税费、运输费等，借记"消耗性生物资产"科目，贷记"公积公益金"等科目。

若无法采用上述方法计价，则应当按照名义金额（人民币1元），借记"消耗性生物资产"科目，贷记"公积公益金"科目，并设置备查簿进行登记和后续管理；按照实际发生的运输费和应支付的相关税费等，借记"其他支出"科目，贷记"库存现金""银行存款""应付款""应交税费"等科目。如表8-3所示。

表8-3　收到政府补助或接受捐赠的消耗性生物资产账务处理

业务事项	计价依据		会计处理
收到政府补助的（含以前年度收到或形成但尚未入账）或他人捐赠的消耗性生物资产	有凭据：按凭据注明金额加相关税费、运输费等		借：消耗性生物资产 　　贷：公积公益金
	没有凭据：按照资产评估价值或比照同类或类似消耗性生物资产的市场价格，加相关税费、运输费等		
	无法采用上述方法计价的	按照名义金额（人民币1元）计价；设置备查簿登记和后续管理	
		按照实际发生的运输费和应支付的相关税费等	借：其他支出 　　贷：库存现金/银行存款/ 　　　　应付款/应交税费等

【例8-4】示范村股份经济合作社为增值税小规模纳税人。本年3月2日，示范村股份经济合作社收到U农业公司捐赠的肉鸡1 500只，所附发票金额为150 000元。另外示范村股份经济合作社用银行存款自行支付肉鸡运输费300元。会计分录为：

借：消耗性生物资产——育肥畜——肉鸡	150 300
贷：公积公益金——接受捐赠	150 000
银行存款	300

（4）生物资产转群[①]

产畜或役畜淘汰转为育肥畜的，按照转群时的账面价值，借记"消耗性生物资产"科目；按照已计提的累计折旧，借记"生产性生物资产累计折旧"科目；按照其账面余

[①] 生物资产转群，是指生物资产在生长过程中，由于养殖条件不同，因此在育成期到一定阶段后要换一个棚舍。这一过程实际上是生物资产的一种重分类，涉及生物资产的类别变化，比如，从消耗性生物资产转换为生产性生物资产，或者从生产性生物资产转换为消耗性生物资产。这种转换通常是因为生物资产的生长阶段变化或者使用目的的改变。

额，贷记"生产性生物资产"科目。

若幼畜成龄转为产畜或役畜、育肥畜转为产畜或役畜，则按照其账面余额，借记"生产性生物资产"科目，贷记"消耗性生物资产"科目。如表 8-4 所示。

表 8-4　生物资产转群的账务处理

业务事项	计价依据	会计处理
产畜或役畜淘汰转为育肥畜	按照转群时,生产性生物资产账面余额和已计提的累计折旧确定	借：消耗性生物资产 　　生产性生物资产累计折旧 　贷：生产性生物资产
幼畜成龄转为产畜或役畜、育肥畜转为产畜或役畜	按照消耗性生物资产的账面余额确定	借：生产性生物资产 　贷：消耗性生物资产

【例 8-5】示范村股份经济合作社饲养的 50 头生猪已成龄，购买价、饲养费用等相关费用账面价值共计 150 000 元。本年 4 月，有 20 头生猪转为母猪，预计可使用 5 年。会计分录为：

20 头生猪的账面余额=150 000÷50×20=60 000（元）

借：生产性生物资产——产役畜——母猪　　　　　　　　　　　60 000
　贷：消耗性生物资产——育肥畜——生猪　　　　　　　　　　　　　60 000

2. 消耗性生物资产的后续支出

（1）择伐①、间伐②或抚育更新性质采伐而补植林木类消耗性生物资产发生的后续支出，借记"消耗性生物资产"科目，贷记"库存现金""银行存款""库存物资""应付工资""应付劳务费"等科目。

（2）林木类消耗性生物资产达到郁闭③后发生的管护费用等后续支出，借记"其他支出"科目，贷记"库存现金""银行存款""库存物资""应付工资""应付劳务费"等科目。

（3）生产经营过程中发生的应归属于消耗性生物资产的费用，按照应分配的金额，借记"消耗性生物资产"科目，贷记"生产（劳务）成本"科目。如表 8-5 所示。

表 8-5　消耗性生物资产的后续支出账务处理

业务事项	会计处理
择伐、间伐或抚育更新性质采伐而补植林木类消耗性生物资产发生的后续支出	借：消耗性生物资产 　贷:库存现金/银行存款/库存物资/应付工资/应付劳务费等

---

① 择伐，是指在林内每隔一定时期选择一部分合乎经济要求或具有一定特征的成熟林木的主伐方式。

② 间伐，是指在一定年限内，一般在一个龄级期内，分数次（2~4 次）采伐完伐区内的林木，并完成森林天然更新的主伐方式。

③ 郁闭，可用郁闭度反映。郁闭度反映了林木的空间分布密度，指森林中乔木树冠遮蔽地面的程度，常表示为林冠垂直投影面积与林地面积之比。树冠完全覆盖地面郁闭度为 1。对于消耗类生物资产（如可砍伐的速生林），一般郁闭度必须达到 0.2。

续表

业务事项	会计处理
林木类消耗性生物资产达到郁闭后发生的管护费用等后续支出	借：其他支出 　　贷：库存现金/银行存款/库存物资/应付工资/应付劳务费等
生产经营中发生的应归属于消耗性生物资产的费用	借：消耗性生物资产 　　贷：生产（劳务）成本

【例 8-6】示范村股份经济合作社营造 10 亩白桦林。郁闭前，共领用 800 元种子、900 元肥料、1 200 元农药，发生工人工资 3 600 元、劳务费 2 800 元，用银行存款支付水电费 300 元。之后示范村股份经济合作社还对白桦林进行补植，发生各类费用 3 200 元，以银行存款支付。郁闭后，示范村股份经济合作社以银行存款支付白桦林管护费用 900 元。会计分录为：

①郁闭前：

借：消耗性生物资产——林木类——白桦林　　　　　　　　　　　9 600

　　贷：库存物资——农用材料——种子　　　　　　　　　　　　　　800

　　　　　　　　　　　　　　——肥料　　　　　　　　　　　　　　900

　　　　　　　　　　　　　　——农药　　　　　　　　　　　　　1 200

　　　　应付工资——管理人员及固定员工的报酬　　　　　　　　3 600

　　　　应付劳务费——林木种植　　　　　　　　　　　　　　　2 800

　　　　银行存款　　　　　　　　　　　　　　　　　　　　　　　300

②支付补植费用：

借：消耗性生物资产——林木类——白桦林　　　　　　　　　　　3 200

　　贷：银行存款　　　　　　　　　　　　　　　　　　　　　　3 200

③支付管护费用：

借：其他支出——生物资产管护费用　　　　　　　　　　　　　　900

　　贷：银行存款　　　　　　　　　　　　　　　　　　　　　　　900

3. 消耗性生物资产的收获和处置

（1）消耗性生物资产收获

消耗性生物资产收获时，按照其账面余额，借记"库存物资"科目，贷记"消耗性生物资产"科目。如表 8-6 所示。

表 8-6　消耗性生物资产收获的账务处理

业务事项	计价依据	会计处理
收获消耗性生物资产	按照账面余额	借：库存物资 　　贷：消耗性生物资产

（2）消耗性生物资产出售

出售消耗性生物资产时，按照实现的销售收入，借记"库存现金""银行存款""应收款"等科目，贷记"经营收入"等科目。按照其账面余额，借记"经营支出"等科目，贷记"消耗性生物资产"科目。如表8-7所示。

表8-7 消耗性生物资产出售的账务处理

业务事项	计价依据	会计处理
出售消耗性生物资产	按照实现的销售收入，确认收入	借：库存现金/银行存款/应收款等 　贷：经营收入
	按照账面余额，结转成本	借：经营支出 　贷：消耗性生物资产

（3）以消耗性生物资产对外投资

以幼畜及育肥畜、消耗性林木资产等消耗性生物资产对外投资时，按照评估确认或者合同、协议约定的价值和相关税费，借记"长期投资"等科目；按照消耗性生物资产的账面余额，贷记"消耗性生物资产"科目；按照应支付的相关税费，贷记"应交税费"等科目；按照其差额，借记或贷记"公积公益金"科目。如表8-8所示。

表8-8 以消耗性生物资产对外投资的账务处理

业务事项	会计处理
以幼畜及育肥畜、消耗性林木资产等消耗性生物资产对外投资	借：长期投资（按照评估确认或合同、协议约定的价值和相关税费） 　　公积公益金（差额；或贷记差额） 　贷：消耗性生物资产（按生物资产账面余额结转） 　　应交税费（按照应支付的相关税费）

【例8-7】延续例8-5。示范村股份经济合作社饲养的50头生猪已成龄，购买价、饲养费用等相关费用账面价值共计150 000元。本年4月，有20头生猪转为母猪，预计可使用5年；出售20头生猪，售价为65 000元，款项已通过银行存款收取；剩下10头生猪，示范村集体经济组织用于对C农业公司的投资，作价38 000元。会计分录为：

①生猪出售时：

借：银行存款 65 000

　贷：经营收入——销售收入——农产品销售收入 65 000

②同时结转生猪成本：

20头生猪的账面余额=150 000÷50×20=60 000（元）

借：经营支出——销售支出——农产品销售支出 60 000

　贷：消耗性生物资产——育肥畜——生猪 60 000

③用生猪对C农业公司投资时：

10头生猪的账面余额=150 000÷50×10=30 000（元）

借：长期投资——长期股权投资——C农业公司 38 000

　　贷：消耗性生物资产——育肥畜——生猪　　　　　　　　　　　　　　　　30 000

　　　　公积公益金——非货币性资产投资利得　　　　　　　　　　　　　　　8 000

　　4. 消耗性生物资产的盘盈、盘亏

　　（1）消耗性生物资产盘盈

　　盘盈的消耗性生物资产，按照同类或类似消耗性生物资产的市场价格或评估价值，借记"消耗性生物资产"科目，贷记"待处理财产损溢——待处理流动资产损溢"科目。如表 8-9 所示。

表 8-9　消耗性生物资产盘盈的账务处理

业务事项	计价依据	会计处理
消耗性生物资产盘盈	按照同类或类似消耗性生物资产的市场价格或评估价值	借：消耗性生物资产 　贷：待处理财产损溢——待处理流动资产损溢
按规定程序批准后处理	结转确认收入	借：待处理财产损溢——待处理流动资产损溢 　贷：其他收入

　　【例 8-8】示范村股份经济合作社年末盘盈肉鸡 5 只，市场价为 560 元。经批准对生物资产盘盈进行处理，会计分录为：

　　①盘盈时：

　　借：消耗性生物资产——育肥畜——肉鸡　　　　　　　　　　　　　　　　560

　　　　贷：待处理财产损溢——待处理流动资产损溢　　　　　　　　　　　　　560

　　②按规定程序批准后处理：

　　借：待处理财产损溢——待处理流动资产损溢　　　　　　　　　　　　　　560

　　　　贷：其他收入——财产物资盘盈收入　　　　　　　　　　　　　　　　560

　　（2）消耗性生物资产死亡毁损或盘亏

　　消耗性生物资产死亡毁损、盘亏时，按照其账面余额，借记"待处理财产损溢——待处理流动资产损溢"科目，贷记"消耗性生物资产"科目。按规定程序批准后处理时，按照可收回的责任人和保险公司赔偿的金额，借记"应收款""内部往来"等科目；按照残料价值，借记"库存物资"等科目；按照"待处理财产损溢——待处理流动资产损溢"科目相应余额，贷记"待处理财产损溢——待处理流动资产损溢"科目；按照其差额，借记"其他支出"科目。如表 8-10 所示。

表 8-10　消耗性生物资产死亡毁损或盘亏的账务处理

业务事项	计价依据	会计处理
消耗性生物资产死亡毁损、盘亏	按照消耗性生物资产的账面余额	借：待处理财产损溢——待处理流动资产损溢 　贷：消耗性生物资产
按规定程序批准后处理	按照赔偿金额、残料价值等予以处理	借：应收款/内部往来等（赔偿金额） 　　库存物资（残料价值） 　　其他支出（差额） 　贷：待处理财产损溢——待处理流动资产损溢

【例 8-9】延续例 8-3。示范村股份经济合作社自行繁殖牛犊 20 头。在饲养的过程中，有 2 头仔牛因病死亡。经对小牛的生病原因进行分析后，发现是本村的一名饲养员使用不符合规定的草料造成，为此饲养员需要赔偿损失金额的 50%。会计分录为：

①因病死亡时：

根据例 8-3，确定 20 头仔牛的账面余额为 32 000 元：

2 头仔牛的账面余额=32 000÷20×2=3 200（元）

借：待处理财产损溢——待处理流动资产损溢　　　　　　　　　　　　3 200

　　贷：消耗性生物资产——育肥畜——牛犊　　　　　　　　　　　　　3 200

②按规定程序批准后处理：

借：内部往来——内部个人——饲养员　　　　　　　　　　　　　　　1 600

　　其他支出——生物资产损毁死亡支出　　　　　　　　　　　　　　1 600

　　贷：待处理财产损溢——待处理流动资产损溢　　　　　　　　　　3 200

第二节　生产性生物资产的核算

生产性生物资产是指农村集体经济组织为产出农产品、提供劳务或出租等而持有的生物资产，包括经济林、薪炭林、产役畜等。生产性生物资产主要包括：经济林——以生产果品、食用油料、工业原料和药材为主要目的的林木，如果树、橡胶树等；薪炭林——以提供柴炭燃料为主要经营项目的乔木林和灌木林；产畜——以畜类的生产为主要经济收入的畜类，如奶牛、繁殖母猪、种公猪、种母鸡等；役畜——用于耕作、驮运、骑乘等的牲畜，如马、牛、骡、驴、骆驼等。

一、会计账户设置

农村集体经济组织需设置"生产性生物资产"账户，用于核算农村集体经济组织持有的生产性生物资产的原价（成本）。生产性生物资产应按照取得时的实际成本计价，借方登记增加数额；贷方登记减少数额。期末借方余额反映农村集体经济组织持有的生产性生物资产的原价（成本）。

农村集体经济组织需设置"生产性生物资产累计折旧"账户，用于核算农村集体经济组织持有的达到预定生产经营目的的生产性生物资产的累计折旧额。贷方登记增加数额，表示计提的生产性生物资产的折旧额；借方登记减少数额，表示因出售、对外投资、死亡毁损等原因处置生产性生物资产而转出的累计折旧额。期末贷方余额反映农村集体经济组织达到预定生产经营目的的生产性生物资产的累计折旧额。"生产性生物资产累计折旧"应按照生产性生物资产的种类、群别、所属部门等设置明细科目，进行明细核算。

二、会计管理要求

1. 生产性生物资产的计价

生产性生物资产按照下列原则进行计价。

（1）购入的生产性生物资产应按照取得时的实际成本计价，包括购买价款、应支付的相关税费、运输费以及外购过程发生的其他直接费用。

（2）自行营造或繁殖的生产性生物资产，按照下列原则确定成本：①自行营造的林木类生产性生物资产的成本，包括达到预定生产经营目的前发生的造林费、抚育费、营林设施费、良种试验费、调查设计费和应分摊的间接费用等必要支出；②自行繁殖的产畜和役畜的成本，包括达到预定生产经营目的（成龄）前发生的饲料费、人工费和应分摊的间接费用等必要支出。

其中，达到预定生产经营目的，是指生产性生物资产进入正常生产期，可以多年连续稳定产出农产品、提供劳务或出租。

（3）收到政府补助的生产性生物资产或者他人捐赠的生产性生物资产，按照有关凭据注明的金额加上相关税费、运输费等计价；若没有相关凭据，则按照资产评估价值或者比照同类或类似生物资产的市场价格，加上相关税费、运输费等计价。若无法采用上述方法计价，则按照名义金额（人民币1元）计价。

2. 设置名义金额入账的生产性生物资产备查簿

农村集体经济组织接受政府补助和他人捐赠等形成的生产性生物资产（含扶贫项目资产），如果没有相关凭据且无法采用"资产评估价值"或"比照同类或类似生物资产的市场价格"方法计价，则按照名义金额（人民币1元）入账，并设置备查簿进行登记和后续管理。

3. 计提生产性生物资产折旧

（1）计提生产性生物资产折旧的范围

农村集体经济组织应当对所有达到预定生产经营目的的生产性生物资产计提折旧，但已提足折旧的生产性生物资产、以名义金额计价的生产性生物资产除外。

（2）计提生产性生物资产折旧的原则

对于达到预定生产经营目的的生产性生物资产，农村集体经济组织应当对生产性生物资产原价扣除其预计净残值后的金额，在生产性生物资产使用寿命内按照年限平均法或工作量法等计提折旧，并根据其受益对象计入相关资产成本或者当期损益。

农村集体经济组织应当根据生产性生物资产的性质、使用情况和与该生物资产有关的经济利益的预期实现方式，合理确定生产性生物资产的使用寿命、预计净残值和折旧方法。生产性生物资产的使用寿命、预计净残值和折旧方法一经确定，不得随意变更。

农村集体经济组织应当按月计提生产性生物资产折旧。当月增加的生产性生物资产，当月不计提折旧，从下月起计提折旧；当月减少的生产性生物资产，当月仍计提折旧，从下月起不再计提折旧。生产性生物资产提足折旧后，不论能否继续使用，都不再计提折旧；提前处置的生产性生物资产，也不再补提折旧。

（3）计提生产性生物资产折旧的方法

生产性生物资产的折旧方法包括年限平均法、工作量法等。

【例8-10】示范村股份经济合作社兴办的葡萄园于本年6月挂果，其林木资产账面原值为12万元，假如生产期为10年，不考虑净残值，月折旧额计算如下。

从本年7月起，按照10年期限对葡萄林木资产进行折旧。

每月折旧额=120 000÷10÷12=1 000（元）

【例8-11】示范村股份经济合作社兴办的养猪场有仔猪20头，自本年8月转为能繁母猪，其生物资产的账面原值为6万元，假设生产期为3年，净残值率为5%，月折旧额计算如下。

从本年 9 月起按照 3 年对能繁母猪进行折旧。

每年折旧额=（60 000－60 000×5%）÷3=19 000（元）

每月折旧额=19 000÷12=1 583.33（元）

4. 建立健全生物资产的原始记录

农村集体经济组织应加强对畜禽的管理，建立健全生物资产（如产役畜）的原始记录，强化生物资产的核算工作，如产仔、转群、调出、调入、购入、死亡等记录，设置"畜禽变动登记簿"逐日进行登记。

5. 确保生产性生物资产账实相符

农村集体经济组织应当在每年年度终了，对生产性生物资产进行全面清查，做到账实相符；对于已发生损失但尚未批准核销的生产性生物资产，应当在会计报表附注中予以披露。

三、主要账务处理

1. 生产性生物资产的取得

取得生产性生物资产的方式主要有外购、自行取得、接受捐赠、转群等。

（1）外购生产性生物资产

购入的生产性生物资产应当按照购买价款、应支付的相关税费、运输费及外购过程发生的其他直接费用计价，按照应计入生产性生物资产成本的金额，借记"生产性生物资产"科目，贷记"库存现金""银行存款""应付款"等科目。如表 8-11 所示。

表 8-11 外购生产性生物资产的账务处理

业务事项	计价依据	会计处理
购入的生产性生物资产	按购买价款、相关税费、运输费及其他直接费用	借：生产性生物资产 　　贷：库存现金/银行存款/应付款等

【例 8-12】本年 2 月 25 日，示范村股份经济合作社从市场上一次性购买了 8 头种牛和 20 头种猪，单价分别为 3 500 元和 1 200 元，支付价款共计 52 000 元。此外，发生运输费 2 500 元，保险费 1 000 元，装卸费 1 700 元，上述款项均以银行存款支付。会计分录为：

①计算应分摊的运输费、保险费和装卸费：

运输费、保险费和装卸费合计=2 500+1 000+1 700=5 200（元）

分摊比例-5 200：52 000=10%

8 头种牛应分摊=8×3 500×10%=2 800（元）

20 头种猪应分摊=20×1 200×10%=2 400（元）

②确定种牛和种猪的入账价值：

8 头种牛的入账价值=8×3 500+2 800=30 800（元）

20 头种猪的入账价值=20×1 200+2 400=26 400（元）

③账务处理：

借：生产性生物资产——产役畜——种牛　　　　　　　　　　　30 800

　　　　　　　　　——种猪　　　　　　　　　　　　　　　26 400

　　贷：银行存款　　　　　　　　　　　　　　　　　　　　　　　57 200

（2）自行取得生产性生物资产

自行营造的林木类生产性生物资产的成本，包括达到预定生产经营目的前发生的造林费、抚育费、营林设施费、良种试验费、调查设计费和应分摊的间接费用等必要支出。自行繁殖的产畜和役畜的成本，包括达到预定生产经营目的（成龄）前发生的饲料费、人工费和应分摊的间接费用等必要支出。达到预定生产经营目的，是指生产性生物资产进入正常生产期，可以多年连续稳定地产出农产品、提供劳务或出租。

按照达到预定生产经营目的前发生的必要支出，借记"生产性生物资产"科目，贷记"库存现金""银行存款""库存物资""应付工资""应付劳务费"等科目。如表 8-12 所示。

表 8-12　自行取得的生产性生物资产的账务处理

业务事项	计价依据	会计处理
自行营造的林木类生产性生物资产	达到预定生产经营目的前发生的造林费、抚育费、营林设施费、良种试验费、调查设计费和应分摊的间接费用等	借：生产性生物资产　　贷：库存现金/银行存款/库存物资/应付工资/应付劳务费等
自行繁殖繁育的产畜和役畜	达到预定生产经营目的（成龄）前发生的饲料费、人工费和分摊的间接费用等	

【例 8-13】示范村股份经济合作社营造苹果园一处，在果树挂果前发生下列费用：购买苹果树苗，发票价为 680 000 元，支付运费 5 000 元；使用库存农药，账面价值为 8 700 元；暂欠镇供电站电费 9 700 元；确认应付果园管护人员报酬 10 600 元；果树机械设备折旧费为 35 000 元。会计分录为：

①购买苹果树苗时：

购买苹果树苗发生的费用=680 000+5 000=685 000（元）

借：生产性生物资产——经济林木——苹果树　　　　　　　　685 000

　　贷：银行存款　　　　　　　　　　　　　　　　　　　　　　685 000

②使用库存农药时：

借：生产性生物资产——经济林木——苹果树　　　　　　　　　8 700

　　贷：库存物资——农用材料——农药　　　　　　　　　　　　　8 700

③发生电费时：

借：生产性生物资产——经济林木——苹果树　　　　　　　　　9 700

　　贷：应付款——应付账款——镇供电站　　　　　　　　　　　　9 700

④确认管理人员工资：

借：生产性生物资产——经济林木——苹果树　　　　　　　　106 000

　　贷：应付工资——管理人员及固定员工的报酬　　　　　　　　106 000

支付管理人员工资时（假设不考虑代扣代缴的个人所得税）：

借：应付工资——管理人员及固定员工的报酬　　　　　　　106 000

　　贷：银行存款　　　　　　　　　　　　　　　　　　　　　　106 000

⑤计提机械设备折旧费时：

借：生产性生物资产——经济林木——苹果树　　　　　　　　35 000

　　贷：累计折旧——经营性固定资产累计折旧　　　　　　　　　35 000

（3）收到政府补助或接受捐赠的生产性生物资产

收到政府补助的生产性生物资产（包括以前年度收到或形成但尚未入账的）或者他人捐赠的生产性生物资产，按照有关凭据注明的金额加上相关税费、运输费等，借记"生产性生物资产"科目，贷记"公积公益金"等科目。

若没有相关凭据，则按照资产评估价值或者比照同类或类似生产性生物资产的市场价格，加上相关税费、运输费等，借记"生产性生物资产"科目，贷记"公积公益金"等科目。

若无法采用上述方法计价，则应当按照名义金额（人民币1元），借记"生产性生物资产"科目，贷记"公积公益金"科目，并设置备查簿进行登记和后续管理；按照实际发生的运输费和应支付的相关税费等，借记"其他支出"科目，贷记"库存现金""银行存款""应付款""应交税费"等科目。如表8-13所示。具体案例账务处理与消耗性生物资产账务处理类似，本节不再赘述。

表8-13　收到政府补助或接受捐赠的生产性生物资产账务处理

业务事项	计价依据		会计处理
收到政府补助的（含以前年度收到或形成但尚未入账）或他人捐赠的生产性生物资产	有凭证：凭据注明的金额、相关税费、运输费等		借：生产性生物资产 　贷：公积公益金
	没有凭据：按照资产评估价值或比照同类或类似生产性生物资产的市场价格，加相关税费、运输费等		
	无法采用上述方法计价	按照名义金额（人民币1元），设置备查簿登记和后续管理	
		按照实际发生的运输费和应支付的相关税费等	借：其他支出 　贷：库存现金/银行存款/ 　　应付款/应交税费等

（4）生物资产转群

若幼畜成龄转为产畜或役畜、育肥畜转为产畜或役畜，则按照其账面余额，借记"生产性生物资产"科目，贷记"消耗性生物资产"科目。若产畜或役畜淘汰转为育肥畜，则按照转群时的账面价值，借记"消耗性生物资产"科目，按照已计提的累计折旧，借记"生产性生物资产累计折旧"科目，按照其账面余额，贷记"生产性生物资产"科目。如表8-14所示。本部分的账务处理与消耗性生物资产账务处理类似。

表 8-14　生产性生物资产转群的账务处理

业务事项	计价依据	会计处理
幼畜成龄转为产畜或役畜、育肥畜转为产畜或役畜	按照消耗性生物资产的账面余额	借：生产性生物资产 　　贷：消耗性生物资产
产畜或役畜淘汰转为育肥畜	按照转群时，生产性生物资产账面余额和已计提的累计折旧确定	借：消耗性生物资产 　　生产性生物资产累计折旧 　　贷：生产性生物资产

【例 8-14】示范村股份经济合作社饲养的 20 头种猪因超龄淘汰，转为育肥畜。种猪账面余额为 80 000 元，已计提折旧 70 000 元。会计分录为：

借：消耗性生物资产——育肥畜——生猪 10 000

　　生产性生物资产累计折旧——产役畜——种猪 70 000

　　贷：生产性生物资产——产役畜——种猪 80 000

2. 生产性生物资产的后续支出

择伐、间伐或抚育更新等生产性采伐而补植林木类生产性生物资产发生的后续支出，借记"生产性生物资产"科目，贷记"库存现金""银行存款""库存物资""应付工资""应付劳务费"等科目。

生产性生物资产达到预定生产经营目的后发生的管护、饲养费用等后续支出，借记"经营支出"科目，贷记"库存现金""银行存款""库存物资""应付工资""应付劳务费"等科目。

达到预定生产经营目的的生产性生物资产计提的折旧，借记"生产（劳务）成本""经营支出"等科目，贷记"生产性生物资产累计折旧"科目。如表 8-15 所示。

表 8-15　生产性生物资产后续支出的账务处理

业务事项	会计处理
择伐、间伐或抚育更新性质采伐而补植林木类生产性生物资产	借：生产性生物资产 　　贷：库存现金/银行存款/库存物资/应付工资/应付劳务费等
生产性生物资产达到预定生产经营目的后发生的管护、饲养费用等	借：经营支出 　　贷：库存现金/银行存款/库存物资/应付工资/应付劳务费等
达到预定生产经营目的的生产性生物资产计提的折旧	借：生产（劳务）成本/经营支出等 　　贷：生产性生物资产累计折旧

【例 8-15】延续例 8-13。示范村股份经济合作社营造苹果园一处，在果树挂果前发生相关费用。之后，示范村股份经济合作社补植苹果树苗 50 棵，发生各类费用 7 900 元。苹果园结果后支付 6 000 元修剪费。上述款项均以银行存款收支，会计分录为：

①支付补植费用时：

借：生产性生物资产——经济林木——苹果树 7 900

　　贷：银行存款 7 900

②支付修剪费时：

借：经营支出——农林牧渔业支出　　　　　　　　　　　　　　6 000

　　贷：银行存款　　　　　　　　　　　　　　　　　　　　　　　　6 000

3. 生产性生物资产计提折旧

达到预定生产经营目的的生产性生物资产计提的折旧，借记"生产（劳务）成本""经营支出"等科目，贷记"生产性生物资产累计折旧"科目。如表 8-16 所示。

表 8-16　生产性生物资产计提折旧的账务处理

业务事项	会计处理
生产性生物资产计提折旧	借：生产（劳务）成本/经营支出等 　　贷：生产性生物资产累计折旧

【例 8-16】示范村股份经济合作社用自有 8 匹马，服务本村旅游观光项目，用于牵引观光车。8 匹马账面原值为 70 000 元，采用年限平均法提取折旧，预计该批畜力马的净残值为 5%，可正常使用 10 年。会计分录为：

马的每月折旧额=70 000×(1−5%)÷10(年)÷12(月)=554.17（元）

借：经营支出——服务性支出　　　　　　　　　　　　　　　554.17

　　贷：生产性生物资产累计折旧——产役畜——畜力马　　　　　554.17

4. 生产性生物资产的处置

（1）生产性生物资产出售

出售生产性生物资产时，按照取得的价款，借记"库存现金""银行存款"等科目；按照已计提的累计折旧，借记"生产性生物资产累计折旧"科目；按照生产性生物资产原价（成本），贷记"生产性生物资产"科目；按照其差额，借记"其他支出"科目或贷记"其他收入"科目。如表 8-17 所示。

表 8-17　生产性生物资产出售的账务处理

业务事项	会计处理
出售生产性生物资产	借：库存现金/银行存款等（按照取得的价款） 　　生产性生物资产累计折旧（按照已计提的生产性生物资产累计折旧） 　　其他支出（借方差额） 　　贷：生产性生物资产（按照生产性生物资产原价） 　　其他收入（贷方差额）

【例 8-17】本年 1 月，示范村股份经济合作社饲养的 50 头奶牛成龄，转为产畜产奶。该批奶牛的成本为 90 000 元，已计提折旧 10 000 元。2 月底，示范村股份经济合作社将 50 头产奶的奶牛出售，取得销售款 110 000 元。会计分录为：

借：银行存款　　　　　　　　　　　　　　　　　　　　　　110 000

　　生产性生物资产累计折旧——产役畜　　　　　　　　　　　10 000

　　贷：生产性生物资产——产役畜——奶牛　　　　　　　　　　90 000

其他收入——处置资产损溢 30 000

（2）以生产性生物资产对外投资

以生产性生物资产对外投资时，按照评估确认或者合同、协议约定的价值和相关税费，借记"长期投资"科目；按照已计提的累计折旧，借记"生产性生物资产累计折旧"科目；按照生产性生物资产原价（成本），贷记"生产性生物资产"科目；按照应支付的相关税费，贷记"应交税费"等科目；按照其差额，借记或贷记"公积公益金"科目。如表 8-18 所示。

表 8-18　以生产性生物资产对外投资的账务处理

业务事项	会计处理
对外投资	借：长期投资（按照评估确认或者合同、协议约定的价值和相关税费） 　　生产性生物资产累计折旧（按照已计提的生产性生物资产累计折旧） 　　公积公益金（差额；或贷记差额） 贷：生产性生物资产（按照生产性生物资产原价） 　　应交税费（按照应支付的相关税费）

【例 8-18】本年 11 月 8 日，示范村股份经济合作社以 5 亩葡萄向 B 农业公司进行投资，双方协议约定葡萄价值为 488 000 元，投资后示范村股份经济合作社占 B 公司股份的 20%。5 亩葡萄的账面原价为 550 000 元，已提折旧 150 000 元。会计分录为：

借：长期投资——长期股权投资——B 农业公司 488 000
　　生产性生物资产累计折旧——经济林木 150 000
　　贷：生产性生物资产——经济林木——葡萄 550 000
　　　　公积公益金——非货币性资产投资利得 88 000

5. 生产性生物资产的盘盈盘亏

（1）生产性生物资产盘盈

盘盈的生产性生物资产，按照同类或类似生产性生物资产的市场价格或评估价值扣除按照该项生产性生物资产状况估计的折旧后的余额，借记"生产性生物资产"科目，贷记"待处理财产损溢——待处理非流动资产损溢"科目。按规定程序批准后处理，借记"待处理财产损溢——待处理非流动资产损溢"科目，贷记"其他收入"科目。如表 8-19 所示。

表 8-19　生产性生物资产盘盈的账务处理

业务事项	会计处理
生产性生物资产盘盈	借：生产性生物资产（按照同类或类似生产性生物资产的市场价格或评估价值扣除按照该项生产性生物资产状况估计的折旧后的余额） 贷：待处理财产损溢——待处理非流动资产损溢
按规定程序批准后处理	借：待处理财产损溢——待处理非流动资产损溢 贷：其他收入

【例8-19】本年10月6日，示范村集体经济组织盘盈种猪2头，按照市场价值估计其价格为5 000元，预计其折旧约为3 000元。按规定程序报批后准予入账，会计分录为：

①生物资产盘盈时：

2头盘盈种猪的预计净价值=5 000-3 000=2 000（元）

借：生产性生物资产——产役畜——种猪　　　　　　　　　　　　　2 000

　　贷：待处理财产损溢——待处理非流动资产损溢　　　　　　　　　　　　2 000

②批准入账，结转财产收益时：

借：待处理财产损溢——待处理非流动资产损溢　　　　　　　　　　　2 000

　　贷：其他收入——财产物资盘盈收入　　　　　　　　　　　　　　　　　2 000

（2）生产性生物资产死亡毁损或盘亏

生产性生物资产死亡毁损、盘亏时，按照生产性生物资产账面价值，即生产性生物资产原价（成本）扣减累计折旧后的金额，借记"待处理财产损溢——待处理非流动资产损溢"科目；按照已计提的累计折旧，借记"生产性生物资产累计折旧"科目；按照生产性生物资产原价（成本），贷记"生产性生物资产"科目。按规定程序批准后处理时，按照可收回的责任人和保险公司赔偿的金额，借记"应收款""内部往来"等科目；按照残料价值，借记"库存物资"等科目；按照"待处理财产损溢——待处理非流动资产损溢"科目相应余额，贷记"待处理财产损溢——待处理非流动资产损溢"科目；按照其差额，借记"其他支出"科目。如表8-20所示。

表8-20　生产性生物资产死亡毁损或盘亏的账务处理

业务事项	会计处理
生产性生物资产死亡毁损、盘亏	借：待处理财产损溢——待处理非流动资产损溢（按照生产性生物资产账面价值） 　　生产性生物资产累计折旧（按照已计提的生产性生物资产累计折旧） 　贷：生产性生物资产（按照生产性生物资产原价）
按规定程序批准后处理	借：应收款/内部往来等（按照赔偿金额） 　　库存物资（按照残料价值） 　　其他支出（差额） 　贷：待处理财产损溢——待处理非流动资产损溢

【例8-20】本年7月20日，示范村集体经济组织因管理不善，死亡种牛一头，原价为12 000元，已计提折旧6 000元。出售牛皮收取银行存款340元，保险公司应赔偿2 200元，饲养员李四应赔款500元。会计分录为：

①注销生物资产时：

借：待处理财产损溢——待处理非流动资产损溢　6 000

　　生产性生物资产累计折旧——产役畜6 000

　　贷：生产性生物资产——产役畜——种牛　　　　　　　　　　　　　12 000

②取得残值收入时：

借：银行存款　　　　　　　　　　　　　　　　　　　　　　　　　　340

　　贷：待处理财产损溢——待处理非流动资产损溢　　　　　　　　340

③确认赔偿金时：

借：应收款——其他——保险公司　　　　　　　　　　　　　2 200

　　　内部往来——内部个人——李四　　　　　　　　　　　　 500

　　贷：待处理财产损溢——待处理非流动资产损溢　　　　　　 2 700

④结转生物资产损失时：

借：其他支出——生物资产损毁死亡支出　　　　　　　　　　2 960

　　贷：待处理财产损溢——待处理非流动资产损溢　　　　　　 2 960

第三节　公益性生物资产的核算

　　公益性生物资产是指农村集体经济组织持有的以防护、环境保护为主要目的的生物资产，包括防风固沙林、水土保持林和水源涵养林等。公益性生物资产能带来防风固沙、保持水土的效能，或者具有美化环境、休息游览的效能。

　　一、会计账户设置

　　农村集体经济组织需设置"公益性生物资产"账户，用于核算农村集体经济组织持有的公益性生物资产的实际成本。借方登记增加数额，贷方登记减少数额。期末借方余额反映农村集体经济组织持有的公益性生物资产的实际成本。

　　二、会计管理要求

　　1. 公益性生物资产计价

　　公益性生物资产按照下列原则计价。

　　（1）购入的公益性生物资产应按照取得时的实际成本计价，包括购买价款、应支付的相关税费、运输费以及外购过程发生的其他直接费用。

　　（2）自行营造的公益性生物资产，应当按照郁闭前发生的造林费、抚育费、森林保护费、营林设施费、良种试验费、调查设计费和应分摊的间接费用等必要支出计价。

　　（3）收到政府补助的公益性生物资产或者他人捐赠的公益性生物资产，按照有关凭据注明的金额加上相关税费、运输费等计价；若没有相关凭据，则按照资产评估价值或者比照同类或类似生物资产的市场价格，加上相关税费、运输费等计价。若无法采用上述方法计价，则按照名义金额（人民币1元）计价。

　　2. 设置名义金额入账的公益性生物资产备查簿

　　农村集体经济组织接受政府补助和他人捐赠等形成的公益性生物资产（含扶贫项目资产），如果没有相关凭据且无法采用"资产评估价值"或"比照同类或类似生物资产的市场价格"方法计价，则按照名义金额（人民币1元）入账，并设置备查簿进行登记和后续管理。

　　3. 确保公益性生物资产账实相符

　　农村集体经济组织应当在每年年度终了，对公益性生物资产进行全面清查，做到账实相符；对于已发生损失但尚未批准核销的公益性生物资产，应当在会计报表附注中予以披露。

三、主要账务处理

1. 公益性生物资产的取得

公益性生物资产的取得方式主要有外购、自行营造、接受捐赠、改变用途等。

（1）外购公益性生物资产

购入的公益性生物资产应当按照购买价款、应支付的相关税费、运输费及外购过程发生的其他直接费用计价。按照应计入公益性生物资产成本的金额，借记"公益性生物资产"科目，贷记"库存现金""银行存款""应付款"等科目。如表 8-21 所示。

表 8-21　外购公益性生物资产的账务处理

业务事项	计价依据	会计处理
购入的公益性生物资产	按照购买价款、相关税费、运输费及其他直接费用	借：公益性生物资产 　贷：库存现金/银行存款/应付款等

【例 8-21】本年 4 月 15 日，示范村集体经济组织从某林场购入一片防风林，用银行存款支付价款 100 000 元。经认定该防风林为公益性生物资产，会计分录为：

借：公益性生物资产——防风林　　　　　　　　　　　　　　　100 000

　贷：银行存款　　　　　　　　　　　　　　　　　　　　　　　　100 000

（2）自行营造公益性生物资产

自行营造的公益性生物资产，应当按照郁闭前发生的造林费、抚育费、森林保护费、营林设施费、良种试验费、调查设计费和应分摊的间接费用等必要支出计价。按照郁闭前发生的必要支出，借记"公益性生物资产"科目，贷记"库存现金""银行存款""库存物资""应付工资""应付劳务费"等科目。如表 8-22 所示。

表 8-22　自行营造公益性生物资产的账务处理

业务事项	计价依据	会计处理
自行营造的林木类公益性生物资产	郁闭前发生的造林费、抚育费、森林保护费、营林设施费、良种试验费、调查设计费和应分摊的间接费用等	借：公益性生物资产 　贷：库存现金/银行存款/库存物资/应付工资/应付劳务费等

【例 8-22】本年 8 月 5 日，示范村集体经济组织营造一处水源涵养林，郁闭前发生总费用 200 000 元。其中，树苗由 G 林木公司捐赠，发票价格为 160 000 元；用银行存款支付种植、灌溉等费用 40 000 元。会计分录为：

郁闭前的总费用均记入公益性生物资产成本。

借：公益性生物资产——水源涵养林　　　　　　　　　　　　　200 000

　贷：公积公益金——接受捐赠　　　　　　　　　　　　　　　　160 000

　　　银行存款　　　　　　　　　　　　　　　　　　　　　　　　40 000

（3）收到政府补助或接受捐赠的公益性生物资产

收到政府补助的公益性生物资产（包括以前年度收到或形成但尚未入账的）或者他人捐赠的公益性生物资产，按照有关凭据注明的金额加上相关税费、运输费等，借记"公益性生物资产"科目，贷记"公积公益金"等科目。若没有相关凭据，则按照资产评估价值或者比照同类或类似公益性生物资产的市场价格，加上相关税费、运输费等，借记"公益性生物资产"科目，贷记"公积公益金"等科目。若无法采用上述方法计价，则应当按照名义金额（人民币1元），借记"公益性生物资产"科目，贷记"公积公益金"科目，并设置备查簿进行登记和后续管理；按照实际发生的运输费和应支付的相关税费等，借记"其他支出"科目，贷记"库存现金""银行存款""应付款""应交税费"等科目。如表8-23所示。具体案例账务处理与消耗性生物资产账务处理类似，本节不再赘述。

表8-23　收到政府补助或接受捐赠的公益性生物资产账务处理

业务事项	计价依据		会计处理
收到政府补助的（含以前年度收到或形成但尚未入账）或他人捐赠的公益性生物资产	有凭证：凭据注明的金额、相关税费、运输费等		借：公益性生物资产　贷：公积公益金
	没有凭据：按照资产评估价值或比照同类或类似公益性生物资产的市场价格，加相关税费、运输费等		
	无法采用上述方法计价	按照名义金额（人民币1元），设置备查簿登记和后续管理	
		按照实际发生的运输费和应支付的相关税费等	借：其他支出　贷：库存现金/银行存款/应付款/应交税费等

（4）其他生物资产改变用途转为公益性生物资产

消耗性生物资产、生产性生物资产转为公益性生物资产的，按照其账面余额或账面价值，借记"公益性生物资产"科目；按照已计提的生产性生物资产累计折旧，借记"生产性生物资产累计折旧"科目；按照其账面余额，贷记"消耗性生物资产""生产性生物资产"等科目。如表8-24所示。

表8-24　其他生物资产改变用途转为公益性生物资产的账务处理

业务事项	会计处理
消耗性生物资产转为公益性生物资产	借：公益性生物资产　　贷：消耗性生物资产（按照账面余额）
生产性生物资产转为公益性生物资产	借：公益性生物资产　　　生产性生物资产累计折旧（按照已计提的生产性生物资产累计折旧）　　贷：生产性生物资产（按照账面余额）

【例8-23】本年，示范村股份经济合作社饲养10头羊驼，准备出售。该批羊驼的总成本为120 000元。8月份，将其中2头羊驼转至村股份经济合作社承办的幼儿园，作为观赏用。会计分录为：

羊驼价值=120 000÷10×2=24 000（元）

借：公益性生物资产——羊驼　　　　　　　　　　　　　　　　24 000

　　贷：消耗性生物资产——其他——羊驼　　　　　　　　　　　　　24 000

2. 公益性生物资产的后续支出

择伐、间伐或抚育更新等生产性采伐而补植林木类公益性生物资产发生的后续支出，借记"公益性生物资产"科目，贷记"库存现金""银行存款""库存物资""应付工资""应付劳务费"等科目。林木类公益性生物资产郁闭后发生的管护费用等其他后续支出，借记"其他支出"科目，贷记"库存现金""银行存款""库存物资""应付工资""应付劳务费"等科目。如表 8-25 所示。

表 8-25 公益性生物资产后续支出的账务处理

业务事项	会计处理
择伐、间伐或抚育更新性质采伐而补植林木类公益性生物资产	借：公益性生物资产 　　贷：库存现金/银行存款/库存物资/应付工资/应付劳务费等
郁闭后发生的管护费用等	借：其他支出 　　贷：库存现金/银行存款/库存物资/应付工资/应付劳务费等

【例 8-24】延续例 8-22，示范村集体经济组织营造一处水源涵养林。郁闭后，发生管护费用 16 800 元，全部为应支付给林木管理员的费用，款项暂未支付。会计分录为：

借：其他支出——生物资产管护费用　　　　　　　　　　　　　16 800

　　贷：应付劳务费——林木管理员　　　　　　　　　　　　　　　　16 800

3. 公益性生物资产的死亡毁损或盘亏

公益性生物资产死亡毁损、盘亏时，按照其账面余额，借记"待处理财产损溢——待处理非流动资产损溢"科目，贷记"公益性生物资产"科目。按规定程序批准后处理时，按照赔偿金额，借记"应收款""内部往来"等科目；按照残料价值，借记"库存物资"等科目；按照"待处理财产损溢——待处理非流动资产损溢"科目相应余额，贷记"待处理财产损溢——待处理非流动资产损溢"科目；按照其差额，借记"其他支出"科目。如表 8-26 所示。具体案例账务处理与生产性生物资产账务处理类似，不再赘述。

表 8-26 公益性生物资产的死亡毁损或盘亏账务处理

业务事项	会计处理
公益性生物资产死亡毁损、盘亏	借：待处理财产损溢——待处理非流动资产损溢 　　贷：公益性生物资产
按规定程序批准后处理	借：应收款/内部往来等（按照赔偿金额） 　　　库存物资（按照残料价值） 　　　其他支出（差额） 　　贷：待处理财产损溢——待处理非流动资产损溢

第九章　生产经营过程核算

第一节　生产劳务成本的核算

生产（劳务）成本，是指农村集体经济组织直接组织生产产品或对外提供劳务等活动所发生的各项生产费用和劳务支出，既包括生产产品和提供劳务而发生的直接费用，也包括为生产产品和提供劳务而发生的间接费用。

一、会计账户设置

农村集体经济组织需设置"生产（劳务）成本"账户，用于核算农村集体经济组织发生的各项生产费用和劳务成本。借方登记当期实际发生的各项生产费用和劳务支出，贷方登记完工产品结转的生产成本或提供服务实现销售时结转的劳务成本。期末借方余额反映农村集体经济组织尚未生产完成的各项产品和尚未完成的服务成本。

二、会计管理要求

1. 生产（劳务）成本进行明细核算

"生产（劳务）成本"应按照生产费用和劳务成本种类设置明细科目，进行明细核算。

2. 正确核算产品和劳务成本费用

"生产（劳务）成本"账户的核算关键是合理把握成本核算程序。成本核算程序主要包括以下几个步骤。

（1）确定成本核算对象

农村集体经济组织在进行生产劳务成本归集和分配时，要确定成本核算对象，即确定需要核算成本的某产品或某劳务。只有确定了成本核算对象，才便于按各个成本对象归集和分配费用，从而算出各种产品或劳务的实际成本。

（2）确定成本计算期间

确定成本计算期间，就是确定多长时间计算一次成本。农村集体经济组织应根据经营管理的要求，按产品生产周期核算产品生产成本。

（3）确定成本项目

农村集体经济组织的成本项目是指其在生产产品和对外提供劳务过程中发生的各种耗费，包括直接费用和间接费用。直接费用是指与一定种类产品或劳务直接联系的费用，这类费用可直接计入一定种类的产品或劳务成本内，如属于一定种类产品的材料、人工等费用。间接费用是指与若干种产品或劳务有联系的费用，这种费用不能直接计入，而需要按照适当的分摊方法计入一定种类的产品（劳务）成本内，如房屋建筑的折旧费用、管理费等。

直接费用和间接费用的划分并非一成不变，需要根据费用发生的情况决定。例如，如果生产车间只生产一种产品，则车间发生的电费就是直接费用；如果生产车间生产多种产品，并且不能确定各类产品的用电量，则车间发生的电费就是间接费用。

（4）归集成本费用

为了正确归集生产劳务成本，必须正确划分和严格遵守成本开支范围。生产劳务成本，是指生产产品及提供劳务过程中消耗的各种直接费用和间接费用。凡是不符合农村集体经济组织会计制度规定的不合理、不合法的开支均不能支付，也不允许计入生产劳务成本。

（5）分配间接费用

农村集体经济组织应按照分摊合理、简便易行的原则，对间接费用进行分摊、分配。在实际工作中，要根据被分摊费用情况，选择合理的间接费用分摊方法。例如，生产车间的电费，与生产的产品数量有关，可按各种产品的产量或者生产机器开机的时长等进行分摊。

（6）产成品与在产品成本分配

成本计算期末，农村集体经济组织生产的产品可能存在未完工情况。因此，应将成本费用按照合理的方法在产成品与在产品之间进行分配，以计算并结转入库产品的总成本和单位成本。

产成品与在产品成本分配方法包括：不计算在产品成本法、在产品按年初数固定计算法、在产品按所耗原材料费用计价法、约当产量比例法、在产品按完工产品成本计算法、在产品按定额成本计价法、定额比例法等。农村集体经济组织应根据在产品数量、各成本计算期的在产品数量变化、各项费用比重以及定额管理基础等，选择合适的产成品与在产品成本分配方法。

三、主要账务处理

1. 产品的生产成本

农村集体经济组织发生各项产品的生产费用支出时，应按照成本核算对象归集和分配生产费用，能够分清归属于某种产品负担的，就直接归集计入该种产品成本；不能区分的，可采用一定方法分配，如按照产品数量、作业量、产量等标准进行分配。在发生耗用的直接材料、直接人工、其他直接费用和间接费用时，直接或分配计入产品生产成本，借记"生产（劳务）成本"科目，贷记"库存物资""应付工资""应付劳务费""应付款""库存现金""银行存款"等科目。已经生产完成并已验收入库的产成品，按照产成品的实际成本，借记"库存物资"科目，贷记"生产（劳务）成本"科目。如表9-1所示。

表9-1　产品生产成本的账务处理

业务事项	会计处理
发生直接或间接费用	借：生产（劳务）成本 　　贷：库存现金/银行存款/库存物资/应付款/应付工资/应付劳务费/内部往来/累计折旧/生产性生物资产累计折旧/累计摊销/长期待摊费用等
生产完成并验收入库	借：库存物资 　　贷：生产（劳务）成本

【例9-1】示范村集体经济组织统一经营一个罐头加工车间，主要加工山楂罐头和黄

桃罐头。当月，发生的成本费用情况如下：从冷库领用 6 000 元山楂、8 000 元黄桃。在生产过程中，发生固定工作人员工资 5 600 元，其中，山楂罐头和黄桃罐头工人的工资单独发放，分别为 3 000 元和 2 600 元。本月共生产山楂罐头 8 000 瓶，包装费用为 900 元；生产黄桃罐头 9 000 瓶，包装费用为 1 000 元。另外，计提罐头生产设备的固定资产折旧费共 1 200 元。月底，该批罐头全部生产完毕，并验收入库。会计分录为：

（1）领用山楂、黄桃时：

借：生产（劳务）成本——生产费用——山楂罐头　　　　　　　6 000

　　　　　　　　　　　　　　　　——黄桃罐头　　　　　　　8 000

　　贷：库存物资——农产品——山楂　　　　　　　　　　　　　　　　6 000

　　　　　　　　　　　　——黄桃　　　　　　　　　　　　　　　　8 000

（2）确认工人工资时：

借：生产（劳务）成本——生产费用——山楂罐头　　　　　　　3 000

　　　　　　　　　　　　　　　　——黄桃罐头　　　　　　　2 600

　　贷：应付工资——管理人员及固定员工的报酬　　　　　　　　　　　5 600

（3）支付工资时（假设不考虑代扣代缴个人所得税）：

借：应付工资——管理人员及固定员工的报酬　　　　　　　　　5 600

　　贷：银行存款　　　　　　　　　　　　　　　　　　　　　　　　　5 600

（4）支付包装费时：

借：生产（劳务）成本——生产费用——山楂罐头　　　　　　　　900

　　　　　　　　　　　　　　　　——黄桃罐头　　　　　　　1 000

　　贷：银行存款　　　　　　　　　　　　　　　　　　　　　　　　　1 900

（5）计提、分摊折旧费时：

按罐头产量分摊罐头生产设备的折旧。

山楂罐头应承担的折旧费=1 200÷（8 000+9 000）×8 000=564.71（元）

黄桃罐头应承担的折旧费=1 200÷（8 000+9 000）×9 000=635.29（元）

借：生产（劳务）成本——生产费用——山楂罐头　　　　　　　564.71

　　　　　　　　　　　　　　　　——黄桃罐头　　　　　　　635.29

　　贷：累计折旧——经营性固定资产累计折旧　　　　　　　　　　　　1 200

（6）完工入库时：

山楂罐头成本合计=6 000+3 000+900+564.71=10 464.71（元）

黄桃罐头成本合计=8 000+2 600+1 000+635.29=12 235.29（元）

借：库存物资——产成品——山楂罐头　　　　　　　　　10 464.71

　　　　　　　　　　　　——黄桃罐头　　　　　　　　12 235.29

　　贷：生产（劳务）成本——生产费用——山楂罐头　　　　　　　　10 464.71

　　　　　　　　　　　　　　　　　——黄桃罐头　　　　　　　　12 235.29

2. 劳务成本

农村集体经济组织对外提供劳务的成本核算，按成本对象归集费用项目。直接或分配计入劳务成本时，借记"生产（劳务）成本"科目，贷记"库存物资""应付工资""应付劳务费"等科目。对外提供劳务实现销售时，借记"银行存款""应付款"等科目，贷记"经营收入"科目；同时，借记"经营支出"科目，贷记"生产（劳务）成本"科目。如表 9-2 所示。

表 9-2 劳务成本的账务处理

业务事项	会计处理
直接或分配计入劳务成本	借：生产（劳务）成本
	贷：库存物资/应付工资/应付劳务费等
对外提供劳务实现销售	借：银行存款/应收款等
	贷：经营收入
	借：经营支出
	贷：生产（劳务）成本

【例 9-2】本年 6 月 1 日，示范村集体经济组织承包了光明果园的荔枝采摘业务。合同约定，采摘报酬为 0.05 元/千克，采摘人员进场当日，预付 6 000 元。示范村组织成员进行采摘，一共采摘了荔枝 1 000 000 千克。任务完成后，光明果园以银行存款支付了 39 000 元的采摘劳务费用，余款在半个月后支付。在采摘期间，示范村集体经济组织以银行存款支付食宿费 3 000 元、交通费 800 元和保险费 900 元，应付采摘人员工资 11 000 元。会计分录为：

（1）收到预付款时：

借：银行存款 6 000

　　贷：应付款——预收账款——光明果园 6 000

（2）支付食宿费、交通费和保险费时：

借：生产（劳务）成本——劳务成本——荔枝采摘业务 4 700

　　贷：银行存款 4 700

（3）确认应付工资时：

借：生产（劳务）成本——劳务成本——荔枝采摘业务 11 000

　　贷：应付工资——管理人员及固定员工的报酬 11 000

（4）实现劳务收入时：

劳务收入=1 000 000×0.05=50 000（元）

借：银行存款 39 000

　　应付款——预收账款——光明果园 6 000

　　应收款——应收账款——光明果园 5 000

　　贷：经营收入——劳务收入 50 000

（5）结转劳务成本时：

劳务成本=4 700+11 000=15 700（元）

借：经营支出——劳务支出 15 700

　　贷：生产（劳务）成本——劳务成本——荔枝采摘业务 15 700

（6）支付应付工资时：

借：应付工资——管理人员及固定员工的报酬　　　　　　　　　11 000
　　贷：银行存款　　　　　　　　　　　　　　　　　　　　　　　　　11 000

（7）收回采摘劳务余款时：

借：银行存款　　　　　　　　　　　　　　　　　　　　　　　5 000
　　贷：应收款——应收账款——光明果园　　　　　　　　　　　　　　5 000

第二节　经营收入与经营支出的核算

农村集体经济组织发生经营活动，如出售农产品、工业产品、提供劳务等，就会产生一定的经营收入，这些收入的取得是以一定的支出为代价。因此，在确认经营收入的同时，遵循配比性原则，也要结转与该项经营收入相匹配的经营支出。

一、经营收入

经营收入是指农村集体经济组织进行各项生产销售、提供服务、让渡集体资产资源使用权等经营活动取得的收入，包括销售收入、劳务收入、出租收入、发包收入等，如图9-1所示。

销售收入是指农村集体经济组织销售产品物资等取得的收入。劳务收入是指农村集体经济组织对外提供劳务或服务等取得的收入，如运输、基础设施建设、广告、咨询、培训、产品安装劳务服务和农业生产各环节的社会化服务等。农村集体经济组织应根据合同或协议约定，于产品物资已经发出、劳务已经提供，同时收讫价款或取得收款凭据时，确认销售收入、劳务收入。

出租收入是指农村集体经济组织出租固定资产、无形资产等取得的租金收入。发包收入是指农村集体经济组织取得的成员、其他单位或个人因承包集体土地等集体资源资产上交的承包金或利润等。农村集体经济组织应当根据合同或协议约定，于收讫价款或取得收款凭据时，确认出租收入、发包收入。一次收取多期款项的，应遵循权责发生制，将收款金额分摊至各个受益期，分期确认出租收入、发包收入。

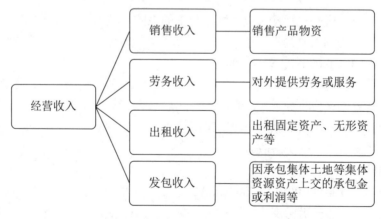

图9-1　经营收入的构成

（一）会计账户设置

农村集体经济组织需设置"经营收入"账户，用于核算农村集体经济组织确认的当年发生的销售产品、提供劳务、让渡集体资产资源使用权等各项经营活动收入。农村集体经济组织实现经营收入时，按照实际收到或应收的价款，贷方登记发生的经营收入，借方登记期末转入"本年收益"的经营收入，结转后"经营收入"科目无余额。

（二）会计管理要求

1. 设置经营收入的明细科目

"经营收入"科目需设置"销售收入""劳务收入""出租收入"和"发包收入"四个二级科目，进行明细核算。

2. 确认经营收入时点

农村集体经济组织应遵循权责发生制原则，正确划分本年收入、以前年度收入、以后年度收入；一次收取多期款项，应当将收款金额分摊至各个受益期。

（1）对外销售产品物资或提供劳务时，应在产品物资已经发出、劳务已经提供，同时收讫价款或取得价款凭证时，确认取得经营收入。

（2）农村集体经济组织收获的农产品，应于农产品销售时，确认取得经营收入。

（3）非经济林木及林产品，应于出售时，确认经营收入。

（4）当收款条件已经具备，但结算方式不同时，应根据实际情况，尊重业务实质，合理确定经营收入。只要收款条件已经具备，并且有理由确定最终能够收到价款，就应当确认经营收入的实现。如果采用"托收承付"或"委托收款"结算方式，则只要发出实物并办妥手续后即可确认经营收入的实现；在采取"长期劳务合同"结算方式时，一次收取多期款项，应当将收款金额分摊至各个受益期，可按照合同约定的期限分期确认经营收入。

（三）主要账务处理

1. 实现经营收入

农村集体经济组织实现的经营收入，按照实际收到或应收的价款，借记"库存现金""银行存款""应收款""内部往来"等科目，贷记"经营收入"科目。农村集体经济组织一次收取多期发包或出租款项时，应当将收款金额分摊至各个受益期，分期确认收入，在每期确认收入时，借记"内部往来""应付款"等科目，贷记"经营收入"科目。如表9-3所示。

表 9-3　实现经营收入的账务处理

业务事项		会计处理
实现经营收入	确认收入	借：库存现金/银行存款/应收款/内部往来等 　　贷：经营收入
	结转成本	借：经营支出 　　贷：库存现金/银行存款/内部往来/库存物资/消耗性生物资产/ 　　　　在建工程/应付款/应付工资/应付劳务费/生产（劳务）成本 　　　　/生产性生物资产累计折旧/累计折旧/累计摊销等

业务事项		会计处理
一次收取多期发包或出租款项	一次收取多期款项	借：银行存款 　贷：内部往来/应付款——预收账款
	每期确认收入	借：内部往来/应付款——预收账款 　贷：经营收入

【例9-3】本年3月5日，示范村集体经济组织销售果园苹果700千克，每千克售价9.8元，实现销售收入6 860元并存入银行。该批苹果实际成本为4 900元，会计分录为：

（1）实现经营收入时：

借：银行存款　　　　　　　　　　　　　　　　　　　　　　　　6 860

　贷：经营收入——销售收入——农产品销售收入　　　　　　　　　　　6 860

（2）结转经营成本时：

借：经营支出——销售支出——农产品销售支出　　　　　　　　　　　4 900

　贷：库存物资——农产品——苹果　　　　　　　　　　　　　　　　4 900

【例9-4】示范村集体经济组织出租两台联合收割机给富强村农垦公司使用两年。双方协议约定，租赁费用为100 000元。从租赁开始，富强村农垦公司一次性付清了两年的租赁费用。会计分录为：

（1）收取租赁费时：

租赁期两年，本年确认一半的租赁收入。

借：银行存款　　　　　　　　　　　　　　　　　　　　　　　100 000

　贷：应付款——预收账款——富强村农垦公司　　　　　　　　　　　50 000

　　　经营收入——租赁收入　　　　　　　　　　　　　　　　　　50 000

（2）第二年，确认租赁收入时：

借：应付款——预收账款——富强村农垦公司　　　　　　　　　　　50 000

　贷：经营收入——租赁收入　　　　　　　　　　　　　　　　　　50 000

2. 期末经营收入结转

期末，农村集体经济组织应将"经营收入"科目的余额，转入"本年收益"科目的贷方，结转后，"经营收入"科目无余额。如表9-4所示。

表9-4　经营收入结转的账务处理

业务事项	会计处理
期末结转经营收入	借：经营收入 　贷：本年收益

【例9-5】延续例9-3和例9-4。假设不考虑示范村集体经济组织的其他经济业务，第一年年末，农村集体经济组织将上述经营收入结转至本年收益，会计分录为：

借：经营收入——销售收入——农产品销售收入　　　　　　　　　　6 860

——租赁收入　　　　　　　　　　　　　　　　　　　　　50 000

　　　　贷：本年收益　　　　　　　　　　　　　　　　　　　　　56 860

二、经营支出

经营支出是指农村集体经济组织因销售商品、对外提供劳务、让渡集体资产资源使用权等经营活动而发生的实际支出，包括销售商品的成本、对外提供劳务的成本、维修费、运输费、保险费、生产性生物资产的管护饲养费用及其成本摊销、出租固定资产或无形资产的折旧或摊销等。

（一）会计账户设置

农村集体经济组织需设置"经营支出"账户，用于核算农村集体经济组织因销售商品、农产品、材料、对外提供劳务、让渡集体资产资源使用权等经营活动而发生的实际成本。借方登记发生的经营支出，贷方登记期末转入"本年收益"的经营支出。结转后，"经营支出"科目无余额。

（二）会计管理要求

1. 支出与收入相匹配

农村集体经济组织的经营支出要与相应的经营收入相匹配，在确认每一笔经营收入的同时，都需要结转同一项经营活动的成本，计入经营支出科目，并计算出每项经营活动的收益。

2. 合理归集经营支出

对同一期间发生的各项经营支出，应按用途归集到经营支出的相关明细科目中。对于无法直接归集的，应按规定比例合理分摊。

（三）主要账务处理

1. 发生经营支出

农村集体经济组织发生的经营支出，借记"经营支出"科目，贷记"库存现金""银行存款""内部往来""库存物资""消耗性生物资产""在建工程""应付款""应付工资""应付劳务费""生产（劳务）成本""生产性生物资产累计折旧""累计折旧""累计摊销"等科目。如表 9-5 所示。

表 9-5　发生经营支出的账务处理

业务事项	会计处理
确认收入	借：库存现金/银行存款/应收款/内部往来等 　　贷：经营收入
结转成本	借：经营支出 　　贷：库存现金/银行存款/内部往来/库存物资/消耗性生物资产/在建工程/应付款/应付工资/应付劳务费/生产（劳务）成本/生产性生物资产累计折旧/累计折旧/累计摊销等

【例 9-6】本年 3 月 23 日，示范村集体经济组织将其拥有的一项种植专利权出租给未来农场使用，取得一次性收入 38 000 元并存入银行。同时，应摊销专利的成本为 18 000元。会计分录为：

（1）取得租金收入时：

借：银行存款　　　　　　　　　　　　　　　　　　　　　38 000

　贷：经营收入——租赁收入　　　　　　　　　　　　　　　　　　38 000

（2）摊销专利成本时：

借：经营支出——租赁支出　　　　　　　　　　　　　　　18 000

　贷：累计摊销　　　　　　　　　　　　　　　　　　　　　　　18 000

2. 期末经营支出结转

期末，农村集体经济组织应将"经营支出"科目的余额，转入"本年收益"科目的借方，结转后，"经营支出"科目无余额。如表9-6所示。

表9-6　经营支出结转的账务处理

业务事项	会计处理
期末结转经营支出	借：本年收益 　贷：经营支出

【例9-7】延续例9-6。假设不考虑示范村集体经济组织的其他经济业务。年末，农村集体经济组织将上述经营支出结转至本年收益，会计分录为：

借：本年收益　　　　　　　　　　　　　　　　　　　　　18 000

　贷：经营支出——租赁支出　　　　　　　　　　　　　　　　　18 000

第三节　其他收入与其他支出的核算

除经营业务的收入与支出之外，农村集体经济组织还可能存在其他无法具体分类的收入与支出项目。为了全面地涵盖农村集体经济组织的业务事项，设置"其他收入"科目与"其他支出"科目，用于核算农村集体经济组织未列入经营收支的收入和支出事项。

一、其他收入

其他收入是指农村集体经济组织取得的除经营收入[①]、投资收益[②]、补助收入[③]以外的收入，包括盘盈收益、确实无法支付的应付款项、存款利息收入等。

（一）会计账户设置

农村集体经济组织需设置"其他收入"账户，用于核算农村集体经济组织取得的除经营收入、投资收益、补助收入以外的收入。贷方登记发生的其他收入，借方登记期末转入"本年收益"的其他收入，结转后"其他收入"账户无余额。

（二）会计管理要求

1. 设置其他收入的明细科目

农村集体经济组织应当按照其他收入的来源设置明细科目，进行明细核算。其他收

①　经营收入核算见第九章第二节。

②　投资收益核算见第六章第三节。

③　补助收入核算见第五章第四节。

入的来源包括存款利息收入、罚没收入、财产物资盘盈收入、无法偿付的应付款项等。

2. 确认其他收入时点

农村集体经济组织一般应当于收入实现时，确认收入。农村集体经济组织应遵循权责发生制原则，正确划分本年收入、以前年度收入、以后年度收入；一次收取多期款项，应当将收款金额分摊至各个受益期。

（三）主要账务处理

农村集体经济组织发生其他收入时，借记"库存现金""银行存款""固定资产清理""待处理财产损溢""应付款""长期借款及应付款"等科目，贷记"其他收入"科目。期末，农村集体经济组织应将"其他收入"科目的余额，转入"本年收益"科目的贷方，结转后，"其他收入"科目无余额。如表 9-7 所示。

表 9-7　其他收入业务事项账务处理

业务事项	会计处理
发生的其他收入	借：库存现金/银行存款/内部往来/固定资产清理/待处理财产损溢/应付款/长期借款及应付款等 　　贷：其他收入
期末结转其他收入余额	借：其他收入 　　贷：本年收益

【例 9-8】本年 12 月 25 日，示范村集体经济组织因 W 上市公司未及时履行水稻收购合同，将定金 5 000 元没收。会计分录为：

借：应付款——预收账款——W 上市公司　　　　　　　　　　　　5 000

　　贷：其他收入——罚没收入　　　　　　　　　　　　　　　　　　5 000

【例 9-9】本年 10 月 29 日，示范村集体经济组织因 F 林木公司破产，欠其 900 元苹果树苗款无法偿还，经履行债务核销手续后，同意予以注销。会计分录为：

借：应付款——应付账款——F 林木公司　　　　　　　　　　　　900

　　贷：其他收入——无法偿付的应付款项　　　　　　　　　　　　900

【例 9-10】本年 5 月 23 日，示范村集体经济组织年末盘盈小麦种子 80 千克，按市场价每千克 2 元入账。会计分录为：

①盘盈时：

借：库存物资——农用材料——小麦种子　　　　　　　　　　　　160

　　贷：待处理财产损溢——待处理流动资产损溢　　　　　　　　　160

②批准处理时：

借：待处理财产损溢——待处理流动资产损溢　　　　　　　　　　160

　　贷：其他收入——财产物资盘盈收入　　　　　　　　　　　　　160

【例 9-11】延续例 9-9、例 9-10、例 9-11。假设不考虑示范村集体经济组织的其他经济业务，年末，农村集体经济组织将上述其他收入结转至本年收益，会计分录为：

借：其他收入——罚没收入　　　　　　　　　　　　　　　　　　5 000

——无法偿付的应付款项	900
——财产物资盘盈收入	160
贷：本年收益	6060

二、其他支出

其他支出是指农村集体经济组织发生的除经营支出①、税金及附加②、管理费用③、公益支出④、所得税费用⑤以外的其他各项支出，包括生物资产的死亡毁损支出、损失，固定资产及存货等的盘亏、损失，防灾抢险支出、罚款支出、捐赠支出、确实无法收回的应收款项损失、借款利息支出等。

（一）会计账户设置

农村集体经济组织需设置"其他支出"账户，用于核算农村集体经济组织发生的除经营支出、税金及附加、管理费用、公益支出、所得税费用等以外的支出。借方登记发生的其他支出，贷方登记期末转入"本年收益"的其他支出，结转后"其他支出"账户无余额。

（二）会计管理要求

农村集体经济组织应当按照其他支出的项目设置明细科目，进行明细核算。其他支出包括生物资产的死亡毁损支出、损失，固定资产及存货等的盘亏、损失，防灾抢险支出，罚款支出，捐赠支出，确实无法收回的应收款项损失，借款利息支出等。

（三）主要账务处理

农村集体经济组织发生的其他支出，借记"其他支出"科目，贷记"库存现金""银行存款""内部往来""应收款""库存物资""在建工程""固定资产清理""长期待摊费用""待处理财产损溢""应付款""应付工资""应付劳务费""应交税费"等科目。期末，农村集体经济组织应将"其他支出"科目的余额，转入"本年收益"科目的借方，结转后，"其他支出"科目无余额。如表9-8所示。

表9-8　其他支出业务事项账务处理

发生业务	会计处理
发生的其他支出	借：其他支出 　　贷：库存现金/银行存款/内部往来/应收款/库存物资/在建工程/固定资产清理/长期待摊费用/待处理财产损溢/应付款/应付工资/应付劳务费/应交税费等
期末结转其他支出余额	借：本年收益 　　贷：其他支出

【例9-12】本年11月23日，示范村集体经济组织归还农业银行的短期借款6 000

---

① 经营支出核算见第九章第二节。

② 税金及附加核算见第九章第五节。

③ 管理费用核算见第九章第四节。

④ 公益支出核算见第九章第四节。

⑤ 所得税费用核算见第九章第五节。

元，利息 100 元。会计分录为：

借：短期借款——金融机构——农业银行　　　　　　　　　　6 000
　其他支出——利息支出　　　　　　　　　　　　　　　　 100
　贷：银行存款　　　　　　　　　　　　　　　　　　　　　　6 100

【例 9-13】示范村集体经济组织在组织抗洪救灾过程中，耗费皮划艇的价值为 3 500元，救生衣为 1 500 元，银行存款支出救援费用 2 700 元。会计分录为：

借：其他支出——抗旱防汛抢险支出　　　　　　　　　　　　7 700
　贷：库存物资——其他——皮划艇　　　　　　　　　　　　3 500
　　　　　　　　——救生衣　　　　　　　　　　　　1 500
　　银行存款　　　　　　　　　　　　　　　　　　　　　2 700

【例 9-14】延续例 9-12、例 9-13。假设不考虑示范村集体经济组织的其他经济业务，年末，农村集体经济组织将上述其他支出结转至本年收益，会计分录为：

借：本年收益　　　　　　　　　　　　　　　　　　　　　　7 800
　贷：其他支出——利息支出　　　　　　　　　　　　　　　 100
　　　　　　　——抗旱防汛抢险支出　　　　　　　　　7 700

第四节　公益支出与管理费用的核算

一、公益支出

公益支出是指农村集体经济组织发生的用于本集体经济组织内部公益事业、集体福利或成员福利的各项支出，以及公益性固定资产折旧和修理费等。

（一）会计账户设置

农村集体经济组织需设置"公益支出"账户，用于核算农村集体经济组织发生的用于本集体经济组织内部公益事业、集体福利或成员福利的各项支出，以及公益性固定资产折旧和修理费等。借方登记发生的公益支出，贷方登记期末转入"本年收益"的公益支出，结转后"公益支出"账户无余额。

（二）会计管理要求

1. 公益支出入账范围

农村集体经济组织的公益支出应当按照实际发生额入账。农村集体经济组织的公益支出分为公益费用和福利费用，如图 9-2 所示。公益费用是指由农村集体经济组织主导、组织的为履行农村社区公共管理和公共服务职能支付的费用，包括治安调解、防灾赈灾、卫生防疫、环境保护和美化、公益性公共设施维护、文教和体育活动、精神文明建设等支出，以及公益性固定资产折旧和修理费等。福利费用是指农村集体经济组织直接用于成员的福利性支出，包括升学奖励、五保户及困难户生活补助、成员慰问金、高龄老人生活补助、社会保险支出、节假日福利等。

图 9-2　公益支出的构成

2. 设置公益支出的明细科目

农村集体经济组织应当按照公益支出的项目设置明细科目，进行明细核算。公益支出包括内部公益事业、集体福利或成员福利各项支出、公益性固定资产费用等。

（三）主要账务处理

农村集体经济组织发生的公益支出，按照实际发生额，借记"公益支出"科目，贷记"库存现金""银行存款""库存物资""在建工程""累计折旧"等科目。期末，农村集体经济组织应将"公益支出"科目的余额，转入"本年收益"科目的借方，结转后，"公益支出"科目无余额。如表 9-9 所示。

表 9-9　公益支出业务事项账务处理

发生业务	会计处理
发生的公益支出	借：公益支出 　　贷：库存现金/银行存款/库存物资/在建工程/累计折旧等
期末结转公益支出余额	借：本年收益 　　贷：公益支出

【例 9-15】本年 9 月 28 日，示范村集体经济组织向本村成员中 3 位孤寡老人发放中秋节福利，每人 500 元，共计 1 500 元，会计分录为：

借：公益支出——集体福利或成员福利各项支出　　　　　　　　　　1 500
　　贷：银行存款　　　　　　　　　　　　　　　　　　　　　　　　　　1 500

【例 9-16】延续例 9-15。假设不考虑示范村集体经济组织的其他经济业务，年末，农村集体经济组织将上述公益支出结转至本年收益，会计分录为：

借：本年收益　　　　　　　　　　　　　　　　　　　　　　　　　1 500
　　贷：公益支出——集体福利或成员福利各项支出　　　　　　　　　　1 500

二、管理费用

管理费用是指农村集体经济组织管理活动发生的各项支出，包括管理人员及固定员工的工资、办公费、差旅费、管理用固定资产修理费、管理用固定资产折旧、管理用无形资产摊销、聘请中介机构费、咨询费、诉讼费等，以及保障村级组织和村务运转的各项支出。

（一）会计账户设置

农村集体经济组织需设置"管理费用"账户，用于核算农村集体经济组织管理活动发生的各项支出。借方登记发生的管理费用，贷方登记期末转入"本年收益"的管理费用，结转后"管理费用"账户无余额。

（二）会计管理要求

农村集体经济组织应当按照管理费用的项目设置明细科目，进行明细核算。管理费用包括人员报酬、办公费、差旅费、管理用固定资产费用、诉讼费、咨询费、管理用无形资产摊销、委托业务费、转运支出等。

（三）主要账务处理

农村集体经济组织发生管理费用时，借记"管理费用"科目，贷记"库存现金""银行存款""库存物资""累计折旧""累计摊销""长期待摊费用""应付工资" 等科目。期末，农村集体经济组织应将"管理费用"科目的余额，转入"本年收益"科目的借方，结转后，"管理费用"科目无余额。如表 9-10 所示。

表 9-10　管理费用业务事项账务处理

业务事项	会计处理
发生的管理费用	借：管理费用 　贷：库存现金/银行存款/库存物资/应付工资/累计折旧/累计摊销/长期待摊费用/应付工资等
期末结转管理费用余额	借：本年收益 　贷：管理费用

【例 9-17】本年 11 月份，示范村集体经济组织购买办公用品花费 1060 元，支付办公电话费 800 元，均以银行存款支付。会计分录为：

借：管理费用——办公费　　　　　　　　　　　　　　　　　　　　　1 860
　贷：银行存款　　　　　　　　　　　　　　　　　　　　　　　　　1 860

【例 9-18】本年 7 月末，示范村集体经济组织结算并支付本村聘请的"职业经理"的当月工资 19 800 元。假设不考虑保险和税费，会计分录为：

（1）结算工资时：

借：管理费用——人员报酬——管理人员及固定员工的报酬　　　　　19 800
　贷：应付工资——管理人员及固定员工的报酬　　　　　　　　　　19 800

（2）支付工资时：

借：应付工资——管理人员及固定员工的报酬　　　　　　　　　　　19 800
　贷：银行存款　　　　　　　　　　　　　　　　　　　　　　　　19 800

【例 9-19】延续例 9-17、例 9-18。假设不考虑示范村集体经济组织的其他经济业务，年末，农村集体经济组织将上述管理费用结转至本年收益，会计分录为：

借：本年收益　　　　　　　　　　　　　　　　　　　　　　　　　21 660
　贷：管理费用——办公费　　　　　　　　　　　　　　　　　　　1 860
　　　　——人员报酬——管理人员及固定员工的报酬　　　　　　　19 800

第五节 税金的核算

目前，我国共有 18 个税种，根据征税对象不同，可划分为流转税类、所得税类、财产税类、行为税类、资源税类，如图 9-3 所示。为正确核算农村集体经济组织的税金，需要会计人员掌握我国现行税收的法律规定。

流转税	所得税	财产税	行为税	资源税
增值税	企业所得税	房产税	车辆购置税	城镇土地使用税
消费税	个人所得税	契税	船舶吨税	资源税
关税		车船税	城市维护建设税	环境保护税
			耕地占用税	
			土地增值税	
			印花税	
			烟叶税	

图 9-3 我国的税种

为加强对农村集体经济组织涉税事务的管理，《农村集体经济组织会计制度》新增了"应交税费"科目、"税金及附加"科目和"所得税费用"科目，用于核算农村集体经济组织的相关税费。"应交税费""税金及附加"和"所得税费用"三个会计科目能够涵盖农村集体经济组织的所有涉税项目。其中，"应交税费"的核算见第四章第六节，此处不再赘述。"税金及附加"科目和"所得税费用"科目的核算对象、计税依据等有所不同。

一、税金及附加

税金及附加是指农村集体经济组织从事生产经营活动按照税法的有关规定应负担的相关税费，包括消费税、城市维护建设税、资源税、房产税、土地使用税、车船使用税、印花税、教育费附加及地方教育费附加等。

（一）会计账户设置

农村集体经济组织需设置"税金及附加"账户，用于核算农村集体经济组织从事生产经营活动按照税法的有关规定应负担的相关税费。借方登记按规定标准计算出的应负担的税金及附加，贷方登记期末转入"本年收益"的税金及附加；结转后，"税金及附加"账户无余额。

（二）会计管理要求

1."税金及附加"科目的核算范围

（1）除增值税、所得税（包括企业所得税、个人所得税）之外的税金，如消费税、城市维护建设税、资源税、房产税、土地使用税、车船使用税、印花税等。

（2）附加费用，如教育费附加、地方教育费附加。

需要注意的是：上述核算范围仅是一般情况，税金核算所用会计科目是否为"税金及附加"，需要根据经济业务性质进行判定。

2. 正确计算税额

根据现行税收法律规定，主要税种的征收规定如下。

（1）消费税

消费税是以特定"应税消费品"为课税对象所征收的一种流转税。在对货物普遍征收增值税的基础上，选择部分消费品再征收一道消费税，目的是为了调节产品结构，引导消费方向，保证国家财政收入。消费税的征税范围包括：烟（卷烟、雪茄烟、烟丝、电子烟）、酒及酒精（白酒、黄酒、啤酒、其他酒、酒精）、化妆品、贵重首饰及珠宝玉石、鞭炮焰火、成品油、摩托车、小汽车、高尔夫球及球具、高档手表、游艇、木制一次性筷子、实木地板、电池、涂料共 15 种应税消费品。消费税的计算公式如下。

①从价计征：应纳消费税税额＝销售额×比例税率

②从量计征：应纳消费税税额＝销售数量×定额税率

③从价和从量复合计征：应纳消费税税额＝销售额×比例税率+销售数量×定额税率

消费税一般以 1 个月或 1 个季度为一个纳税期间，自期满之日起 15 日内申报纳税。

（2）资源税

资源税是以各种应税自然资源为课税对象、为了调节资源级差收入并体现国有资源有偿使用而征收的一种税。采用"普遍征收，级差调节"的税收方式，具有从价计征和从量计征两种计征方式。

资源税按月或者按季申报缴纳；不能按固定期限计算缴纳的，可以按次申报缴纳。纳税人按月或者按季申报缴纳的，应当自月度或者季度终了之日起 15 日内申报纳税；按次申报缴纳的，应当自纳税义务发生之日起 15 日内申报纳税。

（3）附加税费

①附加税费包括城市维护建设税、教育费附加和地方教育费附加。三项附加税费均按照农村集体经济组织当期实际缴纳的增值税和消费税相加税额的一定比例计算缴纳。城市维护建设税根据农村集体经济组织所在地区不同，采用差异化税率。农村集体经济组织所在地在市区的，税率为 7%；在县城、镇的，税率为 5%；不属于市区、县城或镇的，税率为 1%。教育费附加计提比例为 3%、一般的地方教育费附加为 2%。具体计算公式如下。

城市维护建设税＝实际缴纳的(增值税+消费税)×税率(7%、5%或 1%)

教育费附加＝实际缴纳的(增值税+消费税)×3%

地方教育附加＝实际缴纳的(增值税+消费税)×2%

②如果农村集体经济组织被认定为增值税小规模纳税人、小型微利企业，则按规定减半征收城市维护建设税、教育费附加和地方教育费附加[①]。

③城市维护建设税、教育费附加和地方教育费附加的纳税申报时间随着增值税、消费税一起申报，一般是以 1 个月或 1 个季度为一个纳税期，在期满之日起 15 日内申报纳税。

---

① 自 2023 年 1 月 1 日至 2027 年 12 月 31 日，"六税两费"减半征收。对增值税小规模纳税人、小型微利企业和个体工商户减按 50%征收资源税（不含水资源税）、城市维护建设税、房产税、城镇土地使用税、印花税（不含证券交易印花税）、耕地占用税和教育费附加、地方教育附加。

（4）房产税

房产税是以房屋为征税对象，按房屋的计税余值或租赁收入为计税依据，向产权所有人征收的一种财产税。房产税主要有如下两种计算方法。

①从价计征：按房产的原值减除一定比例后的余值计征。计算公式为：应纳税额＝应税房产原值×(1－扣除比例)×年税率1.2%。具体减除幅度由省、自治区、直辖市人民政府规定，一般为10%～30%。

②从租计征：按房产的租金收入计征。计算公式为：应纳税额＝租金收入×12%。

需要注意的是，上述房产税的计算仅是一般性规定，农村集体经济组织应了解房产税相关税收优惠政策。房产税一般实行按年计算，分期缴纳。具体缴纳期限由省、自治区、直辖市人民政府确定。比如，天津市房产税征期分别为每年的5月和11月，其中5月申报缴纳1月～6月税款，11月申报缴纳7月～12月税款；纳税人应于期满之日起15日内申报纳税。

（5）车船使用税

车船使用税，是指在中华人民共和国境内的车辆、船舶的所有人或者管理人应缴纳的一种税。车船使用税的计算方法根据不同的车船类型和用途有所不同，一般按照车船的净吨位、排气量等，从量计算缴纳。比如，排气量在1.0升（含）以下的乘用车，每辆的年基准车船使用税税额为60元～360元，具体由省、自治区、直辖市人民政府核定。

车船使用税按年申报，分月计算，一次性缴纳。纳税年度为公历1月1日至12月31日。缴纳方式包括：由保险公司在销售机动车第三者责任强制保险时代收代缴；或者，纳税人直接向主管地方税务机关自行申报缴纳。

（6）城镇土地使用税

城镇土地使用税是指国家在城市、县城、建制镇、工矿区范围内，对使用土地的单位和个人，以其实际占用的土地面积为计税依据，按照规定的税额计算征收的一种税。城镇土地使用税以实际占用的土地面积为计税依据，适用地区幅度差别定额税率。计算公式为：应纳税额＝实际占用的土地面积×适用税额。

城镇土地使用税实行按年计算、分期缴纳的征收方法。具体缴纳期限由省、自治区、直辖市人民政府确定。比如，天津市城镇土地使用税征期分别为每年5月和11月，其中5月申报缴纳1月～6月税款，11月申报缴纳7月～12月税款；纳税人应于期满之日起15日内申报纳税。

（7）印花税

印花税是对在经济活动和经济交往中书立、领受具有法律效力的凭证的行为征收的一种税。印花税的计算方式取决于具体的应税项目和税率。计算方法如下。

①合同和具有合同性质的凭证，具体包括合同、产权转移书据和证券交易，其印花税税率为比例税率。计算公式为：应纳印花税＝计税金额×适用税率。例如，借款合同的计税金额为借款金额，印花税税率为0.005%；建筑工程合同的计税依据为工程价款，印花税税率为0.03%；财产保险合同的计税依据为保险费，印花税税率为0.1%。

②营业账簿。计算公式为：应纳印花税＝(实收资本＋资本公积)×0.025%。

③权利、许可证照和其他账簿。计算公式为：应纳印花税＝应税凭证件数×单位税额。

例如，每件权利、许可证照的税额为 5 元。

需要注意的是，上述计算仅是一般性规定，农村集体经济组织应了解印花税相关税收优惠政策。印花税按季、年或者次计征。实行按季、按年计征的，应当自季度、年度终了之日起 15 日内申报缴纳税款；实行按次计征的，应当自纳税义务发生之日起 15 日内申报缴纳税款。证券交易印花税按周解缴，每周终了之日起 5 日内申报解缴税款。

（三）主要账务处理

农村集体经济组织按照规定计算确定的相关税费，借记"税金及附加"科目，贷记"应交税费"等科目。在实际缴纳时，借记"应交税费"等科目，贷记"银行存款""库存现金"等科目。期末，农村集体经济组织应将"税金及附加"科目的余额，转入"本年收益"科目的借方，结转后，"税金及附加"科目无余额。如表 9-11 所示。

表 9-11 税金及附加业务事项账务处理

业务事项	会计处理
按照规定计算确定的相关税费	借：税金及附加 　　贷：应交税费——应交消费税/资源税等
实际缴纳时	借：应交税费——应交消费税/资源税等 　　贷：银行存款/库存现金等
期末结转余额	借：本年收益 　　贷：税金及附加

【例 9-20】本年 11 月 8 日，示范村集体经济组织按规定应缴纳车船使用税 800 元，款项已用银行存款支付。会计分录为：

（1）发生纳税义务时：

借：税金及附加——车船使用税　　　　　　　　　　　　　　　800

　贷：应交税费——应交车船使用税　　　　　　　　　　　　　　　800

（2）实际缴纳时：

借：应交税费——应交车船使用税　　　　　　　　　　　　　　800

　贷：银行存款　　　　　　　　　　　　　　　　　　　　　　　　800

【例 9-21】延续例 9-20。假设不考虑示范村集体经济组织的其他经济业务。年末，农村集体经济组织将上述"税金及附加"科目余额结转至本年收益，会计分录为：

借：本年收益　　　　　　　　　　　　　　　　　　　　　　　800

　贷：税金及附加——车船使用税　　　　　　　　　　　　　　　800

二、所得税费用

所得税费用是指农村集体经济组织根据税法规定确认的应从当期收益总额中扣除的所得税费用，此处所指的"所得税"为企业所得税，不涉及个人所得税。企业所得税是对中国境内的企业和其他取得收入的组织的生产经营所得及其他所得征收的一种所得税。

（一）会计账户设置

农村集体经济组织需设置"所得税费用"账户，用于核算农村集体经济组织根据税法规定确认的应从当期收益总额中扣除的所得税费用。借方登记计提的所得税，贷方登记期末转入"本年收益"的所得税，结转后"所得税费用"账户无余额。

（二）会计管理要求

1. 依法确定企业所得税纳税义务

农村集体经济组织作为市场经营主体之一，根据市场公平竞争原则，集体经济组织有依法纳税的义务。根据《中华人民共和国农村集体经济组织法》，农村集体经济组织依法履行纳税义务，依法享受税收优惠。

对依法成立的村级股份经济合作社，在市场监管部门申请设立登记时，登记为法人主体资格的，按照《中华人民共和国企业所得税法》及其实施条例的规定缴纳企业所得税。同时，按照税法有关规定，对从事农、林、牧、渔业项目的所得，可免征、减免企业所得税。因此，农村集体经济组织的收益是否需要缴纳企业所得税，要视其经营范围而具体判定，只要符合政策规定均可享受优惠。

2. 依法纳税申报

负有纳税义务的农村集体经济组织，应依法进行纳税申报，缴纳企业所得税。企业所得税的征收方式分为"查账征收"和"核定征收"两种。企业所得税采用"分期预缴、按年征收"方式，纳税期限为公历 1 月 1 日至 12 月 31 日。应当自月份（或季度）终了之日起 15 日内，向税务机关报送预缴企业所得税纳税申报表，预缴税款；自年度终了之日起 5 个月内，向税务机关报送年度企业所得税纳税申报表，并汇算清缴，结清应缴应退税款。

3. 正确确定所得税费用金额

农村集体经济组织应当在收益总额基础上，按照税法有关规定进行纳税调整，计算当期应纳税所得额；按照应纳税所得额与适用的企业所得税税率为基础，计算确定当期应纳所得税额。农村集体经济组织应当按照税法有关规定计算的应纳所得税额，按期确认所得税费用，即：所得税费用=当期应纳所得税额=应纳税所得额×适用的企业所得税税率。

应纳税所得额的计算包括直接法和间接法。直接法的计算公式为：应纳税所得额=收入总额－准予扣除项目金额。间接法的计算公式为：应纳税所得额=利润总额+纳税调增项目金额－纳税调减项目金额。

企业所得税税率根据企业性质和规模有所差异。一般企业的税率为 25%，符合条件的小型微利企业适用税率为 20%，国家重点扶持的高新技术企业适用税率为 15%。

【例 9-22】示范村股份经济合作社经注册登记为法人主体资格，需要缴纳企业所得税。该股份经济合作社主要从事金属制品加工制造，全年取得金属制品的销售收入为 560 万元，销售成本为 400 万元。另外，取得购买国债的利息收入 4 万元；发生税金及附加 30 万元，管理费用为 70 万元，投资收益为 4 万元。假设不考虑其他事项，适用企业所得税税率为 25%，计算当年该股份经济合作社应缴纳的企业所得税。

（1）收益总额=560-400+4-30-70+4=68（万元）

（2）纳税调整：国债利息收入免征企业所得税，纳税调减 4 万元。

应纳税所得额=68-4= 64（万元）

（3）应纳企业所得税=64×25%=17（万元）

（三）主要账务处理

年度终了，按照税法规定计算确定的当期应纳企业所得税税额，借记"所得税费用"科目，贷记"应交税费——应交所得税"科目。在实际缴纳时，借记"应交税费——应交所得税"科目，贷记"银行存款""库存现金"等科目。期末，农村集体经济组织应将"所得税费用"科目的余额，转入"本年收益"科目的借方，结转后，"所得税费用"科目无余额。如表9-12所示。

表9-12　所得税费用业务事项账务处理

业务事项	会计处理
年度终了，计算所得税	借：所得税费用（按照税法规定计算确定的当期应纳所得税额） 　　贷：应交税费——应交所得税
实际缴纳所得税	借：应交税费——应交所得税 　　贷：银行存款/库存现金等
期末结转所得税余额	借：本年收益 　　贷：所得税费用

【例9-23】延续例9-22，年末，示范村股份经济合作社按照税收法律规定，计算当期应缴纳企业所得税170 000元。另外，示范村股份经济合作社代扣代缴员工的个人所得税4 000元。会计分录为：

（1）确认所得税费用时：

个人所得税不由股份经济合作社承担，在确认所得税费用时不用考虑。

所得税费用仅为当期应纳的企业所得税额，即170 000元。

借：所得税费用　　　　　　　　　　　　　　　　170 000
　　贷：应交税费——应交企业所得税　　　　　　　　　　　　170 000

（2）实际缴纳企业所得税时：

借：应交税费——应交企业所得税　　　　　　　　170 000
　　贷：银行存款　　　　　　　　　　　　　　　　　　　　170 000

【例9-24】延续例9-23。假设不考虑示范村集体经济组织的其他经济业务，年末，农村集体经济组织将上述所得税费用余额结转至本年收益，会计分录为：

借：本年收益　　　　　　　　　　　　　　　　　170 000
　　贷：所得税费用　　　　　　　　　　　　　　　　　　　170 000

第十章　收益形成及分配核算

第一节　本年收益的核算

本年收益是指农村集体经济组织本年度实现的净利润或者发生的净亏损。

一、会计账户设置

农村集体经济组织需设置"本年收益"账户，用于核算农村集体经济组织本年度实现的收益。贷方登记收入类账户转入的数额，借方登记费用类账户转入的数额。结转后"本年收益"账户的贷方余额为当期实现的净收益，借方余额为当期发生的净亏损。

二、会计管理要求

1. 期末结转收益

农村集体经济组织应当在期末结转收益时，将各个收入类和费用类账户的期末余额转入"本年收益"账户。

2. 正确计算收益

农村集体经济组织经营收益、收益总额和净收益的计算公式如下：

经营收益＝经营收入＋投资收益＋补助收入－经营支出－税金及附加－管理费用

收益总额＝经营收益＋其他收入－公益支出－其他支出

净收益＝收益总额－所得税费用

三、主要账务处理

1. 结转收入和费用

会计期末，结转收入时，应将"经营收入""补助收入""其他收入"等收入类会计科目的余额转入"本年收益"科目的贷方，借记"经营收入""补助收入""其他收入"等科目，贷记"本年收益"科目。

会计期末，结转支出时，将"经营支出""税金及附加""管理费用""公益支出""其他支出""所得税费用"等费用类会计科目的余额转入"本年收益"科目的借方，借记"本年收益"科目，贷记"经营支出""税金及附加""管理费用""公益支出""其他支出""所得税费用"等科目。如表 10-1 所示。

表 10-1　结转收入和费用的账务处理

业务事项	会计处理
会计期末，结转收入	借：经营收入/补助收入/其他收入等 　　贷：本年收益
会计期末，结转支出	借：本年收益 　　贷：经营支出/税金及附加/管理费用/公益支出/其他支出/所得税费用等

2. 结转投资收益

会计期末,"投资收益"科目余额结转至"本年收益"科目。若"投资收益"科目为净收益(即贷方余额),则借记"投资收益"科目,贷记"本年收益"科目。若"投资收益"科目为投资净损失(即借方余额),则借记"本年收益"科目,贷记"投资收益"科目。如表 10-2 所示。

表 10-2 结转投资收益的账务处理

业务事项		会计处理
结转投资收益	若为净收益	借:投资收益 　　贷:本年收益
	若为净损失	借:本年收益 　　贷:投资收益

3. 本年收益转入收益分配

在年度中间,"本年收益"账户的余额保留在本科目,不予转账,表示截至本年度累计实现的净收益(或发生的净亏损)。年度终了,应将本年度收入和支出相抵后结出的净收益,借记"本年收益"科目,贷记"收益分配——未分配收益"科目;若为净亏损,则借记"收益分配——未分配收益"科目,贷记"本年收益"科目。结转后"本年收益"账户无期末余额。如表 10-3 所示。

表 10-3 本年收益转入收益分配的账务处理

业务事项		会计处理
本年收益转入收益分配	若为净收益	借:本年收益 　　贷:收益分配——未分配收益
	若为净亏损	借:收益分配——未分配收益 　　贷:本年收益

【例 10-1】本年度,示范村集体经济组织年末账户余额如下:经营收入 28 000 元,补助收入 17 000 元,其他收入 9 800 元,投资收益(贷方余额)20 000 元;经营支出 17 900 元,管理费用 33 000 元,其他支出 4 500 元,税金及附加 2 000 元,所得税费用 8 000 元。年末结转收益,会计分录为:

(1)结转收入时:

借:经营收入 28 000
　　补助收入 17 000
　　其他收入 9 800
　　贷:本年收益 54 800

(2)结转支出时:

借:本年收益 65 400
　　贷:经营支出 17 900

管理费用　　　　　　　　　　　　　　　　　　　　　　　33 000

其他支出　　　　　　　　　　　　　　　　　　　　　　　4 500

税金及附加　　　　　　　　　　　　　　　　　　　　　　2 000

所得税费用　　　　　　　　　　　　　　　　　　　　　　8 000

（3）结转投资收益时：

借：投资收益　　　　　　　　　　　　　　　20 000

　　贷：本年收益　　　　　　　　　　　　　　　　　　20 000

（4）年末，结转本年收益余额：

本年收益余额（贷方余额）＝54 800－65 400＋20 000＝9 400（元）

借：本年收益　　　　　　　　　　　　　　　9 400

　　贷：收益分配——未分配收益　　　　　　　　　　　9 400

第二节　收益分配的核算

收益分配是指农村集体经济组织当年收益的分配（或亏损的弥补）和历年分配（或弥补）后的结存余额。

一、会计账户设置

农村集体经济组织需设置"收益分配"账户，用于核算农村集体经济组织当年收益的分配（或亏损的弥补）和历年分配（或弥补）后的结存余额。年度终了，农村集体经济组织将本年实现的净收益，自"本年收益"账户的借方转入"收益分配"账户的贷方；若为净亏损，则自"本年收益"账户的贷方转入"收益分配"账户的借方。

农村集体经济组织需设置"收益分配——各项分配"和"收益分配——未分配收益"两个二级明细账户。期末，"收益分配——各项分配"明细账户余额，转入"收益分配——未分配收益"明细账户。期末，"收益分配——未分配收益"明细账户的贷方余额表示未分配的收益，借方余额表示未弥补的亏损。

二、会计管理要求

1. 设置收益分配的明细科目

"收益分配"科目设置"各项分配"和"未分配收益"两个二级明细科目，按照收益的用途设置明细科目，进行明细核算。

2.遵循分配原则

农村集体经济组织收益分配以效益为基础，遵循民主决策、科学分配，保障成员合法权益。根据《中华人民共和国农村集体经济组织法》的规定，农村集体经济组织当年收益应当按照农村集体经济组织章程规定提取公积公益金，用于弥补亏损、扩大生产经营等，剩余的可分配收益按照量化给农村集体经济组织成员的集体经营性财产收益权份额进行分配。

3. 收益分配顺序

按照《农村集体经济组织财务制度》规定，农村集体经济组织一般按照以下顺序进行分配。

（1）弥补以前年度亏损。农村集体经济组织应先用收益弥补以前的年度发生的亏损。

（2）提取公积公益金。农村集体经济组织在收益分配中，按一定比例提取用于农村集体经济组织扩大再生产、承担经营风险和集体文化、福利、卫生等公益事业设施建设的公积公益金。

（3）向成员分配收益。成员是农村集体经济组织的主体，农村集体经济组织当年的经营成果是提取上述各项资金后的剩余部分，这些经营成果应当向农村集体经济组织的成员进行分配。农村集体经济组织在分配收益时，要妥善处理好集体和成员之间的利益关系，向成员分配的比例要制定方案，经农村集体经济组织公布。

（4）其他。农村集体经济组织针对当年的收益，除上述各项分配外，对其他应该从收益中进行分配的事项也要合理划分，从而确保农村集体经济组织各项事业的顺利发展。

4. 收益分配方案公示

农村集体经济组织应当按照有关法律、法规、政策规定及组织章程约定的分配原则，按程序确定收益分配方案，明确分配范围、分配比例等重点事项。收益分配方案应当经农村集体经济组织成员大会或成员代表大会讨论通过后方可执行，确定的收益分配方案要上报主管部门审核备案，并向全体成员公布。

三、主要账务处理

1. 公积公益金弥补亏损

农村集体经济组织按照国家有关规定，并按规定程序批准后，用公积公益金弥补亏损时，借记"公积公益金"科目，贷记"收益分配——未分配收益"科目。如表 10-4 所示。

表 10-4　公积公益金弥补亏损的账务处理

业务事项	会计处理
用公积公益金弥补亏损	借：公积公益金 　贷：收益分配——未分配收益

2. 提取公积公益金和成员分配

按照规定提取公积公益金、成员分配等时，借记"收益分配——各项分配"科目，贷记"公积公益金""内部往来"等科目。如表 10-5 所示。

表 10-5　提取公积公益金和成员分配的账务处理

业务事项	会计处理
提取公积公益金	借：收益分配——各项分配 　贷：公积公益金
成员分配	借：收益分配——各项分配 　贷：内部往来

3. 年终结账

年度终了，农村集体经济组织应按照本年实现的净收益，借记"本年收益"科目，贷记"收益分配——未分配收益"科目；若为净亏损，则借记"收益分配——未分配收益"科目，贷记"本年收益"科目。同时，将"本年收益"科目下的"各项分配"明细科目的余额转入"本年收益"科目下的"未分配收益"明细科目，借记"收益分配——未分配收益"科目，贷记"收益分配——各项分配"科目。年度终了，"收益分配"科目的"各项分配"明细科目无余额。如表 10-6 所示。

表 10-6　年终结账的账务处理

业务事项		会计处理
本年收益转入收益分配	若为净收益	借：本年收益 　贷：收益分配——未分配收益
	若为净亏损	借：收益分配——未分配收益 　贷：本年收益
"各项分配"转入"未分配收益"		借：收益分配——未分配收益 　贷：收益分配——各项分配

4. 结账后调整未分配收益

年终结账后，若发现以前年度收益计算不准确，或有未反映的会计业务，则需要调整增加或减少本年收益，通过"收益分配——未分配收益"科目核算。调整增加本年收益时，借记"内部往来""公积公益金"等科目，贷记"收益分配——未分配收益"科目；调整减少本年收益时，借记"收益分配——未分配收益"科目，贷记"内部往来""公积公益金"等科目。如表 10-7 所示。

表 10-7　结账后调整未分配收益的账务处理

业务事项		会计处理
以前年度收益计算不准确，或有未反映的会计业务	调整增加未分配收益	借：内部往来/公积公益金等 　贷：收益分配——未分配收益
	调整减少未分配收益	借：收益分配——未分配收益 　贷：内部往来/公积公益金等

【例 10-2】本年示范村集体经济组织实现收益 20 万元，根据有关政策规定，经成员代表大会讨论通过，并上报乡（镇）经营管理站审核批准，按下列方案进行收益分配：按 45% 提取公积公益金，按 15% 分配给示范村集体经济组织成员。会计分录为：

（1）结转本年收益时：

借：本年收益　　　　　　　　　　　　　　　　　　　　　　　200 000

　　贷：收益分配——未分配收益　　　　　　　　　　　　　　　　　　200 000

（2）提取公积公益金时：

提取公积公益金=200 000×45%=90 000（元）

借：收益分配——各项分配——提取公积公益金　　　　　　　　　90 000

　　贷：公积公益金——集体计提　　　　　　　　　　　　　　　　　　90 000

（3）向成员分配时：

分配成员=200 000×15%=30 000（元）

借：收益分配——各项分配——成员分配　　　　　　　　　　　30 000

　　贷：内部往来——内部个人——各成员　　　　　　　　　　　　　　30 000

（4）收益实际支付给成员时：

借：内部往来——内部个人——各成员　　　　　　　　　　　　30 000

　　贷：银行存款　　　　　　　　　　　　　　　　　　　　　　　　30 000

（5）结转各项分配时：

各项分配的余额=90 000+30 000=120 000（元）

借：收益分配——未分配收益　　　　　　　　　　　　　　　120 000

　　贷：收益分配——各项分配——提取公积公益金　　　　　　　　　90 000

　　　　　　　　　　　　　　——成员分配　　　　　　　　　　　　3 000

"收益分配——未分配收益"的余额=200 000-120 000=80 000（元），即为示范村集体经济组织本年最终结存的未分配收益。

第三篇
农村集体经济组织会计工作实务流程

　　本篇以会计工作实务流程为脉络体系，在梳理农村集体经济组织会计核算与财务管理基本流程的基础上，分别从会计凭证填制与审核、会计账簿登记与管理、会计报表编制与分析这三个部分进行介绍；每个部分主要涉及基本理论概述、信息化管理和实务操作等内容。此外，针对农村集体经济组织会计工作实务需要，对其财产清查、财务公开、税务事项管理和会计档案管理进行介绍。本篇内容框架体系如下。

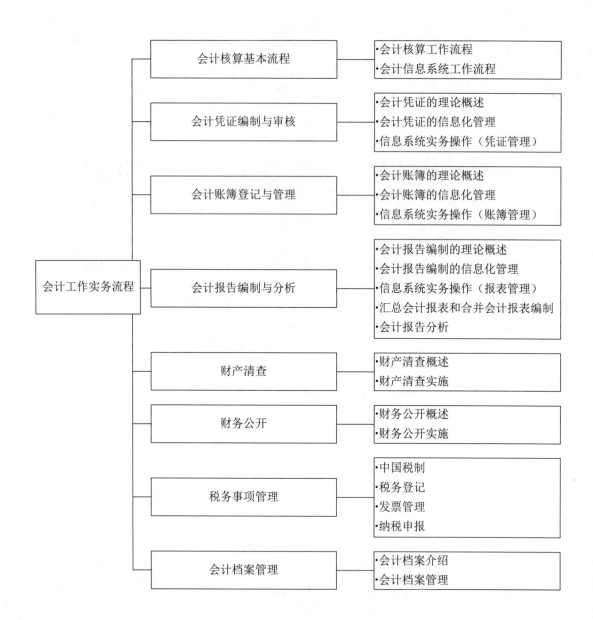

第十一章 会计核算基本流程

第一节 农村集体经济组织会计核算工作流程

一、会计核算流程

会计核算流程，又称会计核算组织形式或账务处理程序，是指从填制和审核原始凭证、记账凭证，登记各种账簿，到编制会计报表的账务处理过程。会计核算流程是做好会计工作的一个重要前提，可确保财务信息的准确性和完整性，能够提高会计工作的质量和效率。

农村集体经济组织必须根据自身的具体情况，确定相应的会计核算程序，合理、科学地组织会计核算工作，以连续、全面、系统地反映农村集体经济组织的生产经营活动，为会计信息使用者提供系统的会计信息。

一般而言，会计核算程序包括填制和审核会计凭证、登记会计账簿、编制会计报告为主线，也涉及成本计算、财产清查等步骤，还涉及税务登记和纳税申报、会计档案整理和保管等会计管理工作。除此之外，农村集体经济组织会计工作因其特殊性，还涉及财务公开的内容。会计核算工作流程如图 11-1 所示。

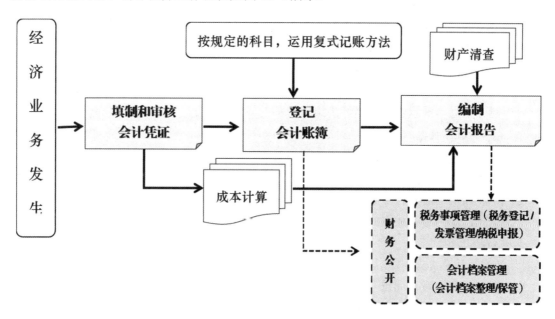

图 11-1 会计核算工作流程

二、会计核算和管理的主要环节

农村集体经济组织会计实务工作不仅包括会计核算，也包括财务管理工作。只有这样，才能发挥会计的核算和监督功能。

（一）会计凭证填制与审核

会计凭证是指记载经济业务发生或者完成情况的书面证明，也是登记账簿的依据。会计凭证按其来源和用途分为原始凭证和记账凭证。原始凭证是在经济业务发生或完成时取得的证明经济业务发生或完成情况的凭证，如发票、结算单据等。记账凭证，是会计专业术语，由会计人员根据审核无误的原始凭证而填制，记载经济业务简要内容，确定会计分录（借贷分录），是作为登记账簿依据的会计凭证。可见，会计凭证是对经济业务进行记录和核算的重要工具，它反映了农村集体经济组织的经济活动和财务状况。准确填制和审核会计凭证对保证财务数据的真实性、可靠性、合理性至关重要。

（二）会计账簿登记与管理

会计账簿，简称账簿，是指由一定格式的账页组成的，以经过审核的会计凭证为依据，全面、系统、连续地记录各项经济业务的簿籍。设置和登记会计账簿是重要的会计核算基础工作，也是连接会计凭证和会计报表的中间环节。通过对账簿的设置和登记，记载、储存会计信息，将会计凭证所记录的经济业务记入有关账簿，可以全面反映会计主体在一定时期内所发生的各项资金运动，储存所需要的各项会计信息。通过账簿的设置和登记，可以汇总、分类会计信息，提供一定时期内经济活动的详细情况；账簿记录是会计凭证信息的进一步整理，是编制会计报表的基础。

（三）会计报告编制与分析

会计报告，即财务会计报告，是指提供某一特定日期财务状况和某一会计期间经营成果的文件，是以账簿记录为依据，采用表格和文字形式，把会计所形成的财务信息传递给信息使用者的手段。农村集体经济组织需按照编制要求，定期编制会计报告，具体包括资产负债表、收益及收益分配表、会计报表附注等。另外，农村集体经济组织对会计报表所提供的信息资料，基于会计信息的定量和定性的分析方法，通过比较、计算和分析财务指标，揭示农村集体经济组织内部的问题和不足，为管理决策提供依据。

（四）成本计算

成本计算是对实际发生的各种费用进行处理的过程，涉及合理确定成本计算对象、恰当确定成本计算期，以及正确选择成本计算方法。农村集体经济组织成本计算，一般是因生产活动而对其发生的各种生产费用进行记录、归类、汇集和分配。本书第九章第一节"生产（劳务）成本的核算"，已对农村集体经济组织的成本计算进行了详细介绍，本章不再赘述。

（五）财产清查

财产清查，旨在通过对各类财产物资进行实物盘点和账面核对，以及对往来款项进行查询和核对，以保证账账相符、账实相符。财产清查不仅包括对实物的清点，还包括对各种债权、债务等往来款项的查询核对。农村集体经济组织财产清查的范围包括应收款项、存货、对外投资、生物资产、固定资产、在建工程、无形资产等。通过财产清查，可以查明各类财产物资的存续情况，加强物资管理，监督财产是否完整，并为正确核算损益提供准确的资料。

（五）财务公开

财务公开是指农村集体经济组织把本村的财务活动情况，通过一定的形式和程序告知全体成员，并由全体成员参与管理、实施监督的一种民主管理行为。财务公开的形式包括公开栏张贴、电子触摸屏发布、发放资料等。财务公开的主要目的是加强对农村集体财务活动的管理与监督，促进农村集体经济的健康发展和社会稳定。

（六）税务事项管理

农村集体经济组织作为市场经营主体之一，根据市场公平竞争原则，有依法纳税的义务。农村集体经济组织的税务事项包括税务登记、发票管理、纳税申报等。税务登记是对纳税人的生产、经营活动进行登记管理的一项法定制度，也是纳税人依法履行纳税义务的法定手续；税务登记包括开业登记、变更登记、停业复业登记、注销登记、纳税人税种登记、扣缴税款登记等。发票管理包括发票的领用、开具、取得、认证查验、保管等；农村集体经济组织应根据销售或服务活动，正确开具发票，确保发票信息的准确性和完整性。纳税申报是指纳税人按照税法规定的期限和内容向税务机关提交有关纳税事项书面报告的法律行为；纳税人必须依照法律、行政法规规定的申报期限、申报内容如实办理纳税申报，报送纳税申报表、财务会计报表及其他纳税资料。

（七）会计档案管理

会计档案是农村集体经济组织在进行会计核算等过程中接收或形成的，记录和反映单位经济业务事项的，具有保存价值的文字、图表等各种形式的会计资料，包括通过计算机等电子设备形成、传输和存储的电子会计档案。根据《中华人民共和国会计法》规定，会计凭证、会计账簿、会计报表和其他会计资料，应当按照国家有关规定建立档案，妥善保管。对会计档案进行整理是会计档案管理的重要内容，是保存、利用会计档案的前提，农村集体经济组织的会计机构和会计人员必须加强对会计档案的管理。

第二节　农村集体经济组织会计信息系统工作流程

一、农村集体经济组织会计信息系统的账务处理流程

（一）开设新账的流程

（1）初始设置

在使用农村集体经济组织会计信息系统之前，需要对其进行初始设置。

①建立会计科目。通常，会计信息系统提供符合《农村集体经济组织会计制度》规定的一级会计科目；明细科目要根据各地区的情况自行确定。会计科目的设置必须满足会计报表编制的要求，凡是会计报表所用数据，需要从系统取数的，必须设立相应科目；会计科目的设置必须保持科目与科目间的协调性和体系完整性，既要设置总账科目，又要设置明细科目，以提供总括和详细的会计核算资料。会计科目要保持相对稳定，会计年中不做删除。

②设置权限。设置操作员的操作权限，选择角色（包括制单人、审核人、记账人、出纳人），并分配对应权限。

（2）输入期初余额

在开始使用会计信息系统时，根据农村集体经济组织的期初余额录入系统。如果农村集体经济组织在年初建账，则期初余额就是年初数。

（二）日常账务处理流程

会计信息系统的账务处理流程包括填制记账凭证、审核登记凭证并登账、结转汇总、检查并调整账簿和生成会计报表等几个环节。

（1）填制记账凭证。通过认真核对原始凭证并确定凭证类型，填写借方和贷方的金额和账户，并填写科目名称、摘要等信息。同时，需要按照《农村集体经济组织会计制度》的规定，填写记账凭证，以确保凭证的准确性和规范性。

（2）审核凭证并登账。此环节是对凭证的准确性进行再一次核对并且获得相应的财务账簿记录。在这个环节中，需要对凭证上的账户进行余额核对，并填写会计账簿。

（3）结转汇总。即结转期末损益类科目凭证，并再次登账。此环节需要根据农村集体经济组织各科目的余额和发生额结转各项损益，以此来准确反映农村集体经济组织的经营收益。

（4）检查并调整账簿。即检查核对会计账簿，并进行期末凭证结账。这个环节是检查各种会计账簿数据的正确性，包括总账、明细账、日记账等，并对各种账目进行校对和调整。

（5）生成会计报表。在年度终了，农村集体经济组织需要根据会计账簿编制期末会计报表。农村集体经济组织的会计报表包括资产负债表、收益及收益分配表。

二、农村集体经济组织会计信息系统的运行

目前，农村集体经济组织已经采用会计信息系统进行财务处理。会计信息系统通过人工录入记账凭证，经过系统计算进行自动的账务处理，并更新各种账簿。由于数据的自动化录入和处理，农村集体经济组织会计信息系统可以大幅提升会计核算的效率和准确性，极大地简化了农村集体经济组织的会计工作流程，大大节省了时间和劳力成本。与手工账务处理相比，会计信息系统可以极大地减少错误和遗漏，更能有效地满足各类会计报表的生成需求。另外，会计信息系统具备良好的统一性和标准化功能，能够对农村集体经济组织的会计核算数据进行统一管理，且方便进行数据查询和信息交换。更重要的是，农村集体经济组织会计信息系统可以实时更新财务数据，以支持农村集体经济组织的管理决策。

当然，使用会计信息系统并不意味着可以完全摒弃人工。在实际操作中，会计人员仍然需要按照农村集体经济组织的会计制度要求设置账户、采用复式记账方法填制与审核凭证，并对会计核算系统的输入与输出数据进行审核，以确保会计核算的真实性和准确性。

第十二章　会计凭证填制与审核

第一节　会计凭证的理论概述

会计凭证包括原始凭证和记账凭证。在经济业务发生或完成时取得的证明经济业务发生或完成情况的凭证即为"原始凭证"。在取得原始凭证后，会计人员经过审核要将原始凭证反映的经济业务内容以会计分录（借贷分录）的形式记录在"记账凭证"上，作为登记账簿的依据。"原始凭证"和"记账凭证"统称为"会计凭证"。

一、原始凭证

原始凭证是在经济业务发生或完成时取得、填制的书面证明，是记录、证明经济业务已经发生或完成的原始证据，也是明确经济责任和记账的原始资料。农村集体经济组织常见的原始凭证主要有发票、财政票据、领款单、入库单、出库单、借款单、差旅费报销单等。

（一）原始凭证的类型

原始凭证可按不同的标准进行分类，如表 12-1 所示。原始凭证按取得来源分为自制原始凭证和外来原始凭证。自制原始凭证是由本村经办业务的部门和人员在办理经济业务时所填制的凭证，必须有授权人员的签名盖章才可作为入账依据，如工资单、折旧费计算表、借款单、领料单、入库单、差旅费报销单等。外来原始凭证是在经济业务发生时，从外部单位或个人取得的原始凭证，其必须加盖开具单位的公章或个人开具者的签名才可作为入账依据，如购买物资时供货单位开具的发票、付款时取得的收据等。

表 12-1　原始凭证的类型

分类依据	分类	举例
取得来源	自制原始凭证	工资单、折旧费计算表、借款单、领料单、入库单、差旅费报销单
	外来原始凭证	购货发票、付款时所取得的收据
格式不同	通用凭证	银行转账结算凭证、增值税发票
	专用凭证	工资单、折旧费计算表、差旅费报销单等
收支情况	收入凭证	销售清单、销售发票、销售合同
	支出凭证	购货发票、工资单、差旅费报销单

（二）原始凭证的取得与填制规范

为了保证原始凭证真实、合法、完整、正确、清晰地反映经济业务情况，在取得或填制原始凭证时须符合下列要求。

1. 记录真实

原始凭证填制的日期、业务内容、数量、金额等，必须根据实际情况填列，确保原始凭证所反映的经济业务真实可靠，符合实际情况。

从外单位取得的原始凭证如有遗失，应取得原签发单位盖有公章的证明，注明原来凭证的号码、金额和内容等，并经审批后，才能代做原始凭证。如果确定不能取得证明的，由当事人写出详细情况，再经审批后，方可代做原始凭证。

2. 内容完整

原始凭证必须按规定的格式和内容逐项填写清楚齐全，不得遗漏。自制凭证要有经办单位负责人或其指定人员及经办人员的签字或盖章。主要应注意以下几个方面。

（1）购买实物的原始凭证，必须有验收证明，如入库单。

（2）支付款项的原始凭证，必须有收款单位和收款人的收款证明。比如，支付劳务费需要由领款人在结算表上签字。

（3）发生销货退回时，除填制退货发票外，还必须有退货验收证明；退款时，必须取得对方的收款收据或汇款单，不得以退货发票代替收据。

（4）农村集体经济组织成员借款的凭据，必须附在记账凭证上；收回借款时，应当另开收据或者退回借据副本，不得退还原借据。

（5）经上级有关部门批准的经济业务，应当将批准文件作为原始凭证附件；如果批准文件需要单独归档，则应当在凭证上注明批准机关名称、日期和文件字号；或者附批准文件的复印件。

3. 填写规范

原始凭证上的文字和数字要字迹清楚，易于辨认，不得任意涂改、刮擦、挖补。除套写的可用圆珠笔外，都必须用蓝色或黑色水笔书写，不得采用铅笔、红笔书写。凡填写大写和小写金额的原始凭证，大写和小写金额必须一致。

4. 责任明确

自制原始凭证，必须有农村集体经济组织经办单位负责人或经办人的签名或盖章；对外开出的原始凭证，必须加盖农村集体经济组织的公章；从外单位取得的原始凭证，必须盖有填制单位的公章；从个人取得的原始凭证，必须有填制人的签名或盖章。

5. 及时结报

在经济业务发生后，收入原始凭证要及时足额开具，支出原始凭证按有关规定审批。发生的收支业务，应及时登记现金日记账、银行存款日记账，做到日清日结，并经财会人员审核后，及时编制记账凭证进行入账。

（三）原始凭证的审核

为确保会计核算的真实、合法、准确，村报账员、村监事会（或村务监督委员会）及乡镇会计委托代理机构会计人员必须按各自职责严格审核各种原始凭证，防止弄虚作假、不合法、不完整、不正确的原始凭证入账。农村集体经济组织会计人员在发现经济业务不真实、不合法、不合规的原始凭证时，应当立即拒绝或退回；若涉及重大问题，则应及时向乡镇领导反映汇报，并跟踪做好记录。原始凭证审核主要包括以下三方面内容。

1. 合规性审核

根据政策、法规、制度等，审核凭证的真实性和合法性。重点审核：原始凭证的内容是否符合国家财经制度和有关经济合同的要求；支出项目有无违反减轻农民负担、规范村级非生产性开支管理有关制度；收入票据是否及时、足额开具；凭证日期、业务内容、金额、凭证来源、凭证本身是否真实；凭证是否按规定程序办理，经手人、联签、审批权限等程序是否到位；村监事会是否审核等。对于弄虚作假、涂改或经济业务不合法、不合规及审批程序不到位的凭证，会计人员应拒绝受理。

2. 完整性审核

根据原始凭证填制要素，逐项审核票据内容是否完整、项目是否齐全、手续是否合规。涉及现金支付的必须由领款人签字确认；涉及转账支付的，应附银行回单。若票据内容填写不全、手续不完备，则应退经办人员补办完整后再予受理。

3. 技术性审核

从业务技术方面审核凭证填制的完整性和准确性。审核票据的摘要和数字及其他项目是否填写正确；数量、单价、金额、合计是否准确；大小写金额是否相符；有无刮擦、挖补、涂改等现象。若有差错，则应退回补填或更正。若涉及电子发票的，查验真伪和是否存在重复报销。

按规定对应纳入招投标的工程项目支出、资产发包租赁收入以及借款收入等票据报账时，必须附有成员（代表）会议决议、合同文本、招投标文书等必要的附件，工程完工结算必须提供经确认的工程结算书。

二、记账凭证

经济业务发生，取得或填制原始凭证之后，会计人员需分析每笔经济业务的内容并编制记账凭证。记账凭证是会计人员根据审核无误的原始凭证进行归类、整理，记载经济业务，确定会计分录，据以登记账簿的一种会计凭证。

（一）记账凭证的基本内容

对原始凭证进行分类、整理的会计凭证的主要功能是将原始凭证所证明的经济业务转换成会计语言——会计分录，并以此作为登记账簿的依据。为此，记账凭证的基本内容包括：记账凭证名称、记账凭证的编号、填制凭证的日期、经济业务的内容摘要、会计分录（包括总分类科目和明细科目的名称、记账方向和金额）、所附原始凭证的张数、人员签章。人员签章包括制证、审核、记账、会计主管等有关人员的签章；反映收款业务和付款业务的凭证还应有出纳人员的签章。

（二）记账凭证的编制规范

编制记账凭证，要求会计人员将各项记账凭证要素按规定方法填写齐全，以便于登记账簿。记账凭证应严格对照原始凭证的内容完整填制，重点注意以下填制要求。

1. 凭证摘要简明。记账凭证的摘要应简练明确地概括经济内容要点，以便于查阅凭证和登记账簿。

2. 业务记录明确。记账凭证可以根据每一张原始凭证进行编制，也可以根据若干张同类原始凭证汇总编制，还可以根据原始凭证汇总表进行编制，但是不得将反映不同内容和类别的经济业务的原始凭证汇总编制在一张记账凭证上。

3. 会计分录正确。会计分录是记账凭证的核心内容。会计分录的填写应反映经济业务应记账户的名称、借贷方向和金额。在编制记账凭证时，应正确填写总分类科目或明细科目的全称，不得只填会计科目的代码。

4. 附件数量正确。记账凭证上需要注明所附原始凭证（单据）的张数，以防止原始凭证的丢失和散落。如果一张原始凭证涉及几张记账凭证，则可以把原始凭证附在一张主要的记账凭证之后，并在其他记账凭证上注明附有该原始凭证的记账凭证的编号或者附原始凭证复印件。

5. 填写内容齐全，经济责任明确。记账凭证中的各项内容必须填写齐全，并按规定程序办理签章手续，不得简化。在会计业务的办理中，记账凭证应按照"制单→审核→出纳（收付款业务）→记账→会计主管"的顺序传递。为了明确经济责任，保护会计凭证的真实完整，每一个经手记账凭证的人员都应在记账凭证中签名或盖章。

采用会计信息系统进行记账的农村集体经济组织，对于机制记账凭证，要认真审核，做到会计科目使用正确，数字准确无误。打印出的机制记账凭证要加盖制单人员、审核人员、记账人员及会计机构负责人（会计主管人员）的印章或者签名。

6. 凭证顺序编号。在填制记账凭证时，应当对记账凭证按经济业务处理先后顺序进行连续编号。若一笔经济业务需要填制两张以上记账凭证，则可以采用分数编号法编号。

7. 过账标记清楚。过账标记是指将记账凭证的内容过入账簿的结束标记。一般地，记账人员应在登记账簿以后，在相应的会计科目对应栏中划"√"号，以防漏记或重记。

（三）记账凭证的审核

只有经过审核确认无误的记账凭证，才能作为登记账簿的依据。记账凭证审核主要包括以下两方面内容。

1. 合规性审核

从政策、法令、制度方面审核其合法性和真实性，检查记账凭证记录的内容是否与所附原始凭证相符，以及所列会计分录是否符合会计制度规定。对于不符合规定的记账凭证应及时纠正。

2. 技术性审核

从业务技术方面审核其完整性和准确性，包括：记账凭证内容是否填写齐全、经办手续是否完备、会计科目使用是否正确、会计分录借贷双方金额是否相等、所附附件张数是否正确、有关人员是否签章等。若发现错误，则应查明原因予以更正。

第二节　会计凭证的信息化管理

一、原始凭证信息化管理

随着互联网技术的不断发展及数字经济的兴起，充分合理地利用电子原始凭证的易传递、易复制性能够为会计信息系统带来高效率。从收到原始凭证到原始凭证转换为会计信息进入会计信息系统，需要经过"审核——编制分录——录入"的过程，在使用电子原始凭证的情况下，必须利用其特点，将会计知识与计算机技术相结合，改进传统会计方法，同时进一步规范电子原始凭证的内容，使其标准化，这样可以利用计算机高效、迅速地完成这些过程，以提高会计信息的收集速度，提高其相关性、及时性和准确性。

（一）电子原始凭证的特点

从作用上看，电子原始凭证本质上与传统的纸质原始凭证并无区别，都是为证明经济业务发生及其相关责任人承担责任而直接形成和使用的、具有规范形式和法定效用的信息记录。常见的电子原始凭证是增值税电子发票。与纸质原始凭证相比，电子原始凭证具有以下特点。

1. 无形性。电子原始凭证实质上是计算机存储介质中的一组电子信息，是无形物。电子原始凭证的生成，必须借助一定的计算机设备才能完成，不像纸质原始凭证那样由人工直接书写或打印完成；电子原始凭证的阅读，也必须借助一定的计算机设备从存储器中调阅；电子原始凭证的传输，通过网络通信设备以信息流形式完成；电子原始凭证的保存，一般也采用磁介质或光介质形式，而非书面打印形式。

2. 内容与载体相分离性。电子原始凭证的存放载体不是固定不变的，它可以存放在磁介质的磁盘上，也可以存放在光介质的光盘上，还可以存放在电子介质的 USB 电子硬盘上。同时，电子原始凭证可以通过网络在不同计算机之间进行传递，也可以在不同介质载体之间相互复制，而信息内容不发生任何变化。

3. 不稳定性。传统的纸质原始凭证一旦形成，其形态和内容就不再发生变化，除非遭受不可抗拒的灾害事故，在会计档案保管期限内其有形物质及其内容相对稳定。电子原始凭证及其载体除在遭受不可抗拒的灾害事故时易损坏外，几乎还面临着计算机硬件设备故障、通信线路故障、误操作故障以及黑客攻击、计算机病毒感染等方面的威胁，所以存在很大的不稳定性。

4. 易篡改性。纸质原始凭证一旦生成，就具有不可改动性，若有改动，则容易留下痕迹。例如，对部分允许修改的会计资料，会计法规严格规定了修改的方法、要求，如采用划线更正法，并留下修改人签字、盖章等。电子原始凭证是以磁介质或光介质作为信息载体的，对其进行增加、删除、修改则不易留下痕迹。

5. 技术性。电子原始凭证的生成、确认、传递、存储，以及其可靠性、安全性、完整性和可验证性等，都建立在一系列的信息技术之上。这些特点决定了对电子原始凭证与纸质原始凭证的处理存在很大差异，给传统的会计信息输入系统带来一定冲击。

（二）电子原始凭证的审核与系统录入

1. 电子原始凭证的审核

凭证审核，是对凭证经济内容和凭证生效要素的审核。无论何种介质，审核重点都是凭证经济内容。由于电子原始凭证的内容与载体相分离和具有易篡改性特征，所以主要通过技术手段来保证凭证的真实性。

2. 电子原始凭证的系统录入

审核通过的凭证就可以录入会计信息系统，成为会计基础数据。将凭证内容录入会计信息系统的理想方式是，会计信息系统自动接收电子原始凭证中的内容，根据凭证内容自动加入便于深加工的标志，形成原始凭证库。只有自动接收和存储，才能发挥出电子原始凭证的易复制和易传递性的优势，提高会计工作效率。

但在现实工作中，电子原始凭证只是作为纸质原始凭证的替代品，会计人员将收到的电子原始凭证打印后，再像处理纸质原始凭证那样签字、盖章保存，进而编制记账凭证，最后录入会计信息系统。这种做法使电子原始凭证的优势基本没有发挥出来，也阻碍了会计工作效率的提高。未来，原始凭证的标准化为这一问题的解决提供了契机，计算机可以直接从原始凭证读取数据而不需要人工干预，使得会计流程得以简化，只要保证计算机系统的正常运行，就可以及时、准确地获得会计信息。

二、记账凭证信息化管理

传统的手工记账方式存在大量的人为错误和时间成本较高的问题，而借助信息化技术实现记账凭证信息自动化处理，不仅能够大大减少人为错误，还能够极大地提高记账工作的效率和准确性。因此，记账凭证信息化是财务工作信息化改革中的重要一环。

记账凭证信息化具有安全性和隐私性等方面的优势。运用信息化的手段，将记账凭证进行数字化存储，可以通过科学合理的权限设置和密码保护等措施，保护农村集体经济组织账务信息的安全性和隐私性。

第三节　会计信息系统实务操作——凭证管理

一、凭证管理的基本介绍

借助会计信息系统，可实现会计记账凭证的编制和审核。记账凭证是登记账簿的依据，也是总账管理系统的唯一数据源。凭证管理包括凭证填制、凭证审核、凭证汇总、凭证记账等功能。

本部分重点分析会计信息系统中的凭证录入和审核，并主要以"天津市农村集体资产管理信息系统"为示例，简要介绍会计信息系统中"记账凭证编制和审核"的功能。天津市农村集体资产管理信息系统中的"记账凭证模块"包括凭证录入、凭证修改、凭证审核、凭证查询、凭证记账、原始凭证监管、凭证科目汇总七个功能，如图 12-1 所示。其中，"凭证记账"根据记账凭证登记账簿，在第 13 章进行介绍，本章不再赘述。

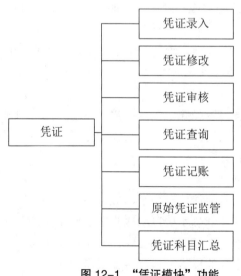

图 12-1　"凭证模块"功能

二、实务操作步骤

（一）凭证录入

在实际工作中，可直接在计算机上根据审核无误准予报销的原始凭证填制记账凭证（即前台处理），也可以先由人工制单而后集中输入（即后台处理），农村集体经济组织采用哪种方式应根据本单位实际情况而定。一般来说，业务量不多或基础较好的农村集体经济组织采用前台处理方式。

"天津市农村集体资产管理信息系统"中的"凭证录入"功能菜单如图 12-2 所示。

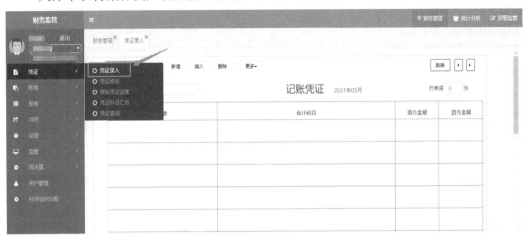

图 12-2　"凭证录入"功能菜单

以下为"凭证录入"的具体操作过程。

（1）凭证日期录入。凭证日期，即填制凭证的日期。一般情况下，会计信息系统会自动获取进入系统前输入的业务日期为记账凭证填制的日期。如果自动带入的日期有误，则可进行修改或输入。具体操作为：单击日期填写框，弹出日历选择界面，选择要录入的凭证日期，如图 12-3 所示。

图 12-3　凭证日期录入

（2）凭证摘要录入。"摘要"即本笔会计分录的业务说明，要求简洁明了，不能为空。单击摘要填写框，输入摘要，如图 12-4 所示。

图 12-4　凭证摘要录入

（3）会计科目选择。选择会计科目时，必须输入末级明细会计科目。会计科目选择方法有三种。

第 1 种方法：单击会计科目栏，在下拉列表中选择需要的会计科目，如图 12-5 所示。

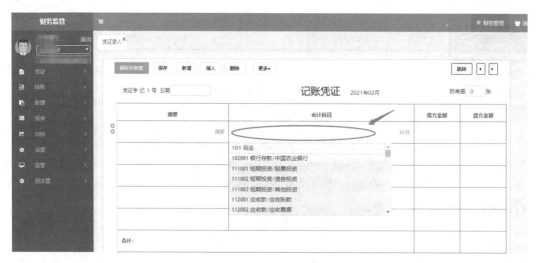

图 12-5　会计科目选择（方法一）

第 2 种方法：将鼠标放在会计科目栏，会出现"科目"字样（如图 12-6 所示），单击弹出的"会计科目"对话框（如图 12-7 所示），单击各科目前的"+"，即可打开该科目的明细科目。

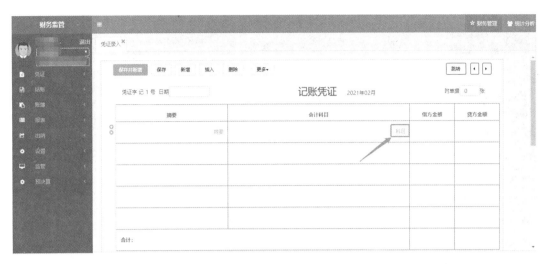

图 12-6　会计科目选择（方法二）的第一步

图 12-7　会计科目选择（方法二）的第二步

第 3 种方法：单击会计科目栏，直接输入会计科目名称，进行模糊搜索，如图 12-8 所示。

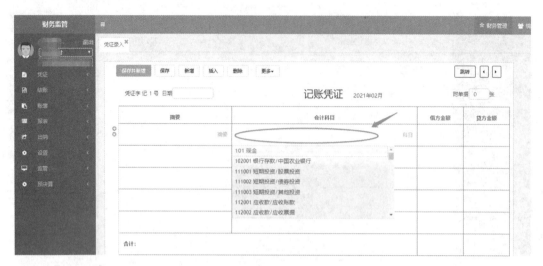

图 12-8　会计科目选择（方法三）

除此之外，如果初始设置所录入的会计科目不能满足核算的需求，需要增加或减少会计科目时，则应找到对应科目名称，进行新增、删除、修改科目的操作。在添加会计科目时，若该科目需要进行数量核算，则勾选"数量核算"选项，输入计量单位，单击"保存"按钮（如图 12-9 所示）。在使用数量核算的会计科目录入凭证时，数量和单价均必须填写。

需注意的是：目前系统设置上，所有的一级会计科目和损益类二级会计科目不允许新增；损益类二级会计科目可新增下级科目；除上述之外的其他会计科目的二级、三级、四级会计科目可根据业务需要进行修改、删除和新增。

图 12-9　新增数量核算的会计科目

（4）原始凭证上传和附单据数填写。在凭证录入页面，下拉滚动条，出现上传原始凭证功能页面（如图 12-10 所示）。既可以直接将原始凭证的图片拖动到灰色字体空白处；也可以单击"选择"按钮，在弹出的对话框中选中要上传的图片，完成对原始凭证的上传。

图 12-10 原始凭证上传

原始凭证的图片上传完成后，在右上角附单据处，填入上传的原始凭证张数，即附单据数（如图 12-11 所示）。

凭证字 记 1 号 日期 2019-05-01	记账凭证 2019年05月		附单据 0 张
摘要	会计科目	借方金额	贷方金额
销售农产品收入	102 银行存款	20,000.00	
销售农产品收入 摘要	501001 经营收入/农产品销售收入 科目		20,000.00

图 12-11 附单据数填写

（5）凭证金额的填写。凭证金额的填写，即填写该笔会计分录借方或贷方的发生额。填写的借贷金额必须相等；金额不能为零，但能够以负数（代表红字）形式输入。在记账凭证页面，可以直接录入借方金额和贷方金额（如图 12-12 所示）。

图 12-12 凭证金额的填写

（6）凭证制单人和凭证保存。凭证录入后，"制单人"显示的名字是该账号对应的操作员的名字（如图 12-13 所示）。

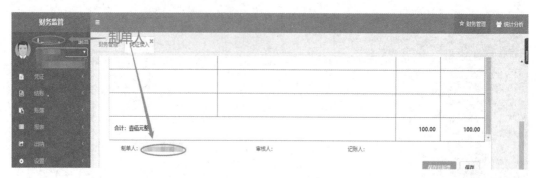

图 12-13　凭证制单人

凭证录入完成后，单击"保存并新增"按钮，即保存当前的凭证，同时自动跳转至下一页凭证的录入页面。凭证录入完成后，单击"保存"按钮，即保存当前的凭证，页面不跳转，停留在当前凭证页面（如图 12-14 所示）。

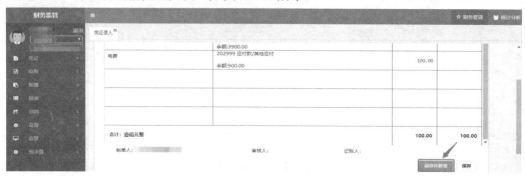

图 12-14　凭证保存

（二）凭证修改

当凭证填写有误时，制单人可以对凭证进行修改。"天津市农村集体资产管理信息系统"中的"凭证修改"功能菜单如图 12-15 所示。

图 12-15　"凭证修改"功能菜单

通过翻页查找或输入搜索条件，找到需要修改的凭证。用鼠标左键双击需要修改的凭证所在列表中的任意位置（如图 12-16 所示），或者在"操作"列中单击"修改"按钮（如图 12-17 所示），就可以打开修改该张凭证的页面。如果需要删除该凭证，则单击"删除"按钮即可；如果需要在此凭证前插入新的凭证，则单击"插入"按钮即可（如图 12-17 所示）。

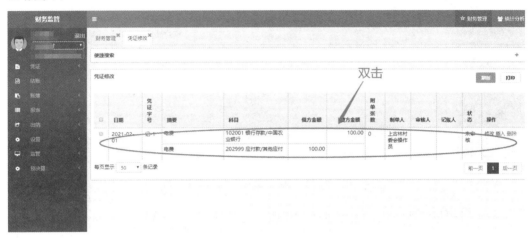

图 12-16　选择修改的凭证（方法一）

图 12-17　选择修改的凭证（方法二）

需要注意的是：凭证的修改，只有在凭证未审核、未记账的状态下才可以进行操作。在凭证界面，将光标移到需修改的地方进行修改，可修改内容包括摘要、会计科目、金额及方向、增加或删除分录等。当凭证处于已审核和已记账的状态时，在凭证修改页面无法看到该张凭证，不能修改。

（三）凭证审核

凭证审核是为确保登记到账簿的每一笔经济业务的准确性和可靠性。制单员填制的每一张凭证都必须经过审核员的审核，主要审核记账凭证是否与原始凭证相符、会计分录是否正确等。审查认为错误或有异议的凭证，需要对其进行修改后再审核。只有具有审核权的人员才可进行审核操作。"天津市农村集体资产管理信息系统"中的"凭证审核"

功能菜单如图 12-18 所示。

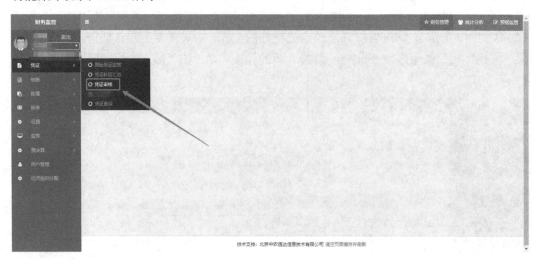

图 12-18 "凭证审核"功能菜单

　　凭证既可以逐张审核，也可以成批审核。逐张审核时，需要找到要审核的凭证进行勾选，再单击"审核"按钮（如图 12-19 所示）；批量审核时，单击"批量审核"，在弹出的窗口单击"确定"按钮（如图 12-20 所示），即可审核所有凭证。审核提示操作成功后，凭证状态变为"已审核"。

图 12-19 凭证"逐张审核"操作界面

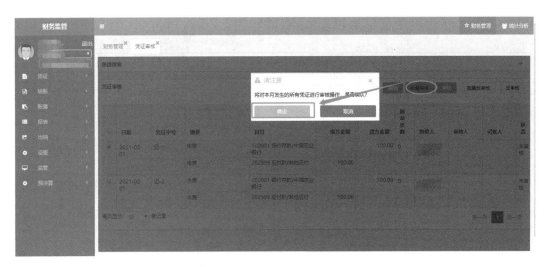

图 12-20　凭证"批量审核"操作界面

（四）凭证查询

凭证查询，即对系统内的记账凭证进行查阅。"天津市农村集体资产管理信息系统"中的"凭证查询"功能菜单如图 12-21 所示。

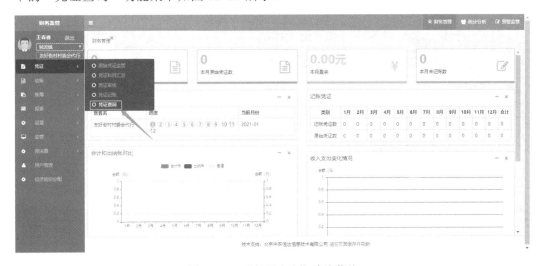

图 12-21　"凭证查询"功能菜单

选择凭证号，单击"查询"按钮，即可查出该凭证号范围内的所有凭证（如图 12-22 所示）；选择查询年月，单击"查询"按钮，即可查出该年月的所有凭证（如图 12-22 所示）。用鼠标左键双击需要具体查看的凭证，即可弹出该凭证。查询人员可以根据需要，对查阅到的凭证进行打印。

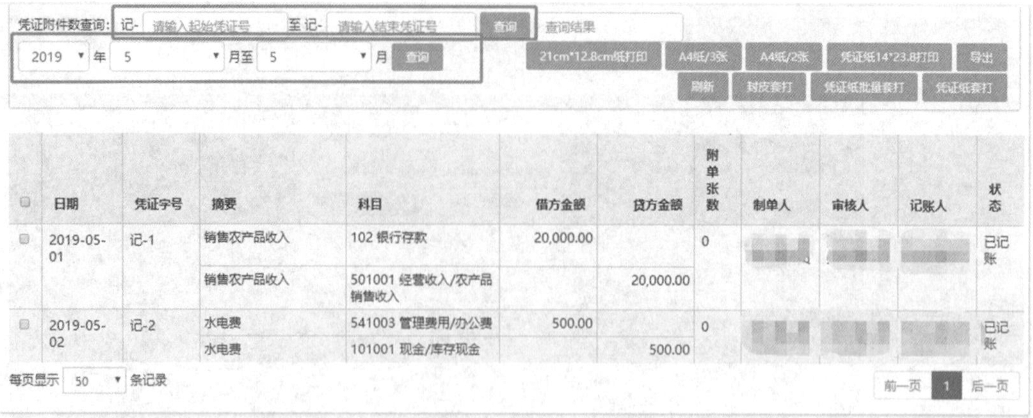

图 12-22 "凭证查询"方法

（五）凭证汇总

凭证汇总是按条件对记账凭证进行汇总并生成一张凭证汇总表。汇总的凭证可以是已记账的凭证，也可以是未记账的凭证，因此会计人员可在凭证未全部记账前，随时查看农村集体经济组织目前的经营状况及其他财务信息。凭证汇总功能菜单为"凭证科目汇总"，用于生成科目汇总表，可将当前月份的凭证汇总列出，把当前数据更新到最新状态。"天津市农村集体资产管理信息系统"中的"凭证科目汇总"功能菜单如图 12-23 所示。凭证科目汇总表生成后，可以导出或打印。

图 12-23 "凭证科目汇总"功能菜单

（六）凭证监管

"天津市农村集体资产管理信息系统"中的"原始凭证监管"功能菜单如图 12-24 所示。

图 12-24　"原始凭证监管"功能菜单

"原始凭证监管"用于查出某个年度月份的所有记账凭证和原始凭证情况,与"凭证查询"功能类似。选择需要查询的年度和月份后,单击"查询"按钮(如图 12-25 所示),即可查出该月份所有凭证和原始凭证图片,单击"凭证列表"中某张凭证,左侧会显示出其对应的原始凭证图片。

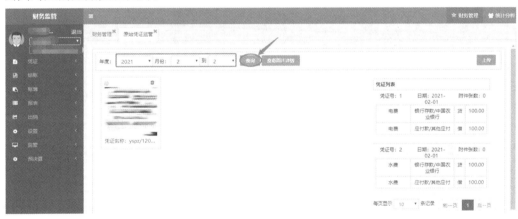

图 12-25　"原始凭证监管"操作界面

第十三章 会计账簿登记与管理

第一节 会计账簿的理论概述

一、会计账簿的种类

在理论上，从手工记账角度看，会计账簿根据不同划分标准，可分为不同的账簿种类，如图 13-1 所示。

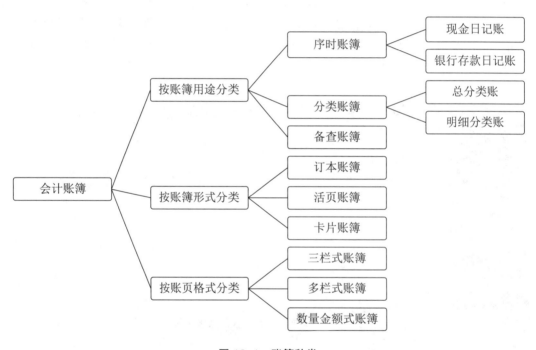

图 13-1 账簿种类

二、日记账

日记账又称序时账，是按经济业务发生和完成时间的先后顺序进行登记的账簿。日记账应按照记账凭证及所附的原始凭证，逐日、逐笔进行登记。农村集体经济组织现金日记账和银行存款日记账应做到"日清月结"。

对于现金日记账，每日终了，应核对现金的账面数与实存数，以检查每日现金的收付是否有误，如果存在账款不符的情况，则应及时查明原因进行处理，通常称为"日清"。月末，现金日记账要计算收入、支出的合计数，并结出余额，通常称为"月结"。

对于银行存款，每日终了，应分别计算银行存款收入、支出的合计数和余额，做到

"日清"，以便于检查监督各项收支款项；月末，要计算全月银行存款收入、支出合计数并结出余额，做到"月结"，并与银行对账单核对相符。

三、总账和明细账

总账，也称为总分类账，主要反映一级科目的汇总发生额及余额；明细账，也称为明细分类账，主要反映二级、三级等明细科目的发生额及余额。总分类和明细分类是对同一经济业务的不同详细程度的反映。从提供会计核算资料的角度看，总分类账户是对所属明细账的综合，对所属明细账起着统驭和控制的作用，因而又可以称其为统驭账户；明细分类账户是对总分类账户的具体化，对其所属的总分类账起着辅助和补充的作用，因而又称其为从属账户。

为了保证账簿记载正确，要根据审核无误的会计凭证进行登记。不许凭空记账、伪造凭证，也不许设置账外账。实行会计电算化的农村集体经济组织，应当定期打印总账和明细账；在满足相关条件的情境下，可仅以电子形式储存，形成电子档案。

四、备查账

备查账，也可称为备查账簿、备查簿、辅助登记簿等，主要用于记录未被其他账簿所涵盖的经济业务，便于日后对有关事项进行查证。备查账没有固定的格式要求，可以根据农村集体经济组织的实际需要进行设置。

根据《农村集体经济组织会计制度》规定，农村集体经济组织以名义金额计价的存货、消耗性生物资产、生产性生物资产、公益性生物资产、固定资产、无形资产等，应设置备查账进行登记和后续管理；另外，农村集体经济组织因接受政府补助和他人捐赠等形成的资产（含扶贫项目资产），也应设置备查账进行登记管理。

第二节　会计账簿的信息化管理

一、会计信息系统下账簿管理的特点

在会计信息系统下，账簿管理的方式和内容发生了显著的变化。通过软件系统，可以更方便地进行数据输入、存储和处理。会计信息系统下的账簿管理完全颠覆了传统手工记账，各种会计账簿的数据都来源于记账凭证数据，记账只是"数据搬家"，不发生新的会计核算数据。

在会计信息系统下，登记账簿工作变得非常简便，记账可以"一键式"实现，即"记账"成为一个功能按键，由软件系统自动完成相关账簿登记工作，并可以同时登记总账、明细账和日记账。

二、会计信息系统下账簿管理的内容

农村集体经济组织发生的经济业务，经过制单、审核、记账等程序后，形成正式的会计账簿。通常，会计信息系统下的账簿管理的内容包括：登记账簿、账簿的查询和输出、结账等。其中，在会计信息系统下，登记账簿和结账极为简便，可以通过功能按钮一键实现记账、结账。

账簿的查询和输出包括总账、明细账、科目余额表等查询及打印。总账和明细账查询不仅可以查询各总账会计科目的年初余额、各月发生额合计和月末余额，而且可查询

所有明细会计科目的年初余额、各月发生额合计和月末余额。科目发生额及余额表查询用于查询统计各级科目的本月发生额、累计发生额和余额等，可输出某月或某几个月的所有总账科目或明细科目的期初余额、本期发生额、累计发生额、期末余额。

第三节　会计信息系统实务操作——账簿管理

一、账簿管理的基本介绍

借助会计信息系统，可实现会计账簿的登记和查询管理等。本部分重点分析会计信息系统中的账簿管理，并主要以"天津市农村集体资产管理信息系统"为例，简要介绍账簿相关的基本功能。

天津市农村集体资产管理信息系统中，与账簿管理有关的功能模块是：记账、结账、账簿。记账，实际上是指凭证记账，可以一键完成。结账，是在期末对账户余额的结转。账簿，即账簿查询，包括查询科目余额表、总账、明细账和财务收支公开。见图13-2所示。

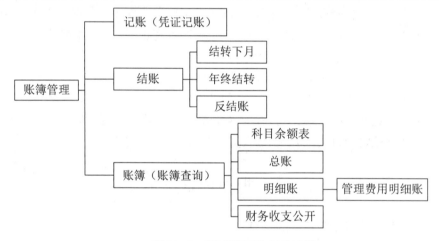

图13-2　"账簿管理"相关功能

二、实务操作步骤

（一）凭证记账

凭证记账，是指对经审核后的凭证进行登账。记账一般采用向导方式，使记账过程更加明确；记账工作由计算机自动进行数据处理，不用人工干预。天津市农村集体资产管理信息系统中的"凭证记账"功能菜单如图13-3所示。

只有已经审核通过的凭证，才可以在凭证记账模块中查看到。实务操作时，可以逐个记账或批量记账，分别单击相应按钮即可（如图13-4所示）。

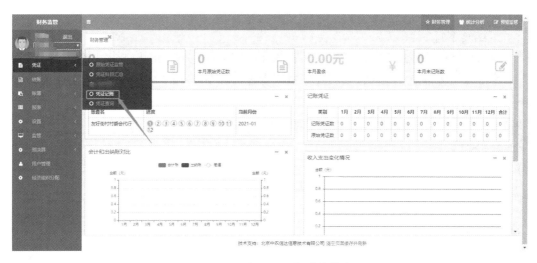

图 13-3　"凭证记账"功能菜单

图 13-4　凭证逐个记账或批量记账

（二）结账

1. 结账的基本要求

农村集体经济组织每月月底都要进行结账处理。结账实际上就是计算和结转各账簿的本期发生额和期末余额，并将余额结转至下月月初，终止本期的账务处理工作。在电算化方式下，每月只结账一次，主要是对当月日常处理限制和对下月账簿的初始化，由计算机自动完成。在结账之前要进行下列检查。

（1）检查本月业务是否全部记账，若有未记账凭证则不能结账。

（2）月末结转必须全部生成并记账，否则本月不能结账。

（3）检查上月是否已结账，若上月未结账，则本月不能记账。

（4）检查损益类账户是否全部结转完毕，否则本月不能结账。

（5）检查结账前要进行数据备份，结账后不得再录入本月凭证，并终止各账户的记账工作。

2. 结转下月

当本月所有凭证录入完毕后，且所有的凭证在审核完毕、记账完毕、账面平衡的状态下才可以结转下月。天津市农村集体资产管理信息系统中的"结转下月"功能菜单如图 13-5 所示。

图 13-5　"结转下月"功能菜单

在未审核状态下，单击"去审核"（如图 13-6 所示），跳转到凭证审核页面，进行凭证审核，具体操作见第 12 章。在未记账状态下，单击"去记账"（如图 13-6 所示），跳转到凭证记账页面。

图 13-6　未审核、未记账

当满足已审核、已记账、账面平衡的情况下，单击"确认结转"按钮（如图 13-7 所示），在弹出的弹窗中，单击"确定"按钮后提示操作成功，即可结转到下一个月。

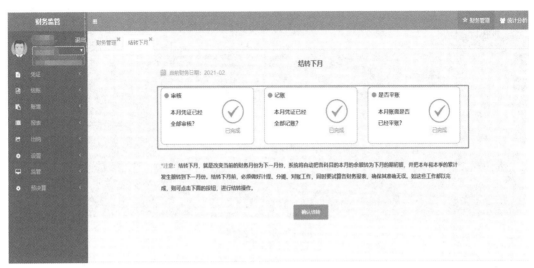

图 13-7 确认结账

3. 反结账

如果结账以后发现结账错误，可以进行"反结账"，取消结账标志，经修正后再进行结账工作。天津市农村集体资产管理信息系统中的"反结账"功能菜单如图 13-8 所示。

图 13-8 "反结账"功能菜单

单击"确认反结"按钮会弹出弹窗，单击弹窗中的"确定"按钮后提示操作成功（如图 13-9 所示），即可反结账到上一个月。每次只可反结账一个月。

图 13-9　反结账

4. 年终结账

年终结转即将本年的收益类科目进行结转，自动生成年终结转凭证。自动生成凭证的过程为：损益类科目结转到本年收益，本年收益结转到未分配收益科目，即 12 月份的损益类科目余额清零。

年终结转，只能在每年的 12 月进行；当损益类科目为 0 的时候，不需要进行年终结转。当全年的凭证都已录入完毕，并且也已处于已审核和已记账的状态时，在年终进行结转，单击"确认结转"按钮，系统即会自动进行年终结转（如图 13-10 所示）。

图 13-10　"年终结账"功能菜单

摘要中带有"年终结转"字样的凭证即为系统自动生成的年结凭证（如图 13-11 所示），将年结凭证进行审核和记账操作后，再到"结转下月"模块中进行结转下月操作，即可结转到下一年的 1 月份。

图 13-11　系统自动生成的年终结账

（三）账簿查询

账簿查询在"账簿"功能模块内，具体包括科目余额表、总账、明细账（包括管理费用明细表）、财务收支公开的查询，如图 13-12 所示。

图 13-12　"账簿"的功能模块

1. 科目余额表查询

（1）可以从不同角度进行科目余额表查询，如图 13-13 所示。从"级次"[①]进行查询，有 5 个选项可选择，选好级次后单击"查询"按钮。从"年月"进行查询，可以跨月查询数据，选好日期后单击"查询"按钮。从"科目选择"进行查询，可以单击"请选择科目"，勾选上需要查询的部分会计科目进行查询。

另外，在选择好级次和日期之后，单击"0 过滤"可以把没有数据的会计科目剔除，只显示有数据发生的会计科目。

---

① 级次指的是会计科目的层级，一级是指总会计科目，二级是指二级明细会计科目，依此类推。

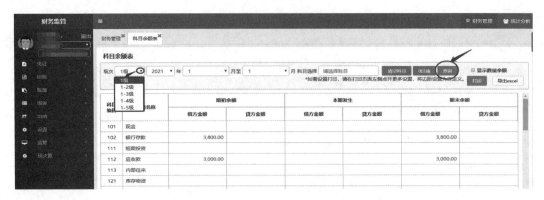

图 13-13　从不同角度进行科目余额表查询

（2）在科目余额表中点击某个会计科目的名称，可跳转到该科目的明细账页面，查看明细账。见图 13-14 所示。

图 13-14　在科目余额表中查询明细账

2. 总账查询

对于总账查询，从"年月"进行查询，可以跨月查询数据，选好日期后单击"查询"按钮，查询出所有会计科目相关总账。从"科目选择"进行查询，勾选上需要查询的部分会计科目，单击"查询"按钮进行查询。另外，选择好级次和日期之后，单击"0 过滤"可以把没有数据的会计科目剔除，只显示有数据发生的会计科目。在总账中，如果要查询某一个会计科目的明细账，则单击该科目的摘要名称，即可跳转至该会计科目的明细账页面，具体操作界面如图 13-15 所示。

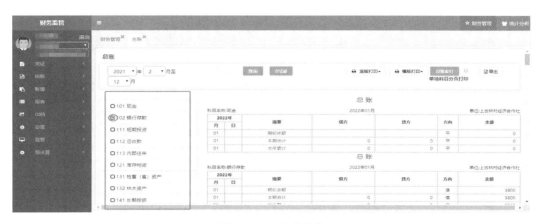

图 13-15　总账查询

3. 明细账查询

对于明细账查询，从"年月"进行查询，可以跨月查询数据，选好日期后单击"查询"按钮。勾选会计科目列表中的科目，可单独列出勾选的会计科目明细账，单击明细账中的凭证号，可跳转到该页凭证的查看页面。选择好日期和科目之后，单击"0过滤"可以把没有数据的科目剔除，只显示有数据发生的会计科目。另外，可进入管理费用查询模块，根据年月查询管理费用。明细账查询的具体操作界面与总账查询类似。

4. 财务收支公开查询

"财务收支公开榜"模块，用于查询财务收支情况。可以根据日期进行查询。选择好日期和科目之后，单击"0过滤"可以把没有数据的科目剔除，只显示有数据发生的会计科目。单击"切换科目名称"，可切换现金和银行存款两个科目，如图 13-16 所示。

图 13-16　财务收支公开查询

第十四章　会计报告编制与分析

第一节　会计报告编制的理论概述

一、农村集体经济组织会计报告

（一）会计报告的内容

农村集体经济组织会计报告是对其财务状况、经营成果等的结构性表述，包括会计报表和会计报表附注。农村集体经济组织的会计报表包括资产负债表、收益及收益分配表。资产负债表，是指反映农村集体经济组织在某一特定日期财务状况的报表。收益及收益分配表，是指反映农村集体经济组织在一定会计期间内收益实现及其分配情况的报表。会计报表附注，是指对在资产负债表、收益及收益分配表等会计报表中列示项目的文字表述或明细资料，以及对未能在这些会计报表中列示项目的说明等。会计报告的内容如图 14-1 所示。

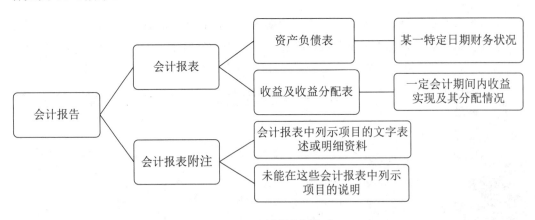

图 14-1　会计报告的内容

（二）会计报告的编制

1. 编制原则

为了使会计报表真正成为各级使用者进行管理和决策的重要依据，会计报表应当根据已登记完整、核对无误的账簿记录和其他有关资料编制。农村集体经济组织在编制会计报表时，应遵守的基本原则如下。

（1）数字真实。报表填写的数字必须真实地反映农村集体经济组织的经营情况，要求必须依据客观的账簿核算记录填写，不得任意估计数字，严禁弄虚作假、歪曲和篡改有关指标内容。

（2）计算准确。对报表中的每一个数字都必须核对清楚，计算无误后再填列，并确保各会计报表在数字上的衔接，以保证会计报表的质量。

（3）内容完整。农村集体经济组织对国家规定应予填报的各种报表和表内各项目，要填报齐全，不得随意漏编、漏报；各补充资料和应编制的报表附注必须同时编报。

（4）报送及时。会计报表应根据规定的报送日期及时向有关部门报送，保证会计报表提供信息的及时性，充分发挥会计报表的作用，以供各方了解农村集体经济组织的情况。

2. 编制方法

农村集体经济组织应当根据《农村集体经济组织会计制度》有关会计报表的编制基础、编制依据、编制原则和方法的要求，提供真实、完整的财务会计报告，不得随意改变会计报表的编制基础、编制依据、编制原则和方法，不得随意改变该制度规定的会计报表有关数据的会计口径。

农村集体经济组织可以根据需要编制月度或季度科目余额表和收支明细表。科目余额表，反映农村集体经济组织资产类、负债类、所有者权益类和成本类会计科目在月末或季度末的期末余额。收支明细表，反映农村集体经济组织损益类会计科目在各月或各季度本期的发生额。

二、农村集体经济组织的资产负债表

（一）资产负债表的内容

资产负债表反映农村集体经济组织期末全部资产、负债和所有者权益状况，其可以向报表使用者提供以下几个方面的信息。

①农村集体经济组织所掌握的经济资源及这些资源的分布结构状况。

②农村集体经济组织负债总额及其结构情况。

③农村集体经济组织所有者权益（即净资产）及其构成情况。

④通过对资产负债表的分析，可以了解农村集体经济组织的财务实力、偿债能力和支付能力等。

（二）资产负债表的格式

资产负债表的格式如表14-1所示。

表14-1 资产负债表

编制单位： 年 月 日 单位：元

资产	期末余额	年初余额	负债和所有者权益	期末余额	年初余额
流动资产：			流动负债：		
货币资金			短期借款		
短期投资			应付款项		
应收款项			应付工资		
存货			应付劳务费		
消耗性生物资产			应交税费		
流动资产合计			流动负债合计		
非流动资产：			非流动负债：		

资产	期末余额	年初余额	负债和所有者权益	期末余额	年初余额
长期投资			长期借款及应付款		
生产性生物资产原值			一事一议资金		
减：生产性生物资产累计折旧			专项应付款		
生产性生物资产净值			非流动负债合计		
固定资产原值			负债合计		
减：累计折旧					
固定资产净值					
在建工程					
固定资产清理					
固定资产小计					
无形资产原值					
减：累计摊销			所有者权益：		
无形资产净值			资本		
公益性生物资产			公积公益金		
长期待摊费用			未分配收益		
非流动资产合计			所有者权益合计		
资产总计			负债和所有者权益总计		

（三）资产负债表的编制

1. 资产负债表的填列方法

资产负债表是在年末编制工作底稿、登记有关总账和明细账的基础上完成的。资产负债表的填列方法可分为直接填列法和间接填列法。

（1）直接填列法。直接填列法是根据总账或明细账科目有关的期末余额直接填列的方法。采用该方法的项目包括"短期投资""消耗性生物资产""长期投资""生产性生物资产""生产性生物资产累计折旧""固定资产原值""累计折旧""在建工程""固定资产清理""无形资产原值""累计摊销""公益性生物资产""长期待摊费用""短期借款""应付工资""应付劳务费""应交税费""长期借款及应付款""一事一议资金""专项应付款""资本""公积公益金""未分配收益"等。

（2）间接填列法。间接填列法是根据总账或明细账分类整理计算填列的方法。采用该方法的项目主要包括：①"货币资金"项目根据"库存现金"和"银行存款"科目的期末余额合计数填列；②"应收款项"项目根据"应收款"科目期末借方余额和"内部往来"各明细科目期末借方余额合计数填列；③"存货"项目根据"库存物资""生产（劳务）成本"等科目的期末余额合计数填列；④"应付款项"项目根据"应付款"科目期末贷方余额和"内部往来"各明细科目期末贷方余额合计数填列。

2. 资产负债表各项目的具体填列方法

（1）各项目内容和"期末余额"的填列方法

①"货币资金"项目，反映农村集体经济组织库存现金、银行存款等货币资金的期

末合计数，根据"库存现金"和"银行存款"科目的期末余额填列。

②"短期投资"项目，反映农村集体经济组织能够随时变现并且持有时间不准备超过 1 年（含 1 年）的投资的账面余额，根据"短期投资"科目的期末余额填列。

③"应收款项"项目，反映农村集体经济组织期末尚未收回的应收及暂付款项，根据"应收款"各明细科目期末借方余额和"内部往来"各明细科目期末借方余额合计数填列。

④"存货"项目，反映农村集体经济组织期末在库、在途、在加工和在培育中各项存货的成本，包括各种原材料、农用材料、农产品、工业产成品等物资、在产品等，根据"库存物资""生产（劳务）成本"等科目的期末余额合计填列。

⑤"消耗性生物资产"项目，反映农村集体经济组织各种消耗性生物资产的账面余额，根据"消耗性生物资产"科目的期末余额填列。

⑥"流动资产合计"项目，反映农村集体经济组织期末流动资产的合计数，根据资产负债表中"货币资金""短期投资""应收款项""存货"和"消耗性生物资产"项目金额的合计数填列。

⑦"长期投资"项目，反映农村集体经济组织持有时间准备超过 1 年（不含 1 年）的投资的账面余额，根据"长期投资"科目的期末余额填列。

⑧"生产性生物资产原值"项目和"生产性生物资产累计折旧"项目，反映农村集体经济组织生产性生物资产的原值及累计折旧，分别根据"生产性生物资产"科目和"生产性生物资产累计折旧"科目的期末余额填列。

⑨"生产性生物资产净值"项目，反映农村集体经济组织生产性生物资产原值扣除生产性生物资产累计折旧后的余额，根据表中"生产性生物资产原值"项目金额减去"生产性生物资产累计折旧"项目金额后的余额填列。

⑩"固定资产原值"项目和"累计折旧"项目，反映农村集体经济组织固定资产的原值及累计折旧，分别根据"固定资产"科目和"累计折旧"科目的期末余额填列。

⑪"固定资产净值"项目，反映农村集体经济组织固定资产原值扣除累计折旧后的余额，根据资产负债表中"固定资产原值"项目金额减去"累计折旧"项目金额后的余额填列。

⑫"在建工程"项目，反映农村集体经济组织各项尚未完工或虽已完工但尚未办理竣工决算并交付使用的工程项目实际成本，根据"在建工程"科目的期末余额填列。

⑬"固定资产清理"项目，反映农村集体经济组织因出售、报废、毁损等原因转入清理但尚未清理完毕的固定资产的账面价值，以及固定资产清理过程中发生的清理费用和清理收入等各项金额的差额。根据"固定资产清理"科目的期末借方余额填列；若为贷方余额，则数字以"-"号填列。

⑭"固定资产小计"项目，反映农村集体经济组织期末固定资产、在建工程、转入清理但尚未清理完毕的固定资产的小计数，根据资产负债表中"固定资产净值""在建工程"和"固定资产清理"项目金额的合计数填列。

⑮"无形资产原值"项目和"累计摊销"项目，反映农村集体经济组织无形资产的原值及累计摊销，分别根据"无形资产"科目和"累计摊销"科目的期末余额填列。

⑯"无形资产净值"项目，反映农村集体经济组织无形资产原值扣除累计摊销后的余额，根据资产负债表中"无形资产原值"项目金额减去"累计摊销"项目金额后的余额填列。

⑰"公益性生物资产"项目，反映农村集体经济组织各种公益性生物资产的账面余额，根据"公益性生物资产"科目的期末余额填列。

⑱"长期待摊费用"项目，反映农村集体经济组织尚未摊销完毕的长期待摊费用，根据"长期待摊费用"科目的期末余额填列。

⑲"非流动资产合计"项目，反映农村集体经济组织期末非流动资产的合计数。根据资产负债表中"长期投资""生产性生物资产净值""固定资产小计""无形资产净值""公益性生物资产"和"长期待摊费用"项目金额的合计数填列。

⑳"资产总计"项目，反映农村集体经济组织期末资产的合计数。根据资产负债表中"流动资产合计"和"非流动资产合计"项目金额的合计数填列。

㉑"短期借款"项目，反映农村集体经济组织借入偿还期在1年以内（含1年）的、尚未偿还的各种借款，根据"短期借款"科目的期末余额填列。

㉒"应付款项"项目，反映农村集体经济组织期末应付而未付的、偿还期在1年以内（含1年）的各种应付及暂收款项，根据"应付款"各明细科目期末贷方余额和"内部往来"各明细科目期末贷方余额合计数填列。

㉓"应付工资"项目，反映农村集体经济组织已提取但尚未支付的管理人员、固定员工等职工的工资，根据"应付工资"科目的期末余额填列。

㉔"应付劳务费"项目，反映农村集体经济组织已提取但尚未支付的季节性用工等临时性工作人员的劳务费，根据"应付劳务费"科目的期末余额填列。

㉕"应交税费"项目，反映农村集体经济组织期末未缴纳、多缴纳或未抵扣的各种税费。根据"应交税费"科目的期末贷方余额填列；若为借方余额，则数字以"-"号填列。

㉖"流动负债合计"项目，反映农村集体经济组织期末流动负债的合计数，根据资产负债表中"短期借款""应付款项""应付工资""应付劳务费"和"应交税费"项目金额合计数填列。

㉗"长期借款及应付款"项目，反映农村集体经济组织借入尚未偿还的期限在1年以上（不含1年）的借款以及偿还期在1年以上（不含1年）的应付未付款项，根据"长期借款及应付款"科目的期末余额填列。

㉘"一事一议资金"项目，反映农村集体经济组织筹集的一事一议资金的余额，根据"一事一议资金"科目的期末贷方余额填列；若为借方余额，则数字以"-"号填列。

㉙"专项应付款"项目，反映农村集体经济组织实际收到政府给予的具有专门用途且未来应支付用于专门用途的专项补助资金金额，根据"专项应付款"科目的期末余额填列。

㉚"非流动负债合计"项目，反映农村集体经济组织期末非流动负债的合计数，根据资产负债表中"长期借款及应付款""一事一议资金"和"专项应付款"项目金额的合计数填列。

㉛"负债合计"项目，反映农村集体经济组织期末负债的合计数，根据本表中"流

动负债合计"和"非流动负债合计"项目金额的合计数填列。

㉜"资本"项目，反映农村集体经济组织按照章程等确定的属于本集体经济组织成员集体所有的相关权益金额，根据"资本"科目的期末余额填列。

㉝"公积公益金"项目，反映农村集体经济组织从收益中提取的和其他来源取得的公积公益金的账面余额，根据"公积公益金"科目的期末余额填列。

㉞"未分配收益"项目，反映农村集体经济组织尚未分配的历年结存收益，根据"收益分配"科目的期末余额填列；若为未弥补的亏损，则数字以"-"号填列。

㉟"所有者权益合计"项目，反映农村集体经济组织期末所有者权益的合计数，根据资产负债表中"资本""公积公益金"和"未分配收益"项目金额的合计数填列。

㊱"负债和所有者权益总计"项目，反映农村集体经济组织期末负债和所有者权益的合计数，根据资产负债表中"负债合计"和"所有者权益合计"项目金额的合计数填列。

（2）"年初余额"的填列方法

"年初余额"栏内各项数字，根据上年年末资产负债表"期末余额"栏内所列数字填列。如果本年度资产负债表规定项目的名称和内容同上年度不一致，则应对上年年末资产负债表项目的名称和数字按照本年度的规定进行调整，将调整后的数字填入"年初余额"栏内，并加以书面说明。

三、农村集体经济组织的收益及收益分配表

（一）收益及收益分配表的内容

收益及收益分配表反映农村集体经济组织在年度内收益实现及分配的实际情况。农村集体经济组织所属承包单位和投资设立企业的收益等情况不在该"收益及收益分配表"列示。通过收益及收益分配表，可以判断农村集体经济组织的经营成果、评价业绩，以及预测未来发展趋向。收益及收益分配表的勾稽关系为：

经营收益=经营收入+投资收益+补助收入-经营支出-税金及附加-管理费用

收益总额=经营收益+其他收入-公益支出-其他支出

净收益=收益总额-所得税费用

可分配收益=净收益+年初未分配收益+其他转入

年末未分配收益=可分配收益-提取公积公益金-向成员分配-其他

（二）收益及收益分配表的格式

收益及收益分配表的格式如表14-2所示。

表14-2　收益及收益分配表

编制单位：　　　　　　　　　　　年度　　　　　　　　　　　单位：元

项　目	本年金额	上年金额
一、经营收入		
加：投资收益		
补助收入		
减：经营支出		
税金及附加		

项　目	本年金额	上年金额
管理费用		
其中：运转支出		
二、经营收益		
加：其他收入		
减：公益支出		
其他支出		
三、收益总额		
减：所得税费用		
四、净收益		
加：年初未分配收益		
其他转入		
五、可分配收益		
减：提取公积公益金		
向成员分配		
其他		
六、年末未分配收益		

（三）收益及收益分配表的编制

1. 收益及收益分配表的编制方法

"经营收入""投资收益""补助收入""经营支出""税金及附加""管理费用""其他收入""公益支出""其他支出""所得税费用"项目根据相应会计科目的本期发生额填列。"年初未分配收益"项目根据上年度收益及收益分配表中"年末未分配收益"项目的金额填列。"其他转入"项目根据按规定弥补亏损时实际转入的公积公益金数额填列。"提取公积公益金"项目根据实际提取的公积公益金数额填列。"向成员分配"项目根据"收益分配"科目下相关明细科目的借方发生额分析填列。

2. 收益及收益分配表各项目的具体填列方法

（1）各项目内容和"本年金额"的填列方法

①"经营收入"项目，反映农村集体经济组织进行各项生产销售、提供劳务、让渡集体资产资源使用权等经营活动取得的收入，根据"经营收入"科目的本期发生额分析填列。

②"投资收益"项目，反映农村集体经济组织对外投资取得的收益扣除发生的投资损失后的净额，根据"投资收益"科目的本期发生额分析填列；若为投资损失，则数字以"-"号填列。

③"补助收入"项目，反映农村集体经济组织获得的政府给予保障村级组织和村务运转的补助资金以及贷款贴息等经营性补助资金，根据"补助收入"科目的本期发生额分析填列。

④ "经营支出"项目，反映农村集体经济组织因销售商品、提供劳务、让渡集体资产资源使用权等经营活动而发生的实际支出，根据"经营支出"科目的本期发生额分析填列。

⑤ "税金及附加"项目，反映农村集体经济组织从事生产经营活动按照税法的有关规定应负担的相关税费，根据"税金及附加"科目的本期发生额分析填列。

⑥ "管理费用"项目，反映农村集体经济组织管理活动发生的支出，根据"管理费用"的本期发生额分析填列。其中"运转支出"项目，反映农村集体经济组织发生保障村级组织和村务运转的各项支出，包括村干部补助、村两委办公经费等，根据"管理费用"科目下相关明细科目的本期发生额分析填列。

⑦ "经营收益"项目，反映农村集体经济组织当期通过生产经营活动实现的收益，根据收益及收益分配表中"经营收入""投资收益""补助收入"项目金额之和减去"经营支出""税金及附加""管理费用"项目金额后的余额填列。若为经营亏损，则数字以"-"号填列。

⑧ "其他收入"项目，反映农村集体经济组织除经营收入、投资收益、补助收入以外的其他收入，根据"其他收入"科目的本期发生额分析填列。

⑨ "公益支出"项目，反映农村集体经济组织发生的用于本集体经济组织内部公益事业、集体福利或成员福利的支出，以及公益性固定资产折旧和修理费等，根据"公益支出"科目的本期发生额分析填列。

⑩ "其他支出"项目，反映农村集体经济组织发生除经营支出、税金及附加、管理费用、公益支出、所得税费用以外的其他各项支出，根据"其他支出"科目的本期发生额分析填列。

⑪ "收益总额"项目，反映农村集体经济组织当期实现的收益总额，根据收益及收益分配表中"经营收益""其他收入"项目金额之和减去"公益支出""其他支出"项目金额后的余额填列。若为亏损总额，则数字以"-"号填列。

⑫ "所得税费用"项目，反映农村集体经济组织根据税法规定确定的应从当期收益总额中扣除的所得税费用，根据"所得税费用"科目的本期发生额分析填列。

⑬ "净收益"项目，反映农村集体经济组织本年实现的收益净额，根据收益及收益分配表中"收益总额"项目金额减去"所得税费用"项目金额后的余额填列。若如为净亏损，则数字以"-"号填列。

⑭ "年初未分配收益"项目，反映农村集体经济组织上年度未分配的收益，根据上年度收益及收益分配表中"年末未分配收益"项目的金额填列。若为未弥补亏损，则数字以"-"号填列。

⑮ "其他转入"项目，反映农村集体经济组织按有关规定用公积公益金弥补亏损等转入的数额，根据实际转入的公积公益金数额填列。

⑯ "可分配收益"项目，反映农村集体经济组织年末可分配的收益总额，根据收益及收益分配表中"净收益""年初未分配收益""其他转入"项目金额的合计数填列。若可分配收益为负数，则数字以"-"号填列。

⑰ "提取公积公益金"项目，反映农村集体经济组织按照规定提取的公积公益金数

额，根据实际提取的公积公益金数额填列。

⑱"向成员分配"项目，反映农村集体经济组织按照成员（代表）大会的决议，向成员分配的金额，根据"收益分配"科目下相关明细科目的借方发生额分析填列。

⑲"年末未分配收益"项目，反映农村集体经济组织年末累计未分配的收益，根据收益及收益分配表中"可分配收益"项目金额减去"提取公积公益金""向成员分配""其他"项目金额后的余额填列。若为未弥补的亏损，则数字以"-"号填列。

（2）"上年金额"的填列方法

收益及收益分配表"上年金额"栏内各项数字，根据上年度收益及收益分配表"本年金额"栏内各对应项目数字填列。在编制 2024 年度收益及收益分配表时，不要求填列"上年金额"。

四、农村集体经济组织的会计报表附注

会计报表附注是财务会计报告的重要组成部分。农村集体经济组织应在会计报表附注中按照下列顺序披露以下内容。

1. 遵循农村集体经济组织会计制度的声明

农村集体经济组织应当声明编制的财务会计报告符合农村集体经济组织会计制度的要求，真实、完整地反映了农村集体经济组织的财务状况、经营成果等有关信息。

2. 农村集体经济组织的基本情况

基本情况包括：农村集体经济组织的资本总额、成员总数及构成、主要经营项目、集体经营性财产和非经营性财产的构成、是否由村民委员会代行职能等情况。

3. 成员权益结构情况

（1）农村集体经济组织的资本形成情况。

（2）成员享有的经营性财产收益权份额结构。

（3）成员权益变动情况。

4. 会计报表重要项目说明

会计报表重要项目的进一步说明，包括其主要构成、增减变动情况等。

5. 已发生损失但尚未批准核销资产情况

已发生损失但尚未批准核销的相关资产的名称、金额等情况及说明，包括：

（1）确实无法收回的应收款项。

（2）无法收回的对外投资。

（3）毁损和报废的固定资产。

（4）毁损和报废的在建工程。

（5）注销和无效的无形资产。

（6）已发生损失但尚未批准核销的其他资产。

6. 以名义金额计量的资产情况

以名义金额计量的资产名称、数量等情况，以及以名义金额计量理由的说明；若涉及该资产处置，则披露以名义金额计量的资产的处置价格、处置程序等情况。

7. 企业所得税纳税调整

对已在资产负债表、收益及收益分配表中的列示项目与企业所得税法规定存在差异的纳税调整过程。

8. 其他重要事项

（1）接受捐赠。

（2）国家财政支持和税收优惠。

（3）提取公积公益金的比例。

（4）收益分配方案、亏损处理方案。

（5）经营收入中销售收入、劳务收入、出租收入、发包收入的构成情况。

（6）根据经营活动和公益活动划分负债的具体情况等。

9. 其他说明

根据国家有关法律法规和集体经济组织章程等规定，需要在会计报表附注中说明的其他事项。

第二节　会计报告编制的信息化管理

一、会计信息系统下报表管理的特点

在手工会计核算流程中，结账和编制会计报表是两个重点工作环节，工作量大且庞杂。在会计信息系统下，一次性预先定义账户结转关系和账户报表数据对应关系，结账和编制会计报表作为一个步骤由计算机在较短时间内同时自动完成。

在会计信息系统下，报表系统是一个独立的子系统。在使用报表系统时首先需要初始化报表。一般会计信息处理软件中都会设定报表模板，农村集体经济组织只需调用模板，根据会计凭证和账簿就能够自动生成报表，并且在会计报表中能够审查每一笔经济业务的发生情况，根据需要输出并打印报表。

二、会计信息系统下报表管理的内容

会计报表是以货币为计量单位，总括反映在某一时点的资产状况以及一定时期内收益情况的报告。在会计信息系统下，报表管理主要是信息的查询、输出、打印等，包括会计报表的生成查询、科目余额表和收支明细表的查询等功能模块。

农村集体经济组织的报表管理模块主要包括：资产负债表、收益及收益分配表、科目余额表、收支明细表的查询、输出、打印等。总之，在会计信息系统下报表管理主要是信息输出，报表编制工作完全简化。

第三节　会计信息系统实务操作——报表管理

一、报表管理的基本介绍

借助会计信息系统，可实现会计报表的编制和查询管理等。本节重点分析会计信息系统中的报表管理，并主要以"天津市农村集体资产管理信息系统"为示例，简要介绍

报表相关的基本功能。

在天津市农村集体资产管理信息系统中，与报表管理有关的功能模块包括科目余额表、收支明细表、资产负债表、收益及收益分配表、债权债务表、科目汇总表和财务公开榜，如图 14-2 所示。

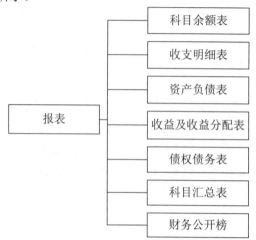

图 14-2 "报表管理"相关功能

二、实务操作步骤

在天津市农村集体资产管理信息系统中，"报表"主要是对科目余额表、收支明细表、资产负债表、收益及收益分配表、债务债权表、科目汇总表、财务公开榜的查询和输出，功能菜单如图 14-3 所示。

图 14-3 "报表"相关功能

（一）科目余额表查询与输出

在"科目余额表"功能窗口中，可选择年、月，单击"查询"按钮进行科目余额表查询；选择"打印和导出"，可将科目余额表直接打印或导出到 Excel 表中，如图 14-4 所示。

（二）收支明细表查询与输出

在"收支明细表"功能窗口中，可选择年、月，单击"查询"按钮进行收支明细表查询；选择"打印和导出"，可将收支明细表直接打印或导出到 Excel 表中，如图 14-5 所示。

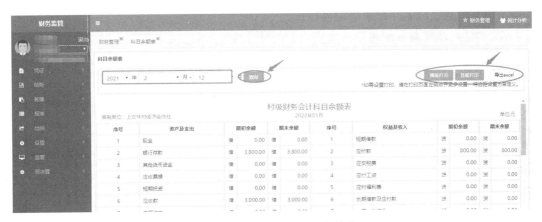

图 14-4 科目余额表查询与输出

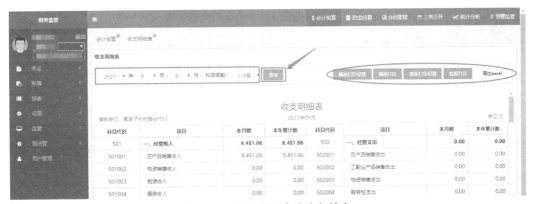

图 14-5 收支明细表查询与输出

（三）资产负债表查询与输出

在"资产负债表"功能窗口中，可选择年、月，单击"查询"按钮进行资产负债表查询；选择"打印和导出"，可将资产负债表直接打印或导出到 Excel 表中，如图 14-6 所示。

图 14-6 资产负债表查询与输出

（四）收益及收益分配表查询与输出

在"收益及收益分配表"功能窗口中，可选择年、月，单击"查询"按钮进行收益及收益分配表查询；选择"打印和导出"，可将收益及收益分配表直接打印或导出到 Excel 表中，如图 14-7 所示。

图 14-7　收益及收益分配表查询与输出

（五）债权债务表查询与输出

在"债权债务表"功能窗口中，可选择年、月，单击"查询"按钮进行债权债务表查询；选择"打印和导出"，可将债权债务表直接打印或导出到 Excel 表中，如图 14-8 所示。

图 14-8　债权债务表查询与输出

（六）科目汇总表查询与输出

在"科目汇总表"功能窗口中，可选择年、月，单击"查询"按钮进行科目汇总表查询；选择"打印和导出"，可将科目汇总表直接打印或导出到 Excel 表中，如图 14-9 所示。

图 14-9　科目汇总表查询与输出

（七）财务公开榜数据查询与输出

在"财务公开榜"功能窗口中，可选择年、月，单击"查询"按钮进行财务公开数据查询；选择"打印和导出"，可将财务公开数据直接打印或导出到 Excel 表中，如图 14-10 所示。

图 14-10　财务公开榜数据查询与输出

第四节　汇总会计报表和合并会计报表的编制

一、汇总会计报表的编制

（一）汇总会计报表的内容

汇总会计报表，是指农村集体经济组织根据行政主管部门的要求，逐层逐级汇总编报的会计报表，包括资产负债汇总表（组织类）、资产负债汇总表（全资企业类）、资产负债汇总表（合并报表）和资源性资产清查登记汇总表。

资产负债汇总表包括三类：组织类、全资企业类和合并报表。其中，资产负债汇总表（组织类）是指农村集体经济组织本部的资产、负债和所有者权益数据的汇总。资产负债汇总表（全资企业类）是指农村集体经济组织"所属企业"①的资产、负债和所有者权益数据的汇总。资产负债汇总表（合并报表）是农村集体经济组织及其所属企业的资产、负债和所有者权益合并数据的汇总。

需要注意的是：存在所属企业的农村集体经济组织需要同时编制本部资产负债表、全资企业资产负债表和合并资产负债表。

（二）汇总会计报表的编制方式

根据农业农村部政策与改革司关于"农村集体资产清查"工作要求，农村集体经济组织每年需在全国农村集体资产监督管理平台（以下简称"全国监管平台"）清产核资管理系统中填报年度农村集体资产清查报表。2023年度，农村集体经济组织需要填报年度农村集体资产清查报表，涉及货币资金清查登记表等28张清查明细表。各级农业农村部门根据系统自动汇总生成资产负债汇总表（组织类）、资产负债汇总表（全资企业类）、资产负债汇总表（合并报表）和资源性资产清查登记汇总表这4张报表，并逐级审核上报。

从体例上看，资产负债汇总表的报表格式和表14-1几乎完全相同，唯一区别是在表头上标明了"汇总表"。

二、合并会计报表的编制

（一）合并会计报表的内容

根据农业农村部等九部门联合印发的《关于全面开展农村集体资产清产核资工作的通知》（农经发〔2017〕11号）有关"建立年度资产清查制度和定期报告制度"的要求，自2018年起，各地要在农村集体资产清产核资的基础上，开展年度资产清查，拥有企业的农村集体经济组织应编制合并资产负债表，反映各级农村集体经济组织与所属企业合并报表后资产负债的整体情况。

需要注意的是：合并会计报表是因清产核资工作需要进行的编制，仅需要编制"合并资产负债表"，不需要编制合并的收益及收益分配表。

（二）合并会计报表的编制方法②

农村集体经济组织和所属企业单独进行会计核算，且所执行的会计政策不同，造成财务数据进行合并时存在一定难度。目前，农村集体经济组织执行《农村集体经济组织会计制度》，农村集体经济组织所属企业执行《小企业会计准则》或《企业会计准则》。为此，编制农村集体经济组织及其所属企业的合并报表存在一定技术难点。

1. 编制原则

（1）坚持报表基础的原则。合并资产负债表应根据个别资产负债表编制，而不是直接根据农村集体经济组织和企业的账簿编制。编制时，要以农村集体经济组织资产负债表为基础，逐个与所属企业的报表进行合并，而不能先合并多个所属企业的报表，再与农村集体经济组织的报表进行合并。

（2）坚持一体性原则。对农村集体经济组织与所属企业相互之间发生的经济业务，应当视为同一主体内部业务处理，需要进行内部的抵销合并，具体来说，就是要把农村

---

① 农村集体经济组织所属企业，包括全资持有、直接或间接拥有半数以上表决权等能够控制的被投资企业。

② 合并会计报表的方法，参照李彩霞等（2020）文献资料。李彩霞，等.清产核资中资产负债表合并实例[J].农村财务会计，2020（2）：4-11.

集体经济组织与所属企业的内部债权债务、长期投资与所有者权益等进行抵销。

（3）坚持重要性原则。农村集体经济组织与所属企业相互之间发生的经济业务，在编制合并报表时，可以按对整体的影响程度进行取舍。

2. 前期准备

（1）统一农村集体经济组织与所属企业的资产负债表决算日及会计期间。

（2）编制资产负债表项目对照表。由于农村集体经济组织与所属企业执行的会计制度不同，因此二者的资产负债表项目略有不同，首先要梳理出同类项目，找好对应关系，编制"资产负债表合并项目对照表"。农村集体经济组织与企业的资产负债表项目对照表如表14-3所示。

表 14-3　农村集体经济组织与企业的资产负债表项目对照表

编号	企业	农村集体经济组织	编号	企业	农村集体经济组织
1	货币资金	货币资金	33	短期借款	短期借款
2	短期投资	短期投资	34	应付票据	应付款项
3	*交易性金融资产 *衍生金融资产		35	应付账款	
4	应收票据	应收款项	36	预收账款	
5	应收账款		37	应付利息	
6	预付账款		38	应付利润	
7	应收利息		39	其他应付款	分析填列，计入应付款项或应付劳务费
8	应收股利		40	应付职工薪酬	应付工资
9	其他应收款		41	应交税费	应交税费
10	存货	存货	42	*交易性金融负债	分析填列
11	工程物资		43	*衍生金融负债	
12	消耗性生物资产	消耗性生物资产	44	*合同负债	
13	其他流动资产	分析填列	45	*持有待售负债	
14	长期债券投资	长期投资	46	其他流动负债	分析填列
15	长期股权投资		47	长期借款	长期借款及应付款
16	*可供出售金融资产		48	长期应付款	
17	*持有者到期投资		49	*应付债券	
18	*投资性房地产		50	递延收益	
19	固定资产原值	固定资产	51	*长期应付款	分析填列
20	累计折旧	累计折旧	52	*预计负债	
21	固定资产账面价值	固定资产净值	53	*递延所得税负债	
22	在建工程	在建工程	54	/	一事一议资金
23	固定资产清理	固定资产清理	55	/	专项应付款
24	生物性生物资产	生产性生物资产原值	56	其他非流动负债	分析填列
25		生产性生物资产累计折旧			

编号	企业	农村集体经济组织	编号	企业	农村集体经济组织
26		生产性生物资产净值			
27		无形资产原值			
28	无形资产	累计折旧	57	实收资本（股本）	资本
29		无形资产净值	58	*其他权益工具	分析填列
30	/	公益性生物资产	59	资本公积	公积公益金
31	长期待摊费用	长期待摊费用	60	盈余公积	
32	其他非流动资产	分析填列	61	未分配利润	未分配收益

备注：本表中企业项目主要参照《小企业会计准则》的资产负债表项目进行列示。其中，标注"*"的项目参照《企业会计准则》的资产负债表项目进行了一些主要内容的补充。

表 14-3 中，农村集体经济组织与企业的这些差异情况主要采用以下三种方法确定合并关系。

一是，农村集体经济组织报表一个项目与企业报表多个项目直接对应。在此情况下，企业资产负债表中多个项目需合并至农村集体经济组织资产负债表中某一个项目内。例如，将企业的应收票据、应收账款、预付账款、应收利息、应收股利、其他应收款等项目，合并到农村集体经济组织的"应收款项"项目；将企业的应付票据、应付账款、预收账款、应付利息、应付利润等项目，合并到农村集体经济组织的"应付款项"项目；将企业的长期借款、长期应付款、应付债券、长期应付款等项目，合并到农村集体经济组织的"长期借款及应付款"项目；将企业的"资本公积""盈余公积"项目，合并到农村集体经济组织的"公积公益金"项目。

二是，农村集体经济组织报表一个项目与企业报表一个项目直接对应。在此情况下，企业资产负债表项目与农村集体经济组织资产负债表项目名称略有差异，但所反映的经济业务内容一致，因此，根据核算的业务实质，直接确定企业资产负债表项目与农村集体经济组织资产负债表项目的一一对应关系。例如，企业的"固定资产账面价值"项目与农村集体经济组织的"固定资产净值"直接对应；企业的"应付职工薪酬"项目与农村集体经济组织的"应付工资"直接对应；企业的"实收资本（或股本）"项目与农村集体经济组织的"资本"直接对应；企业的"未分配利润"项目与农村集体经济组织的"未分配收益"直接对应。

三是，分析判断农村集体经济组织报表项目与企业报表项目之间的对应关系。在此情况下，企业资产负债表中的某些项目需要根据业务实质，结合账簿资料，分析填列至农村集体经济组织资产负债表项目内。例如，企业"生物性生物资产"项目，需根据企业账簿明细，分别确定生产性生物资产原值、生产性生物资产累计折旧、生产性生物资产净值的金额，并相应并入农村集体经济组织的资产负债表项目内。类似的项目还涉及企业的"无形资产"。

3. 编制程序

农村集体经济组织仅编制合并资产负债表，因此，以下为合并资产负债表的编制程序。

（1）编制合并工作底稿。合并工作底稿以农村集体资产负债表项目为基础，分别对农村集体经济组织、所属某企业、合计数、抵销分录、合并数等进行编制。合并工作底稿基本格式如表14-4所示。

表 14-4　合并工作底稿

编制单位：　　　　　　　　　　　年　月　日　　　　　　　　　单位：元

资产负债表项目	农村集体经济组织	某企业	合计数	抵消分录 借方	抵消分录 贷方	合并数
流动资产：						
货币资金						
短期投资						
应收款项						
存货						
消耗性生物资产						
流动资产合计						
非流动资产：						
长期投资						
生产性生物资产原值						
减：生产性生物资产累计折旧						
生产性生物资产净值						
固定资产原值						
减：累计折旧						
固定资产净值						
在建工程						
固定资产清理						
固定资产小计						
无形资产原值						
减：累计摊销						
无形资产净值						
公益性生物资产						
长期待摊费用						
非流动资产合计						
资产总计						
流动负债：						
短期借款						
应付款项						
应付工资						
应付劳务费						

资产负债表项目	农村集体经济组织	某企业	合计数	抵消分录		合并数
				借方	贷方	
应交税费						
流动负债合计						
非流动负债:						
长期借款及应付款						
一事一议资金						
专项应付款						
非流动负债合计						
负债合计						
所有者权益:						
资本						
公积公益金						
未分配收益						
所有者权益合计						
负债和所有者权益总计						

（2）将农村集体经济组织资产负债表各项目数据，直接填入工作底稿"农村集体经济组织"列中。

（3）将纳入合并范围的企业资产负债表各项目数据，按合并项目对照表进行整理汇总后填入工作底稿"某企业"列中。对于企业报表中未分列的固定资产原值及累计折旧等项目，根据有关账簿填列。

（4）将农村集体经济组织和所属企业各项目的数据进行汇总，填入工作底稿合计数列中。

（5）将农村集体经济组织与所属企业相互之间发生的经济业务进行抵销处理，编制抵销分录。抵销分录是合并报表编制的关键和难点。需要注意的是：抵消分录只为编制合并报表所用，不需要调整已有账目。编制完抵销分录后，将其数据分别填入工作底稿的抵销分录列中。在编制合并资产负债表时，主要抵销以下项目。

①农村集体经济组织长期投资和企业所有者权益项目的抵销。农村集体经济组织在对企业进行投资时，农村集体经济组织方面反映长期投资的增加和相对应资产的减少，企业方面反映实收资本的增加和相对应资产的增加，但作为整体来看，实质上并不引起资产、负债、所有者权益的增减变动。所以，在编制合并资产负债表时，要分别查清农村集体经济组织长期投资与企业所有者权益之间的关系，并核实确认，将农村集体经济组织对企业的长期投资与企业的所有者权益项目予以抵销。如果所属企业不是全资企业，则按持有的所有权比例进行抵销。抵销分录为，借记"实收资本""公积公益金""未分配收益"，贷记"长期投资"，差额记入"公积公益金"。

农村集体经济组织持有全资企业股份时，需要将农村集体经济组织的长期投资项目与全资企业的所有者权益项目进行合并抵消处理，抵消分录如下：

借：实收资本/股本（全资企业的实收资本/股本）

资本公积（全资企业的资本公积）

盈余公积（全资企业的盈余公积）

未分配利润（全资企业的未分配利润）

公积公益金（借方差额）

贷：长期投资（农村集体经济组织的长期投资）

公积公益金（贷方差额）

农村集体经济组织直接或间接拥有半数以上表决权等能控制的被投资企业时，需要将农村集体经济组织的长期投资项目与被投资企业的所有者权益的份额进行合并抵消处理，抵消分录如下：

借：实收资本/股本（被控制企业的实收资本/股本×农村集体经济组织持股比例）

资本公积（被控制企业资本公积×农村集体经济组织持股比例）

盈余公积（被控制企业盈余公积×农村集体经济组织持股比例）

未分配利润（被控制企业未分配利润×农村集体经济组织持股比例）

公积公益金（借方差额）

贷：长期投资（农村集体经济组织的长期股权投资）

少数股东权益（被控制企业清产核资时点日净资产账面余额×少数股东持股比例）

公积公益金（贷方差额）

②农村集体经济组织与企业内部债权债务项目的抵销。农村集体经济组织与企业相互之间的债权债务项目，在一方资产负债表中反映为资产，在另一方资产负债表中反映为负债。但从整体来看，它只是内部资金流动，既不增加整体资产，也不增加整体负债。因此，在编制合并报表时，应分别查清农村集体经济组织与企业之间的债权债务关系，并核实确认，将内部债权债务项目予以抵销。

如果企业欠农村集体经济组织款项，则需要借方冲减全资企业的债务，贷方冲减农村集体经济组织的债权。农村集体经济组织债权与全资企业债务抵消，抵消分录如下：

借：应付账款/应付票据/应付利息/等（全资企业的债务）

贷：应收款项（农村集体经济组织的债权）

如农村集体经济组织欠企业款项，需要借方冲减农村集体经济组织的债务，贷方冲减全资企业的债权。农村集体经济组织债务与全资企业债权抵消，抵消分录如下：

借：应付款项（农村集体经济组织的债务）

贷：应收账款/应收票据/应收利息/等（全资企业的债权）

（6）将合并工作底稿合计数栏与抵销分录栏进行抵销、合并、调整，计算出合并资产负债表各项目的合并数。资产类的合并数等于合计数加上抵销分录的借方数据，减去抵销分录的贷方数据。负债及所有者权益合并数等于合计数加上抵销分录的贷方数据，减去抵销分录的借方数据。

（三）合并会计报表的编制举例

【例14-1】T村集体经济组织财务实行委托代理制度，会计核算和资金管理委托镇会计站代理。设有主管会计、报账员共 4 名，负责村内财务管理。目前，T 村名下有一家全资企业——A 公司。A 公司成立于 2014 年，经营范围包括对商业项目、基础设施建设、工业项目的投资；物业管理服务和投资咨询服务。根据 T 村所在地区规定，将农村集体经济组织全资拥有的下属企业纳入清产核资范围内，需要编制合并资产负债表。

经对 T 村内基准日的集体资产、资金、资源进行核查，T 村集体资产、负债及所有者权益情况如表 14-5 所示。A 公司清产核资后的资产负债表如表 14-6 所示。

表 14-5　T 村集体经济组织资产负债表（单位：元）

资产	账面数	负债和所有者权益	账面数
流动资产：		流动负债：	
货币资金	36 658 376.12	短期借款	150 023.18
短期投资	20 056.38	应付款项	62 552 850.54
应收款项	82 883 312.74	应付工资	
存货	67 500.00	应付劳务费	816 170.00
消耗性生物资产	129 966.80	应交税费	
流动资产合计	119 759 212.04	流动负债合计	63 519 043.72
非流动资产：		非流动负债：	
长期投资	617 600.00	长期借款及应付款	2 334 817.09
生产性生物资产原值		一事一议资金	
减：生产性生物资产累计折旧		专项应付款	
生产性生物资产净值		非流动负债合计	2 334 817.09
固定资产原值	272 572 046.61	负债合计	65 853 860.81
减：累计折旧	130 591 488.70		
固定资产净值	141 980 557.91		
在建工程	2 831 841.00		
固定资产清理	18 596 395.71		
固定资产小计	163 408 794.62		
无形资产原值			
减：累计摊销		所有者权益：	
无形资产净值		资本	32 656 800.00
公益性生物资产		公积公益金	183 600 430.05
长期待摊费用		未分配收益	1 674 515.80
非流动资产合计	164 026 394.62	所有者权益合计	217 931 745.85
资产总计	283 785 606.66	负债和所有者权益总计	283 785 606.66

备注：为合并报表编制流程分析需要，本表根据村内实际数据进行了一定调整。表内数据仅作研究，不代表村内实际财务情况。

表 14-6　A 公司资产负债表（单位：元）

资产	账面数	负债和所有者权益	账面数
流动资产：		流动负债：	
货币资金	712 567.47	短期借款	
短期投资		应付票据	94 787.47
应收票据		应付账款	34 269.16
应收账款	2 368.00	预收账款	
预付账款		应付职工薪酬	8 361.90
应收股利		应交税费	34 856.00
应收利息		应付利息	13 810.66
其他应收款		应付利润	
存货	642 180.22	其他应付款	
其中：原材料		其他流动负债	
在产品		流动负债合计	186 085.19
库存商品		非流动负债：	
周转材料		长期借款	568 800.00
其他流动资产		长期应付款	13 459.12
流动资产合计	1 357 115.69	递延收益	
非流动资产：		其他非流动负债	
长期债券投资		非流动负债合计	582 259.12
长期股权投资		负债合计	768 344.31
固定资产原价			
减：累计折旧			
固定资产账面价值			
在建工程	63 522.18		
工程物资			
固定资产清理			
生产性生物资产		所有者权益（或股东权益）	
无形资产	10 400.00	实收资本（或股本）	584 000.00
开发支出		资本公积	28 560.71
长期待摊费用	4 605.89	盈余公积	18 650.18
其他非流动资产		未分配利润	36 088.56
非流动资产合计	78 528.07	所有者权益（或股东权益）合计	667 299.45
资产总计	1 435 643.76	负债和所有者权益（或股东权益）总计	1 435 643.76

1. 编制合并抵消分录

因为农村集体经济组织与全资企业之间存在内部交易往来，会形成一定的债权债务关系、投资与被投资关系等，所以在进行合并报表编制时，需要将这些内部往来交易所形成的资产、负债和所有者权益进行抵消处理。围绕这些内部交易，编制如下相关合并抵消分录。需要注意的是：抵消分录只为编制报表所用，不需要调整账簿。

（1）农村集体经济组织持有全资企业股份的抵消分录

农村集体经济组织的长期投资项目需要与全资企业的所有者权益项目进行合并抵消处理。本实例中，T村的长期投资全部是对A公司的股权投资。T村的长期投资项目需与A公司的所有者权益项目相互抵消，差额记入T村的公积公益金，抵消分录如下：

借：实收资本（A公司）　　　　　　　　　　　　584 000.00

　　资本公积（A公司）　　　　　　　　　　　　　28 560.71

　　盈余公积（A公司）　　　　　　　　　　　　　18 650.18

　　未分配利润（A公司）36 088.56

　　贷：长期投资（T村集体经济组织）　　　　　　　　　　　617 600.00

　　　　公积公益金（T村集体经济组织）　　　　　　　　　　 49 699.45

（2）内部债权债务的抵消分录

农村集体经济组织与全资企业内部往来产生的债权债务需要抵消，冲减已发生的内部交易的债权债务。农村集体经济组织的债权与全资企业的债务进行抵消处理，需要借方冲减全资企业的债务，贷方冲减农村集体经济组织的债权。实例中，T村与A公司存在内部债务往来，假设A公司的"应付账款"为34 269.16元，全部为应支付给T村的款项。该内部债权债务的抵消分录如下：

借：应付账款（A公司）　　　　　　　　　　　　34 269.16

　　贷：应收款项（T村集体经济组织）　　　　　　　　　　　 34 269.16

假设，T村与A公司不存在除上述业务外的其他抵消处理。

2. 编制合并资产负债表

根据抵消分录，对农村集体经济组织和全资企业的资产负债表进行调整后，需要将农村集体经济组织和全资企业的资产负债表合并到一起，形成合并资产负债表。以T村资产负债表（表14-5）为基础，将A公司资产负债表（表14-6）的各项目并入，并根据抵消分录调整最后金额。编制T村合并工作底稿如表14-7所示。

表14-7　合并工作底稿（单位：元）

资产负债表项目	农村集体经济组织	A公司	合计数	抵消分录		合并数
				借方	贷方	
流动资产：						
货币资金	36 658 376.12	712 567.47	37 370 943.59			37 370 943.59
短期投资	20 056.38		20 056.38			20 056.38
应收款项	82 883 312.74	2 368.00	82 885 680.74		34 269.16	82 851 411.58
存货	67 500.00	642 180.22	709 680.22			709 680.22
消耗性生物资产	129 966.80		129 966.80			129 966.80
流动资产合计	119 759 212.04	1 357 115.69	121 116 327.73			121 116 327.73
非流动资产：						
长期投资	617 600.00		617 600.00	617 600.00		0.00

续表

资产负债表项目	农村集体经济组织	A 公司	合计数	抵消分录 借方	抵消分录 贷方	合并数
生产性生物资产原值						
减：生产性生物资产累计折旧						
生产性生物资产净值						
固定资产原值	272 572 046.61		272 572 046.61			272 572 046.61
减：累计折旧	130 591 488.70		130 591 488.70			130 591 488.70
固定资产净值	141 980 557.91		141 980 557.91			141 980 557.91
在建工程	2 831 841.00	63 522.18	2 895 363.18			2 895 363.18
固定资产清理	18 596 395.71		18 596 395.71			18 596 395.71
固定资产小计	163 408 794.62		163 408 794.62			163 408 794.62
无形资产原值		10 400.00	10 400.00			10 400.00
减：累计摊销						
无形资产净值						
公益性生物资产						
长期待摊费用		4 605.89	4 605.89			4 605.89
非流动资产合计	164 026 394.62	78 528.07	164 104 922.69			164 104 922.69
资产总计	283 785 606.66	**1 435 643.76**	**285 221 250.42**			**285 221 250.42**
流动负债：						
短期借款	150 023.18		150 023.18			150 023.18
应付款项	62 552 850.54	142 867.29	62 695 717.83	34 269.16		62 661 448.67
应付工资		8 361.90	8 361.90			8 361.90
应付劳务费	816 170.00		816 170.00			816 170.00
应交税费		34 856.00	34 856.00			34 856.00
流动负债合计	63 519 043.72	186 085.19	63 705 128.91			63 705 128.91
非流动负债：						
长期借款及应付款	2 334 817.09	582 259.12	2 917 076.21			2 917 076.21
一事一议资金						
专项应付款						
非流动负债合计	2 334 817.09	582 259.12	2 917 076.21			2 917 076.21
负债合计	65 853 860.81	768 344.31	66 622 205.12			66 622 205.12
所有者权益：						
资本	32 656 800.00	584 000.00	33 240 800.00	584 000.00		32 656 800.00
公积公益金	183 600 430.05	47 210.89	183 647 640.94	47 210.89	49 699.45	183 650 129.50
未分配收益	1 674 515.80	36 088.56	1 710 604.36	36 088.56		1 674 515.80
所有者权益合计	217 931 745.85	667 299.45	218 599 045.30			218 599 045.30
负债和所有者权益总计	283 785 606.66	1 435 643.76	285 221 250.42			285 221 250.42

部分项目计算过程如下：

①应付款项 142 867.29 元=A 公司的应付票据 94 787.47 元+应付账款 34 269.16 元+应付利息 13 810.66 元；

②长期借款及应付款 582 259.12 元=A 公司长期借款 568 800 元+长期应付款 13 459.12 元；

③公积公益金 47210.89 元=A 公司资本公积 28 560.71 元+盈余公积 18 650.18 元。

由此，得到 T 村集体经济组织合并资产负债表，见表 14-8 所示。

表 14-8　T 村集体经济组织合并资产负债表（单位：元）

资产	账面数	负债和所有者权益	账面数
流动资产：		流动负债：	
货币资金	37 370 943.59	短期借款	150 023.18
短期投资	20 056.38	应付款项	62 661 448.67
应收款项	82 851 411.58	应付工资	8 361.90
存货	709 680.22	应付劳务费	816 170.00
消耗性生物资产	129 966.80	应交税费	34 856.00
流动资产合计	121 116 327.73	流动负债合计	63 705 128.91
非流动资产：		非流动负债：	
长期投资	0.00	长期借款及应付款	2 917 076.21
生产性生物资产原值		一事一议资金	
减：生产性生物资产累计折旧		专项应付款	
生产性生物资产净值		非流动负债合计	2 917 076.21
固定资产原值	272 572 046.61	负债合计	66 622 205.12
减：累计折旧	130 591 488.70		
固定资产净值	141 980 557.91		
在建工程	2 895 363.18		
固定资产清理	18 596 395.71		
固定资产小计	163 408 794.62		
无形资产原值	10 400.00		
减：累计摊销		所有者权益：	
无形资产净值		资本	32 656 800.00
公益性生物资产		公积公益金	183 650 129.50
长期待摊费用	4 605.89	未分配收益	1 674 515.80
非流动资产合计	164 104 922.69	所有者权益合计	218 599 045.30
资产总计	**285 221 250.42**	负债和所有者权益总计	**285 221 250.42**

第五节　会计报告分析

在本书中，会计报告分析，特指"财务分析"。本部分借用企业财务分析常见指标，结合农村集体经济组织经营管理的特点，对农村集体经济组织会计报告进行分析。

一、财务分析概述

（一）财务分析的概念和意义

农村集体经济组织财务分析是以其会计核算、会计报表资料及其他相关资料为依据，采用一系列专门的分析技术和方法，对农村集体经济组织过去和现在有关财务状况、经营收益、权益结构等进行分析与评价的经济管理活动。简而言之，财务分析是立足于财务会计资料，利用专业技术对经营管理能力进行分析，最后从财务角度得出结论，并提出合理化建议的过程。

从宏观角度，农村集体经济组织财务分析可以为投资人、债权人、政府管理部门等外部信息使用者提供更加系统完整的会计信息，便于这些信息使用者更加深入地了解农村集体经济组织的资产规模和构成、权益来源、负债规模和构成、收入来源、支出范围和比重等情况，能更全面地通过分析农村集体经济组织的财务状况、经营收益和未来发展潜力等进行管理决策，辅助政府管理部门制定政策提供数据信息支撑。

从微观角度，农村集体经济组织财务分析可为其组织内部经营管理提供有价值的决策信息，通过农村集体经济组织财务数据进行营运能力、偿债能力、盈利能力、发展能力等分析，客观评价其经营业绩和财务状况，进而将可能影响经营成果及财务状况的微观因素和宏观因素、主观因素和客观因素加以区分，划清责任界限，客观评价效益，促进经营管理水平的提高。

（二）财务分析基本方法

1. 比较分析法

比较分析法，旨在说明财务信息之间的数量关系与数量差异，为进一步的分析指明方向。具体可分为横向比较和纵向比较，如图14-11所示。

（1）横向比较，即将本农村集体经济组织与其他农村集体经济组织进行比较，确定差异数额和幅度，来反映不同农村集体经济组织之间的财务状况或经营收益变动情况。具体比较时，农村集体经济组织可以和某一地区范围内所有农村集体经济组织的平均情况进行横向对比，用来考察该农村集体经济组织与地区均值的差异程度；也可以和本地区的"标杆"型农村集体经济组织进行横向比较，用来找出差距。

（2）纵向比较分析，也可以称为"趋势分析"，通过对比农村集体经济组织两期或连续多期的财务数据，确定其增减变动的方向、数额和幅度，来说明其财务状况或经营收益变动情况。不同时期的财务比较，可以计算定基动态比率，即以某一时期的数额为固定的基期数额而计算出来的动态比率；也可以计算环比动态比率，即以每一分析期的数据与上期数据相比较计算出来的动态比率。

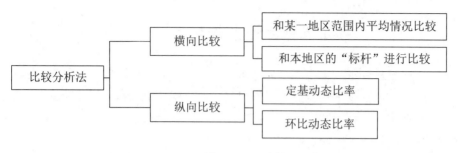

图 14-11　比较分析法

2. 比率分析法

比率分析法，是通过计算各种比率指标来确定财务活动变动程度的方法。比率指标的类型主要有构成比率、效率比率和相关比率，如图 14-12 所示。

（1）构成比率，又称结构比率，是某项财务指标的各组成部分数值占总体数值的百分比，反映部分与总体的关系。比如，流动资产占总资产的比率、生物资产占总资产的比率。

（2）效率比率，是某项财务活动中花费与所得的比率，反映投入与产出的关系。比如，经营性资产的收益率。

（3）相关比率，是以某个项目和与其有关但又不同的项目加以对比所得的比率，反映有关经济活动的相互关系。比如，将流动资产与流动负债进行对比，计算出流动比率，可以判断农村集体经济组织的短期偿债能力。

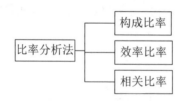

图 14-12　比率分析法

3. 因素分析法

因素分析法是依据分析指标与其影响因素的关系，从数量上确定各因素对分析指标影响方向和影响程度的一种方法。因素分析法包括：连环替代法和差额分析法。

（1）连环替代法，是一种经济活动分析中确定引起某个经济指标变动的各个因素的影响程度的方法。这种方法假定一个因素发生变动时其他因素保持不变，从而计算各个因素对经济指标变动的影响程度。连环替代法的特点是，在多个因素共同作用于某一指标的情况下，顺序地将其中一个因素视为可变因素，而将其他因素视为不变因素，逐个进行替换计算。这种方法能够帮助测定各个因素对综合性经济指标的影响程度。连环替代法的应用场景非常广泛，不仅限于收益分析，还包括收入变动分析、成本变动分析等，只要涉及两个指标之间的差异且该指标由多因素互相影响的情况，即可使用此方法找到各因素影响额。

假设 F 指标受 A、B 和 C 三个因素影响，公式表示为：$F=A \times B \times C$

基数（或者计划、上年、同地区平均水平）：$F_0=A_0 \times B_0 \times C_0$

实际数：$F_1=A_1 \times B_1 \times C_1$

连环替代法的具体运算如下。

基数：$F_0=A_0 \times B_0 \times C_0$　　　　①

置换 A 因素：$A_1 \times B_0 \times C_0$　　　②

置换 B 因素：$A_1 \times B_1 \times C_0$　　　③

置换 C 因素：$A_1 \times B_1 \times C_1$　　　④

②-①表示的是 A 因素变动对 F 指标的影响；

③-②表示的是 B 因素变动对 F 指标的影响；

④-③表示的是 C 因素变动对 F 指标的影响。

连环替代法的计算顺序遵循一定的原则，以确保分析结果的准确性和有助于分清责任。一般而言，确定正确排列因素替代程序的原则是，按分析对象的性质，从诸多因素相互依存的关系出发，并使分析结果有助于分清责任。

【例 14-2】示范村股份经济合作社主要从事"玫瑰花饼"加工生产，本年 9 月"玫瑰花饼"消耗的原材料实际费用为 9 240 元，计划费用为 8 000 元，实际费用比计划费用增加 1 240 元。"玫瑰花饼"的原材料费用由玫瑰花饼的产品产量、单位产品材料消耗用量和材料单价影响。假定三个影响因素的数值如表 14-9 所示。

表 14-9　"玫瑰花饼"的原材料费用及其影响因素

"玫瑰花饼"的影响因素	单位	计划值	实际值
产品产量	件	100	110
单位产品材料消耗量	千克	8	7
材料单价	元	10	12
消耗的材料费用总额	元	8 000	9 240

"玫瑰花饼"的消耗的材料费用总额可以分解为三个因素——产品产量、单位产品材料消耗用量和材料单价，采用连环替代法，逐一分析三个影响因素对材料费用总额的影响方向和程度。

"玫瑰花饼"消耗的原材料的计划费用：$100 \times 8 \times 10=8\,000$（元）　　　①

第一次替代（产品产量因素）：$110 \times 8 \times 10=8\,800$（元）　　　②

第二次替代（单位材料消耗量因素）：$110 \times 7 \times 10=7\,700$（元）　　　③

第三次替代（材料单价因素）：$110 \times 7 \times 12=9\,240$（元）　　　④

因产品产量增加对材料费用的影响为：②-①=8 800-8 000=800（元）

因单位产品材料消耗量节约对材料费用的影响为：③-②=7 700-8 800=-1 100（元）

因材料单价提高对材料费用的影响为：④-③=9 240-7 700=1 540（元）

综合这三个因素对材料费用总额的影响为：800-1 100+1 540=1 240（元）

（2）差额分析法，也称绝对分析法，是连环替代法的特殊形式，是一种经济活动分析中确定引起某个经济指标变动的各个因素影响程度的计算方法。这种方法通过分析财务报表中有关科目的绝对数值的大小，判断农村集体经济组织的财务状况和经营收益，适用于几个相互联系的因素共同影响某一个经济指标的情况。

假设 F 指标受 A、B 和 C 三个因素影响，公式表示为：$F = A \times B \times C$，则：

A 因素变动对 F 指标的影响：$(A_1 - A_0) \times B_0 \times C_0$

B 因素变动对 F 指标的影响：$A_1 \times (B_1 - B_0) \times C_0$

C 因素变动对 F 指标的影响：$A_1 \times B_1 \times (C_1 - C_0)$

这种方法是假定各个因素依照一定的顺序发生变动而进行替代计算的，因此，分析得出的结果具有一定程度的假定性。在使用差额分析法时，需要结合其他分析方法，以达到更全面的财务分析目的。

【例 14-3】延续例 14-2，示范村股份经济合作社主要从事"玫瑰花饼"加工生产，相关资料同【例 14-2】所示。采用差额分析法，逐一分析三个影响因素对材料费用总额的影响方向和程度。

因产品产量增加对材料费用的影响为：$(110-100) \times 8 \times 10 = 800$（元）

因单位产品材料消耗量节约对材料费用的影响为：$110 \times (7-8) \times 10 = -1\ 100$（元）

因材料单价提高对材料费用的影响为：$110 \times 7 \times (12-10) = 1\ 540$（元）

综合这三个因素对材料费用总额的影响为：$800 - 1\ 100 + 1\ 540 = 1\ 240$（元）

（三）农村集体经济组织财务分析体系

农村集体经济组织可以综合运用上述财务分析方法，财务分析体系如图 14-13 所示。

二、会计报表分析

（一）资产负债表分析

资产负债表分析主要是对资产、负债、所有者权益各项目之间的相关关系及其各项目所占比重进行分析，并结合横向对比分析和纵向对比分析，考察农村集体经济组织资产、负债、所有者权益构成及其变动情况，具体分析中涉及以下指标。

1. 流动资产占比

流动资产占比，是农村集体经济组织流动资产总额占资产总额的比重，用来反映资产的流动性。流动资产是指在 1 年内（含 1 年）或超过 1 年的一个营业周期内变现、出售或耗用的资产，包括货币资金、短期投资、应收款项、存货、消耗性生物资产等。具体计算公式为：

$$流动资产占比 = \frac{流动资产总额}{资产总额} \times 100\%$$

该指标越大，表示农村集体经济组织的资产流动性越强。但是该指标不是越大越好，通常，流动资产占总资产的比重一般以 30%～50%为宜，这个范围被认为是比较合理的。如果流动资产占总资产的比重超过 50%，则说明流动性较强，但可能会出现资金利用效率低下的情况，影响集体经济发展；若流动资产占总资产的比重过低，则说明资金配置比较固定，流动性较弱，资产变现能力差，容易出现资金短缺的情况。

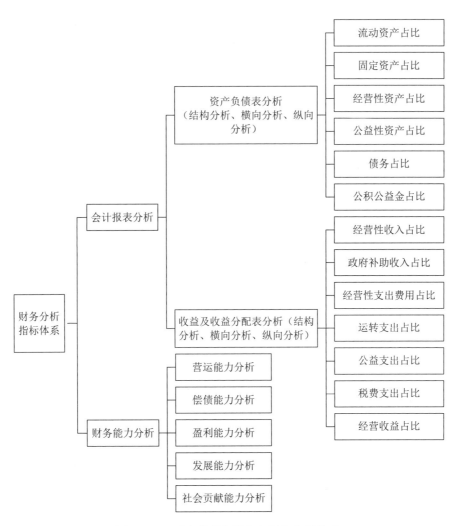

图 14-13　农村集体经济组织财务分析体系

2. 固定资产占比

固定资产占比，是农村集体经济组织固定资产总额占资产总额的比重，用来反映农村集体经济组织的资产结构和经营风险。农村集体经济组织的固定资产包括使用年限在1年以上的房屋、建筑物、机器、设备、工具、器具、生产设施和农业农村基础设施等。具体计算公式为：

$$固定资产占比 = \frac{固定资产总额}{资产总额} \times 100\%$$

一般来说，农村集体经济组织的固定资产占比过高，可能意味着其固定资金占用较大，流动性相对较差，经营风险相对较高。固定资产占比较低，表示农村集体经济组织没有太多的闲置资金，资金运用效率较高。合理控制农村集体经济组织固定资产的比重，有助于降低经营风险，并为投资决策和融资决策提供参考。

3. 经营性资产占比

经营性资产占比，是农村集体经济组织的经营性资产总额占资产总额的比重，用来反映农村集体经济组织开展生产经营的资产规模情况。农村集体经济组织的经营性资产是指用于经营的房屋、建筑物、机器设备、工具器具、农业基础设施、集体投资兴办的企业及其所持有的其他经济组织的资产份额、无形资产等。具体计算公式为：

$$经营性资产占比 = \frac{经营性资产总额}{资产总额} \times 100\%$$

一般来说，经营性资产占比越大，说明农村集体经济组织可创收的资产越多，集体经济发展潜力越强，有利于开展集体生产经营活动。

4. 公益性资产占比

公益性资产占比，是农村集体经济组织公益性资产总额占资产总额的比重。指标反映农村集体经济组织用于公益服务的资产规模情况。农村集体经济组织的公益性资产，主要为公益性基础设施和公共服务类固定资产等，包括村内道路交通、农田水利设施、农村供水设施、党群服务中心、文化室、卫生室、文化广场、村小学或村教学点、污水处理设施、公共厕所、垃圾收集处理设施、公共照明设施、文体健身设施、集中安置点配套设施和公共服务设施等。具体计算公式为：

$$公益性资产占比 = \frac{公益性资产总额}{资产总额} \times 100\%$$

一般来说，公益性资产占比越大，说明农村集体经济组织用于公益活动或提供公益服务的资产越多，农村集体经济组织承担了更多的集体社会福利职能。

5. 债务占比

债务占比，本书特指从银行等金融机构的借款债务占负债总额的比重。银行等金融机构的借款包括短期借款和长期借款。具体计算公式为：

$$债务占比 = \frac{银行短期借款 + 银行长期借款}{负债总额} \times 100\%$$

一般来说，债务占比越大，表明农村集体经济组织债务风险越大。从现实情况看，高额的村级债务，将严重影响农村集体经济组织的正常运行，制约农村经济的发展，影响基层组织的正常运转。《农村集体经济组织财务制度》（财农〔2021〕121号）要求，"农村集体经济组织不得举债兴办公益事业；举债从事经营性活动应当纳入村级重大事项决策范围，参照执行'四议两公开'机制，并报乡镇党委、政府或农业农村部门审核或备案。严禁将农村集体经济组织债务转嫁给地方政府。建立健全农村集体经济组织负责人任期和离任审计制度，将新增债务作为重点审计内容。"因此，农村集体经济组织必须密切关注此指标，严控村级债务。

6. 公积公益金占比

公积公益金占比，是农村集体经济组织公积公益金总额占所有者权益总额的比重。该指标反映农村集体经济组织从收益中提取的和其他来源取得的用于扩大生产经营、承担经营风险以及集体公益事业等专用基金规模情况。农村集体经济组织的公积公益金包括：按照章程确定的计提比例从本年收益中提取的公积公益金、政府补助或接受捐赠的资产（计入补助收入的资金除外）、对外投资中资产重估确认价值与原账面价值的差额、一事一议筹资筹劳转入、收到的征用土地补偿费等。具体计算公式为：

$$公积公益金占比 = \frac{公积公益金总额}{所有者权益总额} \times 100\%$$

一般来说，公积公益金占比越大，说明农村集体经济组织的所有者权益中，提取的和其他来源取得的用于扩大生产经营、承担经营风险以及集体公益事业等专用基金规模越大。

（二）收益及收益分配表分析

收益及收益分配表分析主要是对收入、成本费用各项目之间的相关关系及其各项目所占比重进行分析，并结合横向对比分析和纵向对比分析，考察农村集体经济组织收支、利润构成及其变动情况。农村集体经济组织的总收入和总支出构成如图 14-14 所示。

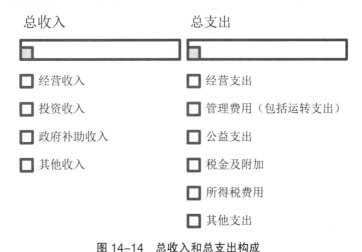

图 14-14 总收入和总支出构成

收益及收益分配表具体分析中涉及以下指标。

1. 经营性收入占比

经营性收入占比，是某一期间内农村集体经济组织经营收入和投资收益总额占总收入的比重，用来反映农村集体经济组织的经营能力和经济效益。农村集体经营收入是指农村集体经济组织通过开展各项生产销售、提供劳务、让渡集体资产资源使用权等经营活动取得的收入，包括但不限于销售收入、劳务收入、出租收入、发包收入等。投资收益，是指农村集体经济组织对外投资所取得的收益扣除发生的投资损失后的净额。投资所取得的收益包括对外投资取得的现金股利、利润或利息等，以及对外投资到期收回或中途转让取得款项高于账面余额、相关税费的差额等。具体计算公式为：

$$经营性收入占比 = \frac{经营收入 + 投资收益}{总收入} \times 100\%$$

该指标越大，表示农村集体经济组织经营活动取得的收益越大。经营性收入占比反映了农村集体经济组织的经营收益情况，该指标直接关系到农村集体经济组织的发展状况和村民的福祉。

2. 政府补助收入占比

政府补助收入占比，是某一期间内农村集体经济组织政府补助收入占总收入的比重。该指标反映农村集体经济组织获得的政府给予保障村级组织和村务运转的补助资金以及贷款贴息等经营性补助资金规模。具体计算公式为：

$$政府补助收入占比 = \frac{政府补助收入}{总收入} \times 100\%$$

该指标越大，表示农村集体经济组织取得的政府补助收入越多。

3. 经营性支出费用占比

经营性支出费用占比，是某一期间内农村集体经济组织经营支出和管理费用（不含运转支出）合计占总支出的比重，用来反映农村集体经济组织的经营活动的支出费用情况。农村集体经营支出是指农村集体经济组织因销售商品、提供劳务、让渡集体资产资源使用权等经营活动而发生的实际支出，包括销售商品的成本、对外提供劳务的成本、维修费、运输费、保险费、生产性生物资产的管护饲养费用及其成本摊销、出租固定资产或无形资产的折旧或摊销等。管理费用（不含运转支出），是指农村集体经济组织管理活动发生的各项支出，扣除保障村级组织和村务运转的各项支出。具体计算公式为：

$$经营性支出费用占比 = \frac{经营支出 + 管理费用（不含运转支出）}{总支出} \times 100\%$$

该指标越大，表示农村集体经济组织的经营活动和管理活动发生的各项支出费用越多。

4. 运转支出占比

运转支出占比，是某一期间内农村集体经济组织管理费用中的运转支出占总支出的比重，用来反映保障村级组织和村务运转的各项支出情况。具体计算公式为：

$$运转支出占比 = \frac{管理费用中的运转支出}{总支出} \times 100\%$$

该指标越大，表明农村集体经济组织用于保障村级组织和村务运转的各项支出越多。

5. 公益支出占比

公益支出占比，是某一期间内农村集体经济组织公益支出占总支出的比重，用来反映公益活动支出情况。公益支出，是指农村集体经济组织发生的用于本集体经济组织内部公益事业、集体福利或成员福利的各项支出，以及公益性固定资产折旧和修理费等。具体计算公式为：

$$公益支出占比 = \frac{公益支出}{总支出} \times 100\%$$

该指标越大，表明农村集体经济组织用于公益活动的各项支出越多。

6. 税费支出占比

税费支出占比，是某一期间内农村集体经济组织税费支出占总支出的比重，用来反映农村集体经济组织缴纳税款和附加费用的支出情况。具体计算公式为：

$$税费支出占比 = \frac{税金及附加 + 所得税费用}{总支出} \times 100\%$$

税金及附加，是指农村集体经济组织从事生产经营活动按照税法的有关规定应负担的消费税、城市维护建设税、资源税、房产税、城镇土地使用税、车船税、印花税、教育费附加及地方教育附加等相关税费。所得税费用，是指农村集体经济组织根据税法规定确认的应从当期收益总额中扣除的所得税费用，即应纳企业所得税的金额。税费支出占比指标越大，表明农村集体经济组织缴纳的税费越多，纳税贡献越大。

需要注意的是：因增值税采用价外循环的会计处理方式，上述税费支出占比的计算，无法反映农村集体经济组织承担的增值税情况。

7. 经营收益占比

经营收益占比，是某一期间内农村集体经济组织经营收益占收益总额的比重，用来反映经营活动取得的收益情况。具体计算公式为：

$$经营收益占比 = \frac{经营收益}{收益总额} \times 100\%$$

其中：经营收益=经营收入+投资收益+补助收入−经营支出−税金及附加−管理费用

该指标越大，表明农村集体经济组织经营活动取得的收益越多，收益总额主要来源于经营活动收益，农村集体经济运行情况更好。

三、财务能力分析

财务能力分析主要是从偿债能力、营运能力、盈利能力、发展能力和社会贡献能力五个维度进行分析，并结合横向对比分析和纵向对比分析，考察农村集体经济组织财务综合能力情况。具体分析中涉及以下指标。

（一）偿债能力分析

偿债能力是指农村集体经济组织用资产偿还债务的能力，是反映其财务状况和经营能力的重要标志。农村集体经济组织有无支付现金的能力和偿还到期债务的承受能力或保证程度，是能否健康生存和发展的关键。偿债能力包括偿还短期债务和长期债务的能力。短期偿债能力分析指标主要有：流动比率、速动比率、现金比率等；长期偿债能力分析指标主要有：资产负债率、利息保障倍数等。

1. 流动比率

流动比率，是农村集体经济组织流动资产与流动负债的比值，即每1元流动负债有多少流动资产作为偿还的保证，用来反映农村集体经济组织流动资产对流动负债的保障程度。具体计算公式为：

$$流动比率 = \frac{流动资产}{流动负债} \times 100\%$$

流动资产包括货币资金、短期投资、应收款项、存货、消耗性生物资产等；流动负债包括短期借款、应付款项、应付工资、应付劳务费、应交税费等。

一般情况下，流动比率越大，表明农村集体经济组织的短期偿债能力越强。通常在运用该指标分析短期偿债能力时，还应结合存货的规模大小、周转速度、变现能力和变现价值等指标进行综合分析。如果某一农村集体经济组织虽然流动比率很高，但其存货规模大，周转速度慢，存货变现能力弱，变现价值低，那么，该农村集体经济组织的实际短期偿债能力就要比该指标反映得弱。

2. 速动比率

速动比率，是农村集体经济组织速动资产与流动负债的比值，即每 1 元流动负债有多少速动资产作为偿还的保证，用来反映农村集体经济组织速动资产对流动负债的保障程度。具体计算公式为：

$$速动比率 = \frac{速动资产}{流动负债} \times 100\%$$

$$= \frac{流动资产 - 存货 - 消耗性生物资产 - 预付账款等}{流动负债} \times 100\%$$

速动资产是指可以迅速转换成为现金或已属于现金形式的资产，等于流动资产减去变现能力较差且不稳定的存货、消耗性生物资产、预付账款等之后的余额。

一般情况下，速动比率越大，表明农村集体经济组织短期偿债能力越强。在运用该指标分析短期偿债能力时，应结合应收账款的规模、周转速度、变现能力进行综合分析。如果某一农村集体经济组织速动比率虽然很高，但其应收账款周转速度慢，变现能力弱，那么该农村集体经济组织真实的短期偿债能力要比该指标反映得弱。

3. 现金比率

现金比率，是农村集体经济组织现金及现金等价物与流动负债的比值，即每 1 元流动负债有多少现金及现金等价物作为偿还的保证，反映农村集体经济组织可用现金及变现方式清偿流动负债的能力。具体计算公式为：

$$现金比率 = \frac{现金及现金等价物}{流动负债} \times 100\% = \frac{货币资金 + 可随时变现的有价证券}{流动负债} \times 100\%$$

一般情况下，现金比率越大，表明农村集体经济组织的短期偿债能力越强。但如果这个比率太大，则可能意味着农村集体经济组织拥有过多的盈利能力较低的现金类资产，资产未能得到有效的运用。

4. 资产负债率

资产负债率，是农村集体经济组织总负债与总资产的比值，用于表示总资产中有多少是通过负债筹集而来，是评价农村集体经济组织负债水平的综合性指标。具体计算公式为：

$$资产负债率 = \frac{总负债}{总资产} \times 100\%$$

一般情况下，资产负债率越小，表明农村集体经济组织的长期偿债能力越强。如果资产负债率过高，则表明农村集体经济组织通过借债筹集的资产越多，财务风险越高。因此，农村集体经济组织的资产负债率应保持在一定的水平。

5. 利息保障倍数

利息保障倍数，又称已获利息倍数，是农村集体经济组织生产经营所获得的息税前收益与利息费用的比值，即每 1 元利息费用由多少息税前收益作为偿还的保证。该指标用来反映农村集体经济组织息税前收益对利息费用的保障程度。具体计算公式为：

$$利息保障倍数 = \frac{息税前收益}{利息费用} = \frac{收益总额 + 利息费用}{利息费用}$$

一般情况下，利息保障倍数越大，表明农村集体经济组织支付利息费用的能力越强。农村集体经济组织要维持正常的偿债能力，利息保障倍数至少应大于 1。如果利息保障倍数过小，则农村集体经济组织将存在偿债的安全性与稳定性下降的风险。利息保障倍数不仅反映农村集体经济组织长期偿债能力的大小，而且反映获利能力对偿还到期债务的保证程度。它既是农村集体经济组织举债经营的前提依据，也是衡量农村集体经济组织长期偿债能力水平的重要标志。

（二）营运能力分析

营运能力是指农村集体经济组织用资产支持经营收入的能力，是反映农村集体经济组织管理水平和资产运用能力的重要标志。营运能力分析是评价农村集体经济组织资产运营效率和效益的关键过程，主要关注农村集体经济组织如何利用资产来创造和维持经济效益。营运能力分析指标主要有：应收账款周转率（或周转天数）、存货和消耗性生物资产周转率（或周转天数）、固定资产周转率（或周转天数）、经营性资产周转率（或周转天数）、总资产周转率（或周转天数）等。

1. 应收账款周转率和周转天数

（1）应收账款周转率，是指农村集体经济组织在一定时期内经营收入与应收账款平均余额的比值，用来反映一定时期内农村集体经济组织应收账款的周转速度和管理效率。具体计算公式为：

$$应收账款周转率 = \frac{经营收入}{（应收账款期初余额 + 应收账款期末余额）÷ 2} × 100\%$$

其中，经营收入用农村集体经济组织赊销收入更为准确。

一般情况下，应收账款周转率越大，表明农村集体经济组织的营运能力越强。如果应收账款周转率过小，则可能意味着农村集体经济组织的应收账款管理存在问题，如收款不及时、客户拖欠等，这会影响资金使用效率和盈利能力。应收账款周转率受到季节性、信用政策等多种因素的影响，因此在进行比较分析时，需要综合考虑这些因素。

（2）应收账款周转天数，是指农村集体经济组织从取得应收账款的权利到收回款项、转换为现金所需要的时间，是应收账款周转率的一个辅助性指标。周转天数越短，说明流动资金使用效率越好。具体计算公式为：

$$应收账款周转天数 = \frac{360}{应收账款周转率}$$

2. 存货及消耗性生物资产周转率和周转天数

（1）存货及消耗性生物资产周转率，是指农村集体经济组织在一定时期内经营支出与存货及消耗性生物资产平均余额的比值，用来反映一定时期内农村集体经济组织存货和消耗性生物资产的周转速度。具体计算公式为：

$$存货及消耗性生物资产周转率$$
$$= \frac{经营支出}{（存货和消耗性生物资产期初余额 + 存货和消耗性生物资产期末余额）÷ 2} × 100\%$$

其中，经营支出是指销售或耗用存货及消耗性生物资产的销货成本。

一般情况下，存货及消耗性生物资产周转率越大，表明农村集体经济组织的营运能力越强。存货及消耗性生物资产周转率越小，表明周转速度越慢，存货或消耗性生物资产储存过多，资金占用过高，有积压现象。存货及消耗性生物资产周转率受市场需求、生产能力、库存管理和销售政策等因素的影响。同时，存货及消耗性生物资产的周转速度越快，表明营运资本在这两项资产上的占用少，资金利用效率越高，农村集体经济组织资产的流动性也越好。

（2）存货及消耗性生物资产周转天数，是指农村集体经济组织存货及消耗性生物资产的变现速度，即从取得开始至消耗、销售为止所经历的天数，是周转率的一个辅助性指标。周转天数越少，说明存货及消耗性生物资产变现的速度越快，资金占用在存货及消耗性生物资产的时间越短，管理工作的效率越高。具体计算公式为：

$$存货及消耗性生物资产周转天数 = \frac{360}{存货及消耗性生物资产周转率}$$

3. 固定资产周转率和周转天数

（1）固定资产周转率，也称固定资产利用率，是指农村集体经济组织在一定时期内经营收入与固定资产平均余额的比值，用来反映一定时期内农村集体经济组织固定资产的周转速度。具体计算公式为：

$$固定资产周转率 = \frac{经营收入}{（固定资产期初净值＋固定资产期末净值）\div 2} \times 100\%$$

一般情况下，固定资产周转率越高，表明农村集体经济组织的营运能力越强。较高的固定资产周转率意味着农村集体经济组织固定资产利用效率越高，固定资产投资得当，结构分布合理，能够充分发挥固定资产的效能。

（2）固定资产周转天数，是指农村集体经济组织固定资产转换成现金平均需要的天数。周转天数越少，说明固定资产变现的速度越快，资金占用期越短。具体计算公式为：

$$固定资产周转天数 = \frac{360}{固定资产周转率}$$

4. 经营性资产周转率和周转天数

（1）经营性资产周转率，是指农村集体经济组织在一定时期内经营收入与经营性资产平均余额的比值，用来反映一定时期内农村集体经济组织经营性资产的周转效率。具体计算公式为：

$$经营性资产周转率 = \frac{经营收入}{（经营性资产期初余额＋经营性资产期末余额）\div 2} \times 100\%$$

一般情况下，经营性资产周转率越大，表明农村集体经济组织的营运能力越强。较高的周转率意味着农村集体经济组织能够有效地利用其经营性资产，通过较少的资产投入获得较多的经营收入，从而提高经济效益。通过比较不同农村集体经济组织的经营性资产周转率，可以评估它们之间的经营效率差异，有助于发现经营效率较低的农村集体经济组织，并推动其改进经营管理方式，提高经营性资产利用效率。

（2）经营性资产周转天数，是指农村集体经济组织经营性资产转换成现金平均需要的天数。周转天数越少，说明经营性资产变现的速度越快，资金占用期越短，农村集体经济组织的营运能力越强。具体计算公式为：

$$经营性资产周转天数 = \frac{360}{经营性资产周转率}$$

5. 总资产周转率和周转天数

（1）总资产周转率，是指农村集体经济组织在一定时期内经营收入与总资产平均余额的比值，用来反映一定时期内农村集体经济组织全部资产从投入到产出的流转速度。具体计算公式为：

$$总资产周转率 = \frac{经营收入}{（总资产期初余额 + 总资产期末余额）\div 2} \times 100\%$$

一般情况下，总资产周转率越大，表明农村集体经济组织的营运能力越强。如果总资产周转率较低，则可能意味着农村集体经济组织资产利用效率低下，存在资产闲置或管理不善的问题。通过对该指标的对比分析，可以反映农村集体经济组织本年度以及以前年度总资产的运营效率和变化，发现农村集体经济组织在资产利用上的差距，促进农村集体经济组织挖掘潜力、积极创收，提高资产利用效率。

（2）总资产周转天数，是指农村集体经济组织全部资产转换成现金平均需要的天数。周转天数越少，说明资产变现的速度越快，资金占用期越短，农村集体经济组织的营运能力越强。具体计算公式为：

$$总资产周转天数 = \frac{360}{总资产周转率}$$

（三）盈利能力分析

盈利能力是指农村集体经济组织在一定时期内赚取收益的能力，反映农村集体经济组织获取收益和资金增值能力的重要标志。盈利能力是农村集体经济组织持续发展的基础，也是农村集体经济组织成员、债权人、政府等关注的焦点。盈利能力分析指标主要有：总资产收益率、经营性资产收益率、净资产收益率、成本费用报酬率、经营毛利率等。

1. 资产收益率

资产收益率，也可称为资产回报率、资产报酬率，是指农村集体经济组织在一定时期内经营实现的收益与同期资产平均占用额的比值，用来反映一定时期内农村集体经济组织利用资产创造收益的能力。其中，"收益"可以用收益总额、净收益等数值衡量。因此，具体计算公式有两种，分别为：

$$资产收益率（或称"资产总收益率"） = \frac{收益总额}{（资产期初余额 + 资产期末余额）\div 2} \times 100\%$$

$$资产收益率（或称"资产净收益率"） = \frac{净收益}{（资产期初余额 + 资产期末余额）\div 2} \times 100\%$$

一般情况下，资产收益率越大，表明农村集体经济组织的盈利能力越强。资产收益率的高低直接体现了农村集体经济组织资产运用效率的高低，以及资金利用效果的好坏。

2. 经营性资产收益率

经营性资产收益率，是指农村集体经济组织在一定时期内经营实现的收益与同期经营性资产平均占用额的比值，用来反映一定时期内农村集体经济组织利用经营性资产创造收益的能力。"收益"用经营收益数值衡量。因此，具体计算公式为：

经营性资产收益率

$$=\frac{经营收益}{(经营性资产期初余额+经营性资产期末余额)\div2}\times100\%$$

一般情况下，经营性资产收益率越大，表明农村集体经济组织的盈利能力越强。该指标比资产收益率更能直观说明农村集体经济组织利用经营性资产的效率和效果。经营性资产收益率还可以用于评估农村集体经济组织的风险水平，一个较低的经营性资产收益率可能意味着农村集体经济组织面临着较高的运营风险或市场竞争压力。

3.净资产收益率

净资产收益率，也可以称为成员权益报酬率，是指农村集体经济组织在一定时期内实现的净收益与同期资产平均占用额的比值，用来反映一定时期内农村集体经济组织为成员创造收益的能力。具体计算公式为：

$$净资产收益率=\frac{净收益}{(净资产期初余额+净资产期末余额\div2\ )}\times100\%$$

$$=\frac{净收益}{(所有者权益期初余额+所有者权益期末余额)\div2}\times100\%$$

一般情况下，净资产收益率越大，表明农村集体经济组织的盈利能力越强。净资产收益率会受到农村集体经济组织的经营策略、管理效率、市场竞争、资产监管等多方面的影响，如果资产经营效益偏低、资产监督不到位，可能会导致资产利用效率低下，进而影响净资产收益率。

4. 成本费用报酬率

成本费用报酬率，是指农村集体经济组织在一定时期内获得的收益与经营活动耗费的比值，即每 1 元成本费用能产生多少的净收益，用来反映一定时期内农村集体经济组织利用成本费用创造净收益的能力。具体计算公式为：

成本费用报酬率

$$=\frac{净收益}{经营支出+税金及附加+管理费用+公益支出+其他支出+所得税费用}\times100\%$$

一般情况下，成本费用报酬率越大，表明农村集体经济组织的盈利能力越强。较高的成本费用报酬率意味着农村集体经济组织在投入相同成本费用的情况下，能够获得更多的收益，体现了组织良好的经济效益。

5. 经营毛利率

经营毛利率，是指农村集体经济组织在一定时期内经营毛利与经营收入的比值，即每 1 元经营收入能产生多少的毛收益，用来反映一定时期内农村集体经济组织利用经营收入创造收益毛利的能力。具体计算公式为：

$$经营毛利率=\frac{毛收益}{经营收入}\times100\%=\frac{经营收入-经营成本}{经营收入}\times100\%$$

一般情况下，经营毛利率越大，表明农村集体经济组织的盈利能力越强。如果经营毛利率持续下降，可能意味着农村集体经济组织面临成本上升或市场竞争加剧等风险；

如果经营毛利率上升，则可能预示着农村集体经济组织盈利能力增强或市场前景向好。

（四）发展能力分析

发展能力是指农村集体经济组织在一定时期内保持增长的能力，是反映农村集体经济组织未来增长潜力和持续竞争优势的重要标志。农村集体经济组织在激烈的市场竞争中能否保持领先地位并持续增长，是决定其持续稳定发展的关键。发展能力分析指标主要有：总资产增长率、净资产增长率、经营性资产增长率、经营收入增长率等。

1. 总资产增长率

总资产增长率，是指农村集体经济组织在一定时期内总资产增长额与期初总资产的比值，即每 1 元期初资产能拉动多少的资产增长，用来反映一定时期内农村集体经济组织资产规模的增长情况。具体计算公式为：

$$总资产增长率 = \frac{期末总资产 - 期初总资产}{期初总资产} \times 100\%$$

一般情况下，总资产增长率越高，表明农村集体经济组织的发展能力越强。总资产增长率意较高味着资产经营规模扩张的速度快，农村集体经济组织资本投入已获得较高的回报。在分析总资产增长率时，需要注意资产规模扩张的质和量的关系以及农村集体经济组织的后续发展能力，避免盲目扩张导致财务风险增加。

2. 净资产增长率

净资产增长率，也可以称为成员权益增长率，是指农村集体经济组织在一定时期内净资产增长额与期初净资产的比值，即每 1 元期初净资产能拉动多少的净资产增长，用来反映一定时期内农村集体经济组织净资产规模的扩张速度。具体计算公式为：

$$净资产增长率 = \frac{期末净资产 - 期初净资产}{期初净资产} \times 100\%$$

$$= \frac{期末所有者权益 - 期初所有者权益}{期初所有者权益} \times 100\%$$

一般情况下，净资产增长率越大，表明农村集体经济组织的发展能力越强。如果在净资产收益率较高的情况下，又保持较高的净资产增长率，则表示该农村集体经济组织未来发展更加强劲。

3. 经营性资产增长率

经营性资产增长率，是指农村集体经济组织在一定时期内经营性资产增长额与期初经营性资产的比值，即每 1 元期初经营性资产能拉动多少的经营性资产增长，用来反映一定时期内农村集体经济组织经营性资产的变化情况。具体计算公式为：

$$经营性资产增长率 = \frac{期末经营性资产 - 期初经营性资产}{期初经营性资产} \times 100\%$$

一般情况下，经营性资产增长率越高，表明农村集体经济组织的发展能力越强。如果经营性资产增长率持续上升，说明农村集体经济组织在一定时期内经营性资产规模扩张的速度快，体现了农村集体经济组织较强的成长性和发展潜力；反之，如果经营性资产增长率下降，则可能意味着农村集体经济组织未来的收益能力可能会减弱。该指标是对总资产增长率分析指标的有效补充，在对农村集体经济组织规模扩张评价中更具有针对性和有效性。

4. 经营性收入增长率

经营性收入增长率，是指农村集体经济组织在一定时期内新增经营性收入与上期经营性收入的比值，用来反映一定时期内农村集体经济组织经营性收入的变化情况。农村集体经济组织的经营性收入包括经营收入和投资收益。因此，经营性收入增长率的具体计算公式为：

$$经营性收入增长率 = \frac{(本期经营收入 + 本期投资收益) - (上期经营收入 + 上期投资收益)}{上期经营收入 + 上期投资收益} \times 100\%$$

一般情况下，经营性收入增长率越高，表明农村集体经济组织的发展能力越强。当经营性收入增长率的值大于零且持续上升时，表示农村集体经济组织能够有效利用资源，提高经营效率，具有持续增长的潜力。

（五）社会贡献能力分析

社会贡献能力是指农村集体经济组织在社会中所做出的贡献水平，反映农村集体经济组织履行社会责任、社会贡献的情况。社会贡献能力分析指标主要有：社会贡献率、税收贡献率等。

1. 社会贡献率

社会贡献率，是农村集体经济组织对社会贡献总额与平均资产总额的比率，用以衡量农村集体经济组织运用全部资产为国家、社会或集体创造或支付价值的能力。社会的贡献总额包括支付给职工的工资、支付临时用工的劳务费、向国家缴纳的税费以及其他集体公益性支出，并扣除收到的政府补助收入。具体计算公式为：

$$社会贡献率 = \frac{支付的工资 + 支付的劳务费 + 缴纳的税费 + 公益支出 - 政府补助收入}{(期初资产总额 + 期末资产总额) \div 2} \times 100\%$$

一般情况下，社会贡献率越大，表明农村集体经济组织为社会所做的贡献越大。一个较高的社会贡献率表明农村集体经济组织不仅在经济上取得了成功，还积极履行了对社会的责任，通过其经营活动为社会创造了价值。然而，社会贡献率的合适水平并没有一个固定的标准，它取决于所在地区的经济和社会发展水平。

2. 税收贡献率

税收贡献率，从另一个方面看，即是农村集体经济组织的税费负担水平。参照企业税费负担水平的指标，农村集体经济组织的税费负担水平可用税费负担率衡量，即税费净支出与收入总额的比值。因此，税收贡献率为某一期间支付的税费净支出与当期收入总额的比值，用于衡量农村集体经济组织对国家财政的贡献程度。具体计算公式为：

$$税收贡献率 = \frac{支付税费净支出}{收入总额 - 政府补助收入} \times 100\%$$

$$= \frac{支付的各项税费 - 收到的税费返还}{收入总额 - 政府补助收入} \times 100\%$$

一般情况下，税收贡献率越大，表明农村集体经济组织的纳税贡献越大。

第十五章 财产清查

第一节 财产清查的概述

一、财产清查的意义

财产清查是农村集体经济组织对各项财产物资进行实物盘点、账面核对以及对各项往来款项进行查询、核对，以保证账账、账实相符的一种专门方法。通过财产清查，可以查明各项财产物资、债权债务情况，加强物资管理，监督财产是否完整，并为正确的核算损益提供正确的资料。农村集体经济组织财产清查的意义主要体现在以下方面。

1. 保证会计资料的真实准确

通过对农村集体经济组织内部各项财产物资的核实和清查，能够确保会计账簿中的记录与实际情况相符。通过定期或不定期的财产清查，农村集体经济组织能够及时查明各项财产物资的账实是否相符。若账实不符，则应查明原因并明确责任，农村集体经济组织按规定的手续及时调整账存记录，使财产物资的账实相符，从而保证会计账簿记录的真实可靠。

2. 确保财产物资的安全完整

通过财产清查可以及时发现财产物资流失、损坏、丢失等资产管理上存在的问题，促使农村集体经济组织健全财产物资的登记、保管、使用和处置等管理制度，建立和落实各项财产物资保管责任，督促经办人员自觉遵守财务制度和结算纪律，及时结清债权债务。这有助于农村集体经济组织加强资产管理，防止集体资产流失，以确保财产物资的安全、完整。

3. 促进集体资产的高效利用增值

财产清查有助于农村集体经济组织加强内部管理，优化资源配置。在清查过程中，农村集体经济组织可以了解各项财产物资的储备情况和价值状况，进而根据实际需求进行合理配置。这不仅有助于提高财产物资的利用效率，还有助于提高资产质量，促进集体资产的保值和增值。

4. 有助于完善各项内部管理制度

通过财产清查，农村集体经济组织可以发现资金结算、账务核算、财产验收保管以及债权债务的管理等方面存在的问题，并有针对地进行调查研究，找出原因，采取措施，有助于建立健全各项内部管理制度。

二、财产清查的原则

农村集体经济组织财产清查是农村集体经济组织会计实务工作中的重要环节，其目的是为了确保农村集体资产的安全完整，防止资产流失，保障集体经济组织的合法权益。

在清查过程中，需要遵循以下原则。

1. 定期清查与不定期清查相结合的原则

农村集体经济组织财产清查应遵循定期清查与不定期清查相结合的原则。一是，农村集体经济组织定期清查盘点财产。农村集体经济在一定期间内对全部或部分财产进行清查，从而系统掌握财产物资的实际状况。农村集体经济组织至少应当在每年年度终了，对应收款项、存货、对外投资、生物资产、固定资产、在建工程、无形资产等资产进行全面清查，做到账实相符。二是，农村集体经济组织不定期清查盘点财产。在特定情况下，如农村集体经济组织发生重大经济事项、财产物资发生重大损失或者应上级行政管理部门的要求等，需及时组织不定期清查财产，从而迅速发现问题并采取措施。

2. 全面清查与局部清查相结合的原则

农村集体经济组织财产清查应遵循全面清查与局部清查相结合的原则。一是，农村集体经济组织全面清查财产。农村集体经济组织对所有财产进行全面、彻底的盘点，适用于年终决算，以及清产核资、产权改革等重大事项。二是，农村集体经济组织局部清查财产。针对重要的或特定的集体财产进行清查，如贵重物品、货币资金、流动性较大的存货等，可根据需要灵活安排，以提高清查效率。

3. 以账实相符为核心的原则

财产清查的核心目标是确保农村集体经济组织账簿记录与实物资产完全一致。通过盘点、核对等手段，发现并纠正账实不符的情况，保证会计信息的真实性和准确性。另外，清查结束后，应及时整理清查资料，编制清查报告，对清查中发现的问题进行分析并提出处理意见。同时，跟踪问题整改情况，确保清查成果得到有效落实，避免问题反复出现。

三、财产清查的方法

财产清查方法包括实地盘点法、技术推算盘点、抽样盘点法、函证对账法、查询核实法等。农村集体经济组织应根据财产的性质、数量、分布等因素，灵活运用财产清查方法，并结合实际情况进行创新和优化，以提高清查效率和准确性。同时，农村集体经济组织还应建立健全财产清查制度和管理体系，确保清查工作的规范化和制度化。

1. 实地盘点法

实地盘点法是最直接、最基础的财产清查方法。它要求清查人员直接到财产物资存放地点，对每一项财产物资进行逐一清点，并将清点结果与账簿记录进行核对。这种方法适用于农村集体经济组织绝大部分的财产物资，特别是那些易于直接计数的资产，如库存现金、存货、固定资产、生物资产等。实地盘点法的优点是结果准确可靠，但可能需要投入较多的人力和时间，特别是对于数量庞大、种类繁多的财产物资。

2. 技术推算盘点

技术推算盘点是利用先进的技术手段或科学的推算方法，对财产进行间接清查。这种方法适用于那些数量大、体积小、难以逐一清点的财产物资，如散装物料、液体物品等。技术推算盘点可以借助测量工具（如量尺、秤重工具）或专业设备（如流量计、计数器）进行测量，并根据一定的换算比例推算出财产的实际数量。其优点是效率高、成本相对较低，但结果的准确性受推算方法和测量工具精度的影响。

3. 抽样盘点法

抽样盘点法是在总体财产中随机选取一部分作为样本进行清查，然后根据样本清查的结果来推算总体财产的实有数量。这种方法适用于数量多、分布广、难以全面清查的财产物资。抽样盘点法的关键在于合理确定样本规模和抽样方法，以确保样本的代表性和推算结果的准确性。其优点是效率高、成本低，但结果的准确性依赖于样本的代表性和推算方法的合理性。

4. 函证对账法

函证对账法是通过与债权债务人核对账簿记录来清查财产的方法。这种方法适用于对往来款项的清查，如应收款、应付款、内部往来等。农村集体经济组织清查人员需要编制对账单，并将其寄送或发送给债权债务人进行核对。债权债务人核对无误后，在回单上盖章确认，并退回给清查单位。农村集体经济组织根据回单确认的数额进行账簿调整，以保证往来款项的真实性和准确性。函证对账法的优点是能够直接确认债权债务关系，减少差错和纠纷。

5. 查询核实法

查询核实法是通过向有关部门或单位查询来清查财产的方法。这种方法适用于某些特定的财产，如在外托管的财产、存放在其他单位的财产等。农村集体经济组织清查人员需要向相关部门或单位发出查询函或询证函，要求其提供有关财产的实际情况和证明文件。收到回复后，清查人员需要对回复内容进行审核和验证，以确认财产的真实性和完整性。查询核实法的优点是能够获取较为全面和准确的信息，但可能需要花费一定的时间和费用。

第二节　财产清查的实施

一、财产清查的范围

清查范围确保了农村集体经济组织的资产能够得到全面、准确的盘点和管理，有助于维护集体资产的完整性和安全性，促进农村集体经济的发展和壮大。依据《农村集体经济组织会计制度》和《农村集体经济组织财务制度》规定，农村集体经济组织财产清查的范围为"资产的全面清查"和"债权债务的清理"。

1. 农村集体经济组织资产的全面清查

集体资产清查要点主要涉及两方面。一是，确保账实相符。农村集体经济组织需对应收款项、存货、对外投资、生物资产、固定资产、在建工程、无形资产等资产进行全面清查，确保账实相符。二是，明确资产权属。农村集体经济组织应清查核实集体资产，明确资产权属。

除此之外，不同类型资产的清查要点还涉及以下方面。

（1）货币资金：实地盘点农村集体经济组织的库存现金，核对现金日记账与库存现金实物的数额，确保账实相符，检查现金的存放环境和保管措施，确保现金安全无遗失、无被盗风险。核对银行对账单与银行存款日记账，确保所有银行账户的余额准确无误；对于银行对账单与银行存款日记账之间的未达账项，应及时查明原因并编制银行存款余额调节表；检查定期存款的存期、利率、到期日等信息，确保资金被有效利用。如有银行存款凭证，检查银行存款凭证（如支票、汇票、电汇单等）的完整性，确保每张凭证都有相应的记账凭证和原始单据。

（2）应收款项：通过函证对账，逐一核对农村集体经济组织应收款项的金额、日期、债务人等关键信息，确认与债务人的债权债务关系，避免产生纠纷，确保账实相符。另外，结合账龄情况，及时催收应收款项。

（3）库存物资：现场盘点农村集体经济组织库存的各种原材料、农用材料、农产品、工业产成品、低值易耗品等物资，逐一核对库存物资的数量、质量及存放位置等，避免损失，确保账实相符。

（4）对外投资：核查农村集体经济组织投资项目的合法合规性，审查投资形式、投资金额、投资期限、收益分配等，核对与投资相关的会计资料与合同协议，确保账实相符、账账相符。

（5）生物资产：通过实地走访、现场勘查等方式，清查农村集体经济组织的农作物（如粮食作物、经济作物）、林木（含经济林、防护林等）、畜禽（家畜家禽）、水产养殖（鱼、虾、蟹等水产品）以及其他具有生命力的动植物资源，对生物资产的数量、质量、生长周期、权属、位置等进行逐一盘点，确保清查数据的真实可靠。

（6）固定资产：现场盘点农村集体经济组织房屋、建筑物、机器、设备、工具、器具、生产设施和农业农村基础设施等固定资产，核实其数量、规格、权属、价值及使用情况，审查折旧计提方法的合理性和准确性，确保固定资产安全并合理计提折旧。

（7）在建工程：核查农村集体经济组织直接投资或参与的在建工程项目，包括但不限于农田水利、道路交通、公共设施、农业产业化基地等。根据项目性质、投资规模、建设进度等，分类核查项目工程进度情况、资金投入情况等。

（8）无形资产：清查农村集体经济组织的专利权、商标权、著作权、非专利技术、土地经营权、林权、草原权等非物质形态资产。核查无形资产的数量、价值等情况，审查摊销方法和摊销年限的合理性和准确性，确保无形资产安全并合理进行摊销。

2. 农村集体经济组织债权债务的清理

在年终收益被分配前，农村集体经济组织应当清查资产，清理债权、债务，精准核算年度收入、支出、可分配收益。

清理的债权债务，既包括农村集体经济组织与其他单位、个人之间的债权债务，也包括农村集体经济组织与内部单位、内部成员之间的债权债务。农村集体经济组织应全面梳理债权债务情况，明确债权债务主体、金额、期限及偿付能力，积极催收债权，妥善处理债务问题。

二、财产清查的时间

农村集体经济组织一般在每年的年末、年中和月末结账时进行全面财产清查，同时可以根据需要适时进行不定期清查和局部清查。农村集体经济组织至少要在每年年末进行一次财产清查，以确保账实相符，账账相符。清查不仅包括存货、对外投资、生物资产、固定资产、在建工程、无形资产等全部资产，还包括对债权、债务等各种往来结算款项。

同时，对于流动性较大的贵重财产物资，农村集体经济组织还应开展更为频繁的局部财产清查，具体见如 15-1 所示。

表 15-1　局部财产清查的时间

序号	财产物资类型	清查要求	清查时间
1	库存现金	每日终了，出纳人员清查盘点现金，将结余额与实际库存额核对，做到账款相符	每日
2	银行存款	"银行存款日记账"定期与"银行对账单"核对，至少每月核对一次	每月
3	贵重的财产物资	每月进行清查盘点	每月
4	库存物资	期末清查盘点，并根据需要随时轮流盘点或重点抽查	根据需要随时重点抽查；每年
5	债权、债务等外来款项	每年至少与债务人、债权人核对 1～2 次	每年

此外，农村集体经济组织在更换财产物资经管人员、财产物资发生非常损失、产权隶属关系变动以及上级主管部门要求等情况时，应当进行临时财产清查（也称"不定期财产清查"）。临时财产清查事先不规定日期，而是根据特殊需要临时进行盘点核对（如表 15-2 所示），一般在以下几种情况下进行清查：

①直接经管财产物资的人员更换，发生人员调动。
②财产物资发生非常灾害或重大事故等意外损失。
③因机构、业务变动办理财产交接，产权隶属关系发生变动，清产核资。
④上级主管部门开展审计、巡视巡察等进行查账检查。
⑤农村集体经济组织负责人根据工作需要进行的临时抽查。

表 15-2　事先不规定日期的临时财产清查

序号	特殊情况	清查要求
1	经管财产物资的人员更换	对经管的财产物资进行清查盘点，分清经济责任，便于办理交接手续
2	财产物资发生意外损失	对损失的财产物资进行清查，以查明损失情况和责任
3	财产交接、清产核资等	清查财产物资，明确产权，摸清家底
4	上级主管部门检查	根据检查要求和范围对财产物资进行清查，以验证会计资料的真实性和可靠性
5	应负责人要求进行临时抽查	根据负责人的清查意图，核查财产物资的存续情况、权属状态等

三、财产清查的步骤

开展财产清查的具体流程步骤如下。

1. 成立清查小组

组建专门的财产清查小组，明确小组各成员的职责分工，确保清查工作有序进行。

2. 制订清查计划

确定财产清查的目标、范围和基准日。制定详细的财产清查方案，制定清查的时间表和工作步骤，包括清查范围、方法、程序等。

3. 清查准备工作

①账簿记录准备，在进行财产清查之前，会计人员必须将所有已发生的经济业务登记入账并结出余额，通过认真核对账目，做到账证相符、账账相符，为检查账实是否相符提供准确的账簿记录。②实物整理准备，各种财产物资的保管和使用部门应对实物存放现场进行必要的整理，以便盘点与核对。③度量衡的准备，准备好在清查工作中需要用到的各种工具仪器。④清查账表的准备，比如盘点表、检查表、函证单、对账单等。⑤文件资料准备，收集整理与资产相关的财务资料、资产清单、合同文件等。

4. 组织盘点清查

保管人员、出纳人员、债权债务经管人员均应在场并做好盘点记录。清查时，遵循"先清查数量，再核对有关账簿记录，最后确认损益"的原则。清查人员要做好盘点记录，列明所查财产物资的实存数量、各种款项和债权债务的实有数额。

（1）账务清理：对各类资产账户进行核对，包括总账与明细账、账表之间的核对。清理往来账款，核实债权债务关系。

（2）实物清查：对固定资产、存货等实物资产进行实地盘点。记录资产的名称、规格、数量、使用状况等信息，并与账务记录进行比对。

（3）权属清查：核实资产的所有权归属，检查有无产权纠纷或未入账的资产。

5. 记录分析清查结果

清查人员将清查中发现的盘盈、盘亏、资产毁损等情况详细记录在清查盘点报告表中；汇总清查结果，查找差异原因。

根据不同的财产物资类型，可设计不同的清查盘点表。清查盘点表没有完全固定模式，能包含清查的主要信息即可。下面列出部分盘点表、清查报告表等供参考。

（1）库存现金清查表格

库存现金盘点必须出纳人员在场，应当面逐张清点，如发现现金短缺或溢余，则必须会同出纳人员核实清楚。在盘点库存现金时，除查明账实是否相符外，还要查明有无白条抵充库存现金、有无用公款、私设小金库等违反现金管理制度规定的行为。在盘点库存现金时，应填写盘点表（如表 15-3 所示），并由检查人员和出纳人员签名盖章。

表 15-3　库存现金盘点表

农村集体经济组织名称：			
一、	盘点日期：　　　年　　月　　日		
二、	清点现金情况：		
	面　值（币种 RMB ）	张　数	金　额（元）
	100 元		
	50 元		
	20 元		

续表

	10 元		
	5 元		
	2 元		
	1 元		
	5 角		
	1 角		
	盘点日库存现金实有金额合计：		
三、	盘点日库存现金账面金额：		
	盘点日现金账面金额：		
	＋ 至盘点日未入账现金收入：		
	－ 至盘点日未入账现金支出：		
	＝ 盘点日库存现金账面金额：		
四、	账面与实有金额差异：		
五、	差异原因说明：		
盘点参加人员签字：			
监盘人员：		出纳人员：	

在盘点时，也可以将盘点结果单独列表，在盘点结束后填写"库存现金盘点报告表"，如表 15-4 所示。"库存现金盘点报告表"具有双重性质，它既是盘存单，也是账存与实存对比表；既是反映现金实存数、用以调整账簿记录的重要原始凭证，也是分析账实发生差异原因，明确经济责任的依据。

表 15-4 库存现金盘点报告表

农村集体经济组织名称： 日期： 单位：元

实存金额	账存金额	实存与账存对比结果		备注
		现金短缺	现金溢余	

（2）银行存款清查表格

农村集体经济组织至少每月核对一次"银行存款日记账"与"银行对账单"。银行存款账面余额与银行对账单余额之间如有差额，则要编制"银行存款余额调节表"，如表 15-5 所示。银行存款余额调节表的编制过程，详见本书第四章第一节的相关介绍，此处不再赘述。

表 15-5　银行存款余额调节表

单位名称：		核对时期：	
开户银行：		开户账号	
科目名称：		科目编码：	
项目	金额	项目	金额
农村集体经济组织银行存款日记账余额		银行对账单存款余额	
加：银行已收、农村集体经济组织未收款		加：农村集体经济组织已收、银行未收款	
减：银行已付、农村集体经济组织未付款		减：农村集体经济组织已付、银行未付款	
日记账调节后的存款余额		对账单调节后的存款余额	

（3）库存物资清查表格

在清查库存物资过程中，实物保管人员必须在场，并参加盘点工作，盘点结果应由清查小组人员填写"库存物资盘点表"（如表 15-6 所示），详细说明各项财产物资的序号、名称、规格、计量单位、数量、单价、金额等，并由盘点人员和实物保管人员分别签字盖章。

"库存物资盘点表"既是实物盘点结果的书面证明，反映财产物资实存数、用以调整账簿记录的原始凭证；也是账存与实存对比表，用于分析账实发生差异原因，明确经济责任。

表 15-6　库存物资盘点表

单位名称：					盘点人：							盘点日期	
序号	库存物资名称及型号规格	存放地点	计量单位	单价	盘点前账面记录		尚 未 办 理		盘 点 日		差 异		品质状况（正常、残次毁损、滞销）
	1	2	3	4	数量 5	金额 6=4×5	入库数量 7	出库数量 8	应存数量 9=5+7−8	实存数量 10	数 量 11=9−10	金 额 12=4×11	
1													
2													
3													
4													
5													
6													
	合计												

（4）固定资产清查表格

根据固定资产盘点结果编制固定资产盘点表（如表 15-7 所示），对盘点过程中出现的盘盈、盘亏情况及其原因进行逐项说明，以便进行账务处理。

表 15-7 固定资产盘点表

单位名称：												盘点日期：	
序号	名称	规格型号	单位	单价	账面结存		实际结存			使用状况			备注
					数量	金额	数量	金额	盈亏（+、-）	使用中	未使用	不需用	
1													
2													
3													
4													
5													
6													
7													
8													
9													
10													
...													
		合计											

盘点人： 监盘人： 盘点地点：

6. 对清查结果进行账务处理

根据《农村集体经济组织会计制度》等有关规定，对财产清查中发现的账款不符、账实不符、账证不符等问题及时进行账务处理。对库存现金、银行存款、库存物资、生物资产、固定资产、无形资产等盘盈或盘亏，以及在建工程的报废或毁损等，必须查明原因，落实责任，经民主程序通过后，按照会计制度进行账务处理。清查结果的具体账务处理详见第二篇各章节中对各类资产的盘盈、盘亏以及报废或毁损的会计处理的介绍，此处不再赘述。

第十六章 财务公开

第一节 财务公开的概述

一、财务公开的意义

农村集体经济组织财务公开是村务公开的重要组成部分，其核心目的在于推进和强化农民的民主参与、民主管理和民主监督作用。农村集体经济组织财务公开是加强农村集体财务活动的管理与监督，促进农村集体经济健康发展和社会稳定的重要措施。通过财务公开，农村集体经济组织成员能够更直接地参与到村级事务的管理中来，了解村集体的财务状况，从而更好地行使自己的权利，确保村级事务的透明度和公正性，这不仅增强了集体经济组织成员对村级事务的参与感和满意度，还有效地促进了干部的廉洁自律。

二、财务公开的原则

农村集体经济组织财务公开是保障成员知情权、参与权、监督权的重要途径，是推进农村基层民主建设、促进农村和谐稳定的关键环节。为了确保财务公开工作的有效开展，必须遵循以下基本原则。

1. 真实准确

真实准确原则要求财务公开的内容必须真实、全面、具体，不得有虚假、隐瞒或误导性信息。农村集体经济组织应根据实际经营情况和财务管理规定，将涉及农村集体经济组织成员切身利益的经济事项，如收入支出、资产负债、收益分配等，如实向全体成员公开，确保信息的真实性和可靠性。

2. 清晰明了

清晰明了原则强调财务公开的方式和手段应当方便查询、理解和使用。同时，可以充分利用现代信息技术手段，如建立网上财务公开平台、设置电子显示屏等，方便成员随时随地查看财务信息，提高财务公开的效率和扩大覆盖面。

3. 注重实效

注重实效原则要求财务公开工作必须取得实际成效，能够真正促进农村集体经济组织的健康发展和成员利益的保护。农村集体经济组织应通过财务公开，及时发现和解决财务管理中存在的问题，推动财务管理制度的完善和执行，提高资金使用效益和经营管理水平。同时，要关注农村集体经济组织成员对财务公开的反馈意见，及时调整公开方式和内容，确保财务公开工作的针对性和有效性。

第二节　财务公开的实施

一、财务公开的内容

农村集体经济组织财务公开旨在提升农村集体经济组织财务的透明度，确保成员对农村集体经济活动的知情权和监督权，促进农村集体经济组织的健康发展。财务公开的内容主要包括以下几个方面。

1. 财务计划

公开的财务计划包括：财务收支计划；固定资产购建计划；农业基本建设计划；公益事业建设及"一事一议"筹资筹劳计划；集体资产经营与处置、资源开发利用、对外投资等计划；收益分配计划；经村集体经济组织成员会议或成员代表会议讨论确定的其他财务计划。

2. 各项收入

公开的各项收入包括：产品销售收入、租赁收入、服务收入等集体经营收入；发包及上交收入；投资收入；"一事一议"筹资及以资代劳款项；村级组织运转经费财政补助款项；上级专项补助款项；征占土地补偿款项；救济扶贫款项；社会捐赠款项；资产处置收入；其他收入。

3. 各项支出

公开的各项支出包括：集体经营支出；村组（社）干部报酬；报刊费支出；办公费、差旅费、会议费、卫生费、治安费等管理费支出；集体公益福利支出；固定资产购建支出；征占土地补偿支出；救济扶贫专项支出；社会捐赠支出；其他支出。

4. 各项资产

公开的各项资产包括：现金及银行存款；产品物资；固定资产；生物资产；对外投资；其他资产。

5. 各类资源

公开的各类资源包括：集体所有的耕地、林地、草地、园地、滩涂、水面、"四荒地"、集体建设用地等。

6. 债权债务

公开的债权债务包括：应收单位和个人欠款；银行贷款；欠单位和个人款项；其他债权债务。

7. 收益分配

公开的收益分配情况包括：收益总额；提取公积公益金数额；外来投资分利数额；成员分配数额；其他分配数额。

8. 其他需要公开的事项

其他需要公开的事项包括：阶段性公开村（居）接收政府拨付和接受社会捐赠的救灾救助、补贴补助等资金、物资的管理使用情况；村（居）集体所有土地发包（承包）、土地使用权和海域滩涂使用权流转情况；村（居）集体企业的经营、承包、租赁、出售、转让及费用的收缴情况等。

9. 专项公开的事项

专项公开的事项包括：集体土地征占补偿及分配情况；集体资产资源发包、租赁、出让、投资及收益（亏损）情况；集体工程招投标及预决算情况；"一事一议"筹资筹劳及使用情况；其他需要进行专项公开的事项。

二、财务公开的时间

农村集体经济组织财务至少每季度公开一次；财务往来较多的，收支情况应当每月公开一次，具体公开时间由所在地县级以上农村经营管理部门统一确定。对于多数成员或民主理财小组要求公开的内容，应当及时单独进行公开。涉及集体经济组织及其成员利益的重大事项应当随时公开。

三、财务公开的方式

农村集体经济组织财务公开的方式包括利用村务公开栏（墙）公布、召开农村集体经济组织成员（代表）大会公布、利用现代媒体平台公布等。这些公开形式旨在确保农村集体财务信息和资产状况能够及时、准确、完整地向群众公布，以提升透明度和接受群众监督。具体来说，财务公开的方式包括以下几种。

1. 利用村务公开栏（墙）公布

农村集体经济组织必须在村委会（村部）及各自然村人口密集、主要交通路口等地设置财务公开栏（墙），按照要求向成员公布，并及时更新公开内容。

2. 召开成员（代表）大会公布

通过召开农村集体经济组织成员大会或成员代表会议等进行公布，确保成员能够直接参与到财务公开的过程中，了解集体财务状况。

3. 利用现代媒体平台公布

有条件的农村集体经济组织可运用电子触摸屏进行公开，或者通过各村的微信公众号、微信群、QQ 群等现代媒体平台向外出务工成员公布，并下设群众意见、评论窗口。但是，利用现代媒体平台进行财务公开时，也要注意网络信息安全。

四、财务公开的程序

农村集体经济组织财务公开的程序主要包括以下几个步骤。

1. 编制与整理

会计人员按照财务公开的内容和形式要求，对各类财务数据进行分类、汇总，形成初步财务会计报表及其相关资料；编制财务公开说明，包括收入来源、支出用途、重大项目支出、集体资产变动等情况；可以配以图表、示意图等辅助说明，提高可读性；对成员普遍关心的问题进行重点说明。会计人员应确保所有涉及农村集体经济组织的财务资料完整、准确。

2. 审核与签章

为确保公开内容的真实性和合法性，需要对财务数据进行复核，经审核后确认签章。

3. 公布与存档

按要求在村务公开栏（墙）、成员（代表）大会、微信群等线上和线下平台公布；公布时间应足够长，便于成员查阅。此外，将所有公开材料、审核记录、村民反馈意见等整理归档，妥善保存；建立健全财务公开档案管理制度，确保档案的安全性和可追溯性。

3. 反馈与解答

设立专门的反馈渠道（如意见箱、热线电话、电子邮箱等），方便农村集体经济组织成员提出疑问或建议；安排专人及时收集、整理成员关切的问题、反馈意见，并在规定时间内给予答复或解释。对于成员普遍关心的重大问题，可组织召开成员（代表）会议或座谈会进行详细说明。

4. 监督与检查

为确保财务公开制度的有效执行，建立健全内部监督机制，定期（如每年）对财务公开工作进行全面检查评估，总结经验教训，不断完善财务公开制度。

第十七章 税务事项管理

第一节 中国税制

目前，我国税制体系中共有 18 个税种，根据征税对象不同，可划分为流转税类、所得税类、资源税类、财产税类、行为税类。

一、增值税

增值税是向在中国境内销售货物或提供加工、修理修配劳务，销售服务、不动产、无形资产及进口货物的单位和个人征收的一种流转税，以货物（含应税服务等）在流转过程中产生的增值额作为计税依据。从计税原理上说，增值税是对商品生产、流通、劳务服务中多个环节的新增价值或商品的附加值征收的一种流转税。

（一）纳税范围

1. 一般范围

现行增值税的一般征税范围包括境内应税销售行为和进口的货物，出口销售行为不征税。具体规定如下。

（1）境内销售或者进口的货物。货物是指有形动产，包括电力、热力、气体在内。销售货物是指有偿转让货物的所有权。

（2）境内销售劳务。劳务是指纳税人提供的加工、修理修配劳务。加工是指受托加工货物，即委托方提供原料及主要材料，受托方按照委托方的要求制造货物并收取加工费的业务；修理修配是指受托对损伤或丧失功能的货物进行修复，使其恢复原状或功能的业务。

（3）境内销售服务。服务包括交通运输服务、邮政服务、电信服务、建筑服务、金融服务、现代服务和生活服务。

（4）境内销售无形资产。销售无形资产是指转让无形资产所有权或者使用权的业务活动。无形资产包括技术、商标、著作权、商誉、自然资源使用权和其他权益性无形资产。其他权益性无形资产包括基础设施资产经营权、公共事业特许权、配额、经营权（包括特许经营权、连锁经营权、其他经营权）、经销权、分销权、代理权、会员权、席位权、网络游戏虚拟道具、域名、名称权、肖像权、冠名权、转会费等。

（5）境内销售不动产。销售不动产是指转让不动产所有权的业务活动。不动产包括建筑物、构筑物等。转让建筑物有限产权或者永久使用权的，转让在建的建筑物或者构筑物所有权的，以及在转让建筑物或者构筑物时一并转让其所占土地的使用权的，按照"销售不动产"缴纳增值税。

2. 特殊行为界定

（1）视同发生应税销售行为

单位或者个体工商户的下列行为，视同发生应税销售行为，均要征收增值税。

①将货物交付其他单位或者个人代销。

②销售代销货物。

③设有两个以上机构并实行统一核算的纳税人，将货物从一个机构移送至其他机构用于销售，但相关机构设在同一县（市）的除外。

④将自产、委托加工的货物用于集体福利或者个人消费。

⑤将自产、委托加工或者购进的货物作为投资，提供给其他单位或者个体工商户。

⑥将自产、委托加工或者购进的货物分配给股东或者投资者。

⑦将自产、委托加工或者购进的货物无偿赠送给其他单位或者个人。

⑧单位或者个体工商户向其他单位或者个人无偿销售应税服务、无偿转让无形资产或者不动产，但用于公益事业或者以社会公众为对象的除外。

⑨财政部和国家税务总局规定的其他情形。

（2）混合销售

一项销售行为如果既涉及货物又涉及服务，则被称为混合销售。从事货物的生产、批发或者零售的单位和个体工商户的混合销售，按照销售货物缴纳增值税；其他单位和个体工商户的混合销售，按照销售服务缴纳增值税。

（二）免征范围

《中华人民共和国增值税暂行条例》第十五条规定了下列 7 个项目免征增值税。

（1）农业生产者销售的自产农产品。

（2）避孕药品和用具。

（3）古旧图书。

（4）直接用于科学研究、科学试验和教学的进口仪器、设备。

（5）外国政府、国际组织无偿援助的进口物资和设备。

（6）由残疾人的组织直接进口供残疾人专用的物品。

（7）销售的自己使用过的物品。

除上述规定外，增值税的免税、减税项目由国务院规定。任何地区、部门均不得规定免税、减税项目。

（三）纳税人

增值税纳税人分为一般纳税人和小规模纳税人。

1. 一般纳税人

通常，会计核算健全、能按规定报送有关税务资料，年应税销售额超过 500 万元的纳税人，被登记为一般纳税人。

2. 小规模纳税人

通常，会计核算不健全或年应税销售额没有超过 500 万元的纳税人，被登记为小规模纳税人。对于年销售额超过小规模纳税人标准的个人、非企业性单位、不经常发生应税行为的企业，可以选择按小规模纳税人纳税。

（四）税率和征收率

1. 税率

（1）适用13%税率：境内销售货物、劳务、有形动产租赁服务或进口货物。

（2）适用9%税率：境内销售交通运输、邮政、基础电信、建筑、不动产租赁服务，销售不动产，转让土地使用权，销售或者进口货物①。

（3）适用 6%税率：境内销售增值电信服务、金融服务、现代服务（不动产租赁除外）、生活服务以及销售无形资产（转让土地使用权除外）。

（4）适用 0%税率：出口货物等特殊业务。

2. 征收率

小规模纳税人按简易计税方法计税的情形，除按规定适用 5%征收率的以外，其余应税行为均适用 3%的征收率。目前，截至 2027 年年底，小规模纳税人的增值税征收率减按 1%。

（五）应纳税额

1. 一般纳税人

增值税一般纳税人发生应税销售行为的应纳税额，除适用简易计税方法外的，均应该采用以当期销项税额减去当期进项税额计算应纳税额的一般计税方法。其计算公式为：

$$当期应纳税额 = 当期销项税额 - 当期进项税额$$

销项税额是指纳税人发生应税销售行为时，按照销售额与规定税率计算并向购买方收取的增值税税额。进项税额是指纳税人购进货物或者接受加工修理修配劳务和应税服务，支付或者负担的增值税税额。销项税额的计算公式为：

$$销项税额 = 不含税销售额 \times 适用税率$$

对于一般纳税人发生的应税销售行为，采用销售额和销项税额合并定价（含增值税价格）方法的，按下列公式计算销售额：

$$不含税销售额 = \frac{含税销售额}{(1 + 税率)}$$

2. 小规模纳税人

纳税人发生应税销售行为适用简易计税方法的，应该按照销售额和征收率计算应纳增值税税额，并且不得抵扣进项税额。其应纳税额的计算公式为：

$$应纳税额 = 不含税销售额 \times 征收率$$

按简易计税方法计税的销售额不包括其应纳的增值税税额，纳税人采用销售额和应纳增值税税额合并定价方法的，按照下列公式计算销售额：

$$不含税销售额 = \frac{含税销售额}{(1 + 征收率)}$$

二、消费税

消费税是以应税消费品的流转额作为征税对象的各种税收的统称，是政府向消费品

---

① 包括农产品（含粮食）、食用植物油、食用盐、自来水、暖气、冷气、热水、煤气、石油液化气、天然气、二甲醚、沼气、居民用煤炭制品、图书、报纸、杂志、音像制品、电子出版物、饲料、化肥、农药、农机、农膜。

征收的税项，征收环节单一，多数在生产或进口环节缴纳。消费税是价内税，作为产品价格的一部分存在，税款最终由消费者承担。消费税是以特定消费品为课税对象所征收的一种税，属于流转税的范畴。

（一）特点

1. 征收范围具有选择性。我国消费税在征收范围上根据产业政策与消费政策仅选择部分消费品征税，而不是对所有消费品都征收消费税。

2. 一般情况下，征税环节具有单一性。主要在生产销售和进口环节上征税，个别应税消费品在批发或零售环节征税。比如，金银首饰在零售环节征收消费税。

3. 平均税率水平比较高且税负差异大。消费税的平均税率水平比较高，并且不同征税项目的税负差异较大。如乘用车按排气量大小划分，最低税率为1%，最高税率为40%。

4. 计税方法具有灵活性。既采用对消费品规定单位税额，以消费品的数量实行从量定额的计税方法；也采用对消费品制定比例税率，以消费品的价格实行从价定率的计税方法。对卷烟、白酒则采用从量征收和从价征收相结合的复合计税方法。

（二）征收范围

消费税是在对货物普遍征收增值税的基础上，选择少数消费品再征税的一个税种，主要是为了调节产品结构，引导消费方向，保证国家财政收入。现行消费税的征收范围主要包括烟、酒、高档化妆品、贵重首饰及珠宝玉石、鞭炮/焰火、成品油、小汽车、摩托车、高尔夫球及球具、高档手表、游艇、木制一次性筷子、实木地板、电池、涂料等。如表17-1所示。

（三）计税依据

消费税的计税依据分别采用从价、从量和复合三种计税方法。实行从价定率方法征税的应税消费品，计税依据为应税消费品的销售额。实行从量定额方法计税时，通常以每单位应税消费品的重量、容积或数量为计税依据。实行复合计税方法征税时，通常以应税消费品的销售额和每单位应税消费品的重量、容积或数量一起作为计税依据。

（四）应纳税额

1. 生产销售环节应纳消费税的计算

纳税人在生产销售环节应缴纳的消费税，包括直接对外销售应税消费品应缴纳的消费税和自产自用应税消费品应缴纳的消费税

（1）直接对外销售应纳消费税的计算

直接对外销售应税消费品涉及三种计算方法。

①从价定率：应纳税额=应税消费品销售额×适用税率。

②从量定额：应纳税额=应税消费品销售数量×定额税率。

③复合计税：应纳税额=应税消费品销售额×比例税率+应税消费品销售数量×定额税率。

表 17-1 消费税税目和税率表

税目	税率	税目	税率
一、烟		七、小汽车	
1. 卷烟		1. 乘用车	
（1）甲类卷烟（生产环节）	56%+0.003 元/支	（1）气缸容量（排气量，下同）在 1.0 升（含 1.0 升）以下的	1%
（2）乙类卷烟（生产环节）	36%+0.003 元/支	（2）气缸容量在 1.0 升以上至 1.5（含 1.5 升）的	3%
（3）卷烟（批发环节）	11%+0.005 元/支	（3）气缸容量在 1.5 升以上至 2.0（含 2.0 升）的	5%
2. 雪茄烟	36%	（4）气缸容量在 2.0 升以上至 2.5（含 2.5 升）的	9%
3. 烟丝	30%	（5）气缸容量在 2.5 升以上至 3.0（含 3.0 升）的	12%
4. 电子烟		（6）气缸容量在 3.0 升以上至 4.0（含 4.0 升）的	25%
（1）工业	36%	（7）气缸容量在 4.0 升以上的	40%
（2）商业批发	11%	2. 中轻型商务客车	5%
二、酒		3. 超豪华小汽车	10%
1. 白酒	20%+0.5 元/500 克	八、摩托车	
2. 黄酒	240 元/吨	1. 气缸容量为 250 毫升的	3%
3. 啤酒		2. 气缸容量在 250 毫升（不含）以上的	10%
（1）甲类啤酒	250 元/吨	九、高尔夫球及球具	10%
（2）乙类啤酒	220 元/吨	十、高档手表	20%
4. 其他酒	10%	十一、游艇	10%
三、高档化妆品	15%	十二、木制一次性筷子	5%
四、贵重首饰及珠宝玉石		十三、实木地板	5%
1. 金银首饰、铂金首饰、钻石及钻石饰品	5%	十四、电池	4%
2. 其他非金银贵重首饰及珠宝玉石	10%	十五、涂料	4%
五、鞭炮/焰火	15%		
六、成品油		备注：①卷烟换算单位 1 标准箱=250 条，1 条=10 盒，1 盒=20 支	
1. 汽油、石脑油、溶剂油、润滑油	1.52 元/升		
2. 柴油、航空煤油、燃料油	1.2 元/升		

（2）自产自用应纳消费税的计算

①纳税人自产自用的应税消费品，用于连续生产应税消费品的，不纳税。

②纳税人自产自用的应税消费品，用于其他方面的，于移送使用时纳税。

（3）组成计税价格及税额的计算

纳税人自产自用的应税消费品，凡是用于其他方面的应当纳税的，则都应按照纳税人生产的同类消费品的销售价格计算纳税。同类消费品的销售价格是指纳税人当月销售的同类消费品的销售价格，如果当月同类消费品各期销售价格高低不同，则应按销售数量加权平均计算。若没有同类消费品销售价格，则按照组成计税价格计算纳税。

①实行从价定率方法计算消费税的，其组成计税价格和应纳税额的计算公式为：

$$组成计税价格 = \frac{成本 + 利润}{1 - 消费税比例税率}$$

$$应纳税额 = 组成计税价格 \times 消费税比例税率$$

②实行复合计税方法计算消费税的，其组成计税价格和应纳税额的计算公式为：

$$组成计税价格 = \frac{成本 + 利润 + 自产自用数量 \times 消费税定额税率}{1 - 消费税比例税率}$$

$$应纳税额 = 组成计税价格 \times 消费税比例税率 + 自产自用数量 \times 消费税定额税率$$

2. 委托加工环节应税消费品应纳税额的计算

委托加工环节应税消费品，按照受托方的同类消费品的销售价格计算纳税。同类消费品的销售价格是指受托方（即代收代缴义务人）当月销售的同类消费品的销售价格，如果当月同类消费品各期销售价格高低不同，则应按销售数量加权平均计算。没有同类消费品销售价格的，按照组成计税价格计算纳税。

①实行从价定率方法计算消费税的，其组成计税价格和应纳税额的计算公式为：

$$组成计税价格 = \frac{材料成本 + 加工费}{1 - 消费税比例税率}$$

$$应纳税额 = 组成计税价格 \times 消费税比例税率$$

②实行复合计税方法计算消费税的，组成计税价格和应纳税额的计算公式为：

应纳税额 = 组成计税价格 × 消费税比例税率 + 自产自用数量 × 消费税定额税率

3. 进口环节应纳消费税的计算

纳税人进口应税消费品，按照组成计税价格和规定的消费税税率计算应纳税额。

①实行从价定率方法计算消费税的，组成计税价格和应纳税额的计算公式为：

$$组成计税价格 = \frac{关税完税价格 + 关税}{1 - 消费税比例税率}$$

$$应纳税额 = 组成计税价格 \times 消费税比例税率$$

②实行从量定额方法计算消费税的，不需要估计组成计税价格，应纳税额计算公式为：

$$应纳税额 = 进口应税消费品数量 \times 消费税定额税率$$

③实行复合计税办法计算消费税的，组成计税价格和应纳税额的计算公式为：

$$组成计税价格 = \frac{关税完税价格 + 关税 + 进口应税消费品数量 \times 消费税定额税率}{1 - 消费税比例税率}$$

应纳税额 = 组成计税价格 × 消费税税率 + 应税消费品进口数量 × 消费税定额税率

三、关税

关税是指进出口货物经过一国的关境时，由政府所设置的海关行政机构依法对进出口商及货物携带者征收的一种税收。

（一）征税基础

关税的征税基础是关税完税价格。进口货物以海关审定的成交价值为基础的到岸价格为关税完税价格；出口货物以该货物销售与境外的离岸价格减去出口税后，经过海关审查确定的价格为完税价格。

（二）应纳税额

1. 从价税应纳税额的计算

从价税是一种最常用的关税计税标准，它以货物的价格或者价值为征税标准，以应征税额占货物价格或者价值的百分比为税率，价格越高，税额越高。货物进口时，以此税率和海关审定的实际进口货物完税价格相乘计算应征税额。目前，我国海关计征关税标准主要是从价税，计算公式为：

关税税额 = 应税进（出）口货物数量 × 单位完税价格 × 税率

2. 从量税应纳税额的计算

从量税以货物的数量、重量、体积、容量等计量单位为计税标准，以每计量单位货物的应征税额为税率。我国目前对原油、啤酒和胶卷等进口商品征收从量税，计算公式为：

关税税额 = 应税进（出）口货物数量 × 单位货物税额

3. 复合税应纳税额的计算

复合税，即以从价、从量两种税率合并计征。我国目前仅对录像机、放像机、摄像机、数字照相机和摄录一体机等进口商品征收复合税，计算公式为：

关税税额 = 应税进（出）货物数量 × 单位货物税额 +
应税进（出）口货物数量 × 单位完税价格 × 税率

4. 滑准税应纳税额的计算

滑准税是根据货物的不同价格适用不同税率的一类特殊的从价关税。它是一种关税税率根据进口货物价格由高至低而设置由低至高计征关税的方法。简单地讲，就是进口货物的价格越高，其进口关税税率越低，进口商品的价格越低，其进口关税税率越高。计算公式为：

关税税额 = 应税进（出）口货物数量 × 单位完税价格 × 滑准税税率

四、企业所得税

企业所得税是对中国境内的企业和其他取得收入的组织的生产经营所得及其他所得征收的一种所得税。

（一）纳税人

企业所得税的纳税人，是指在中国境内的企业和其他取得收入的组织。《中华人民共和国企业所得税法》规定，除个人独资企业、合伙企业之外，凡在我国境内的企业和其他取得收入的组织（本节，以下统称"企业"）均为企业所得税的纳税人，应依法缴纳企业所得税。企业所得税的纳税人分为居民企业和非居民企业。

1. 居民企业

居民企业，是指依法在中国境内成立，或者依照外国（地区）法律成立但实际管理机构在中国境内的企业。这类企业包括企业、事业单位、社会团体以及其他取得收入的组织。实际管理机构是指对企业的生产经营、人员、账务、财产等实施实质性全面管理和控制的机构。

2. 非居民企业

非居民企业，是指依照外国（地区）法律成立且实际管理机构不在中国境内，但在中国境内设立机构、场所的，或者在中国境内未设立机构、场所，但有来源于中国境内所得的企业。非居民企业委托营业代理人在中国境内从事生产经营活动的，包括委托单位或者个人经常代其签订合同，或者储存、交付货物等，则该营业代理人被视为非居民企业在中国境内设立的机构、场所。

（二）征税对象

企业所得税的征税对象，是指企业的生产经营所得、其他所得和清算所得。

1. 居民企业的征税对象

居民企业应将来源于中国境内、境外的所得作为征税对象。所得包括销售货物所得、提供劳务所得、转让财产所得、股息红利等权益性投资所得、利息所得、租金所得、特许权使用费所得、接受捐赠所得和其他所得。

2. 非居民企业的征税对象

非居民企业在中国境内设立机构、场所的，应当就其所设机构、场所取得的来源于中国境内的所得，以及发生在中国境外但与其所设机构、场所有实际联系的所得，缴纳企业所得税。非居民企业在中国境内未设立机构、场所的，或者虽设立机构、场所但取得的所得与其所设机构、场所没有实际联系的，应当就其来源于中国境内的所得缴纳企业所得税。

3. 所得来源的确定

（1）销售货物所得，按照交易活动发生地确定。

（2）提供劳务所得，按照劳务发生地确定。

（3）转让财产所得。①不动产转让所得按照不动产所在地确定；②动产转让所得按照转让动产的企业或者机构、场所所在地确定；③权益性投资资产转让所得按照被投资企业所在地确定。

（4）股息、红利等权益性投资所得，按照分配所得的企业所在地确定。

（5）利息所得、租金所得、特许权使用费所得，按照负担、支付所得的企业或者机构、场所所在地确定，或者按照负担、支付所得的个人的住所地确定。

（6）其他所得，由国务院财政、税务主管部门确定。

（三）税率

企业所得税实行比例税率如表17-2所示。比例税率简便易行，透明度高，不会因征税而改变企业间收入分配比例，有利于提高效率。

表 17-2　企业所得税税率表

种类	税率	纳税人	征税对象（所得判定）
基本税率	25%	居民企业	来源于中国境内、境外的所得
		非居民企业	在中国境内设立机构、场所的，应当就其所设机构、场所取得的来源于中国境内的所得，以及发生在中国境外但与其所设机构、场所有实际联系的所得
优惠税率	20%	小型微利企业	来源于中国境内、境外的所得
	15%	国家重点扶持的高新技术企业；西部鼓励类产业企业；技术先进型服务企业	
低税率	20%（减按10%）	在中国境内未设立机构、场所的非居民企业	来源于中国境内的所得
		虽设立机构、场所但取得的所得与其所设机构、场所无实际联系的非居民企业	

（四）税款计算

应纳税所得额是企业所得税的计税依据，按照税法的规定，应纳税所得额为企业每一个纳税年度的收入总额，减除不征税收入、免税收入、各项扣除以及允许弥补的以前年度亏损后的余额。其基本公式为：

应纳税所得额＝收入总额－不征税收入－免税收入－各项扣除－允许弥补的以前年度亏损

居民企业应缴纳所得税额等于应纳税所得额乘以适用税率，减除依照税法关于税收优惠的规定减免和抵免的税额后的余额，基本计算公式为：

居民企业应纳税的得额＝应纳税所得额×适用税率－减免税额－抵免税额

五、个人所得税

个人所得税主要是以自然人取得的各类应税所得为征税对象而征收的一种所得税，是政府利用税收对个人收入进行调节的一种手段。

（一）纳税人

个人所得税的纳税人包括居民纳税人和非居民纳税人。居民纳税人负有完全纳税的义务，必须就其来源于中国境内、境外的全部所得缴纳个人所得税；而非居民纳税人仅就其来源于中国境内的所得，缴纳个人所得税。

个人所得税实行代扣代缴方式。个人所得税代扣代缴义务人的范围广泛，包括但不限于：支付个人应纳税所得的企业、事业单位、机关、社团组织、军队、驻华机构、个体户等单位或者个人。扣缴义务人应设立代扣代缴税款账簿，正确反映个人所得税的扣缴情况，并按期向主管税务机关报送相关报表和资料。如果扣缴义务人未依法履行代扣代缴义务，则扣缴义务人需缴纳应扣未扣税款以及相应的滞纳金或罚款。

（二）征税范围

1. 工资、薪金所得。个人因任职或受雇而取得的工资、薪金、奖金、年终加薪、劳动分红、津贴、补贴以及与任职或受雇有关的其他所得。个人取得的所得，只要与任职、受雇有关，不管其单位的资金开支渠道是以现金、实物的形式支付还是以有价证券等形式支付，都是工资、薪金所得项目的课税对象。

2. 劳务报酬所得。个人独立从事各种非雇佣的各种劳务所取得的所得。主要包括设计、装潢、安装、制图、化验、测试、医疗、法律、会计、咨询、讲学、翻译、审稿、书画、雕刻、影视、录音、录像、演出、表演、广告、展览、技术服务、介绍服务、经济服务、代办服务及其他劳务取得的所得。

3. 稿酬所得。个人因其作品以图书、报纸形式出版、发表而取得的所得。作品是指包括中外文字、图片、乐谱等能以图书、报刊方式出版、发表的作品；个人作品包括本人的著作、翻译的作品等。

4. 特许权使用费所得。个人提供专利权、著作权、商标权、非专利技术以及其他特许权的使用权取得的所得。提供著作权的使用权取得的所得，不包括稿酬所得。

5. 经营所得。主要包括四个方面：①个体工商户从事生产、经营活动取得的所得，个人独资企业投资人、合伙企业的个人合伙人来源于境内注册的个人独资企业、合伙企业生产、经营的所得；②个人依法从事办学、医疗、咨询以及其他有偿服务活动取得的所得；③个人对企业、事业单位承包经营、承租经营以及转包、转租取得的所得。④个人从事其他生产、经营活动取得的所得。

6. 利息、股息、红利所得。个人拥有债权、股权而取得的利息、股息、红利所得。利息是指个人的存款利息、货款利息和购买各种债券的利息。股息，也称股利，是指股票持有人根据股份制公司章程规定，凭股票定期从股份公司取得的投资利益。红利，也称分红，是指股份公司或企业根据应分配的利润按股份分配超过股息部分的利润。

7. 财产租赁所得。个人出租建筑物、土地使用权、机器设备车船以及其他财产取得的所得。财产包括动产和不动产。

8. 财产转让所得。个人转让有价证券、股权、建筑物、土地使用权、机器设备、车船以及其他自有财产给他人或单位而取得的所得，包括转让不动产和动产而取得的所得。

9. 偶然所得。个人取得的所得是非经常性的，属于各种机遇性所得，包括得奖、中奖、中彩以及其他偶然性质的所得（含奖金、实物和有价证券）。

（三）适用税率

个人所得税根据不同的征税所得，分别规定了三种不同的税率。

1. 综合所得（工资、薪金所得，劳务报酬所得，稿酬所得，特许权使用费所得），适用七级超额累进税率。该税率按应税所得额划分级距，最高一级为 45%，最低一级为 3%，共 7 级，如表 17-3 所示。

表 17-3　个人所得税税率表（综合所得适用）

级数	全年应纳税所得额	税率	速算扣除数（元）
1	不超过 36 000 元的	3%	0
2	超过 36 000 元至 144 000 元的部分	10%	2 520
3	超过 144 000 元至 300 000 元的部分	20%	16 920
4	超过 300 000 元至 420 000 元的部分	25%	31 920

级数	全年应纳税所得额	税率	速算扣除数（元）
5	超过 420 000 元至 660 000 元的部分	30%	52 920
6	超过 660 000 元至 960 000 元的部分	35%	85 920
7	超过 960 000 元的部分	45%	181 920

2. 经营所得适用五级超额累进税率。适用按年计算、分月预缴税款的个体工商户的生产、经营所得和对企事业单位的承包经营、承租经营的全年应纳税所得额划分级距，最低一级为 5%，最高一级为 35%，共 5 级，如表 17-4 所示。

表 17-4 个人所得税税率表（经营所得适用）

级数	全年应纳税所得额	税率	速算扣除数（元）
1	不超过 30 000 元的	5%	0
2	超过 30 000 元至 90 000 元的部分	10%	1 500
3	超过 90 000 元至 300 000 元的部分	20%	10 500
4	超过 300 000 元至 500 000 元的部分	30%	40 500
5	超过 500 000 元的部分	35%	65 500

3. 比例税率。对个人的利息、股息、红利所得，财产租赁所得，财产转让所得，偶然所得和其他所得，按次计算征收个人所得税，适用 20% 的比例税率。

六、城市维护建设税

城市维护建设税，简称城建税，是以纳税人实际缴纳的增值税和消费税税额为计税依据，依法计征的一种附加税。我国现行城市维护建设税主要有以下几个特点：①属于附加税。城市维护建设税本身没有特定的课税对象，而是以纳税人实际缴纳的增值税和消费税的税额之和为计税依据；②根据城镇规模设计地区差别比例税率。城市维护建设税根据城镇规模不同，设计不同比例税率；③征收范围较广。增值税和消费税是我国流转环节的主体税种，而城市维护建设税又是其附加税，一般而言，缴纳增值税和消费税的纳税人就要缴纳城市维护建设税，因此城市维护建设税的征收范围也相应较广。

（一）征税范围

城市维护建设税的征税范围包括城市、县城、建制镇以及税法规定征税的其他地区。城市、县城、建制镇的范围应根据行政区划作为划分标准，不得随意扩大或缩小各行政区域的管辖范围。

（二）适用税率

城市维护建设税根据纳税人所在地的不同，设置三档地区差别比例税率。纳税人所在地为市区的，税率为 7%；纳税人所在地为县城、镇的，税率为 5%；纳税人所在地不在市区、县城或者镇的，税率为 1%。

纳税人所在地是指纳税人住所地或者与纳税人生产经营活动相关的其他地点，具体地点由省、自治区、直辖市确定。

（三）应纳税额

城市维护建设税是以纳税人实际缴纳的增值税和消费税税额为计税依据征收的一种税。城市维护建设税纳税人的应纳税额的计算公式为：

应纳城市维护建设税=依法实际缴纳的增值税和消费税×适用税率（7%、5%或1%）

七、房产税

房产税是以房屋为征税对象，按照房屋的计税余值或租金收入，向产权所有人征收的一种财产税。

（一）纳税人

房产税以在征税范围内的房屋产权所有人为纳税人。产权属国家所有的，由经营管理单位纳税；产权属集体和个人所有的，由集体单位和个人纳税。产权出典的，由承典人纳税。产权所有人、承典人不在房屋所在地的，或者产权未确定及租典纠纷未解决的，由房产代管人或者使用人纳税。无租使用其他单位房产的应税单位和个人，依照房产余值代缴纳房产税。

（二）征税范围

房产税以房产为征税对象。所谓房产，是指有屋面和围护结构（有墙或两边有柱），能够遮风避雨，可供人们在其中生产、学习、工作、娱乐、居住或储藏物资的场所。房产税的征税范围为城市、县城、建制镇和工矿区。城市是指国务院批准设立的市；县城是指县人民政府所在地的地区；建制镇是指经省、自治区、直辖市人民政府批准设立的建制镇；工矿区是指工商业比较发达、人口比较集中、符合国务院规定的建制镇标准，但尚未设立建制镇的大中型工矿企业所在地。

（三）税率

我国现行房产税采用的是比例税率。根据其计税依据不同，房产税的税率分为两种：一是依照房产原值一次减除 10%～30% 后的余值计算缴纳，税率为 1.2%；二是依照房产出租的租金收入计算缴纳，税率为 12%。对个人出租住房，不区分用途，均按 4% 的税率征收房产税。对企事业单位、社会团体以及其他组织向个人、专业化规模化住房租赁企业出租住房的，减按 4% 的税率征收房产税。

（四）计税依据

房产税的计税依据是房产的计税余值或房产的租金收入。按照房产计税余值征税的，称为从价计征；按照房产租金收入计征的，称为从租计征。

1. 从价计征

从价计征房产税的计税余值，是指依照税法规定按房产原值一次减除 10%～30% 损耗价值以后的余值。具体减除幅度由当地省、自治区、直辖市人民政府确定。

2. 从租计征

房产出租的，以房产租金收入为房产税的计税依据。房产的租金收入，是房屋产权所有人出租房产使用权所得的报酬，包括货币收入和实物收入。如果是以劳务或者其他形式为报酬抵付房租收入的，应根据当地同类房产的租金水平，确定一个标准租金额从租计征。

（五）应纳税额

房产税的计税依据有两种，与之相适应的应纳税额计算也分为两种，具体如下。

1. 从价计征的计算

从价计征是按房产的原值减除一定比例后的余值计征，其计算公式为：

$$应纳税额 = 应税房产原值 \times (1 - 原值减除比例) \times 1.2\%$$

2. 从租计征的计算

从租计征是按房产的租金收入计征，其计算公式为：

$$应纳税额 = 租金收入 \times 12\%（或4\%）$$

八、城镇土地使用税

城镇土地使用税是国家在城市、县城、建制镇、工矿区范围内，对使用土地的单位和个人，以其实际占用的土地面积为计税依据，按照规定的税额计算征收的一种税。

（一）纳税人

在城市、县城、建制镇、工矿区范围内使用土地的单位和个人，为城镇土地使用税的纳税人。纳税人包括国有企业、集体企业、私营企业、股份制企业、外商投资企业外国企业以及其他企业和事业单位、社会团体、国家机关、军队以及其他单位、个体工商户以及其他个人。

城镇土地使用税的纳税人通常包括：拥有土地使用权的单位和个人；若拥有土地使用权的单位和个人不在土地所在地，则土地的实际使用人和代管人为纳税人；若土地使用权未确定或权属纠纷未解决，则实际使用人为纳税人；若土地使用权共有，则共有各方都是纳税人，由共有各方分别纳税；在城镇土地使用税征税范围内，承租集体所有建设用地的，由直接从集体经济组织承租土地的单位和个人缴纳城镇土地使用税。

（二）征税范围

城镇土地使用税的征税范围，包括在城市、县城、建制镇和工矿区内的国家所有和集体所有的土地。城市是指经国务院批准设立的市；县城是指县人民政府所在地；建制镇是指经省、自治区、直辖市人民政府批准设立的建制镇；工矿区是指工商业比较发达，人口比较集中，符合国务院规定的建制镇标准，但尚未设立镇建制的大中型工矿企业所在地，工矿区须经省、自治区、直辖市人民政府批准。

城镇土地使用税的征税范围中，城市的土地包括市区和郊区的土地，县城的土地是指县人民政府所在地的城镇的土地，建制镇的土地是指镇人民政府所在地的土地。建立在城市、县城、建制镇和工矿区以外的企业不需要缴纳城镇土地使用税。

（三）税率

城镇土地使用税采用定额税率，即采用有幅度的差别税额，按大、中、小城市和县城、建制镇、工矿区分别规定每平方米城镇土地使用税年应纳税额。城镇土地使用税每平方米年税额标准具体规定如下：大城市为 1.5～30 元；中等城市为 1.2～24 元；小城市为 0.9～18 元；县城、建制镇、工矿区为 0.6～12 元。

（四）计税依据

城镇土地使用税以纳税人实际占用的土地面积为计税依据，土地面积计量标准为每平方米。税务机关根据纳税人实际占用的土地面积，按照规定的税额计算应纳税额向纳税人征收城镇土地使用税。

纳税人实际占用的土地面积按下列办法确定：由省、自治区、直辖市人民政府确定的单位组织测定土地面积的，以测定的面积为准；尚未组织测定，但纳税人持有政府部门核发的土地使用证书的，以证书确认的土地面积为准；尚未核发土地使用证书的，应由纳税人据实申报土地面积，并据以纳税，待核发土地使用证书以后再做调整；对在城镇土地使用税征税范围内单独建造的地下建筑用地，已取得地下土地使用权证的，按土地使用权证确认的土地面积计算应征税款；未取得地下土地使用权证或地下土地使用权证上未标明土地面积的，按地下建筑垂直投影面积计算应征税款。

（五）应纳税额

城镇土地使用税的应纳税额可以通过纳税人实际占用的土地面积乘以该土地所在地段的适用税额求得，其计算公式为：

$$全年应纳税额 = 实际占用应税土地面积（平方米）\times 适用税额$$

九、资源税

资源税是对在我国领域和管辖的其他海域开发应税资源的单位和个人课征的一种税收，属于对自然资源开发课税的范畴。

（一）纳税人

资源税的纳税人是指在中华人民共和国领域及管辖的其他海域开发应税资源的单位和个人。

（二）征税范围

资源税的征税范围为原油、天然气、煤炭、其他非金属矿原矿、黑色金属矿原矿、有色金属矿原矿、盐和水资源。

（三）应纳税额

资源税的应纳税额，可以按照从价定率或者从量定额的方法计算。

1. 从价定率方法应纳税额的计算

实行从价定率方法征收资源税，根据应税产品的销售额和规定的适用税率计算应纳税额，具体计算公式为：

$$应纳税额 = 销售额 \times 适用税率$$

2. 从量定额方法应纳税额的计算

实行从量定额征收资源税，根据应税产品的课税数量和规定的单位税额计算应纳税额，具体计算公式为：

$$应纳税额 = 课税数量 \times 单位税额$$

十、耕地占用税

耕地占用税是对占用耕地建房或从事其他非农业建设的单位和个人，就其实际占用的耕地面积征收的一种税，它属于对特定土地资源占用课税。采用定额税率，其标准取决于人均占有耕地的数量和经济发展程度。

（一）纳税人

耕地占用税的纳税人是指在中华人民共和国境内占用耕地建设建筑物、构筑物或者从事非农业建设的单位和个人。

经批准占用耕地的，纳税人为农用地转用审批文件中标明的建设用地人；农用地转用审批文件中未标明建设用地人的，纳税人为用地申请人，其中用地申请人为各级人民政府的，由同级土地储备中心、自然资源主管部门或政府委托的其他部门、单位履行耕地占用税申报纳税义务。未经批准占用耕地的，纳税人为实际用地人。

　　（二）征税范围

　　耕地占用税的征税范围包括纳税人占用耕地建设建筑物、构筑物或者从事非农业建设的国家所有和集体所有的耕地。

　　耕地是指用于种植农作物的土地，包括菜地、园地。其中，园地包括花圃苗圃、茶园、果园、桑园和其他种植经济林木的土地。

　　占用鱼塘及其他农用土地建房或从事其他非农业建设，也视同占用耕地，必须依法征收耕地占用税。占用已开发从事种植、养殖的滩涂、草场、水面和林地等从事非农业建设，由省、自治区、直辖市本着有利于保护土地资源和生态平衡的原则，结合具体情况确定是否征收耕地占用税。

　　（三）税率

　　耕地占用税在税率设计上采用了地区差别定额税率，税率具体标准如下。

　　（1）人均耕地不超过1亩的地区（以县、自治县、不设区的市、市辖区为单位，下同），每平方米为10～50元。

　　（2）人均耕地超过1亩但不超过2亩的地区，每平方米为8～40元。

　　（3）人均耕地超过2亩但不超过3亩的地区，每平方米为6～30元。

　　（4）人均耕地超过3亩以上的地区，每平方米为5～25元。

　　各省、自治区、直辖市耕地占用税适用税额的平均水平，不得低于《各省、自治区、直辖市耕地占用税平均税额表》规定的平均税额，如表17-5所示。在人均耕地低于0.5亩的地区，省、自治区、直辖市可以根据当地经济发展情况，适当提高耕地占用税的适用税额，但提高的部分不得超过确定的适用税额的50%。

　　占用基本农田的，应当按照当地适用税额，加按150%征收。基本农田是指依据《基本农田保护条例》划定的基本农田保护区范围的耕地。

表17-5　各省、自治区、直辖市耕地占用税平均税额

各省、自治区、直辖市	每平方米平均税额（单位：元）
上海	45
北京	40
天津	35
江苏、浙江、福建、广东	30
辽宁、湖北、湖南	25
河北、安徽、江西、山东、河南、重庆、四川	22.5
广西、海南、贵州、云南、陕西	20
山西、吉林、黑龙江	17.5
内蒙古、西藏、甘肃、青海、宁夏、新疆	12.5

（四）计税依据

耕地占用税以纳税人实际占用的属于耕地占用税征税范围的土地面积为计税依据，按应税土地当地适用税额计税，实行一次性征收。实际占用的耕地面积，包括经批准占用的耕地面积和未经批准占用的耕地面积。临时占用耕地，应当依照规定缴纳耕地占用税。纳税人在批准临时占用耕地的期限内恢复所占用耕地原状的，全额退还已经缴纳的耕地占用税。

（五）应纳税额

耕地占用税以纳税人实际占用的应税土地面积为计税依据，以每平方米土地为计税单位，按适用的定额税率计税。应纳税额为纳税人实际占用的应税土地面积（平方米）乘以适用税额，其计算公式为：

$$应纳税额 = 应税土地面积 \times 适用税额$$

应税土地面积包括经批准占用面积和未经批准占用面积，以平方米为单位。适用税额是指省、自治区、直辖市人民代表大会常务委员会决定的应税土地所在地县级行政区的现行适用税额。

十一、土地增值税

土地增值税是对有偿转让国有土地使用权及地上建筑物和其他附着物产权，取得增值收入的单位和个人征收的一种税。

（一）纳税人

土地增值税的纳税人为转让国有土地使用权、地上的建筑及其附着物并取得收入的单位和个人。单位包括各类企业、事业单位、国家机关和社会团体及其他组织；个人包括个体经营者和其他个人。

（二）税率

土地增值税实行四级超率累进税率。如表 17-6 所示。

表 17-6 土地增值税税率

级数	增值额与扣除项目金额的比率	税率	速算扣除系数
1	不超过 50%的部分	30%	0
2	超过 50%至 100%的部分	40%	5%
3	超过 100%至 200%的部分	50%	15%
4	超过 200%的部分	60%	35%

（三）应税收入

纳税人取得的转让房地产的收入，包括转让房地产而取得的全部价款及有关的经济收益，从收入形态看，包括货币收入、实物收入和其他收入。

（四）扣除项目

在计算转让房地产的增值额时，允许扣除的项目如下。

（1）取得土地使用权所支付的金额。这是指纳税人为取得土地使用权所支付的地价款（指土地出让金、土地转让金）和按国家统一规定缴纳的有关费用（登记费、过户费等）。

（2）房地产开发成本。这是指纳税人房地产开发项目实际发生的成本，包括土地的征用及拆迁补偿费、前期工程费、建筑安装工程费、基础设施费、公共配套设施费、开发间接费用等。

（3）房地产开发费用。这是指与纳税人开发房地产项目有关的销售费用、管理费用和财务费用。这三项费用不按照纳税人开发房地产项目实际发生的费用进行扣除，而按照法律规定的标准进行扣除。

（4）旧房及建筑物的评估价格。这是指在转让已使用的房屋及建筑物时，由政府批准设立的房地产评估机构评定的重置成本价乘以成新度折扣率后的价格。评估价格须经当地税务机关确认。

（5）与转让房地产有关的税金。这是指在转让房地产时缴纳的城市维护建设税、印花税。因转让房地产缴纳的教育费附加，也可视同税金予以扣除。

（6）财政部规定的其他扣除项目。对从事房地产开发的纳税人，允许按取得土地使用权所支付的金额和房地产开发成本之和，加计 20%的扣除。

（五）计税依据

确定增值额是计算土地增值税的基础，增值额为纳税人转让房地产所取得的收入减除规定的扣除项目金额后的余额。准确核算增值额，需要有准确的房地产转让收入额和扣除项目的金额。

（六）应纳税额

土地增值税按照纳税人转让房地产所取得的增值额和规定的税率计算征收。土地增值税的计算公式为：

$$应纳税额 = 每级距的土地增值额 × 适用税率$$

但在实际工作中，分步计算比较烦琐，一般可以采用速算扣除法计算，即计算土地增值税税额，可按土地增值额乘以适用的税率减去扣除项目金额乘以速算扣除系数的简便方法计算，具体方法如下：

$$应纳税额 = 土地增值额 × 适用税率 - 扣除项目金额 × 速算扣除系数$$

公式中，适用税率和速算扣除系数的确定取决于土地增值额与扣除项目金额的比率：

（1）增值额未超过扣除项目金额 50%时，计算公式为：

$$土地增值税税额 = 增值额 × 30\%$$

（2）增值额超过扣除项目金额 50%，未超过 100%时，计算公式为：

$$土地增值税税额 = 增值额 × 40\% - 扣除项目金额 × 5\%$$

（3）增值额超过扣除项目金额 100%，未超过 200%时，计算公式为：

$$土地增值税税额 = 增值额 × 50\% - 扣除项目金额 × 15\%$$

（4）增值额超过扣除项目金额 200%时，计算公式为：

$$土地增值税税额 = 增值额 × 60\% - 扣除项目金额 × 35\%$$

十二、印花税

印花税是对在经济活动和经济交往中书立、领受具有法律效力的凭证的行为征收的一种税，其因采用在应税凭证上粘贴印花税票作为完税的标志而得名。

（一）纳税人

书立应税凭证的纳税人，为对应税凭证有直接权利义务关系的单位和个人；采用委托贷款方式书立的借款合同纳税人，为受托人和借款人，不包括委托人；按买卖合同或者产权转移书据税目缴纳印花税的拍卖成交确认书纳税人，为拍卖标的产权人和买受人，不包括拍卖人；证券交易印花税，对证券交易的出让方征收，不对受让方征收。

（二）应税凭证

中华人民共和国境外书立于境内使用的应税凭证，应当按规定缴纳印花税。包括以下几种情形：

（1）应税凭证的标的为不动产的，该不动产在境内。

（2）应税凭证的标的为股权的，该股权为中国居民企业的股权。

（3）应税凭证的标的为动产或者商标专用权、著作权、专利权、专有技术使用权的，其销售方或者购买方在境内，但不包括境外单位或者个人向境内单位或者个人销售完全在境外使用的动产或者商标专用权、著作权、专利权、专有技术使用权。

（4）应税凭证的标的为服务的，其提供方或者接受方在境内，但不包括境外单位或者个人向境内单位或者个人提供完全在境外发生的服务。

（三）税率

印花税税率采用比例和定额两种税率。比例税率共分五档，即1‰、0.5‰、0.3‰、0.25‰和0.05‰；定额税率，是指每件应税凭证的固定税额。

（四）计税依据

印花税的计税依据为各种应税凭证上所记载的计税金额。具体规定如下。

（1）应税合同的计税依据，为合同所列的金额，不包括列明的增值税税款。

（2）应税产权转移书据的计税依据，为产权转移书据所列的金额，不包括列明的增值税税款。

（3）应税营业账簿的计税依据，为账簿记载的实收资本（股本）、资本公积合计金额。

（4）证券交易的计税依据为成交金额。

（5）应税合同、产权转移书据未列明金额的，印花税的计税依据按照实际结算的金额确定计税依据。按照前款规定仍不能确定的，按照书立合同、产权转移书据时的市场价格确定；依法应当执行政府定价或者政府指导价的，按照国家有关规定确定。

（6）证券交易无转让价格的，按照办理过户登记手续时该证券前一个交易日收盘价计算确定计税依据；无收盘价的，按照证券面值计算确定计税依据。

（7）同一应税合同、应税产权转移书据中涉及两方以上纳税人，且未列明纳税人各自涉及金额的，以纳税人平均分摊的应税凭证所列金额（不包括列明的增值税税款）确定计税依据。

（8）应税合同、应税产权转移书据所列的金额与实际结算金额不一致，不变更应税凭证所列金额的，以所列金额为计税依据；变更应税凭证所列金额的，以变更后的所列金额为计税依据。已缴纳印花税的应税凭证，变更后所列金额增加的，纳税人应当就增加部分的金额补缴印花税；变更后所列金额减少的，纳税人可以就减少部分的金额向税务机关申请退还或者抵缴印花税。

（9）纳税人因应税凭证列明的增值税税款计算错误导致应税凭证的计税依据减少或者增加的，纳税人应当按规定调整应税凭证列明的增值税税款，重新确定应税凭证计税依据。若已缴纳印花税的应税凭证，调整后计税依据增加，则纳税人应当就增加部分的金额补缴印花税；若调整后计税依据减少，则纳税人可以就减少部分的金额向税务机关申请退还或者抵缴印花税。

（10）纳税人转让股权的印花税计税依据，按照产权转移书据所列的金额（不包括列明的认缴后尚未实际出资权益部分）确定。

（11）若应税凭证金额为人民币以外的货币，则应当按照凭证书立当日的人民币汇率中间价折合人民币确定计税依据。

（五）应纳税额

印花税的应纳税额按照计税依据乘以适用税率计算。

$$应纳税额 = 计税依据 \times 适用税率$$

十三、车船使用税

车船使用税，简称车船税，是以车船为征税对象，向拥有车船的单位和个人征收的一种税。

（一）纳税人

车船税的纳税人，是指在中华人民共和国境内，车辆、船舶的所有人或者管理人，其应当依照《中华人民共和国车船使用税法》的规定缴纳车船税。

（二）征税范围

车船税的征税范围是指在中华人民共和国境内规定的车辆、船舶。主要包括：依法应当在车船登记管理部门登记的机动车辆和船舶；依法不需要在车船登记管理部门登记、在单位内部场所行驶或者作业的机动车辆和船舶。境内单位和个人租入外国籍船舶的，不征收车船税；境内单位和个人将船舶出租到境外的，应依法征收车船税。

（三）应纳税额

纳税人按照纳税地点所在的省、自治区、直辖市人民政府确定的具体适用税额缴纳车船税。购置的新车船，当年的应纳税额自纳税义务发生的当月起按月计算，计算公式为：

$$应纳税额 =（年应纳税额 \div 12）\times 应纳税月份数$$
$$应纳税月份数 = 12 - 纳税义务发生时间（取月份）+ 1$$

十四、车辆购置税

车辆购置税是以在中国境内购置规定车辆为课税对象、在特定的环节向车辆购置者征收的一种税。

（一）纳税人

车辆购置税的纳税人是指在中华人民共和国境内购置汽车、有轨电车、汽车挂车、排气量超过 150 毫升的摩托车的单位和个人。其中，购置是指以购买、进口、自产、受赠、获奖或者其他方式取得并自用应税车辆的行为。车辆购置税实行一次性征收。购置已征车辆购置税的车辆，不再征收车辆购置税。

（二）征税范围

车辆购置税以列举的车辆作为征税对象，未列举的车辆不纳税，其征税范围包括汽车、有轨电车、汽车挂车、排气量超过 150 毫升的摩托车。纳税人进口自用应税车辆，是指纳税人直接从境外进口或者委托代理进口自用的应税车辆，不包括在境内购买的进口车辆。

（三）税率

车辆购置税实行统一比例税率，税率为 10%。

（四）计税依据

纳税人购置应税车辆，以发票电子信息中的不含增值税价作为计税价格。纳税人进口自用应税车辆的计税价格等于关税完税价格加上关税和消费税。纳税人自产自用应税车辆的计税价格，按照纳税人生产的同类应税车辆（即车辆配置序列号相同的车辆）的销售价格确定，不包括增值税税款；若没有同类应税车辆销售价格，则按照组成计税价格确定。若纳税人以受赠、获奖或者其他方式取得自用应税车辆的计税价格，则按照购置应税车辆时相关凭证载明的价格确定，不包括增值税税款。销售方在销售"换电模式"新能源汽车时，若不含动力电池的新能源汽车与动力电池分别核算销售额并分别开具发票，则依据购车人购置不含动力电池的新能源汽车取得的机动车销售统一发票载明的不含税价作为车辆购置税计税价格。

（五）应纳税额

车辆购置税实行从价定率的方法计算应纳税额，计算公式为：

$$应纳税额 = 计税依据 × 10\%$$

十五、契税

契税是以在中华人民共和国境内转移土地、房屋权属为征税对象，向承受权属的单位和个人征收的一种财产税。

（一）纳税人

契税的纳税人是中华人民共和国境内转移土地、房屋权属，承受的单位和个人。土地、房屋权属是指土地使用权和房屋所有权。单位是指企业单位、事业单位、国家机关、军事单位和社会团体以及其他组织。个人是指个体工商户及其他个人，包括中国公民和外籍人员。

（二）征税范围

征收契税的土地、房屋权属，具体为土地使用权、房屋所有权。

转移土地、房屋权属包括：土地使用权出让；出售、赠与、互换土地使用权转让（不包括土地承包经营权和土地经营权的转移）；房屋买卖、赠与、互换。

（三）税率

契税实行 3%～5%的幅度税率。各省、自治区、直辖市人民政府可以在 3%～5%的幅度税率规定范围内，按照该地区的实际情况决定。

（四）计税依据

契税计税依据不包括增值税，具体情形如下。

（1）土地使用权出售、房屋买卖，承受方计征契税的成交价格不含增值税；若实际已取得增值税发票，则成交价格以发票上注明的不含税价格确定。

（2）土地使用权互换、房屋互换，契税计税依据为不含增值税价格的差额。

（3）税务机关核定的契税计税价格为不含增值税价格。

（五）应纳税额的计算

契税应纳税额的计算公式为：

$$应纳税额 = 计税依据 \times 税率$$

十六、烟叶税

烟叶税是以纳税人收购烟叶的金额为计税依据征收的一种税。征税范围包括晾晒烟叶、烤烟叶。

（一）计税依据

烟叶税的计税依据是纳税人收购烟叶实际支付的价款总额。

（二）税率

烟叶税实行比例税率，税率为20%。烟叶税实行全国统一的税率，主要是考虑烟叶属于特殊的专卖品，其税率不宜存在地区间的差异，否则会形成各地之间的不公平竞争，不利于烟叶种植的统一规划和烟叶市场、烟叶收购价格的统一。

（三）应纳税额

烟叶税的应纳税额按照纳税人收购烟叶实际支付的价款总额乘以税率计算，计算公式为：

$$应纳税额 = 实际支付价款 \times 税率$$

纳税人收购烟叶实际支付的价款总额包括纳税人支付给烟叶生产销售单位和个人的烟叶收购价款和价外补贴。其中，价外补贴统一按烟叶收购价款的10%计算，计算公式为：

$$实际支付价款 = 收购价款 \times (1 + 10\%)$$

十七、船舶吨税

船舶吨税，又称"吨税"，是海关代表国家交通管理部门在设关口岸对进出中国国境的船舶征收的用于航道设施建设的一种使用税。海关对外国籍船舶航行进出本国港口时，按船舶净吨位征收吨税。船舶吨税的纳税人为拥有或租有进出中国港口的国际航行船舶的单位和个人。

（一）征税范围

自中华人民共和国境外港口进入境内港口的船舶，应当缴纳船舶吨税。吨税设置优惠税率和普通税率。中华人民共和国国籍的应税船舶，船籍国（地区）与中华人民共和国签订含有相互给予船舶税费最惠国待遇条款的条约或者协定的应税船舶，适用优惠税率；其他应税船舶，适用普通税率。

（二）征税对象

船舶吨税的征税对象是自中国境外港口进入境内港口的船舶，具体包括：①中国港口行驶的外国籍船舶；②外商租用的中国籍船舶；③中外合营的海运企业自有或租用的中、外籍船舶；④中国租用（包括国外华商所有的和租用的）航行国外及兼营国内沿海贸易的外国籍船舶。

（三）应纳税额

吨税按照船舶净吨位和吨税执照期限征收。净吨位，是指由船籍国（地区）政府签发或者授权签发的船舶吨位证明书上标明的净吨位；吨税执照期限，是指按照公历年、日计算的期间。应税船舶负责人在每次申报纳税时，可以按照《吨税税目、税率表》选择申领一种期限的吨税执照。吨税的应纳税额按照船舶净吨位乘以适用税率计算，计算公式为：

$$应纳税额 = 船舶净吨位 \times 适用税率$$

十八、环境保护税

环境保护税，简称环保税，是对在我国领域以及管辖的其他海域直接向环境排放应税污染物的企业事业单位和其他生产经营者征收的一种税，其立法目的是保护和改善环境，减少污染物排放，推进生态文明建设。

（一）纳税人

环境保护税的纳税人是在中华人民共和国领域和中华人民共和国管辖的其他海域，直接向环境排放应税污染物的企业事业单位和其他生产经营者。应税污染物，是指《环境保护税法》所规定的大气污染物、水污染物、固体废物和噪声。

（二）计税依据

1. 应税大气污染物、水污染物的计税依据

应税大气污染物、水污染物按照污染物排放量折合的污染当量数确定计税依据。污染当量数以该污染物的排放量除以该污染物的污染当量值计算。计算公式为：

$$应税大气污染物、水污染物污染当量数 = \frac{该污染物的排放量}{该污染物的污染当量值}$$

污染当量，是指根据污染物或者污染排放活动对环境的有害程度以及处理的技术经济性，衡量不同污染物对环境污染的综合性指标或者计量单位。同一介质相同污染当量的不同污染物，其污染程度基本相当。

应税水污染物中，色度的污染当量数，以污水排放量乘以色度超标倍数再除以适用的污染当量值计算。畜禽养殖业水污染物的污染当量数，以该畜禽养殖场的月均存栏量除以适用的污染当量值计算。畜禽养殖场的月均存栏量按照月初存栏量和月末存栏量的平均数计算。

每一排放口或者没有排放口的应税大气污染物，按照污染当量数从大到小排序，对排名前三项的污染物征收环境保护税。每一排放口的应税水污染物，按照《环境保护税法》规定区分第一类水污染物和其他类水污染物，按照污染当量数从大到小排序，对第一类水污染物按照前五项征收环境保护税，对其他类水污染物按照前三项征收环境保护税。

2. 应税固体废物的计税依据

应税固体废物按照固体废物的排放量确定计税依据。固体废物的排放量为当期应税固体废物的产生量减去当期应税固体废物的贮存量处置量、综合利用量的余额。其中，固体废物的贮存量、处置量，是指在符合国家和地方环境保护标准的设施、场所贮存或者处置的固体废物数量；固体废物的综合利用量是指按照国务院发展改革、工业和信息化主管部门关于资源综合利用要求以及国家和地方环境保护标准进行综合利用的固体废物数量。计算公式为：

固体废物的排放量＝当期固体废物的产生量－当期固体废物的综合利用量－

当期固体废物的贮存量－当期固体废物的处置量

纳税人应当准确计量应税固体废物的贮存量、处置量和综合利用量，未准确计量的，不得从其应税固体废物的产生量中减去。若纳税人依法将应税固体废物转移至其他单位和个人进行贮存、处置或者综合利用，则固体废物的转移量相应计入其当期应税固体废物的贮存量、处置量或者综合利用量；纳税人接收的应税固体废物转移量，不计入其当期应税固体废物的产生量。

3. 应税噪声的计税依据

应税噪声按照超过国家规定标准的分贝数确定计税依据。工业噪声按照超过国家规定标准的分贝数确定每月税额，超过国家规定标准的分贝数是指实际产生的工业噪声与国家规定的工业噪声排放标准限值之间的差值。

（三）应纳税额

1. 大气污染物应纳税额的计算

应税大气污染物应纳税额为污染当量数乘以具体适用税额。计算公式为：

大气污染物的应纳税额＝污染当量数×适用税额

2. 水污染物应纳税额的计算

应税水污染物的应纳税额为污染当量数乘以具体适用税额。计算公式为：

水污染物的应纳税额＝污染当量数×适用税额

3. 固体废物应纳税额的计算

固体废物的应纳税额为固体废物排放量乘以具体适用税额，其排放量为当期应税固体废物的产生量减去当期应税固体废物的贮存量、处置量、综合利用量的余额。计算公式为：

固体废物的应纳税额＝（当期固体废物的产生量－当期固体废物的综合利用量－

当期固体废物的贮存量－当期固体废物的处置量）×适用税额

4. 噪声应纳税额的计算

应税噪声的应纳税额为超过国家规定标准的分贝数对应的具体适用税额。

十九、教育费附加和地方教育费附加

（一）教育费附加

教育费附加是对缴纳增值税和消费税的单位和个人，就其实际缴纳的税额为计算依据征收的一种附加费。

1. 纳费人

凡缴纳增值税和消费税的单位和个人，均为教育费附加的纳费义务人（简称纳费人）。凡代征增值税、消费税的单位和个人，亦为代征教育费附加的义务人。

2. 计费依据

教育费附加是以纳税人实际缴纳的增值税和消费税的税额之和为计费依据。

3. 应纳税额

教育费附加的计算公式为：

应纳教育费附加＝（实际缴纳的增值税＋实际缴纳的消费税）×3%

（二）地方教育费附加

地方教育费附加是指根据国家有关规定，为实施"科教兴省"战略，增加地方教育的资金投入，促进各省、自治区、直辖市教育事业发展，开征的一项地方政府性基金。按照地方教育费附加使用管理规定，在各省、直辖市的行政区域内，凡缴纳增值税、消费税的单位和个人，都应按规定缴纳地方教育费附加。地方教育费附加，以单位和个人实际缴纳的增值税、消费税的税额为计征依据。与增值税、消费税同时计算征收，征收率由各省地方税务机关自行制定，比如，天津市地方教育费附加缴纳比例为2%。

地方教育费附加的计算公式为：

$$地方教育费附加 = （实际缴纳的增值税 + 实际缴纳的消费税）\times 2\%$$

第二节　税务登记

一、税务登记制度

税务登记是税务机关根据税法规定，对纳税人的生产经营活动进行登记管理的一项基本制度，是纳税人接受税务机关监督，依法履行纳税义务的必要程序。履行税务登记制度，是确立征纳双方法律关系的依据和证明。税务登记包括设立税务登记，变更、注销税务登记，停业、复业登记以及非正常户处理等有关事项。

（一）设立税务登记

设立税务登记是税务管理的基础环节，是纳税人纳入税务机关监督管理的证明，也是整个税收征收管理的起点。根据相关法律法规，所有具有应税收入、应税财产或应税行为的纳税人，都必须依照规定办理税务登记。此外，扣缴义务人也应当在发生扣缴义务时，到税务机关申报登记，领取扣缴税款凭证。农村集体经济组织办理设立税务登记的程序如下。

（1）税务登记的申请

农村集体经济组织向生产、经营所在地税务机关申报办理税务登记。办理税务登记是为了建立正常的征纳秩序，是纳税人履行纳税义务的第一步。农村集体经济组织向当地主管税务机关申报办理税务登记手续时，应实事求是地填报登记项目。

（2）提供相关证件和资料

农村集体经济组织办理税务登记时，应提供的资料包括：工商营业执照或其他核准执业证件；有关合同、章程、协议书；组织机构统一代码证书；法定代表人或负责人居民身份证、护照或者其他合法证件。

（3）税务登记证的核发

农村集体经济组织在申报办理税务登记时，应当如实填写《税务登记表》所提交的证件和资料齐全且填写的《税务登记表》内容符合规定。一般，税务机关当日办理并发放税务登记证件。

税务登记证件的主要内容包括：纳税人名称、税务登记代码、法定代表人或负责人、生产经营地址、登记类型、核算方式、生产经营范围（主营、兼营）、发证日期、证件有效期等。

（二）变更、注销税务登记

变更税务登记，是纳税人税务登记内容发生变化时向税务机关申报办理的税务登记手续；注销税务登记，是纳税人税务登记内容发生了根本性变化，依法需终止履行纳税义务时向税务机关申报办理的税务登记手续。

纳税人已在工商行政管理机关办理变更登记的，应当自工商行政管理机关变更登记之日起 30 日内，向原税务登记机关如实提供工商登记变更表、纳税人变更登记内容的有关证明文件、税务机关发放的原税务登记证件等，申报办理变更税务登记。

纳税人按照规定不需要在工商行政管理机关办理变更登记，或者其变更登记的内容与工商登记内容无关的，应当自税务登记内容实际发生变化之日起 30 日内，或者自有关机关批准或者宣布变更之日起 30 日内，持纳税人变更登记内容的有关证明文件、税务机关发放的原税务登记证件等，到原税务登记机关申报办理变更税务登记。

纳税人办理注销税务登记前，应当向税务机关提交相关证明文件和资料，结清应纳税款、多退（免）税款、滞纳金和罚款，在缴销发票、税务登记证件和其他税务证件经税务机关核准后，办理注销税务登记手续。

（三）停业、复业登记

纳税人在申报办理停业登记时，应如实填写《停业复业报告书》，说明停业理由、停业期限、停业前的纳税情况和发票的领、用、存情况，并结清应纳税款、滞纳金、罚款。纳税人在停业期间发生纳税义务的，应当按照税收法律、行政法规的规定申报缴纳税款。

纳税人应当于恢复生产经营之前，向税务机关申报办理复业登记，如实填写《停业复业报告书》，领回并启用《税务登记证》《发票领购簿》及其停业前领购的发票。纳税人停业期满不能及时恢复生产经营的，应当在停业期满前到税务机关办理延长停业登记，并如实填写《停业复业报告书》。

（四）非正常户处理

若已办理税务登记的纳税人未按照规定的期限进行纳税申报，则税务机关依法责令其限期改正。纳税人负有纳税申报义务，但连续 3 个月所有税种均未进行纳税申报的，税收征管系统自动将其认定为非正常户，并停止其对《发票领购簿》和发票的使用。

对欠税的非正常户，税务机关依照《税收征收管理法》和《实施细则》的规定追征税款及滞纳金。

被认定为非正常户的纳税人，若就其逾期未申报行为已接受处罚、缴纳罚款，并补办了纳税申报，则税收征管系统自动解除非正常状态，无须纳税人专门申请解除。

二、账簿和凭证管理规定

账簿是纳税人、扣缴义务人连续地记录其各种经济业务的账册或籍。凭证是纳税人用来记录经济业务，明确经济责任，并据以登记账簿的书面证明。账簿、凭证管理是税收征管的重要环节之一。

（一）账簿、凭证设置

1. 设置账簿的范围

从事生产、经营的纳税人应当自领取营业执照或者发生纳税义务之日起 15 日内设置账簿。扣缴义务人应当自税收法律、行政法规规定的扣缴义务发生之日起 10 日内，按照所代扣、代收的税种，分别设置代扣代缴、代收代缴税款账簿。

2. 会计核算的要求

纳税人建立的会计电算化系统应当符合国家有关规定，并能正确、完整地核算其收入或者所得。纳税人使用计算机记账的，应当在使用前将会计电算化系统的会计核算软件、使用说明书及有关资料报送主管税务机关备案。

纳税人、扣缴义务人会计制度健全，能够通过计算机正确、完整地计算其收入和所得或者代扣代缴、代收代缴税款情况的，其计算机输出的完整的书面会计记录，可视同会计账簿。

纳税人、扣缴义务人会计制度不健全，不能通过计算机正确、完整地计算其收入和所得或者代扣代缴、代收代缴税款情况的，应当建立总账及与纳税或者代扣代缴、代收代缴税款有关的其他账簿。

（二）财务会计制度的管理

1. 备案制度

凡从事生产、经营的纳税人必须将所采用的财务、会计制度和具体的财务、会计处理办法，按税务机关的规定，自领取税务登记证件之日起 15 日内，及时报送主管税务机关备案。

2. 财会制度、办法与税收规定相抵触的处理办法

当从事生产、经营的纳税人、扣缴义务人所使用的财务会计制度和具体的财务、会计处理办法与国务院、财政部和国家税务总局有关税收的规定相抵触时，纳税人、扣缴义务人必须按照国务院制定的税收法规的规定或者财政部、国家税务总局制定的有关税收的规定计缴税款。

（三）账簿、凭证的保管

从事生产经营的纳税人、扣缴义务人必须按照国务院财政、税务主管部门规定的保管期限保管账簿、记账凭证、完税凭证及其他有关资料。账簿、记账凭证、报表、完税凭证及其他有关资料不得伪造、变造或者擅自损毁。税法规定，账簿、记账凭证、报表、完税凭证、发票、出口凭证以及其他有关涉税资料应当保存 10 年。

三、农村集体经济组织税务登记

（一）办理税务登记的情况

农村集体经济组织作为特别组织法人，需要进行税务登记。通常，分为以下几种具体情况。

（1）申领过营业执照，目前已注销的，农村集体经济组织凭农业农村部门颁发的《农村集体经济组织登记证》到税务部门办理纳税登记手续。

（2）既有营业执照，又有《农村集体经济组织登记证》的，由农村集体经济组织到税务部门办理转登手续，原登记的主体不变，统一社会信用代码转登为《农村集体经济组织登记证》的信用代码，然后由税务部门出具清税证明或转登证明（未曾办理纳税登记的，税务部门出具未办理税务登记证明），再到市场监督管理部门办理营业执照注销手续。

（3）未申领过营业执照的，凭农业农村部门颁发的《农村集体经济组织登记证》到税务部门办理纳税登记手续。

（4）未申领《农村集体经济组织登记证》，需要注销营业执照的，先行领取《农村集体经济组织登记证》，然后凭证到税务部门办理转登手续，税务部门出具清税证明或转登证明（未曾办理纳税登记的，税务部门出具未办理税务登记证明），再到市场监督管理部门办理营业执照注销手续。

（5）原来已申领（股份）经济合作社营业执照，但由于村居合并或其他原因，该村（股份）经济合作社已不再需要办理《农村集体经济组织登记证》，则该营业执照直接按一般的非公司企业法人办理注销手续。

（二）办理税务登记需提交的资料

办理税务登记，一般需要提交的资料包括：《农村集体经济组织登记证》原件及复印件；章程复印件；法定代表人（负责人）居民身份证、护照或其他证明身份的合法证件原件及复印件。

上述所提供的证件资料复印件必须签字、加盖公章，并签署"与原件相符"字样。同一证件资料如页数较多，则一般可以仅在首页签署"与原件相符"字样并签字盖章，同时骑缝加盖公章。

（三）一般纳税人和小规模纳税人身份核定

如果农村集体经济组织的年应税销售额超过财政部、国家税务总局规定的小规模纳税人标准的增值税纳税人或应税年销售额满 500 万元，除特殊情况外，应当办理增值税一般纳税人资格登记。如果年应税销售额未超过财政部、国家税务总局规定的小规模纳税人标准或是新设立的农村集体经济组织，也可以申请一般纳税人资格登记。

农村集体经济组织需要填写《增值税一般纳税人资格登记表》，向税务机关申请办理。需要注意的是：谨慎选择"一般纳税人资格登记"，按照现行政策，被认定一般纳税人的，不能再变更为小规模纳税人。

（四）财务会计制度及核算软件备案报告

农村集体经济组织除办理税务登记外，也需要向税务机关进行财务会计制度及核算软件备案报告。从事生产、经营的农村集体经济组织的财务、会计制度或者财务、会计处理办法和会计核算软件，应当报送税务机关备案。

农村集体经济组织需要填写"财务会计制度及核算软件备案报告书"。如表 17-7 所示。在备案时，可以在办税大厅进行现场办理，也可以通过电子税务局在线上办理。

表 17-7　财务会计制度及核算软件备案报告书

纳税人名称		纳税人识别号	
资　料	名　称		备　注
1. 财务、会计制度			
2. 低值易耗品摊销方法			
3. 折旧方法			
4. 成本核算方法			

纳税人名称		纳税人识别号	
5. 会计核算软件			
6. 会计报表			
纳税人：		税务机关：	
经办人： 负责人： 纳税人（签章）		经办人： 负责人： 税务机关（签章）	
报告日期： 年 月 日		受理日期： 年 月 日	

（五）存款账户账号报告和银税三方协议

1. 存款账户账号报告

农村集体经济组织在开立或者变更存款账户后，依照法律、行政法规规定，应将全部账号向税务机关报告。农村集体经济组织需要填写"纳税人存款账户账号报告表"，如表17-8所示。农村集体经济组织可以在办税大厅进行现场办理，也可以通过电子税务局在线上办理。

表 17-8 纳税人存款账户账号报告表

纳税人名称			纳税人识别号			
经营地址						
银行开户登记证号			发证日期	年 月 日		
账户性质	开户银行	账号	开户时间	变更时间	注销时间	备注
报告单位：			受理税务机关：			
经办人：			经办人：			
法定代表人（负责人）：			负责人：			
报告单位（签章）			税务机关（签章）			
年 月 日			年 月 日			

2. 签署银税三方协议

银税三方协议，即银税三方（委托）划缴协议。已完成存款账户账号报告的农村集体经济组织，如需要使用电子缴税系统缴纳税费，可以与税务机关、开户银行签署委托银行代缴税款三方协议或委托划转税款协议，实现使用电子缴税系统缴纳税费、滞纳金和罚款。

第三节　发票管理

一、发票管理制度

（一）发票的类型

发票是指在购销商品、提供或者接受服务以及从事其他经营活动中，开具、收取的收付款凭证。发票是记录经济活动的商事凭证，也是税务机关进行税收征管的重要依据，包括纸质发票和电子发票。电子发票与纸质发票具有同等法律效力。国家积极推广使用电子发票。

根据发票管理的系统平台不同，发票大致分为三大类，即由增值税发票管理系统开具的发票、由非增值税发票管理系统开具的发票和由电子发票服务平台开具的发票。其中，由增值税发票管理系统开具的发票包括：增值税专用发票、增值税普通发票、增值税电子发票、机动车销售统一发票、二手车销售统一发票等。由非增值税发票管理系统开具的发票包括：通用机打发票、通过定额发票、通用手工发票、景点发票、火车票、航空运输电子客票行程单、出租车发票、客运定额发票、通行费发票等；由电子发票服务平台开具的发票均为数字化电子发票（简称"数电票"[①]），包括数电票（增值税专用发票）、数电票（普通发票）、数电票（铁路电子客票）、数电票（航空运输电子客票行程单）等，共25种票样类型。

（二）发票基本要素

纸质发票的基本要素有发票的名称、发票代码和号码、联次及用途、客户名称、开户银行及账号、商品名称或经营项目、计量单位、数量、单价、大小写金额、开票人、开票日期、开票单位（个人）名称（章）等。发票联次包括存根联、发票联、记账联。存根联由收款方或开票方留存备查；发票联由付款方或受票方作为付款的原始凭证；记账联由收款方或开票方作为记账的原始凭证。省以上税务机关可根据发票管理情况以及纳税人经营业务需要，增减除发票联以外的其他联次，并确定其用途。

数电票的基本要素有动态二维码、发票号码、开票日期、购买方名称及纳税人识别号、销售方名称及纳税人识别号、项目名称、规格型号、单位、数量、单价、金额、税率、税额、合计、大小写价税合计、备注、开票人等。数电票取消了发票联次，只有 1 联；数电票也取消了发票专用章。

（二）发票的领用

需要领用发票的单位和个人，应当持设立登记证件或者税务登记证件，以及经办人身份证明，向主管税务机关办理发票领用手续。若领用纸质发票，则还应当提供按照国务院税务主管部门规定式样制作的发票专用章的印模。在单位和个人领用发票时，应当

［①］数电票，全称"全面数字化的电子发票"，是一种与纸质发票具有同等法律效力的全新发票形式。数电票不再以纸质形式存在，而是完全数字化，通过电子方式传输，具有更高的安全性和便捷性。数电票的推行旨在贯彻落实国家税务总局关于进一步深化税收征管改革的要求，提高发票管理效率，降低纳税人成本，推动税收征管的现代化进程。

按照税务机关的规定报告发票使用情况，税务机关按照规定进行查验。

需要临时使用发票的单位和个人，可以凭购销商品、提供或者接受服务以及从事其他经营活动的书面证明、经办人身份证明，直接向经营地税务机关申请代开发票，依照税收法律、行政法规规定应当缴纳税款的，税务机关应当先征收税款，再开具发票。禁止非法代开发票。

"数电票"不需要申请领用，实行的是授信额度，在总发票额度内，没有单张限额，也没有开具张数限制。

（三）发票的开具和保管

1. 销售商品、提供服务以及从事其他经营活动的单位和个人，对外发生经营业务收取款项，应由收款方向付款方开具发票；特殊情况下，由付款方向收款方开具发票。

2. 所有单位和从事生产、经营活动的个人在购买商品、接受服务以及从事其他经营活动支付款项，应当向收款方取得发票。在取得发票时，不得要求变更品名和金额。

3. 开具发票应当按照规定的时限、顺序、栏目，如实开具。

任何单位和个人不得有下列虚开发票行为。

（1）为他人、为自己开具与实际经营业务情况不符的发票。

（2）让他人为自己开具与实际经营业务情况不符的发票。

（3）介绍他人开具与实际经营业务情况不符的发票。

4. 任何单位和个人应当按照发票管理规定使用发票，不得有下列行为。

（1）转借、转让、介绍他人转让发票、发票监制章和发票防伪专用品。

（2）知道或者应当知道是私自印制、伪造、变造、非法取得或者废止的发票而受让开具、存放、携带、邮寄、运输。

（3）拆本使用发票。

（4）扩大发票使用范围。

（5）以其他凭证代替发票使用。

（6）窃取、截留、篡改、出售、泄露发票数据税务机关应当提供查询发票真伪的便捷渠道。

5. 开具发票的单位和个人应当在办理变更或者注销税务登记的同时，办理发票的变更、缴销手续。

6. 开具发票的单位和个人应当按照国家有关规定存放和保管发票，不得擅自损毁。应当将已经开具的发票存根联保存 5 年。

二、农村集休经济组织发票管理

（一）发票票种核定

农村集体经济组织办理税务登记后需领用发票的，应向主管税务机关申请办理发票领用手续。主管税务机关根据经营范围和规模，确认领用发票的种类、数量、开票限额等。已办理发票票种核定的农村集体经济组织，当前领用发票的种类、数量或者开票限额不能满足经营需要的，可以向主管税务机关提出调整。

农村集体经济组织填写《纳税人领用发票票种核定表》（如表 17-9 所示），经税务机关核定后，据此领用办理增值税普通发票、增值税电子普通发票等。

表 17-9　纳税人领用发票票种核定表

纳税人识别号							
纳税人名称							
领票人		联系电话		身份证件类型		身份证件号码	
发票种类名称	发票票种核定操作类型	单位（数量）	每月最高领票数量	每次最高领票数量	持票最高数量	定额发票累计领票金额	领票方式
纳税人（签章）							
经办人：　　法定代表人（业主、负责人）：　　填表日期：　　年　月　日							
发票专用章印模：							

需要注意的是，"数电票"试点纳税人如需开具数电票，则需要按规定办理数电票发票票种核定。

（二）发票领用

在因生产经营需要开具发票的农村集体经济组织，在办理票种核定申请后，应根据需要的发票种类、数量以及领用方式，先申请领用发票，再通过电子发票服务平台或者税控系统开具发票。

"数电票"试点纳税人如需开具数电票（除数电纸票外），无须进行申领，直接在授信额度范围内通过电子发票服务平台开具即可。

（三）发票开具

1. 农村集体经济组织自行开票

农村集体经济组织根据税务机关有关发票管理的规定，在进行了税务登记、票种核定等工作之后，可根据实际发生的经营业务，自行开具发票。具体规定见本节的"发票管理制度"相关内容。

2. 向税务机关申请代开发票

（1）申请代开增值税普通发票

符合代开条件的农村集体经济组织发生增值税应税行为，需要开具增值税普通发票时，可向主管税务机关申请代开。不能自开增值税普通发票的小规模纳税人因销售行为取得的不动产，可以向税务机关申请代开增值税普通发票。

（2）申请代开增值税专用发票

已办理税务登记的小规模纳税人及国家税务总局确定的其他可以代开增值税专用发票的农村集体经济组织发生增值税应税行为、需要开具增值税专用发票时，可向主管税务机关申请代开。

第四节　纳税申报

一、纳税申报制度

纳税申报是纳税人在发生纳税义务后，按国家有关法律、行政法规规定和税务机关的具体要求，向主管税务机关如实申报有关纳税事项，及时缴纳税款的行为。纳税申报不仅是征纳双方核定应纳税额、开具纳税凭证的主要依据，也是税务机关研究经济信息、加强税源管理的重要手段。纳税申报制度不仅可以促使纳税人增强纳税意识，提高税款计算的正确性，而且有利于税务机关依法征收税款，查处税务违法事件，保证税款及时、足额入库。

（一）纳税申报的对象

纳税申报的对象为纳税人和扣缴义务人。即使纳税人在纳税期内没有应纳税款，也应当按照规定办理纳税申报。若纳税人享受减税、免税待遇，则在减税、免税期间应当按照规定办理纳税申报。

（二）纳税申报的内容

纳税申报的内容，主要在各税种的纳税申报表和代扣代缴、代收代缴税款报告表中体现，还可以在随纳税申报表附报的财务报表和有关纳税资料中体现。

纳税人和扣缴义务人的纳税申报和代扣代缴、代收代缴税款报告的主要内容包括：税种、税目，应纳税项目或者应代扣代缴、代收代缴税款项目，计税依据，扣除项目及标准，适用税率或者单位税额，应退税项目及税额、应减免税项目及税额，应纳税额或者应代扣代缴、代收代缴税额，以及税款所属期限、延期缴纳税款、欠税、纳金等。

（三）纳税申报的期限

纳税人和扣缴义务人都必须按照法定的期限办理纳税申报。申报期限有两种：一种是法律、行政法规明确规定的期限；另一种是税务机关按照法律、行政法规的原则规定，结合纳税人生产经营的实际情况及其所应缴纳的税种等相关问题予以确定的期限。两种期限具有同等的法律效力。

（四）纳税申报的要求

纳税人办理纳税申报时，应当如实填写纳税申报表，并根据不同的情况相应报送下列有关证件、资料。

（1）财务会计报表及其说明材料。

（2）与纳税有关的合同、协议书及凭证。

（3）税控装置的电子报税资料。

（4）外出经营活动税收管理证明和异地完税凭证。

（5）境内或者境外公证机构出具的有关证明文件。

（6）税务机关规定应当报送的其他有关证件、资料。

（7）扣缴义务人办理代扣代缴、代收代缴税款报告时，应当如实填写代扣代缴、代收代缴税款报告表，并报送代扣代缴、代收代缴税款的合法凭证以及税务机关规定的其他有关证件、资料。

（五）纳税申报的方式

（1）直接申报，是指纳税人自行到税务机关办理纳税申报方式。这是一种传统的申报方式。

（2）邮寄申报，是指经税务机关批准的纳税人使用统一规定的纳税申报特快专递专用信封，通过邮政部门办理交寄手续，并向邮政部门索取收据作为申报凭据的方式。

（3）数据电文，是指按照经税务机关确定的电话语音、电子数据交换和网络传输等进行纳税申报的方式。例如，目前纳税人的网上申报，就是数据电文申报方式的一种形式。

除上述方式外，实行定期定额缴纳税款的纳税人，还可以实行简易申报、简并征期等申报纳税方式。

二、农村集体经济组织纳税申报

农村集体经济组织（主要为股份经济合作社）作为市场经营主体之一，根据市场公平竞争原则，有依法纳税的义务。领取"农村集体经济组织登记证"的农村股份经济合作社已被纳入正常税收征管范围。根据《中华人民共和国税收征收管理法》及其《实施细则》的规定，我国实行纳税人自行申报纳税制度。因此，农村集体经济组织需要进行纳税申报，依法履行纳税义务。

同时，我们注意到，现有税收优惠政策并不能完成涵盖至农村集体经济组织的所有经营范围和产业领域；未来随着税收法律规定的不断完善，农村集体经济组织将会有更多的相关税收优惠政策支持。

第十八章　会计档案管理

第一节　会计档案的概述

会计档案是指在进行会计核算等过程中接收或形成的，记录和反映单位经济业务事项的，具有保存价值的文字、图表等各种形式的会计资料，包括通过计算机等电子设备形成、传输和存储的电子会计档案。农村集体经济组织应当加强会计档案管理工作，建立和完善会计档案的收集、整理、保管、利用和鉴定销毁等管理制度，采取可靠的安全防护技术和措施，保证会计档案的真实、完整、可用、安全。

一、会计档案

会计档案包括会计凭证、会计账簿、财务会计报告以及其他会计资料等。

（1）会计凭证，包括原始凭证和记账凭证。

（2）会计账簿，包括总账、明细账、日记账、固定资产卡片及其他辅助性账簿。

（3）财务会计报告，包括月度、季度、半年度、年度财务会计报告。

（4）其他会计资料，包括银行存款余额调节表、银行对账单、纳税申报表、会计档案移交清册、会计档案保管清册、会计档案销毁清册、会计档案鉴定意见书及其他具有保存价值的会计资料。

（5）财务计划、收益分配方案、承包合同协议等。

二、电子会计档案

随着信息技术和数字技术的深入应用，会计信息化工作正迅速推进，信息化程度和水平大幅度提高，产生大量电子会计资料，应实现电子会计资料和电子会计档案管理的电子化单套制归档。

根据中华人民共和国档案行业标准 DA/T 94—2022《电子会计档案管理规范》，电子会计档案，是指在会计核算工作中由电子计算机直接形成或接收、传输、存储并归档，记录和反映单位经济业务事项，具有凭证、查考和保存价值的电子会计资料。

电子会计资料是指单位在进行会计核算过程中通过计算机等电子设备形成、传输、存储的记录和反映单位经济业务事项的电子形式的各种会计信息记录，包括以电子形式存在的会计凭证、会计账簿、财务会计报告和其他会计资料。

纸质档案经转化后变为电子会计档案。会计档案电子化是将传统的纸质会计档案，通过计算机技术转变为存储在计算机中以电子文件形式保存的资料的过程。电子会计档案只需要以电子形式进行保存，而会计档案电子化有时需要同时保存纸质档案与电子档案两种版式。

第二节　会计档案的管理

一、会计档案整理

农村集体经济组织每年形成的会计档案应当由会计机构按照备案要求整理装订成卷，编制会计档案清单。

（一）会计档案的整理步骤

会计档案的整理必须遵循便利性原则，以便于保管和查阅、利用为导向进行整理，确保会计档案的完整性和有序性。

（1）分类整理。根据会计档案的特点，将会计档案分为会计凭证、会计账簿、财务报告、其他类四类。农村集体经济组织可以按年度分类法，将会计档案按上述四个类别分开，再按年度分别整理立卷。

整理电子会计资料应按照其自然形成规律和固有特点，保持电子会计资料之间的有机联系，区别不同的保存价值，从而便于保管和利用。电子会计档案应按照一定的分类方法设置类别号，对电子会计凭证、电子会计账簿、电子财务会计报告及其他电子会计资料进行组件、组卷及排列，并将电子会计档案分类方案嵌入电子会计档案管理信息系统中。

（2）组卷。同一年度形成的会计凭证按"日清月结"的会计顺序组卷，不同月份的凭证不要组合在一起，每月的凭证按凭证号和时间顺序排列。会计账簿按账簿形成的特点区分会计年度，并把不同名称、种类的账簿分别组卷。

（3）装订。一般每月装订一次会计凭证，将装订好的凭证按年月妥善保管归档。会计账簿是按账簿形成的，应区分会计年度，把不同名称、种类的账簿分别组卷后装订成册。

（4）归档。当年形成的会计档案在会计年度终了后，可暂由会计机构保管一年，期满之后应由会计机构编制移交清册，移交本单位档案机构统一保管。单位会计机构临时保管会计档案最长不超过三年。临时保管期间，会计档案的保管应当符合国家档案管理的有关规定，且出纳人员不得兼管会计档案。

（二）电子会计档案的整理

电子会计资料收集完成后应及时整理。其中，电子会计凭证、电子会计账簿、电子固定资产卡片、电子财务会计报告及其他电子会计资料应分别在会计年度结束后 1 个月内、会计决算后 1 个月内、固定资产报废后 1 年内、电子财务会计报告生成后 1 个月内、会计年度结束后 3 个月内完成整理。

二、会计档案保管

农村集体经济组织的会计管理机构按照归档范围和归档要求，负责定期将应当归档的会计资料整理立卷，编制会计档案保管清册。

（一）会计档案的保管期限

会计档案的保管期限分为永久、定期两类。定期保管期限一般分为 10 年和 30 年。会计档案的保管期限，从会计年度终了后的第一天算起。原则上，各类会计档案的最低保管期限如表 18-1 所示。

表 18-1 会计档案保管期限

序号	档案名称	保管期限	备注
一	会计凭证		
1	原始凭证	30 年	
2	记账凭证	30 年	
二	会计账簿		
3	总账	30 年	
4	明细账	30 年	
5	日记账	30 年	
6	固定资产卡片		固定资产报废清理后保管 5 年
7	其他辅助性账簿	30 年	
三	财务会计报告		
8	月度、季度、半年度财务会计报告	10 年	
9	年度财务会计报告	永久	
四	其他会计资料		
10	银行存款余额调节表	10 年	
11	银行对账单	10 年	
12	纳税申报表	10 年	
13	会计档案移交清册	30 年	
14	会计档案保管清册	永久	
15	会计档案销毁清册	永久	
16	会计档案鉴定意见书	永久	

（二）电子会计档案的保管

1. 电子会计凭证报销入账保管

除法律和行政法规另有规定外，同时满足下列条件的，单位可以仅使用电子会计凭证进行报销入账归档：接收的电子会计凭证经查验合法、真实；电子会计凭证的传输、存储安全、可靠，对电子会计凭证的任何篡改能够及时被发现；使用的会计核算系统能够准确、完整、有效地接收和读取电子会计凭证及其元数据，能够按照国家统一的会计制度完成会计核算业务，能够按照国家档案行政管理部门规定格式输出电子会计凭证及其元数据，设定了经办、审核、审批等必要的审签程序，且能有效防止电子会计凭证重复入账；电子会计凭证的归档及管理符合《会计档案管理办法》等要求。

来源合法、真实的电子会计凭证与纸质会计凭证具有同等法律效力。符合档案管理要求的电子会计档案与纸质档案具有同等法律效力。单位以电子会计凭证的纸质打印件作为报销入账归档依据的，必须同时保存该纸质打印件的电子会计凭证。电子会计档案可不再另以纸质形式保存。

2. 可以仅以电子形式保存的电子会计档案

同时满足下列条件的，单位内部形成的属于归档范围的电子会计资料可仅以电子形式保存，形成电子会计档案。

（1）形成的电子会计资料来源真实有效，由计算机等电子设备形成和传输。

（2）使用的会计核算系统能够准确、完整、有效地接收和读取电子会计资料，能够输出符合国家标准归档格式的会计凭证、会计账簿、财务会计报表等会计资料，设定了经办、审核、审批等必要的审签程序。

（3）使用的电子档案管理系统能够有效接收、管理、利用电子会计档案，符合电子档案的长期保管要求，并建立了电子会计档案与相关联的其他纸质会计档案的检索关系。

（4）采取有效措施，防止电子会计档案被篡改。

（5）建立电子会计档案备份制度，能够有效防范自然灾害、意外事故和人为破坏的影响。

（6）形成的电子会计资料不属于具有永久保存价值或者其他重要保存价值的会计档案。

三、会计档案移交

（一）单位内部的移交

农村集体经济组织的会计管理机构负责应归档的会计资料的收集、整理、归档等工作，定期向单位的档案管理机构移交。会计管理机构在办理会计档案移交时，应当编制会计档案移交清册，并按照国家档案管理的有关规定办理移交手续。

移交纸质会计档案时应当保持原卷的封装。移交电子会计档案时应当将电子会计档案及其元数据一并移交，且文件格式应当符合国家档案管理的有关规定。特殊格式的电子会计档案应当与其读取平台一并移交。单位档案管理机构接收电子会计档案时，应当对电子会计档案的准确性、完整性、可用性、安全性进行检测，符合要求的才能接收。

（二）单位之间的移交

单位之间交接会计档案时，交接双方应当办理会计档案交接手续。移交会计档案的单位应当编制会计档案移交清册，列明应当移交的会计档案名称、卷号、册数、起止年度、档案编号、应保管期限和已保管期限等内容。

交接会计档案时，交接双方应当按照会计档案移交清册所列内容逐项交接，并由交接双方单位的有关负责人负责监督。交接完毕后，交接双方经办人和监督人应当在会计档案移交清册上签名或盖章。

电子会计档案应当与其元数据一并被移交，特殊格式的电子会计档案应当与其读取平台一并被移交。档案接受单位应当对保存电子会计档案的载体及其技术环境进行检验，确保所接收的电子会计档案准确、完整、可用和安全。

建设单位在项目建设期间形成的会计档案，需要移交给建设项目接受单位的，应当在办理竣工财务决算后及时移交，并按照规定办理交接手续。

四、会计档案销毁

农村集体经济组织应当定期对已到保管期限的会计档案进行鉴定，并形成会计档案鉴定意见书。经鉴定仍需继续保存的会计档案，应当重新划定保管期限；对保管期满，确无保存价值的会计档案，可以销毁。会计档案鉴定工作应当由单位档案管理机构牵头，组织单位会计、审计、纪检监察等机构或人员共同进行。

经鉴定可以销毁的会计档案，应当按照以下程序销毁。

（1）单位档案管理机构编制会计档案销毁清册，列明拟销毁会计档案的名称、卷号、册数、起止年度、档案编号、应保管期限、已保管期限和销毁时间等内容。

（2）单位负责人、档案管理机构负责人、会计管理机构负责人、档案管理机构经办人、会计管理机构经办人在会计档案销毁清册上签署意见。

（3）单位档案管理机构负责组织会计档案销毁工作，并与会计管理机构共同派员监销。监销人在会计档案销毁前，应当按照会计档案销毁清册所列内容进行清点核对；在会计档案销毁后，应当在会计档案销毁清册上签名或盖章。

电子会计档案的销毁还应当符合国家有关电子档案的规定，并由单位档案管理机构、会计管理机构和信息系统管理机构共同派员监销。

保管期满但未结清的债权债务会计凭证和涉及其他未了事项的会计凭证不得销毁，纸质会计档案应当单独抽出立卷，电子会计档案单独转存，保管到未了事项完结时为止。

单独抽出立卷或转存的会计档案，应当在会计档案鉴定意见书、会计档案销毁清册和会计档案保管清册中列明。

五、会计档案查阅

农村集体经济组织应当严格按照相关制度利用会计档案，在进行会计档案查阅、复制、借出时履行登记手续，严禁篡改和损坏。

农村集体经济组织保存的会计档案一般不得对外借出。确因工作需要且根据国家有关规定必须借出的，应当严格按照规定办理相关手续。查阅或者复制会计档案的人员严禁在会计档案上涂画、拆封和抽换。会计档案借用单位应当妥善保管和利用借入的会计档案，确保借入会计档案的安全、完整，并在规定时间内归还。

第四篇
农村集体经济组织会计处理典型案例与政策汇编

本篇主要介绍农村集体经济组织会计处理典型案例与主要政策。第一部分会计处理典型案例，主要介绍基于问卷调查、实地调研走访等收集的实务示例，对《农村集体经济组织会计制度》中的执行难点和重点进行案例分析。第二部分介绍农村集体经济组织的主要会计政策，包括财务会计政策、税务政策和其他相关政策，并以附录形式列示了政策原文。本篇内容框架体系如下。

第十九章 农村集体经济组织会计处理典型案例

本章基于大量的问卷调查和实地调研,收集农村基层会计人员所关注的问题,梳理了农村集体经济组织会计处理典型案例。为了增强案例的可读性,本章不设置小节,按照问题进行列示。每个问题均详细描述了具体情况,并给出了处理建议。建议中涉及政策原文的用不同字体进行了标注。

案例 1: 哪些资产属于固定资产

问题描述: 会计制度中,将一年以上的房屋、建筑物、机器设备、工具等列入固定资产,并没有金额限制。在日常工作中,价值低但使用年限超过一年的资产是否属于固定资产? 例如,电热水壶、电工用具等。

【处理建议】

《农村集体经济组织会计制度》指出,农村集体经济组织的固定资产包括使用年限在1年以上的房屋、建筑物、机器、设备、工具、器具、生产设施和农业农村基础设施等。可见,现行会计制度对固定资产没有单位价值的限定。从具体类别看,包括以下内容。

(1)房屋、地上建筑物:包括房屋、仓库、畜舍等。

(2)机器、设备:农村固定资产中常见的机器设备,包括拖拉机、收割机、灌溉设备、农用机械等,用于农业生产和农业农村基础设施建设。

(3)工具、器具:用于农业、畜牧、渔业、手工业等生产活动的各种工具和器具,如农用车、拖拉机、摩托车等运输工具。

(4)生产设施:水库、灌溉渠道、水泵站、排水系统等用于农田灌溉和水资源管理的水利设施。

(5)农村基础设施:道路、桥梁、村庄供水、供电、供气等基础设施。

依据重要性原则,因为电热水壶、电工用具价值比较低,虽然使用年限超过一年以上,但是属于低值易耗品,所以可以不作为固定资产进行核算。电热水壶和电工用具可记入"库存物资——低值易耗品"科目。但是需要注意的是:各地区如有固定资产金额限定的地方性政策规定,则遵从当地具体规定。

案例 2: 非经营性固定资产如何分类

问题描述: 非经营性固定资产进行明细核算,进一步分为管理用固定资产和公益性固定资产。如何正确区分管理用固定资产和公益性固定资产,比如,道路、广场属于哪一类固定资产?

【处理建议】

（1）为什么要区分公益性固定资产？

《农村集体经济组织会计制度》要求单独核算农村集体经济组织的"公益支出"，并规定：公益支出，是指农村集体经济组织发生的用于本集体经济组织内部公益事业、集体福利或成员福利的各项支出，以及公益性固定资产折旧和修理费等。可见，"公益性固定资产折旧和修理费"应在"公益支出"中核算。为了准确区分固定资产中公益性固定资产的折旧和修理费，农村集体经济组织需要单独核算公益性固定资产。

（2）如何区分管理用固定资产和公益性固定资产？

农村集体经济组织应分析业务实质，辨清管理用固定资产和公益性固定资产。管理用固定资产和公益性固定资产都属于非经营性资产。

公益性资产，主要指用于教育科学、文化卫生、农业基础等公益事务方面的固定资产，包括学校、幼儿园、卫生室、便民服务中心、老年活动中心、大会堂、祠堂、广场、道路、桥梁等。管理用固定资产，是指农村集体经济组织相关职能管理部门使用的固定资产，如理事会、财务部门等使用的电脑、办公桌、打印机等。因此，道路、广场等应属于公益性固定资产。

案例 3：如何计提固定资产折旧

问题描述：如果没有针对农村集体经济组织固定资产折旧年限的指导性文件，各类固定资产，特别是老旧固定资产的折旧年限、残值率如何确定？如何确定应计提的固定资产折旧额？

【处理建议】

目前，会计制度没有规定固定资产折旧年限和残值率，需要由农村集体经济组织根据固定资产性质、使用情况等情况合理确定。一经确定，不得随意变更。《农村集体经济组织会计制度》规定：农村集体经济组织应当根据固定资产的性质、使用情况和与该固定资产有关的经济利益的预期消耗方式，合理确定固定资产的使用寿命、预计净残值和折旧方法。固定资产的使用寿命、预计净残值和折旧方法一经确定，不得随意变更。

《中华人民共和国企业所得税法实施条例》规定：企业应当根据固定资产的性质和使用情况，合理确定固定资产的预计净残值。固定资产的预计净残值一经确定，不得变更。除国务院财政、税务主管部门另有规定外，固定资产计算折旧的最低年限如下：①房屋、建筑物，为 20 年；②飞机、火车、轮船、机器、机械和其他生产设备，为 10 年；③与生产经营活动有关的器具、工具、家具等，为 5 年；④飞机、火车、轮船以外的运输工具，为 4 年；⑤电子设备，为 3 年。从税收法律规定角度，固定资产参考折旧年限和残值率如表 19-1 所示。

表 19-1　固定资产折旧年限和残值率参考数值

序号	资产类别	折旧年限	残值率	备注
1	房屋、建筑物	20 年	10%	土地一般为无形资产；此类指地上不动产
2	飞机、火车、轮船、机器、机械和其他生产设备	10 年	10%	指主要生产设备
3	与生产经营活动有关的器具、工具、家具等	5 年	5%	如叉车、油压车等
4	飞机、火车、轮船以外的运输工具	4 年	5%	如小汽车、货车
5	电子设备	3 年	0%	主要指以电子元器件为核心功能部件的设备。空调、洗衣机等虽有电子元器件，但主要功能仍为机器部件，不属于电子设备
6	其他设备	5 年	5%	不能归为上述 4 类的，归为此类
需要提示的是：表中提供的数值仅供参考，农村集体经济组织仍应根据固定资产性质、使用情况等情况合理确定固定资产折旧年限和残值率				

也有部分省市规定了农村集体经济组织固定资产计提折旧的参考年限，如表 19-2 所示。需要注意的是，这些折旧年限仅是某些省市的地方规定，在其他地区不做强制执行，仅供参考。

表 19-2　部分省市关于农村集体经济组织固定资产计提折旧年限参考数值

固定资产分类			折旧年限
通用设备部分	机械设备		10～14 年
	动力设备		11～18 年
	传导设备		15～28 年
	运输设备		6～12 年
	自动化控制及仪器仪表	自动化、半自动化控制设备	8～12 年
		电子计算机	4～10 年
		通用测试仪器设备	7～12 年
	工业炉窑		7～13 年
	工具及其他生产用具		9～14 年
	非生产用设备及器具	设备工具	18～22 年
		电视机、复印机、文字处理机	5～8 年
		空调、传真机、打印机	5～8 年
专用设备部分	拖拉机	大中型拖拉机	6～10 年
		小型拖拉机（14 千瓦以下）	4～6 年
	谷物联合收获机		8～12 年
	机引农具及渔业、牧业机械		5～8 年
	排灌机械及大型喷灌机		8～12 年

固定资产分类			折旧年限
专用设备部分	粮食处理机械		10～16 年
	农田基本建设机械		8～12 年
	农用飞机及作业设备		10～14 年
	修理专用设备及测试设备		10～15 年
	金属油罐		10～15 年
其他专用设备部分	水电工业专用设备	机电设备	12～20 年
		输电线路	30～35 年
		配电线路	14～16 年
		变电配电设备	18～22 年
	冶金工业专用设备		9～15 年
	机械工业专用设备		8～12 年
	石油工业专用设备		8～14 年
	化工、医药工业专用设备		7～14 年
	电子仪表电讯工业专用设备		5～10 年
	建材工业专用设备		6～12 年
	纺织、轻工专用设备		8～14 年
	矿山、煤炭及森工专用设备		7～15 年
	造船工业专用设备		15～22 年
	港务专用设备		8～18 年
	运输船舶		8～20 年
	建筑施工专用设备		8～14 年
	公用事业企业专用设备	自来水	15～25 年
		燃气	16～25 年
	商业、粮油专用设备		8～16 年
房屋、建筑物部分	房屋		25～30 年
	建筑物	水电站大坝	45～55 年
		港口码头基础设施	25～30 年
		水库	40～60 年
		干渠、支渠	10～25 年
		机井	10～20 年
		水泥晒场	10～25 年
		养殖池	10～20 年
		其他建筑物	15～25 年

还有一些地区对各级财政扶贫资金和各种社会捐助帮扶资金形成的农村集体经济组织账户上的固定资产（如房屋建筑物、机器设备、农业机械、农业生产设施等）进行了规定，扶贫资产预计净残值率一般为5%，具体参考折旧年限如表19-3所示。

表 19-3 某地区农村集体经济组织的扶贫资产的折旧年限参考数值

资产名称	折旧年限
钢结构、钢混凝土结构	35～45 年
砖混结构、砖木结构	30 年
生产用房屋	30～40 年
房屋附属设施（围墙、停车设施等）	8 年
构筑件（池、罐、槽、塔等）	8 年
活动板房	5 年
钢结构玻璃温室大棚	15 年
钢结构砖混温室大棚	10 年
土墙冬暖式蔬菜大棚	13 年
土墙温室大棚	8 年
简易拱形种植大棚	5 年
冷库、地下存储窖	10 年
道路	10～15 年
光伏电站	20 年
生产用机器设备	10～14 年
农用拖拉机、联合收割机等	10 年
电器设施电机、变压器（不含机房房屋）等	10 年
抽水机、水泵等	5 年
家具类（办公桌椅、沙发、文件柜橱等）	15 年
计算机及办公电脑（计算机、电话机、传真机、复印机、打字机等）	6 年
设备及软件（网络、终端、存储设备等）	5 年
空调	8 年
电视机	5 年
广播器具	5 年

总之，《农村集体经济组织会计制度》对于各类固定资产的折旧年限及残值率并无详细规定，只强调"合理"；企业所得税法规定了固定资产的最低折旧年限，但也未对残值率做出具体限定。部分省市和地区虽然有关于固定资产折旧年限或残值率的参考性数值，但是在全国不做强制执行。鉴于此，农村集体经济组织可以参考税法的规定来确认折旧年限，同时结合固定资产情况合理规定残值率。

案例 4：如何补提固定资产折旧

问题描述：因历史原因，固定资产之前没有计提折旧，且大部分资产已超过折旧年限。2024 年执行新的《农村集体经济组织会计制度》之后，是否需要补提固定资产以前的年度折旧？

【处理建议】

这种一直没有对固定资产计提折旧的做法，属于会计差错事项。《农村集体经济组织会计制度》（财会〔2023〕14号）和《村集体经济组织会计制度》（财会〔2004〕12号）两项新旧会计制度均要求，农村集体经济组织要对固定资产计提折旧。《农村集体经济组织会计制度》规定：农村集体经济组织应当对所有的固定资产计提折旧，但以名义金额计价的固定资产除外。固定资产提足折旧后，不论能否继续使用，均不再计提折旧；提前报废的固定资产，也不再补提折旧。

同时，《农村集体经济组织会计制度》也规定：农村集体经济组织对会计政策变更、会计估计变更和前期差错更正应当采用未来适用法进行会计处理。前期差错更正，是指对前期差错包括计算错误、应用会计政策错误、应用会计估计错误等进行更正。未来适用法，是指将变更后的会计政策和会计估计应用于变更日及以后发生的交易或者事项，或者在会计差错发生或发现的当期更正差错的方法。农村集体经济组织没有按要求计提固定资产折旧，视为应用会计政策错误，需要采用未来适用法进行会计处理，即农村集体经济组织应在发现的当期，开始对固定资产计提折旧；不需要对以前年度的会计处理进行追溯调整。

对于已超折旧年限的固定资产，建议农村集体经济组织应严格按照厉行节约、能用则用的原则，可继续使用现状良好的固定资产，且对该类固定资产如实计提当期折旧额；对于已损坏不能维修的固定资产，应及时履行报废审批手续，不再补提折旧。

案例5：固定资产核销如何核算

问题描述： 固定资产核销账务处理具体如何操作？

【处理建议】

（1）固定资产核销的确定。

农村集体经济组织的固定资产，在有确凿和合法证据表明该项资产的使用价值和转让价值发生了实质性且不可恢复的毁损或灭失，已不能给农村集体带来未来经济利益收入的情况下，才能对该项资产进行核销处理。

固定资产账面净值扣除残值、保险赔偿和责任人赔偿之后的"差额"，依据下列资料认定损失：①资产账面价值确认依据；②资产管护主体有关责任认定和核销资料；③有关技术鉴定部门或有资质的中介机构出具的鉴定证明和评估报告；④因自然灾害、意外事故等不可抗力原因造成固定资产毁损、报废的，应取得相关部门出具的鉴定报告，如消防部门出具的受灾证明，公安部门出具的事故现场处理报告、报损证明，气象部门出具的天气情况证明等；⑤资产报废、毁损情况说明；⑥涉及保险索赔的，应有保险理赔情况及说明。

（2）固定资产核销的程序。

《农村集体经济组织财务制度》规定，农村集体经济组织以出售、置换、报废等方式处置资产时，应当按照有关法律、法规和政策规定的权限与程序进行。发生的资产损失，应当及时核实，查清责任，追偿损失，并进行账务处理。《农村集体经济组织会计制度》

规定：农村集体经济组织处置固定资产时，处置收入扣除其账面价值、相关税费和清理费用后的净额，应当计入其他收入或其他支出。

因此，农村集体经济组织发生固定资产核销，必须走"四议两公开"程序。具体固定资产核销流程为：查明固定资产报废或损毁原因→组织评估鉴定→村集体讨论决定→上报乡镇政府审批→取得批准文件→财务部门凭批文→做固定资产清理分录→支付清理费用→结转净损失→若获保险赔偿或残值收入→调整固定资产账目→完成核销。具体账务处理见"第七章第二节固定资产的核算"中账务处理的内容。

【例 19-1】本年示范村股份经济合作社将一台使用期已满的榨油机予以报废核销，原始价值为 80 000 元，已计提折旧 77 000 元。在拆卸搬运中实际发生清理费用 500 元，以银行存款方式支付。拆除的残料变卖收入为 2 000 元，已存入银行。会计分录为：

①固定资产报废清理时：

借：固定资产清理——经营性固定资产清理——榨油机　　　　　　　3 000

累计折旧——经营性固定资产累计折旧　　　　　　　　　　77 000

贷：固定资产——经营性固定资产——机器设备——榨油机　　　　　80 000

②支付清理费用时：

借：固定资产清理——经营性固定资产清理——榨油机　　　　　　　500

贷：银行存款　　　　　　　　　　　　　　　　　　　　　　500

③残料变卖收入时：

借：银行存款　　　　　　　　　　　　　　　　　　　　　　2 000

贷：固定资产清理——经营性固定资产清理——榨油机　　　　　2 000

④固定资产清理完毕，结转净损失时：

借：其他支出——固定资产清理损失　　　　　　　　　　　　　1 500

贷：固定资产清理——经营性固定资产清理——榨油机　　　　　1 500

案例 6：固定资产清查盘点结果如何处理

问题描述：

（1）在清查盘点固定资产时，对账内固定资产、账外固定资产的盘点有什么注意事项？

（2）对盘盈、盘亏固定资产进行账务处理时，需要哪些凭据？

【处理建议】

（1）账内固定资产、账外固定资产的盘点侧重点有所不同。

①账内固定资产盘点。账内固定资产应分类盘点，在盘点账面记载的固定资产时要"以账查物"，并要求查明固定资产的基本情况，即核对固定资产编号、名称、结构或规格型号、坐落位置或使用部门、购建日期、投入使用日期、使用方向（如自用、出租、出借、闲置、其他）、使用状况（正常使用、毁损、报废、封存、部分拆除、技术淘汰等）、产权归属（包括权属性质、权属证书等）、变动情况、数量、原值等。如果固定资产涉及出租出借情况，则应根据有关证明资料，以发函方式核实固定资产相关的批准机构和批

准文号、对方单位名称、出租合同或出借证明、出租资产应收及实收租赁费等情况。

②发现账外固定资产的盘点。对账外固定资产，应根据固定资产使用部门自查表，通过与账面记录进行核对和甄别，在排除租入、借入、外单位寄存等情况后，确定账外固定资产清单，并按照固定资产盘点要求进行实地勘察。同时，查明账外固定资产的基本情况，重点查明固定资产未入账原因、资产来源、产权状况、价值状况等；归集账外固定资产的有效产权证明文件，包括合同或协议、产权证书及产权证明、价值证明捐赠证明、调拨证明、移交记录、声明书等。账外固定资产属于接受捐赠未入账的固定资产，应按照规定进行会计差错更正，补作账务处理；属于用账外资金购入的固定资产，应先补作入账处理，并查清购买资产的资金来源。未入账固定资产应按程序及时入账，补登固定资产卡片。

（2）盘盈、盘亏的固定资产应及时进行账务处理，并合理确定资产入账价值，获取有效凭据作为原始凭证。

一是，在进行盘盈的固定资产账务处理时，需要下列证据：①固定资产盘点表；②资产使用部门对于盘盈情况的说明材料；③盘盈固定资产的价值确定依据（同类固定资产的市场价格、类似资产的购买发票或竣工决算材料等）；单项或批量数额较大固定资产的盘盈，难以取得价值确认依据的，应当委托社会中介机构进行估价，出具评估报告。

二是，在进行盘亏的固定资产账务处理时，需要下列证据认定为损失：①固定资产盘点表；②资产使用部门的盘亏情况说明；③符合民主程序的内部有关责任认定和内部核准文件等。

三是，在对报废、毁损的固定资产的账面净值扣除残值、保险赔偿和责任人赔偿后的差额部分进行账务处理时，依据下列证据认定为损失：①单项或批量金额较大的固定资产报废、毁损，做出专项说明，并委托有技术鉴定资格的机构进行鉴定，出具鉴定报告；②因不可抗力原因（如自然灾害、意外事故）造成固定资产毁损、报废的，应取得相关职能部门出具的鉴定报告；③固定资产报废、毁损情况说明及内部核批文件；④涉及保险索赔的，取得保险公司的理赔情况说明。

案例7：生物资产如何分类

问题描述：生物资产划分为消耗性生物资产、生产性生物资产和公益性生物资产，这三类生物资产如何进行划分？

【处理建议】

生物资产是指有生命的动物和植物。生物资产与其他资产一样都是一种经济资源。《农村集体经济组织会计制度》指出，农村集体经济组织的生物资产包括消耗性生物资产、生产性生物资产和公益性生物资产。消耗性生物资产包括生长中的大田作物、蔬菜、用材林以及存栏待售的牲畜、鱼虾贝类等为出售而持有的、或在将来收获为农产品的生物资产。生产性生物资产包括经济林、薪炭林、产役畜等为产出农产品、提供劳务或出租等目的而持有的生物资产。公益性生物资产包括防风固沙林、水土保持林和水源涵养林等以防护、环境保护为主要目的的生物资产。

（1）消耗性生物资产：是为出售而持有的或在将来收获为农产品的生物资产，包括生长中的大田作物、蔬菜、用材林以及存栏待售的牲畜、鱼虾贝类等。常见的消耗性生物资产如下。

①大田作物：如小麦、玉米、稻谷等粮食作物，以及棉花、油料作物等经济作物。这些作物在生长过程中需要投入种子、肥料、农药等成本，并需要在成熟后进行收割和销售。

②蔬菜：如叶菜类、根茎类、瓜果类等蔬菜。这些蔬菜在生长过程中也需要投入种子、肥料、农药等成本，并需要在成熟后进行采摘和销售。

③用材林：如松树、杉树等木材生产用林。这些林木在生长过程中需要投入树苗、抚育等成本，并需要在成材后进行砍伐和销售。

④存栏代售的牲畜：如牛、羊、猪等家畜，以及鸡、鸭、鹅等家禽。这些牲畜在养殖过程中需要投入饲料、兽药等成本，并需要在成熟后进行销售。

（2）生产性生物资产：是为产出农产品、提供劳务或出租等目的而持有的生物资产，包括经济林、薪炭林、产役畜等。常见的生产性生物资产如下。

①经济林：如茶园、果园等，主要用于生产经济类农产品。

②薪炭林：提供燃料或能源的林木，如木炭林、薪柴林等。

③产畜：如奶牛、母猪等，用于生产奶、肉、蛋等畜产品。

④役畜：如耕牛、骡、马等，用于提供劳务，如耕作、运输等。

（3）公益性生物资产：以防护、环境保护为主要目的的生物资产，如防风固沙林、水土保持林，比较少见动物资产。

案例 8：资产如何采用名义金额计价

问题描述：如何理解农村集体经济组织的部分资产采用名义金额计价？

【处理建议】

《农村集体经济组织会计制度》提出采用名义金额（人民币 1 元）对资产进行计价。名义金额既不像历史成本反映资产的实际购买或取得成本，也不像重置成本、现值、可变现净值、公允价值反映当前资产的价值，只用于记录资产存在的象征性金额。用名义金额对相关资产进行计量的主要目的并不是反映资产价值，而是通过发挥会计监督职能防止存在账外资产，从而加强农村集体经济组织资产管理，保障集体资产的安全、完整。

从适用情况来看，名义金额只适用于无法取得相关价值凭证，也无法获得资产评估价值或比照同类或类似资产的市场价格计价的资产。从名义金额的适用资产类别来看，仅限于收到政府补助或他人捐赠的存货、生物资产、固定资产和无形资产。

采用名义金额计价的资产，需要进行备查簿登记、管理；用名义金额计量的资产，不用计提折旧或摊销。同时，会计报表附注需要说明：以名义金额计量的资产名称、数量等，以名义金额计量理由的说明；若涉及处置的，还应披露以名义金额计量的资产的处置价格、处置程序等。

【例 19-2】国家拔给某农村集体经济组织一项特殊农用机器设备，由于市场上没有同类固定资产，很难确定公允价值。其账务处理为：

　　借：固定资产　　　　　　　　　　　　　　　　　　　　　　　　　　1
　　　　贷：公积公益金　　　　　　　　　　　　　　　　　　　　　　　　1

案例 9：购买银行理财及取得收益如何核算

　　问题描述：如何核算农村集体经济组织购买的银行理财及其取得的收益？

　　【处理建议】

　　《农村集体经济组织会计制度》规定，农村集体经济组织的对外投资包括短期投资和长期投资。短期投资是指农村集体经济组织购入的能够随时变现并且持有时间不准备超过 1 年（含 1 年）的股票、债券等有价证券等投资。长期投资是指农村集体经济组织持有时间准备超过 1 年（不含 1 年）的投资，包括股权投资、债权投资等投资。农村集体经济组织对外投资取得的现金股利、利润或利息等计入投资收益。

　　农村集体经济组织购买的理财产品是由发行机构集中投资并获取收益的金融资产，不同于农村集体经济组织存入银行或其他金融机构并按照事前约定的固定利率收取利息的银行存款，其实际收益会受发行机构投资金融产品收益的影响，具有不确定性，属于浮动收益。因此，银行理财是对金融资产的投资，不属于银行存款，应当根据约定的银行理财持有期限确定相应的投资类型，其中可随时赎回或 1 年内（含 1 年）可赎回的银行理财应当被确认为"短期投资"，赎回期超过 1 年的银行理财应当被确认为"长期投资"。相应地，农村集体经济组织获取的银行理财收益应确认为"投资收益"。

案例 10：村建公路如何核算

　　问题描述：村建公路是否属于完工后不形成固定资产的工程？如何进行核算？

　　【处理建议】

　　根据《中华人民共和国土地管理法》规定，农村集体经济组织可以按照规定修建农村公路、小桥、渡口、排涝设施等农业农村基础设施。村建公路属于农业农村基础设施，具有公益性特征，随着日常养护和大中修，其使用寿命很长，符合《农村集体经济组织会计制度》明确的固定资产使用年限在 1 年以上的特点，应当确认为"固定资产"，并按照相关规定进行折旧。

　　值得注意的是，虽然《政府会计准则第 5 号——公共基础设施》规定，政府会计主体持续进行良好的维护使其性能得到永久维持的公共基础设施可不计提折旧。但由于农村集体经济组织的性质与政府会计主体不同，其各类公益项目支出都需要从收入中得到补偿，以综合计算农村集体经济组织的收益，且村建公路金额较大，使用寿命较长，所以应当在一定期限内计提折旧得到价值补偿。而对于一些生产基础设施建设，如平整土地、田间排水、田间道路等农田改造工程，因不能给农村集体经济组织带来持续收益，在建工程完工后则可直接计入当期经营支出。若建设项目为公益性项目，则应直接计入公益支出。

案例 11：农村集体土地如何核算

问题描述：农村集体经济组织经营管理的土地如何进行会计处理？

【处理建议】

《中华人民共和国土地管理法》规定，农村和城市郊区的土地，除由法律规定属于国家所有的以外，属于农民集体所有，并由农村集体经济组织依法代表成员行使所有权。我国农村经营体制在坚持农村土地集体所有的基础上，实现土地的所有权、承包权和经营权相分离。集体所有的土地属于不动产，在自然资源部门有明确的确权登记信息，法律禁止交易，不会被随意侵占，仅建立资源登记簿，明确其面积、地理位置及其经营情况，即可保障土地资源的安全、完整。土地经营权是经营主体依法在流转土地上从事生产经营并获取收益的权利，经营主体具有占有、使用、收益的权利，属于无形资产的范畴，《农村集体经济组织会计制度》将其作为"无形资产"予以核算。需要注意的是：不是所有的农村集体土地都计入"无形资产"科目，只有当其进行出租等交易时才可能计入"无形资产"。实践中，更多的农村集体土地类资源以面积方式进行清查并计入资源类清查报表，而非以金额方式计入资产负债表。

农村集体经济组织土地经营权主要有两种取得方式：一是将其自身所有的土地依法用于非农业建设，这类土地经营权在县级人民政府登记造册、核发证书时，应按照实际发生的登记费用确认"无形资产——土地经营权"；二是从集体经济组织外部取得的土地经营权，应按照实际支付的金额确认"无形资产——土地经营权"。

土地经营权应当按照县级人民政府核定的年限或外部取得合同中约定的年限进行摊销。

当农村集体经济组织出让土地经营权时，一方面按照收到的价款增加银行存款，另一方面按照账面价值转销无形资产，两者之差确认为"其他收入"或"其他支出"。

当农村集体经济组织用土地经营权投资入股时，一方面按照评估或合同、协议约定的价值和相关税费确认长期投资，另一方面按照账面价值转销无形资产，两者之差确认为"公积公益金"。

当农村集体经济组织将土地经营权出租时，按照实际收到的租金，借记"银行存款"，贷记"经营收入"。

案例 12：成员分红如何核算

问题描述：村内成员分红（分款）应计入什么会计科目？如何进行会计核算？

【处理建议】

《农村集体经济组织会计制度》设置了"内部往来"会计科目，用来核算农村集体经济组织与成员之间发生的各种应收、暂付及应付、暂收款项等经济往来业务，如一事一议资金、年终收益成员分红、成员承包费、承包地和闲置农房委托流转资金以及代收成员水电费、物业费等。村内成员分红属于上述"年终收益成员分红"，应在"内部往来"

账户中进行核算。

【例 19-3】本年示范村集体经济组织根据文件规定，经村民大会审议，决定对本村集体经济组织成员进行收益分配。根据收益分配表，发放成员收益为 50 000 元。会计分录为：

①确定进行成员收益分配时：

借：收益分配——各项分配　　　　　　　　　　　　　　　50 000

　　贷：内部往来——内部个人——（各成员名字）　　　　　　　　　50 000

②实际发放成员收益时：

借：内部往来——内部个人——（各成员名字）　　　　　　50 000

　　贷：银行存款　　　　　　　　　　　　　　　　　　　　　　50 000

案例 13：应付劳务费核算哪些费用

问题描述："应付劳务费"会计科目，核算的是应付村里日常雇佣杂工的费用，还是劳务项目形成的费用？

【处理建议】

"应付劳务费"是新增的会计科目。针对农村集体经济组织中用工的不同类型，《农村集体经济组织会计制度》修订细化了"应付工资"会计科目的核算要求，新增了"应付劳务费"会计科目。《农村集体经济组织会计制度》规定，应付劳务费科目核算农村集体经济组织应支付给季节性用工等临时性工作人员的劳务费总额。包括在劳务费总额内的各种劳务费、奖金、津贴、补助等。不论是否在当月支付，都应通过应付劳务费科目核算。

因此，支付的人员费用需要区分工资性支出、劳务报酬。

工资性支出是指按《中华人民共和国劳动法》（以下简称《劳动法》）规定，用人单位和劳动者签订劳动合同后支付的工资报酬。签订劳动合同的员工享有《劳动法》的权利义务，和用工单位存在着雇佣与被雇佣的关系，用人单位除支付工资报酬之外，还应履行缴纳社会保险的义务。

劳务报酬一般是根据《中华人民共和国合同法》（以下简称《合同法》）的有关承揽合同、技术合同、居间合同等规定签订合同而取得的报酬。其劳动具有独立性、自由性，其行为受《合同法》的调整。

无论是村里日常雇佣杂工的费用，还是劳务项目形成的费用，都需要根据上述区分标准。如果是工资性支出，则在"应付工资"会计科目核算；如果是劳务报酬，则在"应付劳务费"会计科目核算。

案例 14：应交税费如何核算

问题描述：本村股份经济合作社为小规模纳税人，增值税无法抵扣。当季度开票金额超过增值税减免税优惠时，会发生增值税及附加税费。当经济业务入账时，产生"应交税费——应交增值税"借方余额，后期该负债科目如何处理?

【处理建议】

会计核算不健全或年应税销售额不超过 500 万元的纳税人，为小规模纳税人。当农村集体经济组织为小规模纳税人时，需要设置"应交税费——应交增值税"会计科目进行账务处理。当发生经营业务，取得收入发生纳税义务时，收取或应收取的款项，借记"银行存款""应收款"；根据取得的收入贷记"经营收入"；同时确认纳税义务，贷记"应交税费——应交增值税"。向税务机关实际缴纳增值税时，借记"应交税费——应交增值税"，贷记"银行存款"。

因此，"应交税费——应交增值税"负债科目借方余额反映的是应向税务机关缴纳的增值税。当向税务机关实际缴纳增值税时，借记"应交税费——应交增值税"，贷记"银行存款"即可。

【例 19-4】假设示范村股份经济合作社为小规模纳税人。3 月 28 日，收取光伏及铁塔占地费，开具了增值税发票注明不含税价款 200 000 元，发票已交付给对方，款项已收取存入银行。城市维护建设税税率为 5%，教育费附加费率为 3%，地方教育费附加费率为 2%。会计分录为：

①3 月 28 日收取占地费，开具增值税发票：

根据现行税收规定，小规模纳税人适用 3% 的征收率减按 1% 征收，即征收率为 1%。

增值税=200 000×1%=2 000（元）

价税合计=200 000+2 000=202 000（元）

借：银行存款　　　　　　　　　　　　　　　　　　　　　202 000

　　贷：经营收入——租赁收入　　　　　　　　　　　　　　　200 000

　　　　应交税费——应交增值税　　　　　　　　　　　　　　　2 000

②确认附加税费：

城市维护建设税、教育费附加、地方教育费附加都是根据实际缴纳的增值税为计算依据。

城市维护建设税= 2 000×5%=100（元）

教育费附加=2 000×3%=60（元）

地方教育费附加=2 000×2%=40（元）

借：税金及附加　　　　　　　　　　　　　　　　　　　　　200

　　贷：应交税费——应交城市维护建设税　　　　　　　　　　100

　　　　应交税费——应交教育费附加　　　　　　　　　　　　　60

　　　　应交税费——应交地方教育费附加　　　　　　　　　　　40

③实际缴纳增值税和附加税费：

借：应交税费——应交增值税　　　　　　　　　　　　　　　2 000

　　　应交税费——应交城市维护建设税　　　　　　　　　　　100

　　　应交税费——应交教育费附加　　　　　　　　　　　　　60

　　　应交税费——应交地方教育费附加　　　　　　　　　　　40

　　贷：银行存款　　　　　　　　　　　　　　　　　　　　　2 200

④年末，税金及附加结转至本年收益。

借：本年收益   200

　　贷：税金及附加   200

案例 15：专项应付款的相关经济业务如何核算

问题描述：关于专项应付款的会计处理问题，涉及多个方面。

（1）政府（如镇政府）向农村集体经济组织拨款，用于环境提升、基础设施提升等，记入"专项应付款"科目，还是记入应付款或收入科目？

（2）农村集体经济收到的上级办公经费拨款及补助，是否记入"专项应付款"会计科目？应记入哪个会计科目？

（3）镇政府拨付办公经费不及时，造成农村集体经济组织先发生支出，专项应付款出现借方余额，这种账务处理是否正确？

（4）"专项应付款"若有剩余款项，是否可以结转到公积公益金？若记入收入，是否合理？

（5）若政府专项款拨款不及时，村内工程类支出会先发生。那么，该类支出是费用化，还是记入应收款？如果后期政府长期不拨款，会造成应收款挂账问题吗？

【处理建议】

《农村集体经济组织会计制度》规定，农村集体经济组织的专项应付款，是指农村集体经济组织获得政府给予的具有专门用途且未来应支付用于专门用途（如建造长期资产等）的专项补助资金。农村集体经济组织获得政府给予的保障村级组织和村务运转的补助资金以及贷款贴息等经营性补助资金，作为补助收入，不在专项应付款中核算。专项应付款科目期末贷方余额，反映农村集体经济组织尚未使用和结转的政府补助资金数额。

因此，上述问题（1）政府（如镇政府）向农村集体经济组织拨付用于环境提升、基础设施提升的款项，属于政府给予的具有专门用途且未来应支付用于专门用途（如建造长期资产等）的专项补助资金，应记入"专项应付款"，在此科目进行会计核算。

问题（2）中，"收到的上级办公经费拨款及补助"应属于政府给予的保障村级组织和村务运转的补助资金以及补助资金，不在专项应付款中核算，应记入"补助收入"。

问题（3）中，"镇政府拨付办公经费"在"补助收入"中核算，不在"专项应付款"中，所以，也不会出现"专项应付款"借方余额。此外，《农村集体经济组织会计制度》规定，"农村集体经济组织应当按实际收到的金额确认补助收入"，因此，镇政府拨付办公经费不及时，应当在实际收到拨付的村两委办公经费时，确认"补助收入"。

问题（4）中，"专项应付款"若有剩余款项，拨款结余需要上交的，应借记"专项应付款"，贷记"银行存款"；拨款结余不需要上交的，应把结余款记入"公积公益金"。示例如下。

【例 19-5】示范村集体经济组织收到乡镇政府用于环境提升的专项工程款 50 000 元。示范村集体经济组织用专项工程款支付甲公司 48 000 元。环境提升工程完成，经审批，拨款结余 2 000 元，不需要上交。

①收到专项工程款：

借：银行存款 50 000

　　贷：专项应付款——财政专项补助——环境提升工程 50 000

②支付工程款：

借：在建工程——非经营性在建工程——环境提升工程 48 000

　　贷：银行存款 48 000

③完成交付：

借：固定资产——非经营性固定资产——公益性固定资产 48 000

　　贷：在建工程——非经营性在建工程——环境提升工程 48 000

同时，

借：专项应付款——财政专项补助——环境提升工程 48 000

　　贷：公积公益金——政府拨款形式资产转入 48 000

④经审批，拨款结余不再上交：

借：专项应付款——财政专项补助——环境提升工程 2 000

　　贷：公积公益金——政府拨款形式资产转入 2 000

【例 19-6】本年示范村集体经济组织开始生态建设，该年 3 月收到县财政局拨款 30 万元（有银行存款回单等相关凭证），其中 20 万元用于建设标志性设施等，完成后，有 10 万元余款上交财政。

①收到县财政局拨款：

借：银行存款 300 000

　　贷：专项应付款——财政专项补助——生态村建设资金 300 000

②标志性设施建设项目被某单位中标，合同约定，先付部分工程建设费 10 万。

借：在建工程——非经营性在建工程——生态设施 100 000

　　贷：银行存款 100 000

③工程完工后，总价 20 万元，结清尾款 10 万元，同时预留质保金（总价的 10%），实付 8 万元。

借：在建工程——非经营性在建工程——生态设施 100 000

　贷：银行存款 80 000

　　　应付款——应付账款——质保金 20 000

④工程完工，结转固定资产及专项资金。

借：固定资产——非经营性固定资产——生态设施 200 000

　　贷：在建工程——非经营性在建工程——生态设施 200 000

借：专项应付款——财政专项补助——生态村建设资金 200 000

　　贷：公积公益金——政府拨款形式资产转入 200 000

⑤拨款结余上交：

借：专项应付款——财政专项补助——生态村建设资金 100 000

　　贷：银行存款 100 000

问题（5）中，若政府专项款拨款不及时，村内工程类支出会先发生。发生的工程相关支出，在"在建工程"中归集核算，借记"在建工程"科目，贷记"银行存款""应付款"等科目。根据《农村集体经济组织会计制度》规定：取得生物资产、固定资产、无形资产等非货币性资产之后收到对应用途的政府补助资金的，按照收到的金额，借记"银行存款"等科目，贷记"专项应付款"科目；同时，按照实际使用政府补助资金的数额，借记"专项应付款"科目，贷记"公积公益金"科目。

案例 16：征地补偿费如何核算

问题描述：征地补偿费如何进行会计核算？

【处理建议】

划归集体的征用土地补偿费，农村集体经济组织收到时，借记"银行存款"科目，贷记"公积公益金"科目。

【例 19-7】本年 3 月 15 日，示范村集体经济组织收到国家征用耕地的土地补偿费用550 000 元。根据征地补偿协议规定，划归集体的土地补助为 300 000 元，村集体成员安置补助费为 100 000 元，成员地上附着物及青苗补偿费为 150 000 元。

①收到征地补偿费：

借：银行存款　　　　　　　　　　　　　　　　　　　550 000

　贷：公积公益金——征地补偿费转入　　　　　　　　　　　　　300 000

　　　内部往来——内部个人——（各成员名）　　　　　　　　　250 000

②向成员支付征地补偿费：

借：内部往来——内部个人——（各成员名）　　　　　250 000

　贷：银行存款　　　　　　　　　　　　　　　　　　　　　　　250 000

案例 17：资本如何核算

问题描述：农村集体经济组织的资本是什么？如何进行会计处理？

【处理建议】

《农村集体经济组织会计制度》将农村集体经济组织的资本定义为"农村集体经济组织按照章程等确定的属于本集体经济组织成员集体所有的相关权益金额"。这一定义中不再包含"收到投入的资本"的相关表述，其主要原因有二：一是农村集体资产不是成员投入，而是自然禀赋或成员劳动积累的结果，农村集体经济组织通过将这些集体资产折股量化明确权益金额；二是土地集体所有是农村集体经济组织的基础，为了保障成员利益不受损，农村集体经济组织具有封闭性特征，不可接受外部投资。因此，农村集体经济组织应在将集体资产折股量化时确认集体经济组织的资产和资本。

考虑到农村集体经济组织不会接受投资，也不会注销股份，即农村集体经济组织的资本不会增加或减少，所以只需在在股份转让与继承时，调整明细账、变更成员名册即可。

案例 18：管理费用、公益支出、其他支出的核算内容如何区分

问题描述：管理费用、公益支出、其他支出这三个科目容易混淆，核算内容如何区分？

【处理建议】

（1）"管理费用"科目核算农村集体经济组织管理活动发生的各项支出，包括管理人员及固定员工的工资、办公费、差旅费、管理用固定资产修理费、管理用固定资产折旧、管理用无形资产摊销、聘请中介机构费、咨询费、诉讼费等，以及保障村级组织和村务运转的各项支出。主要核算内容如下。

①理事长、理事、监事、报账员等农村集体经济组织管理人员的工资、奖金、补助、津贴等工资性费用。

②村民代表、党员代表、理财小组成员等人员的误工补贴。

③村内电工、自来水工、清洁工、村内医生等固定员工的工资。

④购买办公用品费用。

⑤农村集体管理人员出差实际发生的交通费、住宿费、误餐补助、出差补助等差旅费。

⑥管理用固定资产的折旧费、维修费等。

⑦管理用无形资产摊销。

⑧在履行管理职能中发生的律师咨询费、法律顾问费、诉讼费等。

⑨管理人员因工作需要租用的场地费用、车辆费用、资料印刷费、住宿费、往返费、补贴费用等。

⑩因换届选举、人口普查、土地确权丈量土地、新农合登记、发明白纸、气代煤等发生的人工费、交通费、工作餐等。

⑪村街治安费、维稳开支，如重大节假日派人维稳信访人、看桥护路等发生的人工费、交通通讯费、饭费等。

⑫用于征兵、村民兵训练等支付的服装等相关费用。

⑬为管理人员订阅的报纸杂志费、购买的书籍费用。

⑭办公用油费、宽带费、电话费、水电费等。

⑮用于制作宣传党和国家政策的宣传牌、横幅、标语发生的费用。

（2）"公益支出"科目核算农村集体经济组织发生的用于本集体经济组织内部公益事业、集体福利或成员福利的各项支出，以及公益性固定资产折旧和修理费等。主要核算内容如下。

①给烈军属、五保户、困难户、孤儿、残疾人等生活困难的村民发放物资补助。

②农民因公伤亡的医药费、生活补助及抚恤金。

③逢年过节给全体村民或部分特殊人群发放米面粮油等福利。

④给老党员、老干部、困难户、五保户、60 岁以上老人发放慰问金、慰问品。

⑤村集体给考上大学的学生发放大学奖励金、上大中专学生补贴。

⑥独生子女奖励金。

⑦给老人发放养老金。

⑧村集体给生大病农民按比例报销医药费。

⑨村集体给有户口、无地的村民发放补助，给没分口粮的儿童发放补贴。

⑩给已故村民购买花圈、花篮，向已故村民家属发放慰问金或已故村民补贴。

⑪给村民订阅各种报纸杂志。

⑫国庆、春节、元宵节等重大节假日村集体组织唱戏、歌舞、文艺等文化娱乐活动发生的开支，如演出费、服装费。

⑬村集体为五保户、困难户、烈军属代付部分或全部水电费（包括自来水费、农户电费、农业灌溉电费）、取暖费、有线电视收视费等。

⑭在新型农村合作医疗、养老保险、农业政策保险、麦收防火保险中，村集体替村民承担全部或部分保险开支费用。

⑮村街道路、桥梁、供水设施、污水排放设施、变压器、地下管道、监控设备、村民图书室、医务室、幼儿园、老年活动中心、健身器材等为村民生产、生活、身体健康、文化娱乐活动服务的公益性固定资产折旧费、维修费。

⑯村街卫生费、垃圾清理、绿化、路灯照明等环境整治及公益活动支出。

（3）"其他支出"科目核算农村集体经济组织发生的除经营支出、税金及附加、管理费用、公益支出、所得税费用以外的其他各项支出，如生物资产的死亡毁损支出、损失，固定资产及存货等的盘亏、损失，防灾抢险支出、罚款支出、捐赠支出、确实无法收回的应收款项损失、借款利息支出等。主要核算内容如下：

①生物资产的死亡毁损支出、损失。

②盘亏固定资产及库存物资，扣除应由责任人或保险公司赔偿后的金额。

③防汛抢险等突发、意外事件发生的支出。

④确实无法收回的应收款项损失，按规定的程序批准核销。

⑤罚款支出。

⑥利息支出。

⑦因出售、报废、毁损而减少的固定资产，结转清理损失。

⑧资产、物资丢失，扣除应由责任人或保险公司赔偿后的金额。

⑨村集体代收代缴水电费，因跑、漏等因素出现的电损、差水量损失。

⑩非经济林木郁闭后管理费用。

案例 19：管理费用的明细科目核算哪些内容

问题描述：

（1）"管理费用——委托业务费——聘请中介机构费"明细会计科目核算哪些费用？律师费能否计入此科目？

（2）村里发生的电费、水费、报刊费、网费等记入"管理费用"的哪个明细会计科目？

【处理建议】

《农村集体经济组织会计制度》规定，"管理费用"会计科目，核算农村集体经济组织管理活动发生的各项支出，包括管理人员及固定员工的工资、办公费、差旅费、管理用固定资产修理费、管理用固定资产折旧、管理用无形资产摊销、聘请中介机构费、咨询费、诉讼费等，以及保障村级组织和村务运转的各项支出。此科目应按照管理费用的项目设置明细科目，进行明细核算。有些省市在会计信息系统中，对"管理费用"的明细会计科目进行了初始设置。农村集体经济组织应根据所发生费用的实质，选择明细会计科目。

针对问题（1），"管理费用——委托业务费——聘请中介机构费"科目核算农村集体经济组织在管理活动发生的聘用中介机构所产生的费用，比如聘请律师事务所、会计师事务所等中介机构，开展律师咨询、审计、税收调查、财税政策评估等中介费用。需要注意的是：在核算时应结合所发生费用的经济业务实质进行合理入账。如果律师费是针对农村集体经济组织管理活动发生的，则可以计入"管理费用——委托业务费——聘请中介机构费"明细会计科目核算。

针对问题（2），村里发生的电费、水费、报刊费、网费等，可以记入"管理费用——办公费"。办公费是指因日常办公而产生的必要支出，包括水、电、燃料、报刊费、电话费、网费、印刷费、办公用品购置费等费用。也有部分农村集体经济组织将电费、水费、报刊费、网费等增设为"管理费用"的二级会计科目，分别进行明细核算，也符合核算要求。

需要注意的是，现行《农村集体经济组织会计制度》并未统一设定"管理费用"的明细会计科目，只要求农村集体经济组织应按照管理费用的项目设置明细科目，进行明细核算。因此，农村集体经济组织应根据管理需要，结合重要性原则，进行明细核算。

案例 20：公益支出的明细科目核算哪些内容

问题描述："公益支出——集体福利或成员福利各项支出"明细会计科目的核算内容是什么？属于村内福利性的支出是否均可记入此科目？例如，村内安装监控产生的电费能记入该科目吗？

【处理建议】

《农村集体经济组织会计制度》规定，"公益支出"科目核算农村集体经济组织发生的用于本集体经济组织内部公益事业、集体福利或成员福利的各项支出，以及公益性固定资产折旧和修理费等。管理费用核算农村集体经济组织管理活动发生的各项支出，包括管理人员及固定员工的工资、办公费、差旅费、管理用固定资产修理费、管理用固定资产折旧、管理用无形资产摊销、聘请中介机构费、咨询费、诉讼费等，以及保障村级组织和村务运转的各项支出。

为了村民的安全安装监控，监控所产生的电费，受益方为全体成员，应记入"公益支出"会计科目。特别提醒的是，根据监控服务目的不同，其产生的电费记入的会计科目也不同。

案例 21：其他支出的明细科目核算哪些内容

问题描述：

（1）村内发生的抗旱防汛的支出，例如，村内清排雨水、抗旱用工产生的费用，记入"其他支出——抗旱防汛抢险支出"会计科目是否合理？

（2）村里用工的小工费（或称杂工费），比如，维修固定资产、成员代表开会等费用，记入"其他支出"会计科目是否合理？

（3）村里发生的机械费、电料费，记入"其他支出"会计科目是否合理？

【处理建议】

《农村集体经济组织会计制度》规范，"其他支出"科目核算农村集体经济组织发生的除经营支出、税金及附加、管理费用、公益支出、所得税费用以外的其他各项支出，如生物资产的死亡毁损支出、损失，固定资产及存货等的盘亏、损失，防灾抢险支出，罚款支出，捐赠支出，确实无法收回的应收款项损失，借款利息支出等。"其他支出"科目应按照其他支出的项目设置明细科目，进行明细核算。一部分省市在会计信息系统中，对"其他支出"的明细会计科目进行了初始设置。农村集体经济组织应根据所发生费用的实质，选择明细会计科目。

针对问题（1），"其他支出——抗旱防汛抢险支出"核算农村集体经济组织防汛抢险等突发、意外事件发生的支出。村内清排雨水、抗旱用工产生的费用适用此明细科目。

针对问题（2），需要依据村里用工费用的用途进行区分。①维修固定资产发生的用工费用。《农村集体经济组织会计制度》规定，生产经营用的固定资产的修理费用，借记"经营支出"等科目，贷记"库存现金""银行存款"等科目；管理用的固定资产的修理费用，借记"管理费用"等科目，贷记"库存现金""银行存款"等科目；用于公益性用途的固定资产的修理费用，借记"公益支出"等科目，贷记"库存现金""银行存款"等科目。因此，如果该固定资产是"管理用固定资产"，则该笔固定资产维修费用记入"管理费用"；如果该固定资产是"公益性固定资产"，则该笔固定资产维修费用记入"公益支出"；如果该固定资产是"经营性固定资产"，则该笔固定资产维修费用记入"经营支出"；②成员代表开会发生的用工费用，应记入"管理费用"。

针对问题（3），需要依据村里机械费、电料费的用途进行区分。与上述问题（2）类似，不能不做区分直接记入"其他支出"会计科目。

案例 22：经营收入的核算范围有哪些

问题描述：

（1）什么是经营性收入？土地、鱼池等发包收入是不是经营性收入？

（2）农村集体建设用地使用权挂牌出让取得的收入，应记入"经营收入"的哪个明细会计科目？

【处理建议】

从会计科目上看，"经营收入"和"投资收益"两个会计科目所核算的内容都属于经营性收入。《农村集体经济组织会计制度》规定，经营收入是指农村集体经济组织进行各项生产销售、提供劳务、让渡集体资产资源使用权等经营活动取得的收入，包括销售收入、劳务收入、出租收入、发包收入等。投资收益，是指农村集体经济组织对外投资所取得的收益扣除发生的投资损失后的净额。因此，问题（1）所提的"土地、鱼池等发包收入"是经营性收入。

《农村集体经济组织会计制度》规定，出租收入是指农村集体经济组织出租固定资产、无形资产等取得的租金收入；发包收入是指农村集体经济组织取得的，由成员、其他单位或个人因承包集体土地等集体资产资源上交的承包金或利润等。针对问题（2）提到的"农村集体建设用地使用权挂牌出让取得的收入"属于集体土地的承包金，应记入"经营收入——发包收入"明细会计科目。

案例 23：收益及收益分配表中"运转支出"包括哪些内容

问题描述：在收益及收益分配表中，农村集体经济组织的运转支出涵盖哪些内容？

【处理建议】

通常，运转支出的资金来源于上级财政无偿拨付的专项经费，具有纯公益性、无偿使用性的特点，不具有为农村集体经济组织资产经营增加收入的职能，也不属于扶持集体经济组织增收专项拨款范围。自 2022 年 1 月 1 日起施行的《农村集体经济组织财务制度》提出，具备条件的农村集体经济组织与村民委员会应当分设会计账套和银行账户。施行村社分账核算的地方，村级组织运转经费纳入村民委员会会计账套进行核算，不在农村集体经济组织会计账套中核算。

《农村集体经济组织会计制度》指出，"运转支出"项目反映农村集体经济组织发生保障村级组织和村务运转的各项支出，包括村干部补助、村两委办公经费等。

运转支出，是保障村级基层组织和村务运转的支出，具体包括以下内容。

（1）村干部补助：即财政拨付的村干部报酬。

（2）村两委办公经费：村级必要的办公用品费、水电费、差旅费、报刊征订费、会议费、印刷费、交通费、通讯费、维修（护）费、村务监督费等开支。

（3）服务群众专项经费：村级组织用于村内环境卫生、社会治安、卫生防疫等方面的开支。

（4）组织活动经费：用于基层党组织开展组织生活、党员干部教育培训、激励创先争优等方面的开支。

案例 24：需要分设村民委员会和农村集体经济组织两个账套吗

问题描述：是否需要分设村民委员会和农村集体经济组织（一般已成立"股份经济合作社"）两个账套吗？

【处理建议】

农村集体产权制度改革是当前农村的一项重大制度安排。我国农村集体产权制度改革的本质是对现行农村集体经济实行"政经分离"，进而实现村民委员会与农村集体经济组织事务分离，进一步明晰农民的市场主体地位。基于此背景，为进一步理顺农村集体产权关系，建立职责明晰的村级组织管理体制，国家鼓励各地逐步探索村民委员会与农村集体经济组织的职能和业务分离，试行村民委员会与农村集体经济组织账户分设、资产分管，促进村民委员会与农村集体经济组织分账核算，以优化农村集体资产运营管理机制和村级财务核算体系[①]。

2022 年 1 月 1 日起施行的《农村集体经济组织财务制度》提出，具备条件的农村集体经济组织与村民委员会应当分设会计账套和银行账户。农村集体经济组织与村民委员会分设两套账簿核算，是农村集体产权制度改革的现实需要。分账核算的实施，不仅明确了集体资产使用管理权属，重构了农村集体经济组织和村民委员会的核算范围、财务处理标准等，也明晰了集体账目、保护了成员权益。因此，对于条件具备的地区，建议积极探索农村集体经济组织与村民委员会分设会计账套进行核算处理。

案例 25：如何加强支出审批管理

问题描述： 如何避免没有正式发票单据、审批手续不完整等支出的发生？如何加强支出审批管理？

【处理建议】

《农村集体经济组织财务制度》要求，农村集体经济组织用于经营活动、日常管理、村内公益和综合服务、保障村级组织和村务运转等各种支出，应当计入相应的成本费用，加强管理，严格执行审批程序。

因此，建议农村集体经济组织建立严格的支出审批制度。审批权限由低至高设定为领导签批（一人）、领导联签（两人以上）、联席会议审签、成员（代表）大会审定四个层级。各层级审批权限由成员（代表）大会确定。对审批权限范围内的支出事项存有异议的，提交上一权限层级审批，成员（代表）大会的意见为最终审定意见。农村集体经济组织所有财务开支必须程序符合规定、内容真实完整，具备合法的原始凭证和完备的审批手续。对未按规定审批同意的开支，会计人员有权拒绝支付。

案例 26：重大财务事项及其决策流程有何规定

问题描述： 农村集体经济组织有哪些重大财务事项？其决策流程是什么？

【处理建议】

村级重大财务事项包括以下内容。

（1）年度财务计划和预算调整，重大财务收支事项，年度收益分配方案。

---

① 关于农村集体经济组织与村民委员会分账核算的内容，可参照文献。李彩霞等. 村集体经济组织与村民委员会分账核算研究——基于农村财务实践的多案例分析[J]. 财会通讯，2023，（17）：81-88.

（2）大额资产采购、处置，大额工程项目建设。

（3）重大集体经济项目的立项、承包方案，公益事业的兴办、筹资筹劳及建设承包。

（4）重大对外投资，集体企业改制。

（5）借贷、债权减免或账务核销，重大债务处理。

（6）重大集体土地、山林的承包经营、租赁、流转方案，宅基地使用，土地征用及补偿费的使用和分配。

（7）对外签订的重大合同。

（8）由村集体经济承担的主要管理人员的报酬及其他补助项目。

（9）重大救灾、救济、助残等款物的分配、发放。

（10）其他事关集体经济组织成员切身利益和集体经济发展稳定的重大资金、资产、资源相关事项。

《农村集体经济组织财务制度》要求，重大财务事项决策参照执行"四议两公开"机制，并报乡镇党委、政府或农业农村部门审核或备案。

第二十章 农村集体经济组织会计工作政策汇编

本章比照附录形式，汇编了与农村集体经济组织会计工作相关的主要政策，如图 20-1 所示。这些政策包括财务会计政策、税收政策及其他相关政策。

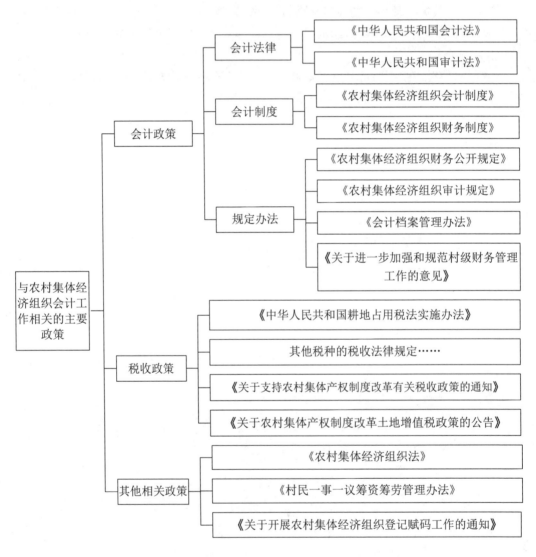

图 20-1 与农村集体经济组织会计工作相关的政策

《中华人民共和国会计法》

《农村集体经济组织会计制度》

《农村集体经济组织财务制度》

《农村集体经济组织财务公开规定》

《农村集体经济组织审计规定》

《会计档案管理办法》

《关于进一步加强和规范村级财务管理工作的意见》

《关于支持农村集体产权制度改革有关税收政策的通知》

《关于农村集体产权制度改革土地增值税政策的公告》

《中华人民共和国耕地占用税法实施办法》

《农村集体经济组织法》

《村民一事一议筹资筹劳管理办法》

《关于开展农村集体经济组织登记赋码工作的通知》

《关于加强扶贫项目资产后续管理的指导意见》

《关于加强农村集体经济组织征地补偿费监督管理指导工作的意见》

附 录 A

农村集体经济组织总分类和明细分类会计科目简表
（仅供参考）

总分类会计科目	明细分类会计科目
一、资产类科目	
库存现金	
银行存款	
短期投资	股票投资
	债券投资
	其他
应收款	应收账款
	预付账款
	应收票据
	其他
内部往来	内部个人
	内部单位
	其他
库存物资	原材料
	农用材料
	农产品
	工业产成品
	低值易耗品
	其他
消耗性生物资产	大田作物和蔬菜
	林木类
	育肥畜
	鱼虾贝类
	其他
生产性生物资产	经济林木
	产役畜
	其他
生产性生物资产累计折旧	经济林木
	产役畜
	其他

总分类会计科目	明细分类会计科目	
公益性生物资产	/	
长期投资	股权投资	
	债权投资	
	其他	
固定资产	经营性固定资产——房屋建筑/机器设备/其他	
	非经营性固定资产	管理用固定资产——房屋建筑/机器设备/其他
		公益性固定资产——房屋建筑/机器设备/其他
	其他——房屋建筑/机器设备/其他	
累计折旧	经营性固定资产累计折旧	
	非经营性固定资产累计折旧	
在建工程	经营性在建工程	
	非经营性在建工程	
固定资产清理	经营性固定资产清理	
	非经营性固定资产清理	
无形资产	专利权	
	商标权	
	著作权	
	非专利技术	
	资源使用权	
	其他无形资产	
累计摊销	专利权	
	商标权	
	著作权	
	非专利技术	
	资源使用权	
	其他无形资产	
长期待摊费用		
待处理财产损溢	待处理流动资产损溢	
	待处理非流动资产损溢	
二、负债类科目		
短期借款	金融机构	
	单位	
	个人	
	其他	
应付款	应付账款	
	预收账款	
	其他	

续表

总分类会计科目	明细分类会计科目
应付工资	管理人员及固定员工的报酬
	其他人员报酬
	其他
应付劳务费	
应交税费	增值税
	企业所得税
	城市维护建设税
	印花税
	房产税
	城镇土地使用税
	车船税
	土地增值税
	车辆购置税
	契税
	资源税
	耕地占用税
	环境保护税
	教育费附加
	地方教育费附加
	……
长期借款及应付款	金融机构
	单位
	个人
一事一议资金	
专项应付款	财政专项补助
	征地补偿费
	其他
三、所有者权益类科目	
资本	入社资本
	转赠资本
	其他
公积公益金	集体计提
	资本溢价
	接受捐赠
	征地补偿费转入
	一事一议资金
	政府拨款等形式资产转入
	其他

总分类会计科目	明细分类会计科目
本年收益	
收益分配	各项分配——提取公积公益金/成员分配/其他
	未分配收益
四、成本类科目	
生产（劳务）成本	生产费用
	劳务成本
五、损益类科目	
经营收入	销售收入——农产品销售收入/物资销售收入
	租赁收入
	服务收入
	劳务收入
	农、林、牧、渔业收入
	发包收入
	其他
投资收益	股票投资收益
	债券投资收益
	企业上交收入
	其他
补助收入	财政补助收入——转移支付资金/其他财政补助收入
	经营性补助资金
	其他
其他收入	利息收入——存款利息收入
	罚没收入
	财产物资盘盈收入
	无法偿付的应付款项
	其他
经营支出	销售支出——农产品销售支出/工副业产品销售支出/物资销售支出
	服务性支出
	劳务支出
	租赁支出
	农、林、牧、渔业支出
	经营性资产折旧费
	其他
税金及附加	城市维护建设税
	房产税
	城镇土地使用税
	印花税

续表

总分类会计科目	明细分类会计科目
税金及附加	车船税
	土地增值税
	车辆购置税
	资源税
	耕地占用税
	环境保护税
	教育费附加
	地方教育费附加
	……
管理费用	人员报酬——管理人员及固定员工的报酬/其他人员报酬
	办公费
	差旅费
	管理用固定资产费用——管理用固定资产折旧/管理用固定资产修理费
	诉讼费
	咨询费
	管理用无形资产摊销
	委托业务费——聘请中介机构费
	……
公益支出	内部公益事业
	集体福利或成员福利各项支出
	公益性固定资产费用——公益性固定资产折旧/公益性固定资产修理费
	其他
其他支出	利息支出
	资产盘亏支出
	抗旱防汛抢险支出
	罚款支出
	捐赠支出
	确实无法收回的应收款项损失
	……
所得税费用	